Anonymous

Churfürstlich-Sächsischer Hof und Staatskalender

Anonymous

Churfürstlich-Sächsischer Hof und Staatskalender

ISBN/EAN: 9783743451049

Hergestellt in Europa, USA, Kanada, Australien, Japan

Cover: Foto ©ninafisch / pixelio.de

Manufactured and distributed by brebook publishing software (www.brebook.com)

Anonymous

Churfürstlich-Sächsischer Hof und Staatskalender

Churfürstlicher Sächsischer

Hof- und Staats-

Calender

auf das Jahr

1775.

Leipzig,

bey M. G. Weidmanns Erben und Reich.

Jetztlebendes
Chur-Sächsisches Haus.

Friedrich August, Chur-Fürst zu Sachsen, geb. den 23 Dec. 1750.

Maria Amalia Augusta, Chur-Fürstin zu Sachsen, geb. den 10 May 1752.

Maria Antonia Walpurgis, verwittibte Chur-Fürstin, geb. den 18 Jul. 1724.

    Carl Maximilian, Prinz von Sachsen, geb. den 24 Sept. 1752.

    Anton, Prinz von Sachsen, geb. den 27 Dec. 1755.

    Maria Amalia, Prinzeßin von Sachsen, geb. den 26 Sept. 1757. vermählt mit Carl August Christian, Pfalzgraf und Prinz von Zweybrücken.

    Maximilian, Prinz von Sachsen, geb. den 13 Apr. 1759.

    Maria Anna, Prinzeßin von Sachsen, geb. den 27 Febr. 1761.

Maria Anna, Chur-Fürstin zu Bayern, geb. den 29 August 1728.

Franciscus Xaverius, Königl. Prinz in Pohlen und Sachsen, geb. den 25 Aug. 1730.

Carl Christian Joseph, Königl. Prinz in Pohlen und Sachsen, Herzog zu Curland und Semgallen, gebohren den 13 Jul. 1733.

Maria Christina, Königl. Prinzeßin in Pohlen und Sachsen, Aebtißin zu Remiremont, geb. den 12 Febr. 1735.

Maria Elisabeth, Königl. Prinzeßin in Pohlen und Sachsen, geb. den 9 Febr. 1736.

Albertus Casimirus, Königl. Prinz in Pohlen und Herzog zu Sachsen-Teschen, geb. den 11 Jul. 1738. verm. mit Maria Christina, Erzherzogin von Oesterreich.

Clemens Wenceslaus, Königl. Prinz in Pohlen und Sachsen, Churfürst zu Trier, Bischof zu Augspurg, und Coadjutor zu Elwangen, geb. den 28 Sept. 1739.

Maria Cunigunda, Königl. Prinzeßin in Pohlen und Sachsen, geb. den 10 Nov. 1740.

JANUARIUS. MDCCLXXV. Jänner.

I. Monat.	Verbessert. JANUAR.	Erwählungen und Gewitter.	Julianischer DECEMBER.
I. Woche.	Beschn. Chr.	V. d. Beschn. Chr. Luc. 2.	4. Advent.
1 Sonntag	Neujahr	□♄, △♃, ☌♀, □♄♀,	21 Thomas
2 Montag	Melchior	1 U. 5 min. früh.	22 Beata
3 Dienstag	Caspar	□♃, △♂, △☉♂,	23 Dagobertus
4 Mittwoch	Balthasar	△♄, ⚹☿. ♃ Dir. Schn.	24 Adam, Eva
5 Donnerst.	Simeon	⚹♃, ☽ im ♉. stürmisch,	25 H. Christtag
6 Freytag	Ersch. Chr.	⚹☉, ☍♂, ⚹♀, □♂♀,	26 Stephanus
7 Sonnab.	Juliana	□☿, ☌☉♀ super. rauh	27 Joh. Evang.
II. Woche.	1. n. Epiph.	Jes. lehret im Temp. L. 2.	S. n. dem Christt.
8 Sonntag	Erhardus	6 U. 57 m. Abends	28 Uns. Kindl.
9 Montag	Ehrenfried	□♀, ☿ in ♑, unfr.	29 Jonathan
10 Dienstag	Zacharias	△☉. ☌♃, △♂, Schnee,	30 David
11 Mittwoch	Hyginius	△♀, △☿, trübe, unlust.	31 Sylvester
12 Donnerst.	Reinholdus	△♄, △♃☿, ☽ ad Aldeb.	1 Neujahr 1775
13 Freytag	Hilarius	□♂, kalt u. frost Wett.	2 Melchior
14 Sonnab.	Felix	☍☿, □♄☿, kalt, Schn.	3 Caspar
III. Woche.	2. n. Epiph.	Hochzeit zu Cana. Joh. 2.	S. n. Neujahr.
15 Sonntag	Traugott	□♄, ⚹♃, ⚹♂, unlustig,	4 Balthasar
16 Montag	Erdmuthe	8 U. 29 m. A. △♂☿,	5 Simeon
17 Dienstag	Antonius	⚹♄, □♃, ♂ Ret.	6 Ersch. Chr.
18 Mittwoch	Felicitas	♄ Retrog. ♀ in ♒, gel.	7 Juliana
19 Donnerst.	Prisca	☽ im ♌, trübe, regner.	8 Erhardus
20 Freytag	Fab. Seb.	☉ in ♒, △♃, ☌♂,	9 Ehrenfried
21 Sonnab.	Agnes	△☉, △☿, kalt, regner.	10 Zacharias
IV. Woche.	3. n. Epiph.	V. Hauptm. zu C. Matt. 8.	1. n. Epiph.
22 Sonntag	Vincentius	☌♄, △♀, □♃♀, helle,	11 Hyginius
23 Montag	Charitas	□☿, ♀ wird Abendst.	12 Reinholdus
24 Dienstag	Timotheus	8 U. 1 m. Ab. □♀,	13 Hilarius
25 Mittwoch	Paul. Bek.	☍♃, ⚹♂, kalt,	14 Felix
26 Donnerst.	Polycarpus	⚹☿, □☉♃, gemäßigt,	15 Maurus
27 Freytag	Joh. Chrys.	⚹♄, □♂, ⚹♀, vermis.	16 Marcellus
28 Sonnab.	Carolina	⚹☉, △☉♄, ☿ in ♒,	17 Antonius
V. Woche.	4. n. Epiph.	V. Schifflein Chr. Mat. 8.	2. n. Epiph.
29 Sonntag	Theobaldus	□♄, △♃, △♂, kalt, tr.	18 Helvicus
30 Montag	Adelgunda	☌☿, helle, fr. W.	19 Prisca
31 Dienstag	Virgilius	11 U. 36 min. V.	20 Fab. Seb.

Der Neumond den 2. Januar. | Der Vollmond den 16. Januar.
Das erste Viertel den 8. Januar. | Das letzte Viertel den 24. Januar.
Der Neumond den 31. Januar.

Jänner hat XXXI. Tage.

Sonnen-Aufgang		Untergang		Monds-Erschein.		Tage
Tages-Länge 7 St. 52 Minuten.						
8	4	3	56	U.	N.	1
8	4	3	56	4	51	2
8	3	3	57	6	3	3
8	2	3	58	7	20	4
8	2	3	58	8	34	5
8	1	3	59	9	50	6
8	0	4	0	10	58	7
Tages-Länge 8 St. 0 Minuten.						✳
8	0	4	0	U.	B.	8
7	59	4	1	1	15	9
7	58	4	2	2	18	10
7	57	4	3	3	22	11
7	56	4	4	4	26	12
7	55	4	5	5	23	13
7	54	4	6	6	14	14
Tages-Länge 8 St. 16 Minuten.						✳
7	52	4	8	7	3	15
7	51	4	9	A.	N.	16
7	49	4	11	4	33	17
7	48	4	12	5	31	18
7	47	4	13	6	33	19
7	46	4	14	7	37	20
7	44	4	16	8	40	21
Tages-Länge 8 St. 34 Minuten.						✳
7	43	4	17	9	42	22
7	42	4	18	10	46	23
7	40	4	20	11	43	24
7	39	4	21	A.	B.	25
7	37	4	23	2	41	26
7	35	4	25	3	20	27
7	33	4	27	4	31	28
Tages-Länge 8 St. 58 Minuten.						✳
7	31	4	29	5	32	29
7	30	4	30	U.	N.	30
7	28	4	32	4	43	31

A 3

FEBRUARIUS. MDCCLXXV. Hornung.

II. Monat.	Verbessert. FEBRUAR.	Erwählungen und Gewitter.	Julianischer JANUARIUS.
1 Mittwoch	Brigitta	☌♀. ☽ in ♑, kalt, dunk.	21 Agnes
2 Donnerst.	Mar. Rein.	✱♃, ☍♂, unlustig,	22 Vincentius
3 Freytag	Blasius	△☿, □♃☿, Schneeg.	23 Charitas
4 Sonnab.	Veronica	✱☉, ☍♄, ✱☿, unfr.	24 Timotheus
VI. Woche.	5. n. Epiph.	V. guten Saam. Mat. 13.	3. n. Epiph.
5 Sonntag	Agatha	✱♀, kalt u. unfreundl.	25 Paul. Bek.
6 Montag	Dorothea	☌♃, △♂, kalt, frostig,	26 Polycarpus
7 Dienstag	Rickardus	☽ 10 U. 39 min. V.	27 Joh Chrys.
8 Mittwoch	Honoratus	□♂, □♀, ☽ ad Ald.	28 Carolus
9 Donnerst.	Apollonia	△♄, ☌☉☿ super. kalt,	29 Theobaldus
10 Freytag	Scholastica	△☉, △♀, △☿, ♀ in ♓.	30 Adelgunda
11 Sonnab.	Euphrosyna	□♄, ✱♃, ✱♂, Schnee,	31 Virgilius
VII. Woche.	Septuages.	V. A. im Weinb. Mat. 20.	4. n. Epiph.
12 Sonntag	Jordanus	△♃♂, ♃ g. zu mitt. unt.	1 FEBRUAR.
13 Montag	Eulalia	△♄♀, ☿ wird Abendst.	2 Mar. Rein.
14 Dienstag	Valentinus	✱♄, □♃, ☿ in ♓,	3 Blasius
15 Mittwoch	Faustinus	○ 4 U. 10 m. N. sichtb.	4 Veronica
16 Donnerst.	Onesimus	☌♂, ☽ im ♌, ○ st.	5 Agatha
17 Freytag	Constantia	☍♀, ✱♃♀, ☍♂♀, frost.	6 Dorothea
18 Sonnab.	Concordia	☉ in ♓, ☍♂☿, Schnee,	7 Richardus
VIII. Woche.	Sexages.	Vom vier. Acker. Luc. 8.	Septuages.
19 Sonntag	Susanna	☌♄ ✱♂, kalt, dunkel,	8 Honoratus
20 Montag	Lebrecht	△☉, ☍♃, ✱♃☿, unl.	9 Apollonia
21 Dienstag	Eleonora	△♀, △☿, unfreundlich,	10 Scholastica
22 Mittwoch	Pet. Stulf.	□♂, ♂ bieg. N. sichtb.	11 Euphrosyna
23 Donnerst.	Lazarus	☾ 6 U. 57 m. Vorm.	12 Jordanus
24 Freytag	Matthias	□♀, □☿, ☍☉♂,	13 Eulalia
25 Sonnab.	Victorinus	✱☉, □♄, △♃, △♂,	14 Valentinus
IX. Woche.	Estomihi.	V. Blinden am W. Luc. 18.	Sexages.
26 Sonntag	Nestorius	✱♀, ✱☿, ✱☉♃, Reg.	15 Faustinus
27 Montag	Leander	△♄, stürmisch, trübe,	16 Onesimus
28 Dienstag	Fastnacht	□♃, dunkel, gemäßigt,	17 Constantia

Das erste Viertel den 7 Februar. | Der Vollmond den 15 Februar.
Das lezte Viertel den 23 Februar.

Sonnen-Aufgang	Untergang	Monds-Erschein.	Tage
7 27	4 33	6 0	1
7 25	4 35	7 17	2
7 23	4 37	8 33	3
7 21	4 39	9 44	4
Tages-Länge 9 St. 22 Minuten.			*
7 19	4 41	10 54	5
7 18	4 42	11 U. V.	6
7 17	4 43	1 8	7
7 15	4 45	2 10	8
7 13	4 47	3 9	9
7 11	4 49	4 3	10
7 9	4 51	4 53	11
Tages-Länge 9 St. 44 Minuten.			*
7 8	4 52	5 37	12
7 6	4 54	6 18	13
7 4	4 56	6 53	14
7 2	4 58	U. N.	15
7 0	5 0	5 25	16
6 58	5 2	6 30	17
6 57	5 3	7 35	18
Tages-Länge 10 St. 10 Minuten.			*
6 55	5 5	8 38	19
6 53	5 7	9 43	20
6 51	5 9	10 51	21
6 49	5 11	U. V.	22
6 47	5 13	1 6	23
6 45	5 15	2 15	24
6 43	5 17	3 18	25
Tages-Länge 10 St. 38 Minuten.			*
6 41	5 19	4 15	26
6 39	5 21	5 3	27
6 37	5 23	5 49	28

A 4

MARTIUS. MDCCLXXV. März.

III. Monat.	Verbessert. MARTIUS.	Erwählungen und Gewitter.	Julianischer FEBRUAR.
1 Mittwoch	Aschermitt.	10 U. 20 m. A. unf.	18 Concordia
2 Donnerst.	Amalia	☽ im ♉, ☉ finst.	19 Susanna
3 Freytag	Cunigunda	☍♄, ☌☿, ☿ in ♈, gel.	20 Eucharius
4 Sonnab.	Hadrianus	☽ ausser Aspect. gemäß.	21 Eleonora
X. Woche.	1. Invocavit.	Versuch. Christi, Matt. 4.	Esomihi.
5 Sonntag	Friedrich	△♂, windigt, unlustig,	22 Pet. Stulf.
6 Montag	Friedelinus	✶☉, ☌♃, ✶♀, Max. el.	23 Lazarus
7 Dienstag	Perpetua	□♂, ♀ in ♈, ☿ retr.	24 Fastnacht
8 Mittwoch	Quatember	△♄, ✶☿, gelinde, trübe,	25 Aschermitt.
9 Donnerst.	Rebecca	4 U. 58 min. früh,	26 Nestorius
10 Freytag	Alexander	□♄, ✶♂, □♀, □☿,	27 Leander
11 Sonnab.	Rosina	✶♃, ☌♀☿, ♂ im ♌,	28 Macarius
XI. Woche.	2. Reminisc.	V. Can. Weibl. Matt. 15.	1. Invocavit.
12 Sonntag	Gregorius	△☉, wind unfreundl.	1 MARTIUS.
13 Montag	Salome	✶♄, △♀, △☿, ☍♄♀,	2 Amalia
14 Dienstag	Abigail	□♃ ☌♂, veränderlich,	3 Marinus
15 Mittwoch	Christoph	☽ im ♌, trübe, unlust.	4 Quatember
16 Donnerst.	Henrietta	△♃, dunkel, nebelicht,	5 Friedrich
17 Freytag	Gertraud	8 U. 35 min. V.	6 Friedelinus
18 Sonnab.	Anselmus	☌♄, ☍♀, ☍☿,	7 Perpetua
XII. Woche.	3. Oculi.	Jesus trieb einen T. L. 11.	2. Reminisc.
19 Sonntag	Josephus	✶♂, lieblich, aufgekl.	8 Philemon
20 Montag	Joachimus	☉ in ♈, F. A. T. u. N. gl.	9 Rebecca
21 Dienstag	Benedictus	△☉, △♄, ☍♃, ☿ Retr.	10 Alexander
22 Mittwoch	Casimirus	□♂, △♀, △☿, angen.	11 Rosina
23 Donnerst.	Eberhard	□♄, liebl. freundlich,	12 Gregorius
24 Freytag	Gabriel	3 U. 1 min. V. □♀,	13 Salomon
25 Sonnab.	Mar. Verk.	△♃, △♂, ☌☉☿ inf.	14 Abigail
XIII. Woche.	4. Lätare.	Jes. speis. 5000 M. J. 6.	3. Oculi.
26 Sonntag	Castulus	△♄ ✶♀, △♂♀, gelin.	15 Christoph
27 Montag	Rupertus	✶☉, □♃, ✶☿, ☿ in ♓	16 Cyriacus
28 Dienstag	Malchus	☌♂, ☽ im ♉, gemäßigt,	17 Gertraud
29 Mittwoch	Eustachius	✶♃, ☍☉♄, veränderl.	18 Anselmus
30 Donnerst.	Guido	♄ die g. N. sichtb.	19 Josephus
31 Freytag	Detlaus	9 U. 35 m. V. ☌☿,	20 Joachimus

Der Neumond den 1 März. | Der Vollmond den 17 März.
Das erste Viertel den 9 März. | Das lezte Viertel den 24 März.
Der Neumond den 31 März.

März hat XXXI. Tage.

Sonnen-Aufgang		Untergang		Monds-Erschein.		Tag
6	35	5	25	U.	N.	1
6	33	5	27	6	8	2
6	31	5	29	7	22	3
6	29	5	31	8	35	4

Tages-Länge 11 St. 6 Minuten. ✳

6	27	5	33	9	46	5
6	25	5	35	10	56	6
6	22	5	38	11.	V.	7
6	20	5	40	1	3	8
6	19	5	41	1	59	9
6	17	5	43	2	52	10
6	15	5	45	3	38	11

Tages-Länge 11 St. 34 Minuten. ✳

6	13	5	47	4	20	12
6	11	5	49	4	56	13
6	9	5	51	5	27	14
6	8	5	52	5	57	15
6	6	5	54	6	23	16
6	4	5	56	U.	N.	17
6	2	5	58	6	38	18

Tages-Länge 11 St. 58 Minuten. ✳

6	1	5	59	7	42	19
6	0	6	0	8	51	20
5	58	6	2	9	58	21
5	55	6	5	11	7	22
5	52	6	8	U.	V.	23
5	50	6	10	1	18	24
5	48	6	12	2	16	25

Tages-Länge 12 St. 28 Minuten. ✳

5	46	6	14	3	5	26
5	44	6	16	3	51	27
5	42	6	18	4	27	28
5	41	6	19	5	1	29
5	39	6	21	5	30	30
5	37	6	23	U.	N.	31

A 5

APRILIS. MDCCLXXV. April.

IV. Monat.	Verbessert. APRILIS.	Erwählungen und Gewitter.	Julianischer MARTIUS.
1 Sonnab.	Theodora	△♂, ☌♀, ☿ in ♉, unl.	21 Benedictus
XIV. Woche.	5. Judica.	Die Jüd. w. Jes. st. Joh. 8.	4. Lätare.
2 Sonntag	Rosimunda	☿ ist Morgenst. unfr.	22 Casimirus
3 Montag	Darius	☌♃. □♂. Schneegestöb.	23 Eberhard
4 Dienstag	Ambrosius	△♄, ✱☿. trübe, veränd.	24 Gabriel
5 Mittwoch	Maximus	✱☉, Regen, Wind,	25 Mar. Verk.
6 Donnerst.	Irenäus	✱♂, ✱♀, □☿, vermis.	26 Castulus
7 Freytag	Louisa	□♄, ✱♃, ♂ Direct.	27 Rupertus
8 Sonnab.	Cölestinus	0 U. 21 min. früh,	28 Malchus
XV. Woche.	6. Palmar.	Chr. Einz. zu Jerus. M. 21.	5. Judica.
9 Sonntag	Theophilus	✱♄, □♀, helle u. klar,	29 Eustachius
10 Montag	Daniel	△☉, □♃, freundlich,	30 Guido
11 Dienstag	Julius	☌♂, ☽ im ♌, ☿ Direct.	31 Detlaus
12 Mittwoch	Eustorgius	△♀, angenehm, helle,	1 APRILIS.
13 Donnerst.	gr. Donerst.	△♃, ☍☿, helle, aufgekl.	2 Rosimunda
14 Freytag	Charfreytag	☌♄, warm u. ang.	3 Darius
15 Sonnab.	Paternus	10 U. 41 min. Ab.	4 Ambrosius
XVI. Woche.	H. Osterfest.	Aufersteh. Chr. Marc. 16.	6. Palmarum.
16 Sonntag	H. Ostertag	✱♂, △☉♂, ☌♃♀,	5 Maximus
17 Montag	Ostermont.	♂♃, ☍♀, ☿ in ♈	6 Irenäus
18 Dienstag	Osterdienst.	✱♄. □♂, △☿, lieblich,	7 Egesippus
19 Mittwoch	Hermogenes	△☉, angenehm, freund.	8 Cölestinus
20 Donnerst.	Sulpitius	☉ in ♉, □♄, □♂♀,	9 gr. Donerst.
21 Freytag	Adolarius	Max. el. ☿ matut.	10 Charfreytag
22 Sonnab.	Soter	9 U. 14 min. Ab.	11 Julius
XVII. Woche.	1. Quasimod.	Thomä Unglaub. Joh. 20.	H. Osterfest.
23 Sonntag	Georgius	□♀, ✱☿, ☍♄☿, gem.	12 H. Ostertag
24 Montag	Albertus	□♃, ☍♄, veränderlich,	13 Ostermont.
25 Dienstag	Marcus	✱☉, ☽ im ☋, ♀ in ♊,	14 Osterdienst.
26 Mittwoch	Cletus	✱♃, ✱♀, stürm. verm	15 Paternus
27 Donnerst.	Tertullian.	☍♄. ☌☿, helle, angen.	16 Aaron
28 Freytag	Vitalis	△♂, △♄♀, trübe,	17 Rudolphus
29 Sonnab.	Sybilla	9 Uhr 7 min. Ab.	18 Chrysostom.
XVIII. Woche.	2. Misericord.	V. gutem Hirten, Joh. 10.	1. Quasimod.
30 Sonntag	Eutropius	□♂, ♃ wird Ab. unf.	19 Hermogenes

Das erste Viertel den 8 April.
Der Vollmond den 15 April.
Das letzte Viertel den 22 April.
Der Neumond den 29 April.

April hat XXX. Tage.

Sonnen-Aufgang		Untergang		Monds-Erschein.		Tage
5	35	6	25	7	35	1

Tages-Länge 12 St. 52 Minuten. ✳

Sonnen-Aufgang		Untergang		Monds-Erschein.		Tage
5	34	6	26	8	46	2
5	31	6	29	9	54	3
5	29	6	31	10	59	4
5	27	6	33	11	59	5
5	25	6	35	U.	V.	6
5	23	6	37	1	44	7
5	21	6	39	2	25	8

Tages-Länge 13 St. 22 Minuten. ✳

5	19	6	41	3	4	9
5	17	6	43	3	35	10
5	16	6	44	4	5	11
5	14	6	46	4	32	12
5	12	6	48	4	56	13
5	9	6	51	5	21	14
5	7	6	53	A.	M.	15

Tages-Länge 13 St. 50 Minuten. ✳

5	5	6	55	6	47	16
5	4	6	56	7	58	17
5	2	6	58	9	9	18
5	0	7	0	10	16	19
4	58	7	2	11	11	20
4	56	7	4	A.	V.	21
4	55	7	5	1	11	22

Tages-Länge 14 St. 14 Minuten. ✳

4	53	7	7	1	56	23
4	51	7	9	2	34	24
4	49	7	11	3	7	25
4	47	7	13	3	34	26
4	45	7	15	4	7	27
4	43	7	17	4	33	28
4	41	7	19	U.	M.	29

Tages-Länge 14 St. 42 Minuten. ✳

4	39	7	21	7	43	30

MAJUS. MDCCLXXV. May.

V. Monat.	Verbessert. MAJUS.	Erwählungen und Gewitter.	Julianischer APRILIS.
1 Montag	Phil. Jac. Walpurgis	△♄, ☌♃, ✱☿, lieblich,	20 Sulpitius
2 Dienstag	Sigismund	☌♀, angenehm, freund.	21 Adolarius
3 Mittwoch	† Erfindung	□♄, ✱♂, hell und klar,	22 Soter
4 Donnerst.	Florianus	□☿, warm, aufgeklärt,	23 Georgius
5 Freytag	Gotthard	✱☉, trübe, vermischt,	24 Albertus
6 Sonnab.	Joh. Pfort.	✱♄, ✱♃, ♂ in ♍,	25 Marcus
XIX. Woche.	3. Jubilate.	Ueber ein kleines ꝛc. J. 16.	2. Misericord.
7 Sonntag	Gotifried	☽ 7 Uhr 29 min. Ab.	26 Cletus
8 Montag	Dietericus	□♃, ☌♂, ☽ im ♌,	27 Tertullian.
9 Dienstag	Benigna	☽ ausser Asp. fruchtbar,	28 Vitalis
10 Mittwoch	Victoria	△☉, □♀, helle, lieblich,	29 Sybilla
11 Donnerst.	Adolphus	☌♄, △♃, ☿ in ♉,	30 Eutropius
12 Freytag	Pancratius	△♀, angen. freundlich,	1 MAJUS.
13 Sonnab.	Servatius	✱♂, ☍☿, △♂☿,	2 Sigismund
XX. Woche.	4. Cantate.	Hingang z. Vater, J. 16.	3. Jubilate.
14 Sonntag	Christianus	✱♄, vermis. windigt,	3 † Erfind.
15 Montag	Sophia	○ 9 U. 22 min. V.	4 Florianus
16 Dienstag	Sara	☍♀, ☌☉♃, regn.	5 Gotthard
17 Mittwoch	Jodocus	□♄, warm, aufgeklärt,	6 Woldemar
18 Donnerst.	Venantius	△♂, hell und lieblich,	7 Gottfried
19 Freytag	Potentianus	△☉, △♀, stille Regen,	8 Dietericus
20 Sonnab.	Theresia	△♄, △♃ ♀ in ♋,	9 Hermes
XXI. Woche.	5. Rogate.	Bitte in Chr. Nam. J. 16.	4. Cantate.
21 Sonntag	Prudentius	☉ in ♊, △♀, ☽ im ♉,	10 Cordianus
22 Montag	Helena	☾ 2 U. 41 min. früh,	11 Adolphns
23 Dienstag	Desiderius	□♀, △☉♄, □♄♀,	12 Pancratius
24 Mittwoch	Johanna	✱☉, ☍♄, ✱♃, lieblich,	13 Servatius
25 Donnerst.	Himelf. Chr.	✱♂♀, ♃ in ♊, anm.	14 Christianus
26 Freytag	Beda	△♂, □☉♂, ☌♃☿,	15 Sophia
27 Sonnab.	Florens	✱♀, ☿ in ♊, aufgekl.	16 Sara
XXII. Woche.	6. Exaudi.	Verheiss. des H. G. J. 15.	5. Rogate.
28 Sonntag	Wilhelm	△♃, □♂, ☌☿, lieblich,	17 Jodocus
29 Montag	Christiana	● 9 U. 34 m Vorm.	18 Venantius
30 Dienstag	Wigand	☌☉☿ super. △♄☿,	19 Potentianus
31 Mittwoch	Petronilla	□♄, ✱♂, veränderlich,	20 Theresia

Das erste Viertel den 7 May.
Der Vollmond den 15 May.

Das letzte Viertel den 22 May.
Der Neumond den 29 May.

May hat XXXI. Tage.

Sonnen-Aufgang	Untergang	Monds-Erschein.	Tage
4 37	7 23	3 50	1
4 36	7 24	9 52	2
4 34	7 26	10 51	3
4 32	7 28	11 42	4
4 30	7 30	U. V.	5
4 29	7 31	1 6	6
Tages-Länge 15 St. 6 Minuten.			✳
4 27	7 33	1 40	7
4 26	7 34	2 9	8
4 25	7 35	2 37	9
4 23	7 37	3 1	10
4 22	7 38	3 26	11
4 20	7 40	3 53	12
4 19	7 41	4 21	13
Tages-Länge 15 St. 26 Minuten.			✳
4 17	7 43	4 21	14
4 15	7 45	A. N.	15
4 13	7 47	8 5	16
4 12	7 48	9 14	17
4 11	7 49	10 17	18
4 9	7 51	11 12	19
4 8	7 52	A. V.	20
Tages-Länge 15 St. 46 Minuten.			✳
4 7	7 53	☉ 39	21
4 6	7 54	1 12	22
4 4	7 56	1 41	23
4 3	7 57	2 9	24
4 2	7 58	2 36	25
4 1	7 59	3 2	26
4 0	8 0	3 29	27
Tages-Länge 16 St. 2 Minuten.			✳
3 59	8 1	3 56	28
3 58	8 2	U. N.	29
3 56	8 4	8 49	30
3 55	8 5	9 35	31

JUNIUS. MDCCLXXV. Brachmonat.

VI. Monat.	Verbessert. JUNIUS.	Erwählungen und Gewitter.	Julianischer MAJUS.
1 Donnerst.	Nicodemus	☌♀, helle u. aufgeklärt,	21 Himelf. Chr.
2 Freytag	Marcellinus	✶♄, angen. fruchtbar,	22 Helena
3 Sonnab.	Erasmus	✶☉, ✶♃, ✶☿,	23 Desiderius
XXIII. Woche.	H. Pfingstfest.	Send. des H. Geist. J. 14.	E. Exaudi.
4 Sonntag	Pfingstt.	□♂☿, heiter und liebl.	24 Johanna
5 Montag	Pfingstmon.	□♃, ☌♂, ☽ im ♌, heiß,	25 Urbanus
6 Dienstag	Pfingstdien.	☽ o Uhr 59 min. N.	26 Beda
7 Mittwoch	Quatember	☍♄, △♃, △♄♃,	27 Florens
8 Donnerst.	Medardus	△☿, ♄ Direct. ☿ in ♋,	28 Wilhelm
9 Freytag	Primus	△☉, □♀, □♄♀,	29 Manilius
10 Sonnab.	Onophrius	✶♂, ☿ wird Abendst.	30 Wigand
XXIV. Woche.	Dreyfalt. Fest.	Gespr. Nicodemi, Joh. 3.	H. Pfingstfest.
11 Sonntag	Barnabas	△♀, heiß, trocken, helle,	31 H. Pfingstt.
12 Montag	Basilides	✶♄, ☍♃, helle, lieblich,	1 JUNIUS.
13 Dienstag	Antonia	○ 5 Uhr 42 m. N.	2 Pfingstdien.
14 Mittwoch	Elisäus	♂ g. zu Mittern.	3 Quatember
15 Donnerst.	Vitus	✶♄♀, ♀ in ♌, (unter,	4 Carpasius
16 Freytag	Engelbertus	△♄, △♃, ☍♀, Donner,	5 Bonifacius
17 Sonnab.	Nicander	△☉, wind. und regner.	6 Benignus
XXV. Woche.	1. n. Trinit.	V. reichen Mann, Luc. 16.	Dreyfalt. Fest.
18 Sonntag	Arnolphus	□♃, ☽ im ♉, vermischt,	7 Lucretia
19 Montag	Gervasius	☍♄, ☍♂, △☿, ✶♂♀,	8 Medardus
20 Dienstag	Sylverius	☾ 8 Uhr 36 min. V.	9 Primus
21 Mittwoch	Philippina	☉ in ♋, Som. A. l.	10 Onophrius
22 Donnerst.	Gotthelf	♃ wird fr. sichtb. (Tag	11 Barnabas
23 Freytag	Basilius	□♀, ✶☿, ✶♃♀, trock.	12 Basilides
24 Sonnab.	Joh. Täuf.	△♂, □☉♄, angenehm,	13 Tobias
XXVI. Woche.	2. n. Trinit.	Vom Abendmahl, Luc. 14.	1. n. Trinit.
25 Sonntag	Elogius	△♄, ☌♃, schwülich mit	14 Elisäus
26 Montag	Jeremias	□♂. ✶♀, Donnerwet.	15 Vitus
27 Dienstag	7 Schläfer	● 10 U. 56 m. A. ☿ i. ♌	16 Engelbertus
28 Mittwoch	Leo	♄ g. zu Mitter. unt.	17 Nicander
29 Donnerst.	Petr. Paul.	✶♂, ☌☿, verm. aufgek.	18 Arnolphus
30 Freytag	Paul. Ged.	✶♄. ✶♃, ✶♄☿, lieb.	19 Gervasius

Das erste Viertel den 6 Jun. | Das letzte Viertel den 20 Jun.
Der Vollmond den 13 Jun. | Der Neumond den 27 Jun.

Brachmonat hat XXX. Tage.

Sonnen-Aufgang	Untergang	Monds-Erschein.	Tage
3 55	8 5	10 22	1
3 54	8 6	11 3	2
3 53	8 7	U. B.	3
Tages-Länge 16 St. 16 Minuten.			✳
3 52	8 8	0 9	4
3 51	8 9	0 36	5
3 50	8 10	1 1	6
3 50	8 10	1 24	7
3 49	8 11	1 48	8
3 49	8 11	2 16	9
3 48	8 12	2 44	10
Tages-Länge 16 St. 26 Minuten.			✳
3 47	8 13	3 17	11
3 47	8 13	3 56	12
3 46	8 14	N. N.	13
3 46	8 14	7 58	14
3 46	8 14	8 58	15
3 45	8 15	9 59	16
3 45	8 15	10 32	17
Tages-Länge 16 St. 30 Minuten.			✳
3 45	8 15	11 9	18
3 44	8 16	A. B.	19
3 44	8 16	0 9	20
3 44	8 16	0 35	21
3 44	8 16	1 2	22
3 44	8 16	1 28	23
3 44	8 16	1 57	24
Tages-Länge 16 St. 30 Minuten.			✳
3 45	8 15	2 29	25
3 45	8 15	3 8	26
3 45	8 15	U. N.	27
3 46	8 14	8 13	28
3 46	8 14	8 57	29
3 47	8 13	9 34	30

JULIUS. MDCCLXXV. Heumonat.

VII. Monat.	Verbessert. JULIUS.	Erwählungen und Gewitter.	Julianischer JUNIUS.
1 Sonnab.	Theodoricus	☌♀, schwülich, Donner,	20 Sylverius
XXVII. Woch.	3. n. Trinit.	V. verl. Schaaf, Luc. 15.	2. n. Trinit.
2 Sonntag	Mar. Heims.	□♃, ☽ im ♌, Ungewit.	21 Albanus
3 Montag	Cornelius	✱☉, Max. el. ☿ vespert.	22 Gotthelf
4 Dienstag	Ulricus	☌♂, regner. vermischt,	23 Basilius
5 Mittwoch	Charlotte	☌♄, △♃ ✱☿, aufgekl.	24 Joh. Täuf.
6 Donnerst.	Esaias	☽ 3 Uhr 33 m. früh,	25 Elogius
7 Freytag	Wilibald	✱♀. ✱♃☿. ✱♂♀.	26 Jeremias
8 Sonnab.	Kilian	△☉, □☿, Ungewitter,	27 Ladislaus
XXVIII. W.	4. n. Trinit.	Seyd barmherz. Luc. 6.	3. n. Trinit.
9 Sonntag	Cyrillus	✱♄ ✱♂. □♀, vermisch.	28 Leo
10 Montag	Gottlob	☍♃. △☿, ♀ in ♍,	29 Petr. Paul.
11 Dienstag	Pius	□♄, □♂, ♂ in ♎,	30 Paul. Ged.
12 Mittwoch	Heinrich	△♀, trocken, freundlich,	1 JULIUS.
13 Donnerst.	Margaretha	○ 1 Uhr. 50 m. fr.	2 Mar. Heims.
14 Freytag	Bonavent.	△♃. ☍☿, warm,	3 Cornelius
15 Sonnab.	Apost. Theil.	☽ im ☋, gar angenehm,	4 Ulricus
XXIX. Woche.	5. n. Trinit.	V. Fischzug Petri, Luc. 5.	4. n. Trinit.
16 Sonntag	Raphael	□♃, ☍♀, heiß, Gewitt.	5 Demetrius
17 Montag	Alexius	△☉, ☍♄, △♂☿, unr.	6 Esaias
18 Dienstag	Eugenius	✱♃, ☍♂, △☿, ☌♄♂,	7 Wilibald
19 Mittwoch	Ruffinus	☾ 4 U. 13 min. N.	8 Kilian
20 Donnerst.	Elias	△♀, ☿ Retrog.	9 Cyrillus
21 Freytag	Praxedes	□☿, □♃♀, Gewitter	10 Gottlob
22 Sonnab.	Mar. Magd.	✱☉, △♄, △♂. gemäß.	11 Pius
XXX. Woche.	6. n. Trinit.	Pharisäer Gev. Matt. 5.	5. n. Trinit.
23 Sonntag	Apollinar	☉ in ♌, Anf. der H.	12 Heinrich
24 Montag	Christina	□♄, ☌♃, freundlich,	13 Margaretha
25 Dienstag	Jacobus	□♂, helle und angen.	14 Bonavent.
26 Mittwoch	Anna	✱♄. ✱☉♄, Donner.	15 Apost. Theil.
27 Donnerst.	Martha	● 1 U. 54 min. N.	16 Raphael
28 Freytag	Pantaleon	✱♂, ☌☿. ✱☉♂,	17 Alexius
29 Sonnab.	Beatrix	☽ im ♌, warm, schwül.	18 Eugenius
XXXI. Woche.	7. n. Trinit.	J. speis. 4000 M. Marc. 8	6. n. Trinit.
30 Sonntag	Ruth	□♃, heiß, Ungewitter,	19 Ruffinus
31 Montag	Thrasybul.	☌♀, ☌☉☿ infer. Reg	20 Elias

Das erste Viertel den 6 Jul. | Das letzte Viertel den 19 Jul.
Der Vollmond den 13 Jul. | Der Neumond den 27 Jul.

Heumonat hat XXXI. Tage.

Sonnen-Aufgang		Untergang		Monds-Erschein.		Tage
3	47	8	13	10	8	1
Tages-Länge 16 St. 24 Minuten.						✳
3	48	8	12	10	34	2
3	48	8	12	10	58	3
3	49	8	11	11	22	4
3	49	8	11	U.	B.	5
3	50	8	10	0	11	6
3	51	8	9	0	37	7
3	52	8	8	1	7	8
Tages-Länge 16 St. 14 Minuten.						✳
3	53	8	7	1	41	9
3	53	8	7	2	24	10
3	54	8	6	3	13	11
3	55	8	5	4	14	12
3	56	8	4	U.	N.	13
3	57	8	3	8	18	14
3	59	8	1	8	59	15
Tages-Länge 16 St. 0 Minuten.						✳
4	0	8	0	9	36	16
4	1	7	59	10	5	17
4	2	7	58	10	34	18
4	3	7	57	11	2	19
4	4	7	56	11	28	20
4	5	7	55	11	57	21
4	6	7	54	U.	B.	22
Tages-Länge 15 St. 46 Minuten.						✳
4	7	7	53	1	4	23
4	8	7	52	1	45	24
4	10	7	50	2	31	25
4	11	7	49	3	22	26
4	12	7	48	U.	N.	27
4	14	7	46	8	6	28
4	15	7	45	8	34	29
Tages-Länge 15 St. 26 Minuten.						✳
4	17	7	43	8	59	30
4	19	7	41	9	25	31

B ☿ u. St. Cal. 1775.

AUGUSTUS. MDCCLXXV. Augustmonat.

VIII. Monat.	Verbessert. AUGUST.	Erwählungen und Gewitter.	Julianischer JULIUS.
1 Dienstag	Pet. Kettenf.	♃ geht um Mitter. auf.	21 Praxedes
2 Mittwoch	Gustavus	✱☉, △♃, ☌♂, Gew.	22 Mar. Magd.
3 Donnerst.	Augustus	☿ wird Morgenstern.	23 Apollinar.
4 Freytag	Dominicus	☽ 3 U. 22 m. N. □☿,	24 Christina
5 Sonnab.	Oswaldus	✱♀, helle, aufgekl.	25 Jacobus
XXXII. Woch.	8. n. Trinit.	V. falschen Proph. M. 7.	7. n. Trinit.
6 Sonntag	Ulrica	✱♄, ✱♂, △♃♂, △♃♀,	26 Anna
7 Montag	Donatus	△☉, ☍♃, □♀, freundl.	27 Martha
8 Dienstag	Severus	□♄, ♀ in ♎, anmuth.	28 Pantaleon
9 Mittwoch	Ericus	□♂, ✱☉♃, lieblich,	29 Beatrix
10 Donnerst.	Laurentius	△♄, △♀, ☍☿, angen.	30 Ruth
11 Freytag	Hermann	8 U. 4 m. V. unf.	31 Thrasybul.
12 Sonnab.	Clara	☽ im ☋, ☽ finst.	1 AUGUST.
XXXIII. W.	9. n. Trinit.	V. unger. Haush. Luc. 16.	8. n. Trinit.
13 Sonntag	Hippolytus	☌♄♀, Regen, Ungew.	2 Gustavus
14 Montag	Eusebius	☍♄, □♃, ☍♀, △☿,	3 Augustus
15 Dienstag	Mar. Himelf.	△☉, ☍♂, ☿ Direct.	4 Dominicus
16 Mittwoch	Augusta	✱♃, Max. el. ♀ vesp.	5 Oswaldus
17 Donnerst.	Liberatus	♄ wird Ab. unsichtbar.	6 Sixtus
18 Freytag	Augustina	☾ 2 U. 45 min. früh,	7 Donatus
19 Sonnab.	Sebald	△♄, ☽ ad Aldeb.	8 Severus
XXXIV. W.	10. n. Trinit.	V. d. Zerst. Jerus. Luc. 19.	9. n. Trinit.
20 Sonntag	Bernhard	✱☉, ☌♃, ✱☿, bequem,	9 Ericus
21 Montag	Anastasius	□♄, Max. el. ☿ matut.	10 Laurentius
22 Dienstag	Alphonsus	□♂, □♀, helle, anm.	11 Hermann
23 Mittwoch	Zachäus	☉ in ♍, Ende der H.	12 Clara
24 Donnerst.	Bartholom.	✱♄, ✱♃, ✱♀, freundl.	13 Hippolytus
25 Freytag	Ludwig	✱♂, ☌☿, ☽ im ☊,	14 Eusebius
26 Sonnab.	Samuel	5 U. 56 m. fr. st. ☉ f.	15 Mar. Himelf.
XXXV. W.	11. n. Trinit.	V. Pharis. u. Zölln. L. 18.	10. n. Trinit.
27 Sonntag	Gebhard	□♃, ✱♃☿, freundl.	16 Rochus
28 Montag	Pelagius	△♀☿, helle und liebl.	17 Liberatus
29 Dienstag	Joh. Enth.	☌♄, △♃, ☌♀, ♂ in ♍,	18 Agapetus
30 Mittwoch	Ernestus	☌♂, ✱☿, warm, helle,	19 Sebald
31 Donnerst.	Josua	✱☉, Regen, Ungewitt.	20 Bernhard

Das erste Viertel den 4 August. | Das letzte Viertel den 18 August.
Der Vollmond den 11 August. | Der Neumond den 26 August.

Augustmonat hat XXXI. Tage.

Sonnen-			Monds-		Tage
Aufgang	Untergang		Erschein.		
4	21	7	39	9	49	1
4	22	7	38	10	11	2
4	24	7	36	10	37	3
4	25	7	35	11	4	4
4	26	7	34	11	35	5

Tages-Länge 15 St. 6 Minuten. ✳

4	27	7	33	U.	N.	6
4	29	7	31	0	58	7
4	31	7	29	1	52	8
4	32	7	28	2	57	9
4	34	7	26	4	11	10
4	36	7	24	A.	N.	11
4	38	7	22	7	29	12

Tages-Länge 14 St. 40 Minuten. ✳

4	40	7	20	8	1	13
4	42	7	18	8	32	14
4	43	7	17	9	2	15
4	45	7	15	9	30	16
4	47	7	13	9	59	17
4	49	7	11	10	30	18
4	51	7	9	11	7	19

Tages-Länge 14 St. 14 Minuten. ✳

4	53	7	7	11	46	20
4	55	7	5	A.	B.	21
4	56	7	4	1	23	22
4	58	7	2	2	16	23
5	0	7	0	3	14	24
5	2	6	58	4	15	25
5	4	6	56	U.	N.	26

Tages-Länge 13 St. 48 Minuten. ✳

5	6	6	54	7	33	27
5	8	6	52	7	57	28
5	10	6	50	8	21	29
5	12	6	48	8	46	30
5	14	6	46	9	13	31

SEPTEMBER. MDCCLXXV. Herbstmonat.

IX. Monat.	Verbessert. SEPTEMB.	Erwählungen und Gewitter.	Julianischer AUGUSTUS.
1 Freytag	Egidius	☽ ausser Aspect. unbest.	21 Anastasius
2 Sonnab.	Absolom	✱♄, □☿, ♀ in ♍, trübe,	22 Alphonsus
XXXVI. W.	12. n. Trinit.	v. Taub. u. St. Marc. 7.	11. n. Trinit.
3 Sonntag	Mansuetus	0 Uhr 56 m. früh,	23 Zachäus
4 Montag	Moses	✱♂, trübe, gew.	24 Bartholom.
5 Dienstag	Nathanael	△☉. □♄, veränderlich,	25 Ludwig
6 Mittwoch	Magnus	□♂, ✱♀, ✱♂☿, helle,	26 Samuel
7 Donnerst.	Regina	△♄, △♃, freundlich,	27 Gebhard
8 Freytag	Mar. Geb.	□♀, ☍☿, ☽ im ♉,	28 Pelagius
9 Sonnab.	Sidonia	3 Uhr 58 min. N.	29 Joh. Enth.
XXXVII. W.	13. n. Trinit.	Vom Samariter, Luc. 10.	12. n. Trinit.
10 Sonntag	Pulcheria	□♃, △♀, anmuthig,	30 Ernestus
11 Montag	Abraham	☍♄, ♀ in ♏, angen.	31 Josua
12 Dienstag	Gottlieb	✱♃, □☉♃, lieblich,	1 SEPTEMB.
13 Mittwoch	Amatus	☍♂, ☍♀, △☿, ☌☉☿ sup.	2 Absolom
14 Donnerst.	† Erhöh.	△☉, □♃☿, trocken,	3 Mansuetus
15 Freytag	Friderica	△♄, heit. u. lieblich,	4 Moses
16 Sonnab.	Euphemia	4 Uhr 51 min. N.	5 Nathanael
XXXVIII. W.	14. n. Trinit.	v. zehen Aussätz. Luc. 17.	13. n. Trinit.
17 Sonntag	Lambertus	△♀, □☿, helle, angen.	6 Magnus
18 Montag	Titus	□♄, △♂, trübe, wind.	7 Regina
19 Dienstag	Renatus	✱☉, ✱☿, ☿ in ♎,	8 Mar. Geb.
20 Mittwoch	Quatember	✱♄, □♀, Wind, Reg.	9 Gorgonius
21 Donnerst.	Matthäus	✱♃, □♂, veränderlich,	10 Pulcheria
22 Freytag	Moritz	✱♀, ☽ im ♌, ☌♄☿,	11 Abraham
23 Sonnab.	Thecla	☉ in ♎, H. A. T. u. N. gl.	12 Gottlieb
XXXIX. W.	15. n. Trinit.	v. unger. Mam. Matt. 6.	14. n. Trinit.
24 Sonntag	Joh. Empf.	10 Uhr 4 m. Ab.	13 Amatus
25 Montag	Cleophas	☌♄, ☌☿, trübe,	14 † Erhöh.
26 Dienstag	Cyprian.	△♃, helle, warm, liebl.	15 Nicomedes
27 Mittwoch	Cos. Dam.	☌♀, freundl. anmuth.	16 Quatember
28 Donnerst.	Wenceslaus	☌♂, veränderl. trübe,	17 Lambertus
29 Freytag	Michael	✱☉, regnericht,	18 Titus
30 Sonnab.	Hieronym.	✱♄, ✱☿, trübe,	19 Renatus

Das erste Viertel den 3 Sept.
Der Vollmond den 9 Sept.

Das letzte Viertel den 16 Sept.
Der Neumond den 24 Sept.

Herbstmonat hat XXX. Tage.

Sonnen-		Monds-		Tage
Aufgang	Untergang	Erschein.		
5 16	6 44	9 41		1
5 17	6 43	10 15		2
Tages-Länge 13 St. 22 Minuten.				*
5 19	6 41	10 58		3
5 21	6 39	11 46		4
5 23	6 37	11. V.		5
5 25	6 35	1 53		6
5 27	6 33	3 7		7
5 29	6 31	4 27		8
5 31	6 29	A. N.		9
Tages-Länge 12 St. 54 Minuten.				*
5 33	6 27	6 33		10
5 35	6 25	7 4		11
5 37	6 23	7 34		12
5 39	6 21	8 4		13
5 41	6 19	8 36		14
5 42	6 18	9 11		15
5 44	6 16	9 51		16
Tages-Länge 12 St. 28 Minuten.				*
5 46	6 14	10 35		17
5 48	6 12	11 25		18
5 50	6 10	A. V.		19
5 52	6 8	1 16		20
5 55	6 5	2 19		21
5 58	6 2	3 19		22
6 1	5 59	4 21		23
Tages-Länge 11 St. 56 Minuten.				*
6 2	5 58	11. N.		24
6 3	5 57	6 30		25
6 5	5 56	6 58		26
6 6	5 54	7 23		27
6 7	5 53	7 52		28
6 9	5 51	8 25		29
6 11	5 49	9 5		30

B 5

OCTOBER, MDCCLXXV. Weinmonat.

X. Monat.	Verbessert. OCTOBER.	Erwählungen und Gewitter.	Julianischer SEPTEMBER.
XL. Woche.	16. n. Trinit.	V. Jüngling zu N. Luc. 7.	15. n. Trinit.
1 Sonntag	Remigius	☍♃, △♀, regnericht,	20 Calixtus
2 Montag	Rahel	9 Uhr 5 min. V.	21 Matthäus
3 Dienstag	Maximian.	⚹♂, ⚹♀, □☿,	22 Moritz
4 Mittwoch	Franciscus	△☉, △♄, △☿, angen.	23 Thecla
5 Donnerst.	Placidus	△♃, △♂, △☿, ☽ im ♉,	24 Joh. Empf.
6 Freytag	Fides	△♀, ☌☉♄, ♀ wird unſ.	25 Cleophas
7 Sonnab.	Esther	□♃, △♂, ♀ Retr. ☿ i. ♏	26 Cyprian.
XLI. Woche.	17. n. Trinit.	V. Wassersüchtigen, L. 14.	16. n. Trinit.
8 Sonntag	Ephraim	☍♄, helle u. angenehm,	27 Cos. Dam.
9 Montag	Dionysius	1 Uhr 34 m. früh,	28 Wenceslaus
10 Dienstag	Athanasius	☍♀, ☍☿, helle,	29 Michael
11 Mittwoch	Gereon	☌♀☿, trübe, veränder.	30 Hieronymus
12 Donnerst.	Maximil.	☍♂, ♃ Retr. ♂ in ♐,	1 OCTOBER
13 Freytag	Colomann	△☉, △♄, ☌♃, vermis.	2 Rahel
14 Sonnab.	Burckhard	△♀, △☉♃, regner.	3 Maximian.
XLII. Woche.	18. n. Trinit.	V. fürnehmst. Geb. M. 22.	17. n. Trinit.
15 Sonntag	Hedwig	□♄, △☿, freundlich,	4 Franciscus
16 Montag	Gallus	10 U. 59 min. V.	5 Placidus
17 Dienstag	Innocentius	△♂, □♀, vermis.	6 Fides
18 Mittwoch	Lucas Ev.	⚹♄, ⚹♃, ☽ im ♌,	7 Julia
19 Donnerst.	Ferdinand	⚹☉, □☿, stille,	8 Ephraim
20 Freytag	Wendelinus	□♂, ⚹♀, freundlich,	9 Dionysius
21 Sonnab.	Ursula	□♃, ⚹☿, helle, gemäß.	10 Athanasius
XLIII. Woche.	19. n. Trinit.	V. Gichtbrüchig. Mat. 9.	18. n. Trinit.
22 Sonntag	Cordula	⚹♂, ☿ ist Abendstern,	11 Gereon
23 Montag	Severinus	☉ in ♏, ☌♄, freundl.	12 Maximil.
24 Dienstag	Salome	0 U. 20 min. N.	13 Colomann
25 Mittwoch	Wilhelmina	♄ wird fr. sichtb.	14 Burckhard
26 Donnerst.	Johns	☌♂, ☌☿, ♀ in ♎,	15 Hedwig
27 Freytag	Sabina	⚹♄, heiter und angen.	16 Gallus
28 Sonnab.	Sim. Jud.	☍♃, Max. el. ☿ vesp.	17 Innocentius
XLIV. Woche.	20. n. Trinit.	V. hochz. Kleide. Mat 22.	19. n. Trinit.
29 Sonntag	Narcissus	⚹☉, □♄, ⚹♀, freundl.	18 Lucas Ev.
30 Montag	Claudius	⚹☿, ♀ in ♐, gem.	19 Ferdinand
31 Dienstag	Reform. Fest	4 Uhr 3 min. M.	20 Wendelinus

Das erste Viertel den 2 Octob. | Das letzte Viertel den 16 Octob.
Der Vollmond den 9 Octob. | Der Neumond den 24 Octob.
Das erste Viertel den 31 Octob.

Weinmonat hat XXXI. Tage.

Sonnen-Aufgang	Untergang	Monds-Erschein.		Tage
Tages-Länge 11 St. 36 Minuten.				✳
6 12	5 48	9	49	1
6 14	5 46	10	45	2
6 16	5 44	11	47	3
6 18	5 42	11.	B.	4
6 20	5 40	2	13	5
6 22	5 38	3	28	6
6 24	5 36	4	47	7
Tages-Länge 11 St. 10 Minuten.				✳
6 25	5 35	A.	N.	8
6 28	5 32	5	39	9
6 30	5 30	6	8	10
6 32	5 28	6	38	11
6 35	5 25	7	11	12
6 36	5 24	7	52	13
6 38	5 22	8	35	14
Tages-Länge 10 St. 40 Minuten.				✳
6 40	5 20	9	24	15
6 42	5 18	10	17	16
6 44	5 16	11	15	17
6 46	5 14	A.	B.	18
6 48	5 12	1	13	19
6 50	5 10	2	18	20
6 52	5 8	3	22	21
Tages-Länge 10 St. 12 Minuten.				✳
6 54	5 6	4	25	22
6 56	5 4	5	29	23
6 57	5 3	11.	N.	24
6 59	5 1	5	58	25
7 1	4 59	6	30	26
7 3	4 57	7	9	27
7 5	4 55	7	52	28
Tages-Länge 9 St. 46 Minuten.				✳
7 7	4 53	8	43	29
7 8	4 52	9	44	30
7 10	4 50	10	52	31

NOVEMBER. MDCCLXXV. Wintermonat.

XI. Monat.	Verbessert. NOVEMB.	Erwählungen und Gewitter.	Julianischer OCTOBER.
1 Mittwoch	Aller Heil.	△♄ △♃ ☽ im ♉, ♀ wird	21 Ursula
2 Donnerst.	Aller Seel.	△☉, △♀, (Morgenst.	22 Cordula
3 Freytag	Hubertus	□♂, ✱♄♂, vermischt,	23 Severinus
4 Sonnab.	Carolus	□♃, △☿, trübe, gew.	24 Salome
XLV. Woche.	21. n. Trinit.	V. d. König. Sohn, J. 4.	20. n. Trinit.
5 Sonntag	Blandina	☍♄, △♂, Strichregen,	25 Crispinus
6 Montag	Leonhard	✱♃, ☍♀, trübe, vermisc.	26 Jobus
7 Dienstag	Erdmann	○ 1 Uhr 29 min. N.	27 Sabina
8 Mittwoch	Emericus	☍♃♂, trübe,	28 Sim. Jud.
9 Donnerst.	Theodor	△♄, ☽ ad Ald. Occult.	29 Narcissus
10 Freytag	Mart. Luth.	☌♃, ☍♂, △♀, frostig,	30 Claudius
11 Sonnab.	Mart. Bisch.	☿ Retrog. kalt, Reif,	31 Reform. Fest
XLVI. Woche.	22. n. Trinit.	Rechn. d. Königs, M. 18.	21. n. Trinit.
12 Sonntag	Modestus	△☉, □♄, gemäßigt,	1 NOVEMB.
13 Montag	Arcadius	□♀, △☿, hell und kalt,	2 Aller Seel.
14 Dienstag	Levinus	✱♄, ☽ im ♌, aufgekl.	3 Hubertus
15 Mittwoch	Leopold	☾ 7 Uhr 57 min. V.	4 Probus
16 Donnerst.	Edmundus	△♂, ✱♀, □☿,	5 Blandina
17 Freytag	Hugo	□♃, ☿ in ♏, gewölkt,	6 Leonhard
18 Sonnab.	Hesychius	✱☉, □♂, ✱☿, windigt,	7 Erdmann
XLVII. Woch.	23. n. Trinit.	V. Zinsgroschen, Mat. 22.	22. n. Trinit.
19 Sonntag	Elisabeth	☌♄, ☌☉☿ infer. unl.	8 Emericus
20 Montag	Aemilia	△♃, ✱♂, ☌♀, regner.	9 Theodor
21 Dienstag	Mar. Opf.	♂ wird Ab. unsichtbar,	10 Mart. Luth.
22 Mittwoch	Cäcilia	☉ in ♐, ♂ in ♑, veränd.	11 Mart. Bisch.
23 Donnerst.	Clemens	● 3 Uhr 13 min. fr.	12 Modestus
24 Freytag	Chrysogen.	✱♄, ☍♃, ♀ Dir.	13 Arcadius
25 Sonnab.	Catharina	☌♂ ✱♀, angenehm,	14 Levinus
XLVIII. W.	24. n. Trinit.	V. Jairi Tochter. M. 9.	23. n. Trinit.
26 Sonntag	Conradus	□♄, ✱☿, △♄♃, hell,	15 Leopold
27 Montag	Günther	✱☉, □♀, vermischt,	16 Edmundus
28 Dienstag	Rufus	△♄, △♃, □☿, ☽ im ♉,	17 Hugo
29 Mittwoch	Walther	☽ ✱♂, △♀, Strichr.	18 Hesychius
30 Donnerst.	Andreas	0 Uhr 21 m. früh.	19 Elisabeth

Der Vollmond den 7 Novemb.
Das letzte Viertel den 15 Nov.

Der Neumond den 23 Novemb.
Das erste Viertel den 30 Novemb.

Sonnen-Aufgang	Untergang	Monds-Erschein.		Tage
7 12	4 48	U.	B.	1
7 14	4 46	1	18	2
7 16	4 44	2	33	3
7 18	4 42	3	48	4

Tages-Länge 9 St. 22 Minuten. ✳

7 19	4 41	5	1	5
7 20	4 40	6	16	6
7 22	4 38	N.	N.	7
7 24	4 36	5	8	8
7 26	4 34	5	44	9
7 27	4 33	6	26	10
7 29	4 31	7	13	11

Tages-Länge 8 St. 58 Minuten. ✳

7 31	4 29	8	6	12
7 33	4 27	9	3	13
7 35	4 25	10	1	14
7 36	4 24	11	2	15
7 38	4 22	N.	B.	16
7 39	4 21	1	10	17
7 41	4 19	2	9	18

Tages-Länge 8 St. 36 Minuten. ✳

7 42	4 18	3	15	19
7 44	4 16	4	19	20
7 45	4 15	5	27	21
7 46	4 14	6	36	22
7 47	4 13	U.	N.	23
7 49	4 11	5	42	24
7 50	4 10	6	32	25

Tages-Länge 8 St. 18 Minuten. ✳

7 51	4 9	7	31	26
7 52	4 8	8	37	27
7 54	4 6	9	48	28
7 55	4 5	11	3	29
7 56	4 4	U.	B.	30

1775

DECEMBER. MDCCLXXV. Christmonat.

XII. Monat.	Verbessert. DECEMB.	Erwählungen und Gewitter.	Julianischer NOVEMBER.
1 Freytag	Longinus	✶♃, ✶☿, ♀ Direct.	20 Aemilia
2 Sonnab.	Aurelia	△☉, □♂, Schneegest.	21 Mar. Opf.
XLIX. Woche.	1. Advent.	Chr. Einz. zu Jer. M. 21.	24. n. Trinit.
3 Sonntag	Franc. Xav.	☍♄ ☍♀, trübe, gewölkt,	22 Cäcilia
4 Montag	Barbara	△♂, ☿ in ♏, trübe,	23 Clemens
5 Dienstag	Amos	☍☿, ♃ die g. N. sichtb.	24 Chrysogen.
6 Mittwoch	Nicolaus	Max. el. ☿ mat. verm.	25 Catharina
7 Donnerst.	Marquard	○ 3 U. 29 m. früh,	26 Conradus
8 Freytag	Mar. Empf.	△♀, ☍☉♃	27 Günther
9 Sonnab.	Agrippina	□♄, ☍♂, dunkler Him.	28 Rufus
L. Woche.	2. Advent.	Zeich. d. jüngst. Tag. L. 21.	1. Advent.
10 Sonntag	Judith	△☿, trübe, gemäßigt,	29 Walther
11 Montag	Damasus	□♀, ☽ im ♌, ✶☉♄,	30 Andreas
12 Dienstag	Epimachus	△☉, ✶♄, ☽ ad Cor ♌	1 DECEMBER.
13 Mittwoch	Lucia	✶♀, □☿, ♀ in ♐, wind.	2 Aurelia
14 Donnerst.	Isidorus	□♃, △♂, kalt, vermis.	3 Caßianus
15 Freytag	Ignatius	☾ 5 U. 44 m. früh,	4 Barbara
16 Sonnab.	Ananias	✶☿, □♄♂, veränd.	5 Amos
LI. Woche.	3. Advent.	Joh. send. zu Chr. M. 11.	2. Advent.
17 Sonntag	Isaac	✶☉, ☌♄, △♃, △♂,	6 Nicolaus
18 Montag	Wunibald	☌♀, frostig, unbeständ.	7 Marquard
19 Dienstag	Reinhard	Erst Morgenst. Schnee	8 Mar. Empf.
20 Mittwoch	Quatember	✶♄, ☍♃, ✶♂, unfr.	9 Agrippina
21 Donnerst.	Thomas	☉ in ♑, W. A. kürzte T.	10 Judith
22 Freytag	Beata	● 3 U. 54 min. N.	11 Damasus
23 Sonnab.	Florentina	☌♂, ✶♀, veränd.	12 Epimachus
LII. Woche.	4. Advent.	Zeugniß Johannis, J. 1.	3. Advent.
24 Sonntag	Adam, Eva	□♄, wind. Schneewet.	13 Lucia
25 Montag	H. Christtag	△♃, □♀, ✶☿, trübe,	14 Isidorus
26 Dienstag	Stephanus	✶☉, △♄, ☽ im ♉,	15 Ignatius
27 Mittwoch	Joh. Evang.	□♃, △♀, □☿, ✶♄♀,	16 Quatember
28 Donnerst.	Unsch. Kindl.	Max. el. ♀ matutin.	17 Isaac
29 Freytag	Jonathan	☽ 8 Uhr 28 min. V.	18 Wunibald
30 Sonnab.	David	☍♄, □♂, △☿,	19 Reinhard
; ; ;	S. n. Chr. T.	Simeon u. Hanna, Luc. 2.	4. Advent.
31 Sonntag	Sylvester	△☉, kalt und unlustig,	20 Ammon

Der Vollmond den 7 Decemb. | Der Neumond den 22 Decemb.
Das letzte Viertel den 15 Decemb. | Das erste Viertel den 29 Decemb.

Christmonat hat XXXI. Tage.

Sonnen-Aufgang		Untergang		Monds-Erschein.		Tage
7	57	4	3	1	31	1
7	58	4	2	2	36	2
Tages-Länge 8 St. 2 Minuten.						*
7	59	4	1	3	55	3
8	0	4	0	5	7	4
8	1	3	59	6	17	5
8	1	3	59	7	26	6
8	2	3	58	U.	N.	7
8	3	3	57	4	54	8
8	3	3	57	5	44	9
Tages-Länge 7 St. 52 Minuten.						*
8	4	3	56	6	39	10
8	4	3	56	7	39	11
8	5	3	55	8	39	12
8	5	3	55	9	41	13
8	6	3	54	10	44	14
8	7	3	53	11	46	15
8	7	3	53	U.	V.	16
Tages-Länge 7 St. 46 Minuten.						*
8	7	3	53	1	48	17
8	8	3	52	2	57	18
8	8	3	52	4	4	19
8	8	3	52	5	15	20
8	8	3	52	6	24	21
8	8	3	52	7	33	22
8	8	3	52	U.	N.	23
Tages-Länge 7 St. 42 Minuten.						*
8	8	3	52	6	10	24
8	8	3	52	7	23	25
8	7	3	53	8	37	26
8	7	3	53	9	53	27
8	7	3	53	11	19	28
8	6	3	54	U.	V.	29
8	6	3	54	1	32	30
Tages-Länge 7 St. 50 Minuten.						*
8	5	3	55	2	44	31

Im Julian. und Gregor. Calender.

Numerus Aureus, die güldene Zahl,	IX.
Cyclus Solis, der Sonnen-Zirkel,	XX.
Indictio Rom. der Römer Zinßzahl,	VIII.
Die Julian. Epactæ, (Mondszeiger)	IX.
Die Gregorianische,	XXVIII.
Der Julianische Sonntags-Buchstabe,	D.
Der Gregorianische,	A.

Von Weyhnachten bis Fastnachten 9 Wochen und 1 Tag.

Die vier Quatember oder Quartale nach verbesserter Zeit.

Das I. Reminiscere, den 8 März.	III. Crucis, den 20 Septemb.
II. Trinitatis, den 7 Jun.	IV. Luciä, den 20 Decemb.

Erklärung der Zeichen und Signaturen.

Neue Mond		Zusammenkunft	☌
		Gesechsterschein	✳
Erstes Viertel		Gevierterschein	◻
		Gegenschein	☍
		Triangelschein	△
Vollmond		Vormittags	V.
		Nachmittags	N.
Letztes Viertel		Drachen-Kopf	☊
		Drachen-Schwanz	☋

Die zwölf himmlischen Zeichen.

Widder	♈	Waage		♎	
Stier	♉	Scorpion		♏	
Zwillinge	♊	Schütze		♐	
Krebs	♋	Steinbock		♑	
Löwe	♌	Wassermann		♒	
Jungfrau	♍	Fische		♓	

Von den Finsternissen.

Die erste ist eine bey uns sichtbare Mondfinsterniß, den 15 Februar. in den Nachmittagsstunden.

Die zwote ist eine unsichtbare Sonnenfinsterniß, den 1 März in den Abendstunden.

Die dritte ist eine unsichtbare Mondfinsterniß, den 11 August in den Vormittagsstunden.

Die vierte ist eine sichtbare Sonnenfinsterniß, den 26 August in den Morgenstunden.

Churfürstl. Sächsischer
Hof-Civil-
und
Militair-Staat.

Register
derer verschiedenen Rubriquen.
Vom Hof=Etat.

Hof=

Vom Civil = Etat.

General

Vom Militair = Etat.

Chur =

Churfürstl. Sächsischer
Hof=Staat.

Ober=Chargen.

1. Erster Hof=Marschall.
Se. Excell. Herr Carl Friedrich von Schönberg.
2. Ober=Cammerherr.
Se. Excell. Herr Ludwig Siegfried Graf Vitzthum von Eckstädt.
3. Ober=Stallmeister.
Se. Excell. Herr Heinrich Gottlieb Graf von Lindenau, würkl.
geb. Rath.
Herr Julius Ferdinand Trützschler, von Sr. Maj. des Höchstsel.
Königs Hof=Staat.
4. Ober=Hof=Jägermeister. Vacat.
5. Ober=Küchenmeister.
Herr Melchior Heinrich von Breitenbauch.
6. Ober=Schenke. Vacat.
7. Schweitzer Hauptmann.
Herr Johann Joseph Freyherr von Forell.
8. Cämmerer.
Se. Excell. Herr Camillus Graf Marcolini, würkl. geh. Rath.
9. General=Postmeister.
Se. Excell. Herr Adam Rudolph von Schönberg, würkl. geh. Rath.
10. Hof=Marschall.
Herr Otto Christian von Schönberg.
11. Ober=Küchenmeister.
Herr Gottlob Ehrich von Berlepsch, von Sr. Maj. des Höchstsel
Königs Hof=Staat.
12. Haus=Marschall.
Herr Peter August von Schönberg.

Ober=

Ober=Hof=Marschall=Amt.

1. Erster Hof=Marschall.
Se. Excell. Herr Carl Friedrich von Schönberg.
2. Ober=Küchenmeister.
Herr Melchior Heinrich von Breitenbauch.
3. Ober=Schenke. Vacat.
4. Hof=Marschall.
Herr Otto Christian von Schönberg.
Reise=Marschall.
Herr Johann Caspar Gottlob Graf von Rex.

Cammer=Junker.

Herr Johann Heinrich von Riebelschütz.
Johann George von Altenstein.
Gottlieb Lebrecht von Stammer.
Adam Erdmann von Zettwitz.
Hanuß Adolph von Seebach.
Hannibal Freyherr von Stein, zu Altenstein.
Anton Ludewig von Wurm.
Gebhard Johann von Alvensleben.
Adam Graf Telcki von Szeck.
Gottlob Siegmund von Gersdorff, zu Prata.
Julius Moritz von Hartitsch.
Friedrich Gottlob von Döblau.
Adam Christoph von Holstein.
Friedrich von Benz.
August Adolph von Below.
Stanislaus d' Anckwitz.
Franz Anton Freyherr von Winckelhofen.
George Friedrich von Plettenberg.
Antonius Miaskowski.
Christian Gottlob von Trützschler, auch Ober=Forstmeister zu Coldiz.
Friedrich Joachim von Lichtenhayn.
Albertus Grabinski.
Gottlob Ludewig Graf von Schönberg.
Johann George von Sandersleben, auch Ober=Forstmeister.
Rochus Wieniawski.
Carl Heinrich von Arnim, auch Ober=Forstmeister.

Herr

Herr Alexander Bojanowski.

Gustav Lebrecht von Pfuhl, auch Ober = Forstmeister.
Carl Rudolph von Carlowitz, auch Ober = Forstmeister.
George Heinrich von Brauneck, auch Ober = Forstmeister.
Friedrich August von Reitzenstein.
Johann Christian Friedrich Freyherr von Rechenberg.
Carl von Geisau, auch Ober = Forstmeister.
August Siegmund von Pöllnitz, auch Ober = Forstmeister.
Friedrich August Häßler, auf Gößnitz, auch Ober = Forst-
    meister.
Hannß Adolph Heinrich von Gablentz, auch Ober = Forst-
    meister.
Adolph Ludewig Graf von Löser.
August Ferdinand von Pflugk, auch Jagd = Junker.
Carl August von Wolffersdorff.
Philipp Christoph von der Heyde, auch Ober = Aufseher der
    Elster = Flöße.
Carl August von Gersdorff, auf Gröbitz.
George Boguslaus von Unruh.
Carl Casimir von Beust.
Friedrich Freyherr von Ducker.
Johann August Gottlob von Nostitz und Jänkendorff, Jagd-
    Junker.
Friedrich Ernst Bose.
George Ernst von Schönfeld, auch Jagd = Junker.
Carl Rudolph von Reitzschütz, auch Jagd = Junker.
Friedrich August Rex.
Gotthelf Adolph Rex.
Johann Wilhelm von Brandenstein.
Hilarius Zaluskowski.
Carl Gottlob von Seydewitz.
Friedrich Wilhelm von Hopffgartben, auch Jagd = Junker.
Heinrich Carl von Reitzenstein.
Friedrich August von Döring, auch Jagd = Junker.
Ernst Ferdinand von Winzingeroda.
Gebhard Friedrich Casimir von der Schulenburg, auch
    Jagd = Junker.
Paul Andreas Stryjenski.
Carl Heinrich von Krackenhoff.
George Sebastian von Dyherrn, auch Jagd = Junker und
    Ober = Forstmeister.
Hannß Carl Ehrenreich von Gößnitz.
Thomas Graf Spinuzi.

Herr

Herr Carl Alexander Gebhard von Kayserling.

Ercole Comte Mariscotti.

Johann August Wilhelm von Brandenstein.

Christoph Gotthard von Trotta, genannt Treyden.

Friedrich Gotthard Baron von Mirbach.

Caspar Wilhelm von Ermes.

Carl August Freyherr von Friese.

Carl von Beust.

Carl Heinrich Graf von Callenberg.

Carl Wilhelm von Schauroth.

Stanislaus Czapski.

Johann Maximilian Graf von Dallwitz.

Charles de le Paige.

Curt Adolph Dietrich von Schönberg.

Carl Friedrich Pflugk, zu Ehrenhayn, auch Jagd=Junker.

Gustav Leopold von Beust.

Magnus Gotthelf Graf von Hoym.

Wolf Abraham Lebrecht von Weydenbach, auch Amts=
Hauptmann.

Carl Siegmund von Hopffgarthen.

Christian Gottlob von Tümpling.

August Siegmund Pflug, Jagd=Junker.

Bernhard von Krassow.

Friedrich Ernst von Brincken.

Carl August von Polentz.

Adam Friedrich von Schönberg, auf Lauterbach.

Friedrich Anton von Stain.

Rudolph Traugott von Thielau.

August Carl Friedrich von Schirnding.

Carl Franz Albrecht von Pirch.

Friedrich Alexander von Schönberg.

Friedrich August von Polentz, Rittmeister.

Johann George Adolph von Zeng, auch Jagd=Junker.

Ungarischer Hof-Junker.

Herr Paul von Darrawasch.

Ober=Hof=Marschall=Amts=Expedition.

Hof=Secretarius,   Herr Carl August Svabe.

Vice=Hof=Secretarius,   Johann August Krackow.

Copisten,   Carl Friedrich Keltz, Hof=Expedit.

Christian Nahke, Hof=Expeditor.

Friedrich August Lindemann,

Salomon Traugott Heinsius.

Aufwär=

Aufwärter,	Johann Elias Riedel.
	Theodor Gottlob Myllus.
Cammer-Fouriers,	Herr Johann Friedrich Müller.
	Joseph Schubert.
Hof-Fouriers,	Herr Johann Heinrich Davercko.
	Christoph Gottlob Koretzki.
	Johann Jacob Jungnickel.

Ferner:

Hof-Profos,	Johann Andreas Dübner.
Vice-Hof-Profos,	Christian Kalte.
Hof-Profos-Knecht,	Johann Zacharias Beckmann.

Hierüber

Hof-Patientenwärter,	Christoph Seibt.

Hof-Caſſa.

Hof-Caſſier,	Herr Christian Huthsteiner.
Hof-Caſſen-Schreiber,	Johann Gottlob Francke.

Hof-Medici.

Herr D. Carl Friedrich Hauswald.
   D. Friedrich Traugott Richter.
   D. Johann Gottlob Heise.
   D. Joseph de Vignet,
   M. Burckhard Ludewig Eckardt, } Prädic.

Hof-Chirurgi.

Herr Ernst August Wilhelm Schill, Leib-Chirurgus.
   Friedrich Heinrich Schumann.
   George Siegmund Hoffkuntz.
   Carl Gotthelf Elster, Hof-Armen-Chirurgus.
   Johann Jacob Chelius,
   Johann Carl Burckhard,
   Johann Salomon Göbler, } Prädic.
   Johann Friedrich Kanitz,
   Johann Carl Saxe,

Pagen-Hof-Sprach-und Exercitien-Meister.

Pagen-Hofmeister,	Herr August Heinrich von Pöllnitz, Capit.
Maitre des Morales,	Johann Wolfgang Dietrich.
Schreibemeister,	Gottfried Christian Vollhard, Cap.
Mathematicus,	Johann Gottfried Schneider.
Französ. Sprachmeister,	Johann Peter Franquet.
Zeichenmeister,	Carl Christian Reinow.
Fechtmeister,	Johann Christoph Kahlau.
Tanzmeister,	Johann Gottlieb Röder.

C 4   Ital.

Ital. Sprachmeister,　Herr Carl Ceresa.
Schreibemeister Adjunct.　Johann Christoph Göde.

Silber-Pagen.

Herr Traugott von Beust.
Friedrich Carl von Birckholtz.
Hanß Wilhelm von Könneritz.
Adolph Gottlob von Wolffersdorff.
August Wilhelm Gotthelf von Leipziger.
Friedrich Franz Xaver o Byrn.
Carl Ernst George von Ziegler und Klipphausen.
Friedrich Ludewig von der Planitz.
Friedrich Freyherr von Stöcken.
Ferdinand Gotthelf von Carlowitz.
Friedrich Christian Preuß.
Hanß Dam von der Pfordte.
Carl Gottlob Edler von der Planitz.
Xaverius Pokutinskj.
Adolph Moritz von Kayserling.
Franciscus Graf von Thurn.

Hof-Trompeter und Paucker.

Ober-Trompeter,　Johann Friedrich Schrödter, emeritus.
Hof-Trompeter,　Johann Gottfried Frey, verwaltet die Function als Ober-Trompeter.
Johann Wilhelm Lorenz Kadisch.
Johann Caspar Wolff.
George Andreas Wehlmann.
Christian Gottfried Matthäi.
Johann Christoph Hoffmann.
Johann Christian Wehlmann.
Johann Gotthelf Salomon.
Hof-Paucker,　Johann Nicolaus Geise.
Scholaren,　Johann Joseph Mattstedt, Paucker.
Johann George Klemm, Trompeter.

Hof-Laqueyen.

Johann Andreas Lorentz.　Wilhelm Ludewig Latomus.
Jacob Heinrich Lincke.　Andreas Pyger.
Joseph Hertzig.　Johann David Neuhahn.
Christian Peter Bandelo.　Günther Augustin Starcke.
Christian Friedrich Hänel.　George Opitz.
Johann Andreas Prater.　Johann August König.
Carl Friedrich Riedel.　Johann Michael Meynert.
Wilhelm Friedrich Graupe.　Johann August Friedrich Beyer.

Hof-

Hof-Laqueyen.

Johann Gottlob Rudolph.
Johann Valentin Birnstiel.
Johann Samuel Draxdorff.
Johann George Schultze.
Johann Christian Hanemann.
Johann Christian Schädlich.
Johann Gottfried Köteritz.
Johann Kühnel.

David Gruschwitz.
August Frandel.
Carl Christoph Gebhard.
Joseph Zawernitzki.
Friedrich Conrad Schatz.
Franz Poltz.
Johann George Mock.

Pensionaires.

Anton Reichel.
Jacob Dubuisson.
Martin Hase.
Johann Gottlob Sonntag.
Johann Gottfried Buchner.
Erasmus Hasemann.
Johann Marx.
Johann Mahler.

Johann Michael Nell.
Johann Caspar Gräfe.
George Cylitz.
Johann Friedrich Stollberg.
Johann Michael Büttner.
Johann Carl August Trapp,
   Hof=Harfenist.
Gottfried Sonntag.

Laufer.

Friedrich Adolph Haubitz.
Friedrich August Teich.

Friedrich David Kögel.
Michael Woletzj.

Pensionaires.

Johann August Schachtmann.   Johann Gottlob Becker.

Heyducken.

Gottlob Schultze.
Peter Böhm.
Gottlieb Bertholdt.
Martin Birnbaum.
George Thalenheim.

Christian Weber.
Gregorius Kobalskj.
Christian Friedrich Weldt.
Johann George Fischer.

Pensionaires.

Peter Rolle.
Thomas Farin.
Johann Michler.
Johann Leopold Zinsmeister.

Johann Adam Ritter.
Andreas Müller.
Johann Michael Wentzel.

Hof Pfeifer.

Johann Christian Notterott.
Carl Wilhelm Ludewig Richter.
Johann Christian Kerst.
Johann Gottlob Roch.
Johann Christoph Notterott.
Johann Gottlieb Liebert.

Johann Wilhelm Petermann.
Christian Ehrenfried Görentz.
Friedrich August Santo.
Johann Friedrich Schultze.
Carl Gottlieb Otto.
Johann Gottlob Lau.

C 5

Penſionaires.

Johann George Teutzſchmann. Chriſtian Ludewig Tenner.
Martin Binzſch. Johann Otto.
Chriſtian Benjamin Hörnig. Gottfried Wichmann.
Gottlieb Fiſcher.

Stubenheitzer.

Johann Gottfried Schropp, bey denen Jungfern der Churfürſtl.
Hof = Dames.
Chriſtian Gottlob Krumbein, bey denen Churfürſtl. Cammer=
Dienerinnen.
George Samuel Hoyer, beym Münz = Cabinet.
Penſionair. Anton Polz.

Hof=Wirthſchafts=Expedition,
wobey

der Herr Ober = Küchenmeiſter Melchior Heinrich von
Breitenbauch das Directorium führet, und unter deſſen
Direction der Herr Cammerherr, Chriſtian Friedrich
Marſchall, der Churfürſtlichen Hof = Wirth=
ſchaft mit vorgeſetzet iſt.

Hof=Wirthſchafts-Secretarius, Herr Polycarp Friedrich Thilo.
Hof = Wirthſch. Calculator, Chriſtian Friedrich Schellig.
Hof = Wirthſch. Copiſten, Wilhelm Gottlieb Matthiae.
Johann Auguſt Streubel.
Aufwärter, Gottlieb Martin Röder.

Hof = Wirthſchafts = Caſſa.

Caſſier und Controlleur, Herr Joh. Chriſtian Gottlob Neuhahn.

Hof = Küche.

Küchenmeiſter, Herr Joh. George Adolph Baßemann.
Johann Gottfried Schüller.
Friedrich David Heß.
Hof = Küchenſchreiber, Chriſtian Heinrich Herold.
Friedrich Gottlieb Hauſchild.
Mund = Köche, Johann Joſeph Mezner.
Carl Joſeph Cogerie.
Thomas le Duc.
Hof = Einkaufer Johann Gottlieb Reuter.
deſſen Magd, Johanna Sophia Friederica Wannin.
Brat=

Bratmeister,	Herr Louis Clair Foucault.
Brat = Köche,	Carl Friedrich Klinckigt.
	Jean Potel.
Backmeister,	Wenzel Puttig.
Back = Köche,	Johann Gottlob Preuße.
	Johann Gottfried Knepper.
Geschirr = Schreiber,	Christian Schnabel.
Küchbeyschreiber,	Carl Gottlieb Heinr. Heymann.
	Johann Christoph Wilde.
Hof = und Bey = Köche,	Jacob Johann Wöllß.
	Christoph Heinrich Göde.
	Christian Adolph Sommer.
	Adolph Friedrich Werther.
	Johann Daniel Förster.
	Christian Friedrich Franz.
	George Gartner.
Hof = Metzger,	Johann Daniel Richter.
Metzger = Knecht zur Reise,	Johann Paul Heller.
Zehrgärtner,	Elias Wolff.
Zehr = Garten = Gehülfen,	Franz Molitor.
	Christian Friedrich Zech.
Kochjungen,	Ludewig Foucault.
	Traugott Friedrich Butziger.
	Christian Friedrich Starke.
	Johann Steinau.
	Philip Gregory.
	Johann Gottfried Otto.
	Carl Foucault.
	Ludewig Wilhelm Rewitz.
	Johann Gottlob Freund.
	Johann Gottfried Schultze.
Küchen = Beyarbeiter,	Martin Burckard.
	Wenzel Franz.
	Johann Christian Baumann.
	Christian Benjamin Grahl.
	Johann Christian Krüger.
	Michael Buchheim.
Bratenwender,	Carl August Klinckigt.
	Anton Grimmer.
Küchenmägde,	Christina Nempfferin.
	Maria Elisabeth Haagin.
	Johanna Burin.
	Rahel Sophia Fischerin.

Chur-

Churfürstl. Menagerie zu Friedrichstadt.

Einkaufer,	Herr Johann Gottfried Heyse.
Menagerie = Gehülfe,	Johann Christoph Müller.
—— Gärtner,	Johann Caspar Fuhrmann.
—— Beyarbeiter,	Gottfried Bezold.

Hof-Kellerey.

Erster Kellermeister,	Herr Johann Salomon Günther.
Zweyter ——,	Johann Friedrich Gießmann.
Mundschenk,	Johann Friedrich Höck.
	Joseph Wagner.
Reise = Mundschenk,	Johann Gottfried Günther.
Münd = Becker,	George Friedrich Gmehling.
Hof = Böttger,	Andreas Schumann.
Ausspeiser,	Johann Gottlob Loos.
	Christian Gottfried Ransch.
Beygehülfe,	Johann Dietrich Zittel.
	Anton Schäffer.
	Johann Carl Faust.
	Johann George Hennig.
	Johann George Roßig.
	Johann Schuster.
	Johann Gottfried Läßig.
Scheuerfrau,	Anna Elisabeth Fanghähnelin.
Hof = Schröbler,	Johann George Reppgen.
	Johann Gottfried Wolff.
	Johann Christoph Gersdorff.
	Christian Roßenberger.

Hof = Silber = Cammer.

Silber = Cämmerer,	Herr Paul Michael Hager.
Silber = Diener,	Herrmann Günther Cornelius.
Silber = Schreiber,	Friedrich Wilhelm Hähnel.
Reise = Silber = Diener,	Johann Michael Naumann.
	Johann Gottlob Filisch.
Silber = Cammer = Beygehülfen,	Johann Caspar Fischer.
	Johann Benjamin Focke.
	Friedrich August Berger.
	Carl Friedrich Köhler.
	Johann Andreas Arnold.
	Friedrich Benjamin Hartleb.
	Christian Busch.
	Carl Friedrich Gustav Scholtz.

Silber=

Silberwäscherin, Gottliebe Judithe Müllerin.
Magdalena Jumpeltin.
Johanna Catharina Buschin.
Johanna Elisabeth Riedrichin.

Hof-Licht-Cammer.

Lichtschreiber, Herr Johann Peuker.
Lichtschreiber-Gehülfe, Johann Christoph Deßenwir.

Hof-Conditorey.

Hof-Conditor, Herr Ostwald Jungabernth.
Reise-Hof-Conditor, Johann Michael Beyer.
Conditor-Schreiber, Christian Salomon Lange.
Conditor-Gesellen, George Friedrich Agner.
August Traugott Elster.
Conditor-Jungen, Christian Friedrich August Rocksch.
Johann Andreas Erler.
Zuckerstößer, Johann Gottfried Schulze.
Kohlenanführer, Johann George Wurzel.
Conditor-Mägde, Johanna Dorothea Böhmin.
Johanna Rosina Lenschin.

Proviant-Haus.

Proviant-Verwalter, Herr Johann Christian Kohlschütter,
Ober-Jagd-Commissarius.
Rauch-Meister, Johann Christoph Schramm.
Rauch-Knecht, Christian Heinrich Butziger.

Pensionaires.

Hof-Wirthschafts-Expedition.

Hof-Wirthsch. Secretarius, Herr Johann George Svabe.
Vice-Hof-Wirthsch. Secret. Christian Gottlieb Richter.
——— ——— Cassier, Christian Gottfried Heyme.
——— ——— Copisten, Christian Friedrich Neßen.
Christian Gottlieb Prellhuf.

Hof-Küche.

Küchschreiber, Herr Johann Gottlob Buxbaum.
Mund-Köche, Charles Vasquetti.
Christoph Gottlob Herrmann.
Johann George Liebskind.
Hof-Einkaufer, Johann Christoph Löwe.
Back-Meister, Carl August Georgi.
Hof-und Bey-Köche, Anton Samorsky.
Johann Christian Herold.
Küchen-

Küchen=Beyarbeiter.	Jacob Herrmann.
	Matthäus Wigand.
	Johann Christian Röschter.
Küchen=Mägde,	Anna Dorothea Hoyerin.
	Maria Dorothea Oehmin.
	Anna Rosina Mayin.
	Anna Elisabeth Wagnerin.
	Anna Regina Schweitzerin.

Hof=Kellerey.

Reise=Kellermeister,	Herr Johann Siegmund Billig.
Mund=Schenk,	Andreas Ehlig.
Hof=Böttger,	Johann Gottfried Lehmann.

Hof=Silber=Cammer.

Silberdiener,	Herr Johann Heinrich Günther.
Silber=Cammer=Bey=gehülfen,	Gottlob Fielisch.
	Johann Gottfried Braune.
Silberwäscherinnen,	Anna Elisabeth Häbnelin.
	Maria Catharina Schlegelin.
Geräthwäscherin,	Anna Helena Richterin.

Hof=Conditorey.

Hof=Conditor,	Herr Christian Paul Leutheußer.
Conditor=Gesellen,	Johann Christoph Müller.
	Carl Gottlieb Schrödter.
Stößer,	Peter Ostrowskj.

Ober=Cämmerey.
I. Ober=Cammerherr.

Se. Excell. Herr Ludwig Siegfried Graf Vitzthum von Eckstädt, des Rußisch=Kaiserl. St. Andreas= und Alexander=Newsky=Ordens Ritter.

Cammerherren.

Herr Nicolaus Swizinski.

Christoph Levin von Trotta, genannt Treyden.

Christoph von Börner.

Heinrich Adolph Ferdinand von Oberland, auf Ober=Leutersdorf.

Herr

Herr Johann George Freyherr von Hopberg.

    Christian Ferdinand von Zettwitz, auf Bohna.

    Bartholomäus Stecki.

    Ernst August von Klenk.

    Heinrich Otto Baron von Albedyll.

    Franciscus Rostworowski.

    Joseph Karczewski.

    Etienne de Cardaillac Comte d'Agde.

    Franz Marquard Freyherr von Stain.

    Adam Miaczinski.

    Felix Franciscus von Loycko.

    Heinrich Christian Graf von Kayserling.

    Anton von Leubnitz.

    August Reineccius Graf von Callenberg, General-Adjutant.

    Alexius Huszarczewski.

    Alexander von Unruh, auf Bauchwitz.

    Ludovicus Bratkowski.

    George Grabowski.

    Franz Wilczewski.

    Friedrich Wilhelm Freyherr von Braun.

    Christian Ludwig von Gablenz, auch Land-Jägermeister.

    Emanuel Graf von Kollowrath.

    Christian Friedrich von Hopfgarten, auch Ober-Steuer-Einnehmer und geheimer Kriegs-Rath.

    Rudolph Dietrich von Schönberg, zu Tannenhayn, auch Creyß-Hauptmann.

    Friedrich August von Götz, auf Hohenbucka.

    Heinrich Friedrich von Wolffersdorf, zu Leubnitz, auch Creyß-Commissarius.

    Dietrich von Kayserling, Landes-Hauptmann zu Baußka in Curland.

    Frobenius Freyherr Reichlin von Meldegg.

    Johann Caspar Gottlob Graf von Rex, auch Reise-Marschall.

    Ernst von der Brüggen, auf Stenden.

    Carl Ewald von Firks, auf Wahldegahlen.

    Christoph August Lebrecht von Bodenhausen, auf Brandis.

    Franz Günther Freyherr von Golz.

    Johann Rudolph August von Rodewitz.

    Thim Heinrich von Preuß, auch Ober-Forst und Wild-meister.

    Dietrich Ernst Freyherr von Hepking, auf Weiß-Pommuschen.

Herr

Herr Hannß Adolph von Carlowiz, auf Stölitz, auch Creyß-
Hauptmann,

Wilhelm Ludwig von Wilke, auf Volkramshausen.

Gottfried von Nostiz.

Otto George von Bock.

Hannß Moriz Graf von Brühl, auf Martinskirchen, auch
Landes-Hauptmann.

Heinrich Graf von Brühl.

Maximilian Erasmus Graf von Zinzendorf und Pottendorf, auch Obrister.

Friedrich August Graf von Zinzendorf und Pottendorf,
auch Obrister und General-Adjutant.

Christian Friedrich Marschall.

Christian Ehrenreich von Schönberg, zu Wittgensdorf,
auch Obrist-Lieutenant.

Christian Freyherr von Wrede.

Johann Friedrich von Seebach.

Casimir Gabaleon Graf von Salmour.

Wolf Hartwig Ferdinand von Nostiz.

Christian Heinrich Adolph von Zehmen.

Maximilian Anton Joseph Graf von Törring.

Ludwig Otto von Tümpling, auch Stifts-Naumbur-
gischer Cammerrath

Jacob Friedemann Graf von Werthern.

Franciscus Xaverius Graf zu Solms, Besitzer der Herr-
schaft Sonnewalda.

Friedrich August Carl Freyherr von Beust.

Ferdinand Freyherr von Müffling, Weiß genannt, zu
Reußa.

Johann Gustav Freyherr von Sacken, auch General-
Major.

Carl Christoph von Obernitz.

Hannß Moriz Graf von Brühl, auch Obrister.

Carl Haubold von Liebenau.

Johann Heinrich von Helldorf.

Wolf Christian Albrecht von Löben, auf Mengelsdorf.

Ludwig Carl von Pöllnitz, auf Benndorf.

Clemens August Freyherr von Mengerßen, auf Rhoder im
Hochstift Paderborn.

Lewin Friedrich von der Schulenburg, auf Burgscheidun-
gen, auch Creyß-Hauptmann.

Joseph Bratkowski.

Cajetan Zawoyski.

Herr

Herr Chriſtian Wilhelm Carl von Stutterheim, auf Ogroße,
　　auch Präſident der Ober-Amts-Regierung zu Lübben.
Hannß Michael Ludwig von Schönberg, auf Wilſdruf.
Hannß Gottlob Freyherr von Seyfertitz, zu Ahlsdorf.
Adolph Heinrich Boſe,, zu Nickern, Hof-Marſchall bey
　　Jhro Königl. Hoheit der verwittibten Churfürſtin.
Heinrich Adolph Graf von Brühl, zu Bedra, auch Ober-
　　Hauptmann.
Chriſtoph Gottlob von Burgsdorf, auch Ober-Aufſeher
　　in der Grafſchaft Mannsfeld.
Auguſt Conſtantin von Unruh, auch Obriſt-Wachtmeiſter.
George Arnd Abraham von Görne, auf Weſenig und Dö-
　　beltitz.
Leopold Moritz Graf Donop.
Chriſtoph Friedrich Heinrich Graf von Solms, zu Rü-
　　ckerswalda.
Wolf Albrecht Freyherr von Rechenberg.
Carl Heinrich von Reitzenſtein.
George Theodor von Schilling, auch Major.
Otto Hermann von der Howen.
Stanislaus Radziminſki.
Ludwig Gottlob Graf von Lüttichau.
Carl Friedrich von Erdmannsdorf.
Caſpar Heinrich Damm von Schönberg.
Johann Gregorius o Byrn.
Johann Hilmar Adolph von Schönfeld, auch Ober-Steuer-
　　Einnehmer.
Johann Friedrich Carl Graf von Dallwitz, auch Appella-
　　tionsrath.
Friedrich Siegmund von Miltitz.
Chriſtoph d’Alton, auch Major.
Johann Auguſt von Kötteritz, auch Ober-Forſt- und Wild-
　　meiſter zu Schleuſingen.
Julius Chriſtian Friedrich von Schauroth, auch Appella-
　　tions-Rath.
George Heinrich von Carlowitz, auch Creyß-Hauptmann.
Friedrich Gotthard von Lindenau, auch Stallmeiſter bey
　　den Torgauiſchen Geſtütten.
Johann Adolph von Leipziger, Stallmeiſter bey Jhro Kö-
　　nigl. Hoheit der verwittibten Churfürſtin.
Philipp Friedrich von der Brüggen.
Carl Albrecht von Rimpſch, auch Appellations-Rath.

Ch. u. St. Cal. 1775.　　　　D　　　　　Herr

Herr Albrecht Ludwig Graf von der Schulenburg, zu Closterro-
    da, auch gebeimer Cammerrath,

George Heinrich Alexander Graf zu Callenberg.

Carl Ehrenreich von Gersdorf, auch Ober-Forst-und
    Wildmeister.

Christian Ernst Graf zu Lynar.

Johann Wilhelm Christoph Graf zu Stollberg-Roßla.

Johann Ernst von Gersdorf.

Joseph Victor Amadäus Graf Tarin.

Carl Christoph o Byrn.

Heinrich Wilhelm von Schönberg zu Bornitz.

Heinrich Graf von Bünau.

Christoph Hermann von Reutern.

Siegmund Julius Pflug.

Hannß Rudolph von Bischoffswerder, Stallmeister bey
    Sr. Königl. Hoheit dem Herzog von Curland.

Pierre Balthasar Freyherr von Campenhausen.

Carl Siegmund von Schirnding, auch Ober-Forst-und
    Wildmeister.

Carl Wilhelm Benno von Heynitz, auch Accisrath.

Christian Wilhelm aus dem Winkel.

Friedrich August Bose.

Franz Freyherr von Wrede.

Carl Heinrich Ernst von Griesheim, auch Major.

Carl Nicolaus von Korf.

Heinrich Erdmann von Reder.

Johann Carl Adolph von Nostitz.

Otto von Wurmser, auch Capitaine in Königl. Französi-
    schen Diensten.

Anton Graf Eugeni zu Perugia.

Leopold von Beust, auch Bergrath.

Johann Ernst von Hopfgarten.

Gotthelf Friedrich von Thielau, auch Rittmeister bey der
    Garde du Corps.

Matthias August von Lattorf, auch Ober-Forst-und
    Wildmeister.

George von der Reck, Erbbesitzer der Neuenburg-und
    Feldhöffschen Güter in Curland.

Ernst Adam Levin von Trotta, genannt Treyden.

Johann Adolph Plötz, auch Ober-Forst-und Wildmeister.

Michael Siwonaz Jurkowski.

Joseph Swinarski, auch Reise-Stallmeister.

Herr

Herr Carl Wilhelm von Carlowitz, auch Hof- und Justitien-
   Rath.
   Christian Heinrich von Häußler, auch Hauptmann,
   Ferdinand Alexander Freyherr von Taube.
   Friedrich Wilhelm August Carl Graf Bose.
   Joseph Gabaleon Graf von Salmour.
   Johann August Gottlob von Nostitz und Jänkendorf.
   Adolph Friedrich Wilhelm von Naundorf.
   Joseph Friedrich Freyherr von Racknitz.
   Ferdinand Joseph Marchese de Piatti.
   Carl Heinrich Johann Wilhelm Graf von Schlitz, genannt
      Görtz, auch Hof- und Justitien-Rath.
   Heinrich Friedrich Graf von Baudißin, auch Capitaine
      bey der Leib-Grenadier-Garde.
   Johann August Heinrich von Röder, auch Hof- und Ju-
      stitien-Rath und geheimer Referendarius.
   Friedrich Caspar von Zeng, Ihro Durchl. der verwittibten
      Herzogin zu Sachsen-Weißenfels-Ober-Hofmeister,

Ober-Cämmerey-Expedition.

Ober-Cämmerey-Secretarius, Herr Johann David Müller.
Ober-Cämmerey-Schreiber, Carl Gottlieb Nitzsche.

Curiositäten-Cabineter.

Grüne Gewölbe.

Inspector und geheimer Cämmerirer,	Herr Friedrich Christian Schlötter, Emer.
	Heinrich Taddel.
	Jean François Poncet.
	Dominicus Bußy.
Aufwärter,	Johann Christian Ludwig Löschke.
	Christian Schäfer.
	Hierüber:
Geh. Cämmerirer,	Herr Franz Diespach.

Bibliothek.

Ober-Bibliothecarius,	Herr Johann Heinrich Kauderbach, auch geh. Legations-Rath.
Bibliothecarius,	Christian Gotthold Crusius, auch Hofrath.
	Johann Michael Franke, auch geh. Secretarius.
Unter-Bibliothecarius,	Carl Christian Canzler.

Copisten,

Copisten,	Herr Carl Gottfried Ehrlich.
	Johann Salomon Schenkel.
	Carl Adolph Naumann.
Schreiber,	David Benjamin Weise.
Aufwärter,	Johann Eckart.
Adjunctus,	George Förster.

Naturalien = und Mineralien = Cabinet.

Chirurgische und anatomische Instrumente, auch Tempel Salomonis.

Inspector,	Herr Christian Ernst Birkhahn.
Concierge,	Johann Carl Silbermann.
Aufwärter beym Minera- lien = Cabinet,	Johann Christian Meißner.
Wild = Staffirer,	Friedrich Warm.
Hof = und Cabinets = Steinschneider,	Johann George Klette.
Hof = Steinschneider,	Johann Gottlieb Stiehl.
	Johann Christian Stephani.

Physicalische und mathematische Instrumente.

Inspector,	Herr Johann Gottlob Rudolph.
Uhrmacher,	Johann Gottlieb Gerngros.
Aufwärter,	Johann Friedrich Pattist.

Kunst = Cammer.

Hof = und Bergrath,	Herr D. Gottfried Heinrich Duckewitz.
Uhrmacher,	Johann Gottfried Händschker.
Birnstein = und Schild- kröt = Arbeiter,	Ephraim Benjamin Krüger.
Aufwärter,	Johann Friedrich Pattist.

Invention = und Model = Cammer.

| Modelmeister, | Herr Friedrich Wilhelm Gärtner. |

Gewehr = Gallerie.

Ober = Aufseher,	Herr Clemens Gustav Petzold.
Schützenmeister,	Johann Gottfried Hänisch.
Büchsenspanner,	Johann Andreas Naumann.
Büchsenwärter,	Johann Christoph Barthel.
Adjunctus,	Johann Friedrich Hänisch.
Hof = Büchsenmacher,	Johann Joseph Futter.

Herr

Herr **Christian Ludwig** von **Hagedorn**, Geheimer Legationsrath, als Ober=Director der drey Gallerien: 1. der
antiquen und modernen Statuen; 2. der Kupferstiche
und Handzeichnungen, und 3. der Gemählde.

Gallerie der antiquen und modernen Statuen.

Inspector,	Herr Johann Friedrich Wacker.
Aufwärter,	Johann Meltzer.

Gallerie der Kupferstiche und Handzeichnungen.

Inspector,	Herr Carl Gotthelf Kennel.
Canzellist,	Carl Gottfried Nestler.
Schreiber,	Antonius Schneyder.
Aufwärter,	Nicolaus Ancel.

Gallerie der Gemählde.

Inspector,	Herr Johann Anton Riedel.
Gehülfe,	Johann Gottlieb Pechwell.
Aufwärter,	Carl Friedrich Schneider.
Schlosser,	George Albrecht Morgner.
Frotteurs,	Johann George Claußnitzer.
	Gottfried Nicolaus Häbner.
	Johann Carl Gottlob Humbach.
Beygehülfe,	Martin Wenzel Rämpfer.

Cammer=Türken.

Matthias Radkiewitz.	Paulus Skalski.
Johann Jankowitz.	Jacob Anton Olivier, Penf.
	Hierüber
Mechanicus,	Gottlieb Friederich.

II. Cämmerer.

Se. Excell. Herr **Camillo** Graf **Marcolini**, würklicher
geh. Rath, des heil. Stephanus Ordens Ritter.

Unter dessen Direction stehen:

Die Capelle.

Beichtvater,	R. D. Franciscus Herz.
Hofprediger,	R. D. Matthias Becker.
	R. D. Johannes Limpacher.
Hof=Capellan,	R. D. Thomas Scheußler.
Capelldiener,	Xaverius Suitter.
Oratorienheitzer,	Carl Wagner.

Stubenheitzer bey denen Herren Geistlichen, Joseph Häntschel.

Die

Die Leib-Medici.

Hofrath u. Leib-Medicus, Herr D. Johann Ludwig Bianconi.
D. Christian Heinrich Hänel.
D. Carl Philipp Geßner.
D. Johann Wilhelm Friedrich Jahn.
D. Gotthold Ernst Löber.
D. Christian Gottlob Demiani.

Die Leib-Chirurgi.

Leib-Chirurgus, Herr Pierre Charron.
Vincent François Henry.
Johann August Montanus.
Daniel Gottlob Ideler, Prád.
George Eberhard Wittel.
Johann Gottlob Haupt.
Johann Salomon Göbler.
Ernst August Wilh. Schill, Prád.
Leib-Zahn-Chirurgus, Carl August Andre.
Hof-Apotheker, Johann Christian Gottfr. Petri.
Reise-Hof-Apotheker, Johann Christian Clausius.

Zur Jagd.

Jagd-Pagen, Herr Thim Heinrich Adolph von Preuß.
Carl Friedrich August Plötz.
Hof-Jäger und Herr Clemens Gustav Petzold, Ober-Aufseher
Leibschützen, bey der Gewehr-Gallerie.
Johann Christian Mehner.

Die Cammer.

Cammer-Pagen, Herr Wilhelm Heinrich von Birkholz.
Heinrich Joseph von der Gablenz.

Legations-Rath und geh.
Secretarius, Johann Baptiste von Merlo.
Secretarius, Carl Emilius Bandeco.
Cassirer, Gottlob Friedrich Büttner.
Geb. Cämmerirer, Sebastian Wilczynski, Emer.
Anton Ponte.

Cammerdiener, Wenzel Johann Schubauer, auch
geh. Cämmerirer.
Joseph Ehrlinger von Ehrenthal,
auch geh. Cämmerirer.
Matthias Joseph Hertzinger, auch
geh. Cämmerirer.

Cammer-

Cammerdiener,	Herr Joseph Fronhoffer.
	Andreas Huber, Präd.
Friseur,	Carl Richter.
Cammer-Thürhüter,	Johann Michael Wagner.
	Sebastian Haustein.
Leibschneider,	Bartholomäus Rottmeyer.
Leib-Kürschner,	Johann Christian Seyler.
Leib-Schuhmacher,	Johann George Richter.
Spitzen-Putzerin,	Christiana Theresia Kiepschin.
Leib-Wäscherin,	Anna Sophia Güntherin.
Leib-Kröserin,	Maria Anna Knielingin.
Leib-Nätherin,	Maria Dorothea Schmidin.
Cammer-Laquais,	Johann Gottlob Schmidt.
	Caspar Starczewski.
Stubenheitzer,	Anton Schubert.

Die Chatoulle.

Rechnungsführer,	Herr Wenzel Johann Schubauer, geh. Cämmerirer.
Cassenschreiber und Secretarius,	Herr David du Buy.

Zur Expedition.

Ober-Cämmerey-Secretar.	Herr Johann David Müller.
Ober-Cämmereyschreiber,	Carl Gottlieb Nitzsche.

Pensionaires.

Accis-Rath,	Herr Christian Friedrich Gleichmann, als vormaliger Rechnungsführer bey der Chatoulle.
Cammerdiener,	Friedr. Zenker, auch geh. Cämmerirer.
	Friedr. Emanuel Burghard de Leger.
	Dominic Jaureche.
Leib-Zahn-Chirurgus,	Carl August Andre.
Barbierer,	Johann Christian Andreas Behrens.
	Johann Victor Krone.
Cammer-Mechanicus,	Johann Gottfried Neugebauer.
Stubenheitzer,	Johann Friedrich Schrödter.

Ferner:

Geheim. Cammerschreiber,	Herr Johann Gottlob Zacharias.

Hierüber

Reise-Leibschneider,	Anton Reyher.

Academie der Künste.

General-Director der Künste und Kunst-Academie, Herr Christian Ludwig von Hagedorn, geheimer Legations-Rath.

Die Academie der Künste,
worunter begriffen

A. Ehren-Mitglieder.

Vacat.

B. Die Academie der Mahlerey, Bildhauerey und Kupferstecherkunst in Dreßden.

In der Mahlerey.

Herr Carl Hutin, Professor und Director, auch der Königl. Französischen Academie Mitglied.

Herr Adam Friedrich Oeser, Prof. und Director der Zeichnungs- Mahlerey- und Architectur-Academie in Leipzig.

Professores,   Herr Johann Casanova.

         Joseph Roos, der Clement. Academie in Bononien Mitglied, und dermahlen Kaiserl. Cabinets-Mahler, lebt in Wien.

Professores honorarii,   Herr Julius Raymond, Hofmahler.

         Johann Eleazar Schönau.

         Marcello Bacciarelli, abwesend in Warschau.

Aufgenommene Mitglieder.

Wegen der Miniatur,   Frau Friderica Bacciarelli, gebohrne Richterin, abwesend, lebt in Warschau.

Wegen der Perspective,   Herr Bernard Belotti genannt Canaletto, abwesend, lebt in Warschau.

Wegen der Portraits und Mahlerey in Pastel,   Christian David Müller, Hofmahler.

Wegen der Portraits in Oel,   Anton Graf.

Zur Blumenmahlerey hinter Glas,   Frau Johanna Elisabeth Weydmüllern.

Ja

In Miniatur,   Herr Cornelius Hoyer, der Churfürstl. auswärtigen Academie Mitglied und Rath der Königl. Dänischen Mahler- und Bildhauer Academie, auch der Florentinischen Mitglied, auch jener Secretarius, lebt in Copenhagen.

Aufzunehmendes Mitglied.

In Historien u. Portraits, Frau Rosine du Gasc, gebohrne Asiewska, in Braunschweig.
in Oel und Pastel,

In der Bildhauerkunst.

Professor,   Herr Gottfr. Knöfler, Hof-Bildhauer.

In der Kupferstecherkunst.

Professores,   Herr Joseph Camerota, Hof-Kupferstecher.
Lorenz Zuchi, Hof-Kupferstecher.
Joseph Canale.

Aufgenommene Mitglieder.

Herr Johann George Wille, auswärtiges Mitglied, auch Königl. Kupferstecher in Paris, und der dortigen Academie Mitglied.

Herr Christian Friedrich Boetius, Hof-Kupferstecher: Adrian Zingg, der Kaiserl. Königl. Zeichnungs- und Kupferstecher Academie in Wien Mitglied.

C. Die Academie der Baukunst in Dreßden.

Professores,   Herr Christian Friedrich Exner, Ober-Land-Baumeister.
Friedrich August Krubfacius, Hof-Baumeister.

Mitglieder,   Herr Johann Paul Habersang.
Gottlob August Hölzer.

Auswärtiges Mitglied,   Herr E. Ritter, Baumeister in Berg, der Königl. Französischen Academie der Baukunst in Paris, des Instituts in Bononien, und der öconomischen Societät in Bern Mitglied.

Professor der Antiquen,   Herr Philipp Daniel Lippert.

Hierüber:

Herr Hof-Commissarius Joh. Joachim Kändler,   beyde bey der
Bildhauer und Modellmeister.   } Porcel.Manuf.
Herr Michael Victor Acier, Bildhauer.   zu. Meißen.

Pen-

Penſionaires.

Jungfer Sophia Friederica Dinglingerin.

Maria Thereſia Riedelin.

Caroline Friederica Friedrichin in Blumenmahlen.

Herr Anton Ignatius Hamilton, Cabinetsmahler in Hubertsburg.

Carl Chriſtian Reinow, Hof-Deſſinateur, auch Zeichen-
meiſter bey den Churfürſtl. Pagen.

Herr Anton Kindermann, Hofmahler.

Gottlieb Anton Dolſt, Miniaturmahler.

Chriſtian Gottlob Mietzſch, Unterlehrer.

Gaetano Toſcani, Unterlehrer.

Chriſtian Gottlob Fechhelm, Unterlehrer.

Ferner:

Herr Creſcentius Seidelmann, in der Mahlerey.

Carl Friedrich Schäffer, in der Bildhauerkunſt.

Johann Chriſtian Klengel, in Landſchaften.

Chriſtian Friedrich Stölzel, in der Kupferſtecherkunſt.

Chriſtian Gottfried Schultze, desgleichen.

Friedrich Chriſtian Klaß, in Landſchaften.

Johann Carl Langebein, in der Bildhauerey.

Kupferdrucker,   Herr Johann Gabriel Protze.

     Johann Friedrich Pohland.

Aufwärter,   Johann George Claußnitzer.

D. Die Zeichnungs-Mahlerey-und Architectur-Academie in Leipzig.

Director,   Herr Adam Friedrich Oeſer, auch Pro-
feſſor der Academie in Dreßden,
und Hofmahler.

Architect,   Johann Paul Haberſang.

Kupferſtecher,   Johann Friedrich Bauſe.

     Chriſtian Gottlieb Geyſer.   Mit-

Herr Jacob Wilhelm Mechau,   glie-
in der Mahlerey.   der.

Johann Fried. Dauthe, in
der Baukunſt.

Unterlehrer und Bildhauer, Herr Friedrich Samuel Schlegel.

Unterlehrer,   Herr Auguſt Ludwig Stein.

     Johann Friedrich Ludwig Oeſer.

Aufwärter, auch Kunſt- und Modell-Tiſcher, Johann Chriſtoph Jung.

Haus-

Haus=Marschall=Amt

dirigiret

Herr Haus=Marschall Peter August von Schönberg.

1) Expedition.

Haus=Marschall=Amts=Secretarius, Herr Joh. George Anger.
Haus=Marschall=Amts=Copist, Herr Johann David Schubert.
Aufwärter,   Christian Gottlieb Heymann.

2) Cassa.

Haus=Marschall=Amts=Cassier, Herr Carl Friedrich Lehmann.

3)

Hof=Baumeister,   Herr Friedrich August Krubsacius.

4) Inspectores, Bettmeistere, Tapeziers und Hausmänner.

Schloß=Insp. zu Moritz= burg,	Herr Friedrich Wilhelm Tüllmann.
—— zu Weißenfelß,	Johann Wilhelm Stippius.
Hof=Bettmeister,	Anton Eyselt.
Bettmeister im Churf. Pal.	Johann Daniel Berger.
Bettmeister im neuen Flü= gel allda,	Johann Kneyschel.
zur Sublevation als Bett= schreiber daselbst,	Friedrich Anton Kühn.
Bettmeister in Pillnitz,	Emanuel Gottlob Mieth.
—— im Japan. Pal.	Carl August Hofmann.
—— in Hubertusburg,	George Friedrich Kunze.
—— in Elsterwerda,	Carl Gottlob Wagner.
—— in Lichtenburg,	Johann Daniel Ermisch.
—— in Pretzsch,	Michael Zakrzewski.
—— in Seedlitz,	Johann Gottfried Hempel.
—— in Merseburg,	Christian Thieme.
—— in Dahme,	Andreas Hooge.
—— in Budißin,	Johann Matthias Kritzscher.
—— auf der Festung Königstein,	Amandus Kühn.
Hof=Tapezier,	Johann Friedrich Baßler.
Reise=Tapezier,	Johann Gottlieb Drähnert.
Reise=Tapezier=Adjunctus,	Johann Gottlieb Wernher.
Hof=Bett=Schreiber, mit dem Präd. als Bettmeist.	Christian Wilhelm Lohß.

Bettschrei-

Bettschreiber in Moritzb. Herr Moritz Emanuel Keuler.
Gardemeubles-Schreiber, Christian Friedrich Zakrzewski.
Schloß-Thorwärter
allhier, Johann Martin Pletzsch.
——— zu Dahme, Andreas Partoßlich.
Hausmann im Kühni-
schen Hause, Michael Polizki.
——— beym Jap. Pal. Johann George Petzolt.
——— in Moritzburg, Samuel Kehrbach.
——— in Hubertusburg, Johann Peter Kleeberg und
Christian Michelky.
——— in Weißenfels, Gottlieb Holzmann.
Aufwärter beym marmornen Saal und Hausmann im Frau
Mutter Haus, Johann George Lachmann.
Hof-Schleusen-Räumer, Johann Gottlieb Becker.
dessen Gehülfe, Johann Andreas Beyer.

5) Hof- und Kunst-Gärtner.

Hof- u. Orange-Gärtner, Herr Gotthilf August Fraustadt.
Hof-Gärtner im Japan.
Palais-Garten, Caspar Christian Schuch.
——— im großen Gar-
ten, Johann Gottfried Hübler.
——— in Ubigau, Johann Milchmeyer.
——— in Moritzburg, Johann Gottlob Meister.
dessen Adjunctus, Peter August Meister.
——— in Pillnitz, Johann John.
——— in Lichtenburg, Johann Wilhelm Manger.
——— in Seeblitz, Johann Gottfried Mattheeß.
——— in Pretzsch, Johann George Engelmann.
——— in Weißenfels, Johann Christoph Drähn.
——— in Dahme, Johann Christian Langrock.
Obergeselle im Herzogl. Garten, Johann Heinrich Seidel.

6) Unterschiedliche Evangelische Capell- und Hof-
Kirchen-Bediente.

Capell-Director und Hof-Organist. Herr Joh. Christoph Richter.
Hof-Cantor, Herr Gotthelf Emanuel Bicum.
Vice Hof-Cantor, Gottlob Lebrecht Hunger.
Hof-Kirchner, Christian Heinrich Adam Schlagk.
Kirch-Stübgen Diener, Johann Tobias Böhme.

Hof-

Hof = Calcanten,	Johann Gottfried Wehner, und Johann Heinrich Wißmann.

7) Diverſe Bediente, ſo wol hier, als auswärts.

Hof = Feuer = Geräth-ſchafts Inſpector,	Herr Chriſtoph Gottlieb Sebulon.
Hauß = Marſchall=Amts=Fourier,	Joſeph Lechner.
Sacriſtaner in der Ca-thol. Hof = Kirche,	Xaverius Minetti.
Kirchen = Auffeher,	Ferdinand Burggaller.
deſſen Adjunctus,	Johann Auguſt Burggaller.
Oratorien = Heißer,	Johann Carl Wagner.
Kirchen = Portiers,	Jungmann und Schneider.
Schloß = Thürmer,	Herr Carl Wilhelm Schmager.
Vice = Schloß = Thürmer,	Johann Gottlieb Händſchker.
Hof = Schützen = Meiſter,	Johann Gottfried Häniſch.
Spiegel = Factor,	Johann David Oehme.
deſſen Adjunctus,	Carl David Oehme.
Marqueur beym Paß = Spiel,	Johann Gottfried Hempel.
Hofmahler,	Johann David Pöppelmann.
Hof = Tiſchler.	Johann Chriſtoph Heße.
Adjunctus,	Johann Gottlieb Heße.
Hof = Tiſchler,	Johann Daniel Bürger.
Hof = Schloſſer,	Johann Gottfried Martini.
Hof = Kirſchner,	Carl Friedrich Warm.
Hof = Zinngießer,	Johann George Simon.
Hof=Feuer=Mäuer=Kehrer,	Johann Gottlieb Martini, und Chriſtian Friedrich Sigert.
Hof=Feuer=Mäuer=Kehrer in Hubertusb.	Carl Friedrich Böttger.
Stubenheitzer in Pillnitz,	Auguſt Gottlieb Bahr.
Zimmer = Frotteurs aufm Reſidenz = Schloſſe,	Johann Chriſtoph Erler. Joſeph Traugott Erler, Adj. Johann Arnold Schrödter. Chriſtoph Benjamin Schelle und Johann Wilhelm Siedel.
Schloß=Thurm=Nacht-wächter,	Johann Chriſtian Kaſeberg. Johann George Täpelt.
— Tagewächter,	Johann Gottlob Schurich.
Hof=Geräthe=Wäſcherin,	Johanne Sophie Müllerin.

Feder-Vieh-Wärter zu Moritzb. Johann Gottlob Sontag.
Patientenwärter,   Johann George Thiele.

8) Thorwärter im großen Garten.

Am fördern Thore,   Johann Gottlieb Schneider.
Auf der linken Hand, Johann Christoph Enders.
Am hintern Thore,   Johann Zucker.
Auf der rechten Hand, Friedrich August Uhlemann.

9) Holzträger auf dem Schlosse.

Peter Müller.   Johann Michael Porschütz.
Gottlieb Ludewig.   Christian Aneforge.
Friedrich August Stößel. Carl Gottlieb Frey.

10) Holzträger im Churfürstl. Palais.

Johann George Meschwitzer. Martin Naumann.
Johann Michael Müller.   Johann Cristoph Schöltze.

11) Lampenwärter.

Aufm Schlosse,   Johann Gottlob Schwarm.
Im Churfürstl. Palais, Christian Prietzel.

12)

Hof-Feuer-Geräthschafts-Beygehülfe, Johann Gottlieb Lucius.

13) Feuerwächter auf dem Schlosse.

Mäurer.	Zimmerleute.
Johann Gottlieb Schmidt.	Johann Gottlob Schwarm.
Johann Christoph Liebscher.	Gottfried Heinze.
Christian Adam.	Christhold Fischer.
Heinrich Wilhelm Zaulich.	Andreas Benjamin Auer.
Johann Christian Oeser.	Johann Christian Zimmerheckel.
Friedrich Schantz.	Johann Christian Creutz.
Christoph Großmann.	Johann George Heintzsch.
David Gebhard.	Johann Gottlob Salomon.
Johann Gottfried Hoßang.	Johann Gottlob Lucas.
Johann Gabriel Mocker.	Johann Christoph Eichler.
Gottlob Furwerg.	Johann Christian Uhlmann.
Johann Gottlob Appelt.	Johann Gottfried Körbitz.
Johann Delitzsch.	Samuel Zimmermann.
Johann Christian Hirschinger.	Johann George Angermann.
Christian Hofmann.	Johann Adam Jätzsche.
Gottfried Schütze.	Johann Mattheus Pietzsch.

14) Feuer-

14) Feuerwächter bey der Bilder-Gallerie.

Johann Gottlob Hähnel.	Christian Fritzsche.
Samuel Lange.	Johann Christian Otto.
Johann Gottlob Böhme.	Johann Gottlob Gutfreund.
Johann Christoph Leitloff.	Johann George Ebert.
Gotthelf Dierschel.	Samuel Gomlich.
Johann Gottlob Ehrlich.	Johann Friedrich Tanz.
Christ. Gottl. Wilh. Bachmann.	Christian Gottlob Baumgarten.
Johann Samuel Bachmann.	Christoph Friedrich Angermann.
David Steinert.	Johann Gottfried Müller.
Bettmeister, Pens.	Siegmund Schmidt.

Hierüber diejenigen Personen, so sich jetzo noch in
Warschau befinden.

Bau-Secretarius,	Herr Carl Friedrich Bochmann.
Cammer-Fourier und Insp.	Johann Casimir Heyne.
Bau-Cantrolleur,	Christian Zecher.
Hof-Gärtner,	Johann Michael Schneider.
Tapezier-Gehülfe,	Retowski.
Hausmann im Palais,	Klein, und Johann George Jobst.
Schorsteinfeger,	Johann Gottlob Kalbitz.

Feuerwächter beym Palais.

Dietze.	Zschernig.	Nierling.
Büttig.	Royal.	Holtzbecher.

Capell- und Cammer-Musik.

Directeur des Plaisirs, Herr Friedrich August von König.

Hof-Poet und Legationsrath, Herr Jean Ambroise Migliavacha.

Ober-Capell-Meister, Herr Johann Adolph Hasse.

Kirchen-Compositeurs.	Salvatore Pacifico.
Johann George Schürer.	Nicolaus Spindler.
Johann Amadeus Naumann.	Contr'alti.
Joseph Schuster.	Domenico Annibali.
Franz Seydelmann.	Giuseppe Perrini.
Soprani.	Antonio Mariottini.
Wilhelmina Schürerin, geb.	Tenori.
Dennerin.	Angelo Amorevoli
	Ludovicus

Ludovicus Cornelius.
Franz Ignatius Seydelmann.
Anton Stephan.

Bassi.

Johann David Bahn.
Joseph Schuster.
Joseph Brandler.
Gabriel Joseph Führich.

Violinisten.

Carl Matthäus Lehneis, Concertmeister.
Lorenzo Carazzi.
Johann George Fickler.
Franz Zich.
Franz Nicolaus Hunt, sen.
Johann George Neruda, sen.
Felice Picinetti.
Franz Fiedler.
Johann Baptista Hunt, jun.
Johann Eifelt.
Joseph Dietze.
Simon Uhlig.
Anton Lehneis, jun.
Ludovicus Neruda, jun.
Dominico Bandelo.
Johann Christian Dunckel.
Supernumerar=Violinisten.
Carl Gottlob Taschenberger.
Anton Friedrich Neruda, jun.
Christian Kunze.

Flautraversisten.

Franz Joseph Götzel.
Antoine François Derable.
Johann Adam Schmidt.

Lautenist.

Joh. Adolph Faustinus Weiß.

Waldhornisten.

Carl Haudeck.
Joseph Hampel.

Oboisten.

Antonio Besozzi, sen.
Carlo Besozzi, jun.
Johann Franz Zincke.

Friedrich August Richter.

Braccisten.

Johann Adam, Compositeur der Musik zu denen Ballets.
Johann Gottfried Röhr.
Johann David Lange.
Johann Gottfried Simon.

Supernumerar=Braccist.

Johann Gottlob Horn, jun.

Violoncellisten.

Joseph Franz Hofmann.
Felice Picinetti.
Heinrich Meglin.

Fagotisten.

Christian Friedrich Mattstädt.
Carl Christian Ritter.
Franz Gottlieb.
Johann Gabriel Zeißig.

Supernumerar=Fagotist.

Adam Heinrich Braune.

Organisten.

Peter August.
Christian Gottlob Binder.

Contrabassisten.

Johann Caspar Horn.
George Christoph Balch.
Anton Dietrich.

Notisten.

Johann George Kremler.
Matthäus Schlettner.
Carl Gottlob Uhle.
Christian Gottlieb Dachselt.

Orgelbauer

Johann Gottfried Hildebrand.

Clavierstimmer.

Johann Heinrich Gräbner.

Clavierstimmer Adjunctus.

Johann Gottfried Gräbner.

Calcanten.

Bartholomäus Siegard.
Franz Jacob.

Capelldiener

Johann Gottlob Werner.

Balletmei

Balletmeister.
Antonio Bigatti.
Theatralischer Hof-Baumeister.
Simon Gottlieb Zugk.
Instrumenten-Inspector.
Joseph Tiederle.
Garderobbe-Inspector.
Johann August Simon, theatralischer Conducteur.
Garderobbe-Beygehülfen.
Carl Christian Reußmann.
Matthias Smuda.
Garderobbe-Aufwärter.
Franz Rönig.
Theatralischer Hof-Mahler.
Bibiena.
Machinen-Meister.
Christian Gottlob Reuß, sen.
Machinen Meister Adjunct.
Christian Gottlieb Reuß, jun.
Aufseher des großen Theater.
Carl Heinrich Riedel.
Aufseher des kleinen Theater.
Johann Balthasar Kirst.
Theatre-Bedienter.
Giacomo Amurat.
Hof-Lautenmacher.
Andreas Jauch, sen.
Ignatius Jauch, jun.
Pensionaires.
Antonio Maria Cattaneo, Garderobbe-Inspector.
Catharina Andre, geb. St. George.
Nic. Nayeran Mondonville.

François Ferrere.
Bernardo Vulcano.
Isabella Vulcani.
Anna Negri.
Giovanna Casanova.
Giov Camillo Canzacht.
Paola Noe.
Girolamo Focher.
Elena Ghiliermoni Gandini.
François Delpeche.
Manon Coudray.
Babiche Cherrier.
Sophia Wilhelmina Pestelin.
Joseph Tiederle, Instrumenten-Inspector.
Louise Vaurinville.
Anna Elisabeth Dellin.
Charlotte Emilie Morgensternin.
Franz Francini.
Rosalia Huberin.
Dinglingerin.
Jeanne Favier.
Antonio Bertoldi.
Jean Baptiste Grandchamp.
François Favier.
Louise Delpeche.
Faustina Guardasoni.
Marianna Cattaneo.
Emilie Nöllerin.
Carolina Grandchamp.
Christiana Baumannin.
Alexander Vulcano.
Hampelische Kinder.
Therese Moretti.
Johanna Catharina Hugoin.

Churfürstliche Capellanen.

R. D. Andreas Demel, Superior.
R. D. Franciscus Liebscher.
R. D. Josephus Baumgarten.

R. D. Josephus Huber.
R. D. Josephus Löw.

In Leipzig.

R. D. Florianus Asole, Superior.
R. D. Bernardus Berger.
R. D. Joannes Knörich.

In Hubertusburg.

R. D. Antonius Schubert.

Ober-Stall-Amt.

Ober-Stallmeister.

Se. Excell. Herr Heinrich Gottlieb des Heil. Röm. Reichs Graf von Lindenau, würklicher geheimer Rath, des Rußisch-Kayserl. St. Alexander-Newski-Ordens Ritter ꝛc.

Stallmeister.

Herr Stallmeister, Hannß Heinrich von Könneritz, auch Obrist-Lieutenant.

Wolff Hartwich Ferdinand von Nostitz, Cammerherr, Pens.

Friedrich Gotthard von Lindenau, Cammerherr.

Reise-Stallmeister, Stephan Swinarskj, Cammerherr.

Ober-Bereuter.

Herr Johann Moritz Knauth.
Friedrich Wilhelm Schifferdecker.

Bereuter.

Herr Carl Friedrich Böhme.
Christian Wilhelm Müller.
George Siegmund Francke.
Johann Ernst Rudolph Eckhart.
Johann Gustav Knauth.
Bey den Academien zu Leipzig und Wittenberg.
Herr Johann Friedrich Rosenzweig, in Leipzig, Stallmeister.
August Ferdinand Meyer, in Wittenberg, Bereuter.

Bey

Bey der Ober-Stall-Amts-Expedition.

Secretarien,	Herr Carl Ludwig Vollhart.
	Christian Theophilus Lehmann, Rechnungsführer.
Reise-Stallschreiber,	Michael Just.
Rüst-Cammerschreiber.	Johann Gottlob Röhr.
Futter-Einkaufer,	Carl Gottlieb Raithel.
	Samuel Lehmann.
Stall-Chirurgi,	Friedrich Heinrich Schumann.
	George Siegmund Hoskuntz.
Stall-Apotheker,	Friedrich Hofmann.
Ober-Roß-Arzt,	D. Christoph Friedrich Weber.
Roß-Aerzte,	Johann Conrad Herrmann.
	Heinrich George Sangerhausen.
	Johann Andreas Müller.
	Johann Friedrich Hennig.
	Johann Gottlob Hirsch.
Zelt-Schneider,	Friedrich Gottlob Fritzsche.
Zelt-Beygehülfe,	Carl Gottlieb Fritzsche.
Rüst-Knechte,	Gottlob Schenke.
	Johann David Raspe.
	Johann Andreas Breyer.
	Johann Friedrich Gärtner, Adjunct.
Bahnenwärter,	Johann Gottlieb Preßke.
	Johann George Denig.
Thorwärter,	Johann George Höcker, im großen Stalle.
	Johann Gottlieb Herrmann, im Closter.
	Christoph Hänisch, im Frau-Mutter-Hause.
	Johann Gottlob Pfützner, im Röhr-hofe.
	Johann Friedrich Schenderlein, in neuen Ställen.
	Johann Landscron, auf der Schäferey.
Stall-Röhrmeister,	Friedrich Förster.

Unter-Bediente.

Beym Reut-Stalle.

Leibknecht,	Johann Christoph Taubenrauch.
Sattelknechte,	Tobias Christoph Schütze.
	Johann Gottlieb Winkler,

Bereu-

Bereuter=Scholaren,	Gottlieb Benjamin Traugott Richter.
	Clemens Gustav Petzold.

Beym Kutsch=Stalle.

Leib=Wagenmeister,	George Friedrich Schenderlein.
Post=Wagenmeister,	Gottlieb Seyffert.
Bagage=Wagenmeister,	Johann Michael Gleitsmann.
Schirrmeister,	Michael Reinitz.
	Johann Gottfried Schüchner.
Leib=Wagenhalter,	Christoph Hauswald.
	Johann Christoph Humbach.
	Christian Ludwig Veit.
	Johann George Gummelich.

Pensionaires.

Bereuter,	Herr Dietrich Adolph Hacke.
Stallschreiber,	George Wilhelm Müller.
Reise=Stallschreiber,	Johann Daniel Dehme.
Stutterey=Verwalter,	Christoph Ludwig König.
	Gottlieb Friedrich Werther.
Sattelknecht,	Gottfried Martini.
Schirrmeister,	Andreas Scheller.
	Johann Carl Köderitzsch.
Futter=Marschall,	Sebastian Maximilian Hildebrand.
Leib=Wagenhalter,	George Friedrich Kutzner.
	Johann Döring.

Unter Direction Sr. Excellenz des Herrn Ober=Stall=meisters Heinrich Gottlieb Grafen von Lindenau, stehen bey den Churfürstl. Gestütten,
namlich:

Bey den Torgauischen Stuttereyen Repitz, Gradiz und Döhlen.

Stallmeister.

Herr Friedrich Gotthard von Lindenau, auch Cammerherr.

Stutterey=Verwalter,	Moritz Gottwald Böttger.
Erste Stutterey=Knechte,	Christian Gottfried Wittich, in Repitz.
	Carl August Werther, in Gradiz.
	Johann Gottlob Müller, Pens.
Roß=Arzt,	Johann Gottfried Hering.

Bey den Stuttereyen Merseburg und Beßra.

Stallmeister.

Herr Hannß Heinrich von Könneritz, Obrist=Lieutenant.

Bereuter,

Berruter,   Herr Friedr. Senff, Rechnungsführer,
Futter= und Stuttenmeister, Christian Schulze,
Wagenmeister und Thorwärter, Johann Friedr. Thiele,
Roß=Arzt,   Philipp Walther.   } Merse=burg.

Stutterey=Verwalter, Johann Christoph Schwartze,
Roß=Arzt,   Hanuß George Porisch,   } Veßra.

Ober= Hof= Jägermeister.

Vacat.

Ober=Land=Forstmeister.

Herr Carl Ludwig von Laßperg.

Land=Jägermeistere.

Herr Johann Wilhelm von Heerdegen, Land=Jägermeister, auch Ober=Forst= und Wildmeister zu Grüllenburg.
Thiem Heinrich Preuß, Cammerherr, Land=Jägermeister des Chur=Meißner und Leipziger Creyßes, auch Ober=Forst= und Wildmeister zu Torgau.
Christian Ludwig von Gablentz, Cammerherr und Land=Jägermeister des Ertzgebürgischen Creyßes.

Ober= Forst= und Wildmeistere.

Herr Johann George von Sandersleben, Ober=Forst= und Wildmeister zu Dahme und Jüterbog.
Carl Siegmund von Schirnding, Cammerherr, auch Ober=Forst= und Wildmeister zu Bärenfelß.
Gustav Lebrecht von Phul, Ober Forst= und Wildmeister zu Dobrilugk.
Christian Gottlob Trützschler, Ober=Forst=und Wildmeister zu Colditz.
George Heinrich von Bräuneck, Ober=Forst= und Wildmeister zu Schlettau.
Carl Heinrich von Arnim, Ober=Forst= und Wildmeister zu Annaburg.
Carl Ehrenreich von Gersdorff, Cammerherr, auch Ober=Forst= und Wildmeister zu Dreßden, Senftenberg und Hoyerswerda.

        Herr

Herr Matthias August von Lattorff, Cammerherr, auch Ober-
Forst- und Wildmeister zu Elbenau.

Carl von Geusau, Ober-Forst- und Wildmeister zu Liebenwerda.

Carl Rudolph von Carlowitz, Ober-Forst- und Wildmeister derer Auerbach- Schöneck- und Plauischen
Wälder.

Hanns Adolph Heinrich von Gablentz, Ober-Forst- und
Wildmeister zu Weyda.

Johann August von Kötteritz, Cammerherr, auch Ober-
Forst- und Wildmeister zu Schleusingen.

August Siegmund von Pöllnitz, Ober-Forst- und Wildmeister zu Zschopau.

Hanns Christoph von Oppel, Ober-Forst- und Wildmeister zu Cunnersdorff.

Friedrich August von Häseler, Ober-Forst- und Wildmeister zu Weißenfels.

Christian von Geusau, Obrister, auch Ober-Forst- und
Wildmeister in Thüringen.

Carl Rudolph von Neitzschutz, Ober-Forst- und Wildmeister im Stift Naumburg Zeiz.

Gebhard Friedrich Casimir von der Schulenburg, Ober-
Forst- und Wildmeister-Adjunctus zu Grüllenburg.

Johann Adolph Plötz, Cammerherr, auch Ober-Forst-
und Wildmeister zu Merseburg.

August Ferdinand Pflugk, Ober-Forst- und Wildmeister
zu Sorau.

Jagd-Expedition.

Herr Johann Christian Linke, Ober-Jagd-Commissarius.

Johann Christian Kohlschütter, Ober-Jagd-Commissarius und Proviant-Verwalter.

Christian Gottfried Siegmund Richter, Jagd-Secretarius.

Traugott Ludwig Klee, Jagd-Copiste.

Cammer-und Jagd-Junkere.

Herr Johann Wolff Albrecht Freyherr von Rechenberg, auch
Cammerherr.

George Ernst von Schönfeld, auch Cammerherr.

Friedrich Wilhelm von Hopfgarten.

Friedrich August von Döring.

Johann August Gottlob von Nostitz und Jänkendorff, auch
Cammerherr.

Herr

Herr Wilhelm Siegmund Julius Pflugk, auch Cammerherr.
 Carl Friedrich Pflugk.
 Carl Siegmund von Hoyfgarten.
 Christian Gottlob von Tümpling.
 August Siegmund Pflugk.
 August Carl Friedrich von Schirnding.
 Johann George Adolph von Zeng.

Jagd-Pagen.

Herr Thiem Heinrich Adolph Preuß.
 Carl Friedrich August Plötz.

Hof-Jägerey.

Herr Heinrich Gottlob Schüler, Ober-Wildmeister zu Sieben-
 lehn, auch Ober-Jäger.
 Christian Ehrenreich Zimmermann, Pirsch- und Wildmei-
 ster zu Dreßden.
 Johann Jacob Freißleben, Hof-Jäger und Wildmeister
 zu Dahlen.
 Christian Friedrich Glasewald, Hof-Jäger und Wildmei-
 ster zu Gröden.
 Johann David Fischer, Hof-Jäger und Wildmeister zu
 Pforta.
 Johann Ernst Oeser, Hof-Jäger und Wildmeister zu
 Laußnitz.
 Johann August Freißleben, Hof-Jäger und Wildmeister-
 Adjunctus zu Dahlen.
 Johann Christian Mehner, Ober-Wildmeister und Wild-
 meister-Adjunctus zu Siebenlehn.
 Gottlob Ernst Oeser, Hof-Jäger und Wildmeister-Ad-
 junctus zu Laußnitz.
 Johann August Fischer, Hof-Jäger und Wildmeister-Ad-
 junctus zu Pforta.
 Clemens Gustav Petzold, Ober-Aufseher bey der Gewehr-
 Gallerie, auch Hof-Jäger und Leib-Schütze.
 Gttfried Hoyer, Hof-Jäger und Leib-Schütze bey Ihro
 des Herzogs von Curland Königl. Hoheit.
 Johann Heinrich Pärsch, Hof-Jäger und Leib-Schütze
 bey Ihro der verwittbeten Churfürstin Königl. Hoheit.
 Carl Ferdinand Weise, Hof-Jäger.
 Johann August Pommrich, Hof-Jäger und Leibschütze
 bey der Churfürstin Durchl.
 Friedrich Gottlob Enghardt, Wildmeister zu Söllichau.

       Herr

Herr Johann Christian Reßinger, Trüffel-Jäger, auch Holß-
    Verwalter zu Gröbel.
    Stanislaus Montresor, Hof-Schütze, Pensionair in
    Warschau.

Nota.

Denen übrigen Hof- und Jagd-Besuch-Jägern sind bey der
    Land-Jägerey besonderé Resiere und Dienste mit anver-
    trauet.

Ueberdieß:

Johann George Angermann, Jagd-Zeug-Wagenmeister.
Johann Christian Künßelmann, Reise-Jagd-Zeug-Wagen-
    meister.
Christian Traugott Hirsch, Jäger-Wirth.
Peter Franke, Fasanwärter im großen Garten.
Adam Friedrich Franke, dessen Adjunctus.
Johann George Schrödter, Knecht bey denen Leithunden.
Johann Michael Scherffig, Knecht bey denen Rüden.
Johann Gottfried Riedel, Entenfänger zu Torgau.

Jäger-Pursche.

Carl August Petzold.	Carl Friedrich Plant.
Carl August Leßke.	Johann Traugott Auerswald.

Jagd-Pfeifer.

Christoph Höne, Ober-Pfeifer.	Gottfried Kummer.
Carl Friedrich Riedel.	Heinrich Traugott Salomon.
Johann August Franke.	Carl Gottfried Dietzsch.
Johann Christian Listing.	Erdmann Friedrich Pohler.
August Lohse.	Johann Gotthold Salomon.

Ferner:

Johann Christoph Schramm, Rauchmeister.
Johann Heinrich Butziger, Rauchknecht.
Johann Christian Schultze, Thorwärter zu Ostra.
Johann Christian Schleitzer, Vogelsteller zu Pillnitz.
Johann Christian Schleitzer, Vogelsteller zu Klotzscha.
Christoph Kutsche und }
Gottlob Grohmann, } Pirsch-Karnknechte.

Ihro

Jhro Durchl.
der Churfürstin
Hof=Staat.

Obrist=Hofmeisterin.

Jhro Excellenz, Frau Maria Josepha, Freyfrau von Wetzel, gebohrne Freyin von Wessenberg.

Obrist=Hofmeister.

Se. Excellenz, Herr Philipp Carl von Wessenberg, Freyherr von Ampringen, Conferenz=Minister und würklicher geheimer Rath.

Fräulein=Hofmeisterin.

Jhro Excellenz, die verwittibte Frau würkliche geheime Räthin, Gottlieb Gräfin von Hrezan, gebohrne Gräfin Colonna.

Cammer=Fräulein.

Fräul. Johanna Freyin von Osten.
Friderica Freyin von Wormser.

Hof=Dames.

Fräul. Maria Catharine von Bagge.
Maria Anna Hedewig o Byrn.
Anna Clara Josepha von Adlerstein.
Judithe von Gumpenberg.

Cammer=Frau.

Frau Anna Dorothea Bevelaqua.

Cammer=Dienerinnen.

Madem. Maria Anna Fercherin.
Victoria Fercherin.
Anna Maria Cherrier.
Maria Josepha Wilckin.

Garde=Dames.

Frau Theresia Jemkin.   Frau Maria de Carossl.

Ferner:

Cammer=Mensch,	Catharina Winterin.
	Elisabeth Werdy.
deren Gehülfin,	Elisabeth Gluckerin.
Putzmacherin,	Charlotte Jahnin.
Leib=Kröferin,	Christiana Dorothea Weissn.
Leib=Wäscherin,	Maria Sabina Kutzlebin.
Krankenwärterin,	Elisabeth Hamblin.
Extra Weib von denen Dames,	Victoria Ludewigin.

E 5   Extra=

Extra = Weib von denen Cammer = Leuten,	Maria Catharina Schwabin.
Beicht = Vater,	Vacat.
Hof = Caplan,	R. D. Franciscus Arrigoni.
Capell = Diener,	Friedrich Aneck.
Geheimer Cammer = Zahlmeister,	Herr Friedrich Glowacki.
Hof = Cassier.	Gottlob Friedrich Büttner.
Cammer = Diener,	Piero Gomez.
	Joseph Büchelmayer.
	François Bourgon.
	Joseph Warins.
Somelier,	Caspar Brandstetter.
Leib = Schneider,	Joseph Kuntze.
Cammerheitzer,	Joseph Leopold Werby.
dessen Gehülfe,	Augustin Kühnel.
Cammer = Thürhüter,	Johann Gottlob Rothe.
	Florian Polant.
Saal = Thürhüter.	Friedrich Aneck.
	Andreas Lauer.
Leib = Schütz und Hof = Jäger,	Herr Johann August Pomrich.
Dames = Thürhüter,	Albert Krencka.
Dames = Stubenheitzer,	Johann Gottfried Schropp.
Stubenheitzer von denen Cammer = Leuten,	Christian Gottlob Krumbein.
Fräul. Schneider,	Johann George Discant.
	Johann Edmund Springer.
	Johann Stephan Rothe.
	Johann Michael Förster.
	Gottfried Sonntag.
	Adalbert Seydel.

Ihro Königl. Hoheit
der verwittibten Churfürstin
Hof=Staat.

I.

Obrist=Hofmeisterin.
Ihro Excellenz, Frau Maria Theresia Freyfrau von Rollingen,
gebohrne von Knebel zu Katzenellenbogen.

Fräulein=Hofmeisterin.
Vacat.

Cammer=Fräuleins.
Fräul. Theresia von Hirschberg.
Elisabeth Gräfin von Taxis.

Hof=Dames.
Fräul. Jeannette Gräfin von Löser.
Friderica Mariana Henriette von Breitenbauch.
Marianna von Bibra.
Amalia Freyin von Gumpenberg auf Pölmeß und
Capitular=Stifts=Dame zu Münsterbilßen.
Charlotte Gräfin von Baumgarten.
Johanna Eleonora Sophia von Nostitz.
Antonia von Naundorff.
Carolina Marianna von Nimptsch.

Cammer=Dienerinnen.
Madem. Maria Charlotte de Lespilliez.
Catharina de Moritz.
Elisabeth de Thonus.
Dorothea des Roches.
Charlotta Hewald.

Garde=Dames.
Mad. Maria Leopoldina des Lespilliez.
Josepha Zeiserin.
Maria Antoinetta Internari.

Ferner:

Cammer=Mensch,	Rosina Feuchtnerin.
deren Gehülfin,	Christiana Sophia Beylin.
Spitzen=Putzerin,	Maria Theresia Erttelin.
Leib=Wäscherin,	Maria Sophia Güntherin.
Leib=Kröserin,	Maria Anna Knielingin.

Kranken=

Krankenwärterin,	Maria Anna Albertin.
Kranken=Köchin,	Anna Hardlin.
Extra=Weib,	Maria Anna Bernardin.

II.

Obrist=Hofmeister.

Diese Stelle vertritt Herr Adolph Heinrich Bose, Hof=Marschall.

Cammerherren.

Herr Johann Wilhelm Christoph Graf zu Stollberg=Roßla.
   Heinrich Erdmann von Röder.
   Ferdinand Joseph Marchese de Piatti.

Capelle.

Beichtvater,	R. D. Franciscus Kreitl.
Hof=Caplan,	R. D. Antonius Therer.
Capell=Diener,	Franz Andreas Hackel.

Canzley und Cassa.

Geheimer Secretarius,	Herr Carl Ludwig Piani des Planes, Legations=Rath.
Geheimer Secretarius und Reise=Zahlmeister,	Franciscus Xaverius Hewald, Legations=Rath.
Geheimer Cammer=Zahlmeister,	Dominicus Ehrlinger von Ehrenthal, Hofrath.
Secretarius,	Friedrich August Fischer.
	Christian Benjamin Döbner.
Bibliothecarius,	Carl August Svabe, Churfürstl. Hof=Secretarius.
Hof=Zahlmeister,	Friedrich Carl Bögehold.

Hierüber:

Geheimer Secretarius,	Herr Franz von Ferrandini.

Garderobbe und Cammer.

Cammer=Page,	Herr Adolph Ludwig Christoph Bose.
Leib=Chirurgus,	Christian Friedrich Steger.
Cammer=Diener,	Dominicus Lauch.
	Dominicus Quitteiner.
	Renne Joseph Chapellier.
	Pierre Forest, und Friseur.
	Joseph Gregorius Erdl.
	Johann Gotthelf Friedr. Stengel.
	Friedrich Anton Küffler.
	Joseph von Ferrandini.
Leib=Apotheker,	Christian Gottleb Weinlich.

Leib=

Leib-Schneider,	Herr Gotthard Fiedler.
Garderobbe-Gehülfe,	Johann Nicolaus Heyne.
Cammerheitzer,	Vacat.
Cammerheitzer-Gehülfe,	Ullrich Schweiger.
Cammer-Thürhüter,	Franz Andreas Häckel.
	Joseph George Albert.
Saal-Thürhüter,	Carl Gottlob Kühn.
	Franz Kliemann.
Cammer-Trabant,	Leopold Soehr.
	Johann Kurzweil.
Cammer-Türcke,	Pietro Spercko.
	Johann Wilhelm Müller.
Cammer-Zwerg,	Albert Kawienskj.
Cammer-Heyducke,	Michael Politzkj.

Ferner:

Garde-Dames,	Herr Johann Stauder.
Leib-Schütze,	Johann Heinrich Poersch und
	Hof-Jäger.
Jäger,	George Friedrich Rohrwacher.
Hof-Schneider, Präd.	Carl Schneider.
Cabinets-Tischler,	Michael Kümmel.
Dames-Thürsteher,	Antonio Cagiorgi.

Hierüber:

Fräulein-Schneider,	Johann Christoph Ullrich.
	Martin Joseph Blanckenberg.
	Johann Dominicus Peterka.
	Carl Daumichen.
	Johann Gottlieb Häßler.

Dann:

Stubenheitzer,	Christian Friedrich Dorn.
Stubenheitzerin,	Anna Elisabeth Sauermannin.

III.

Hof-Marschall.

Herr Adolph Heinrich Bose.

Cammer-Junker.

Herr Johann Wolff Gottlob von Gablenz.

Hof-Expedition.

Hof-Secretarius,	Herr Christian Gottlieb Richter.
Hof-Expeditor,	Johann Gotthelf Dölitzsch.

Hof-

Hof = Expeditor, Prädic.	Herr Joh. George Friedr. Schröpffer.
Hof = Fourier,	Johann Franz Blaßmann.
Sub = Chirurgus,	Christian Friedrich Straßburger.
Hof = Lieferante,	Johann Christoph Sterzbach.

Livre'e.

Silber = Pagen,	Herr Johann Wilhelm Baron von Kayserling.
	Marco Emilio Marquis de Piatti.
Hof = Laquayen,	Johann Christoph Sander.
	Christoph Friedrich Seyffert.
	Johann Christian Müller.
	Johann Christian Schaller.
	Christoph Engelmann.
	Joseph Wenzel.
	Jacob Heinrich Kornfeld.
	Carl Schröbel.
Laufer,	Johann Heinrich Adolph Cammerath.
	Christian Ehrenfried Schwender.
Heyducken,	Johann August Lincke.
	Johann Gottfried Kliemann.
	Thädeus Ligenzinski.
	Johann Gottfried Triller.

Hof = Aemter.

Küche.

Maitre de Hotel,	Herr Johann Friedrich Franke.
Küchschreiber,	Johann Ehrenfried Berthold.
Mundkoch,	Jacob Wilhelm Stahl.
Backmeister,	Joseph Jacob Kranner.
Bey = Koch,	Carl Christian Becker.
Sehr = Gärtner,	Johann Christian Beutner.
Koch = Junge,	Johann August Syrbe.
	Johann Friedrich Trempler.
Küchen = Männer,	Friedr. Wilhelm Christoph Weingarten.
	Johann Franz Siebert.
Küchen = Mägde,	Christiana Sophia Gebauerin.
	Johanna Margaretha Mendin.

Ferner:

Mund = Köchin,	Maria Rosina Lembergin.
	Barbara Kochin.
Mund=Köchin=Gehülfin,	Anna Maria Hoffmannin.
Küchen = Magd,	Anna Rosina Nollin.

Kelle-

Kellerey.

Kellerschreiber,	Herr Christoph Reiche.
Mund = Schenke,	Joseph Ullrich.
dessen Gehülfe,	Johann Matthias Spindler.
Ausspeiser Penf.	Gottfried Heinrich Hanckammer.
Kellergehülfe,	Johann Wagner.
	Christoph Heinrich Behnisch.

Conditorey.

Hof = Conditor,	Herr Johann George Buschbeck.
Hof = Conditor, Präd.	Wilhelm Traugott Buschbeck.
Conditor = Magd,	Maria Sophia Ostrowska.

Silber = Cammer.

Silberdiener,	Herr Johann Carl Häßler.
Silber = Gehülfe,	Johann Christian Peitz.
Silber = Wäscherin,	Johanna Sophia Carlin.
	Christiana Sophia Laubischin.

IV.

Stall.

Hof = Stallmeister,	Herr Johann Adolph von Leipziger,
	Churfürstl. Cammerherr.
Stallmeister,	Heinrich Erdmann von Röder,
	Churfürstl. Cammerherr.
Bereuter,	Christian August Richter.
Stall = Schreiber und	
Rechnungsführer,	Michael Bärwald.
Leib = und Sattelknecht,	August Lebrecht Meltzer.
Wagenmeister und Leib=	
wagenhalter,	Johann Gottfried Röblich.
Bereuter = Scholaren,	Benjamin Friedrich Zinckenagel.
	Johann Traugott Peitz.
Roß = Arzt und Beschlag=	
Schmidt,	Christian Gottfried Toßlöwe.
Reut = Knechte,	Johann Gottfried Philipp, sen.
	Johann Tobias Strobach.
	Johann George Lehrknecht.
	Johann Christian Fehtzsch.
	Andreas Gannasz.
	Andreas Denigke.
	Johann Gottlob Philipp, jun.
	Johann Gottlob Haußmann.
Leib = Kutscher	Carl Hönicke.
Leib = Vorreuter,	Johann Christian Aurich.

Jagd.

Jagd = Kutscher,	Gottlob Fiedler.
Jagd = Vorreuter,	Friedrich Böte.
Postillons,	Johann Friedrich Heynitz.
	Johann George Zwetzschke.
	Johann Abraham Fehz.
	Johann Michael Rostig.
Cammer = Kutscher,	Christian Gneuß.
	Johann Schönberg.
	George Mittelstraße.
	Christian Werner.
Dames = Wagenhalter,	Johann Heinrich Schwarze.
	Gottfried Albrecht.
Bagage = Kutscher,	Gottlob Zimmermann.
	Matthes Breitschneider.
Bagage = Vorreuter,	Christoph Kunnert.
Bagage = Wagenhalter,	Andreas Albrecht.
Beyarbeiter,	Johann Christian Dietze.

Sr. Durchl. Prinz Carl Maximilian Hof=Staat.

Ober = Hofmeister.

Herr Christian Ludwig Gustav Freyherr von Wiese, geheimer Rath.

Beichtvater,	R. D. Desiderius Griesenbeck.
Capellan,	Herr Abbe' Dupont.
Cammerdiener,	George Simonin.
	Ignatius Michael Jaumann.
	Christoph Schreiner.
	Michael Gaudin.
	Louis Dambricourt.
Portier,	Andreas Anton Koberwein.
Laquayen,	Anton Kindelmann.
	Carl August Sedelmayer.
Stubenheitzer,	Bartholomäus Czarnowski.
Heyducken,	Jeremias Klein.
	Antonius Hanisch.
Leib = Wäscherin,	Anna Clara Bergerin.

Sr.

Sr. Durchl. Prinz Anton
Hof-Staat.

Ober-Hofmeister.

Herr Franz Xaverius Freyherr von Thurn und Valsaßina, geheimer Rath.

Beichtvater,	R. D. Nicolaus Sette.
Cammerdiener,	Herr Anton Franz Pierrart.
	Virgil Arnest.
	Claude Merlo.
Friseur,	Joseph Schmiedel.
Portier,	Samuel Gottfried Koch.
Stubenheitzer,	Felix Wondraski.
Laquays,	Johann Friedrich Sommerfeld.
	Friedrich Emanuel Eichmann.
Leibwäscherin,	Anna Sophia Güntherin.

Sr. Durchl. Prinz Maximilian
Hof-Staat.

Ober-Hofmeister.

Herr Thomas von Laśniewski, geheimer Rath.

Beichtvater,	R. D. Nicolaus Sette.
Cammerdiener,	Herr Johann Baptista Czeriski.
	Jean Boniot.
	Anton Nixdorff.
Friseur,	Joseph Schmiedel.
Portier,	Johann Joseph Glattig.
Stubenheitzer,	Franciscus Barwick.
Laquayen,	Sebastian Lubeck.
	Andreas Forwerk.
Leibwäscherin,	Anna Clara Bergerin.

Ihro Durchl. der Prinzeßin Maria Anna
Hof-Staat.

Aya.

Ihro Excell. Frau Maria Claudia Mioczinska, gebohrne Gräfin von Kollowrath.

Beichtvater,	R. D. Augustin Langer.
Cammer-Frau,	Frau Catharina Cassini de Brigella.
Cammerdienerinnen,	Madem. Theresia Jemkin.
	Maria Catharina Obermayerin.
Cammermensch,	Theresia Hollin.
Leibwäscherin,	Barbara Meyerin.

Hierüber:

Ital. Sprachmeisterin,	Francisca Steinin.
Putzmacherin,	Maria Anna Aschbacherin.

Ferner:

Cammerdiener,	Herr Alexander Bergamini.
	Johann Ignatius Jaumann.
Friseur,	Anton Teubler.
Thürsteher,	Johann Franz Spann.
Laquay,	Joseph Meyer.
Stubenheitzer,	Heinrich Julius Wolffgang.

Sr. Königl. Hoheit
des Prinzen Xaverii
Hof-Staat.

Ober-Hofmeister.

Herr Johann Carl Baron von Block, General-Major und Chef eines Infanterie-Regiments, Commandeur des St. Henrici-Ordens.

Adjutant.

Herr Christoph August von Sayffert, Obrister.

Beichtvater.

R. D. Franciscus Xaverius Boccard.

Secretarius,	Herr Louis de Silvestre.

Cammer-

Cammer = Zahlmeister,	Herr Dominicus Buß, geheimer Cämmerier und Inspector vom grünen Gewölbe.
Cassenschreiber,	Herr Adamus Secundus Breunr.
Cammerdiener,	Pierre Fline.
	Joh. Christoph Ludwig Günther.
	Johann Baptista Boudet.
	Carl Michael Novatzÿ.
Cammerdiener und Friseur,	Johann Christoph Ernst Bretßan.
Cammer = Fourier,	Joseph Anton Schubert.
Chirurgus,	Johann Gottfried Seyffert.
Meublen = Inspector,	Johann Gottfried Boser.
Bettmeister,	Carl Rigau.
Portier,	Joseph Dyskiewitz.
	Hierüber:
Leib = Schütze,	Herr Johann Christian Mehnert, Ober- Wildmeister.
Jäger,	Franz Gallus Mayer.
	Johann Carl Gottlob Schwarze.

Livre'e.

Cammer Laquay,	Johann Abraham Graff.
Laquayen,	Franciscus Xaverius Pantzner.
	Johann Friedrich Pösch.
	Jacob Müller.
	Lorenz Courton.
	Helwig Christoph Krause.
	Albert Joseph Dyskiewitz.
	Johann Christian Kirsten.
	Ismael Weinbold.
	Gottlob Richter.
	Johann August Maucksch.
Laufer,	Michael George Haberscheidt,
	Anton Herzig.
Holzträger,	Johann Christian Riehle.

Officen.

Officen = Inspector,	Herr Carl Adolph Walther.
Conditer,	Christian Carl Hirsch.
Mundkoch,	Christoph Heinrich Förster.
Backmeister,	Christian Friedrich Zinnert.
Beykoch,	Johann Gottlob Förster.
Silberdiener,	Johann Gottlieb Fischer.

Stall.

Stallmeister,	Herr Carl la Chapelle, und Capitaine der Pohln. Armee.
Chirurgus,	August Gotthelf Werstler.
Leib = Knecht,	Abraham Warttig.
Sattelknecht,	Anton Wentzel.
Schirrmeister,	Johann Christian Schmidt.
Leib = Wagenhalter,	Lorenz Schnelle.
Wagenhalter,	Johann Schmidt.
Schmiede,	Johann Martin Wittig.
	Johann Reinhardt.
Sattler,	Johann Walther.
Leibkutscher,	Johann Carl Helbäch.
Jagdkutscher,	Albrecht Leiboldt.
	Andreas Thieme.
Leibvorreuter,	Johann Gottlob Richter.
Jagdvorreuter,	Johann Gottlob Hartmann.
	Wilhelm Hartmann.
Reutknechte,	Johann George Richter.
	Johann George Grünberg.
	Johann Gottlob Warttig.
	Christian Henschke.
	Christian Kirst.
	Johann Christoph Pietzsch.
	Anton Werner.
Postillons,	Johann David Klees.
	Friedrich Müller.
	Gottlieb Wagner.
Bagage = Knechte,	Johann George Kuntze.
	Johann George Weiße.

Sr. Königl. Hoheit
des Herzogs zu Curland
Hof = Staat.

Directeur de la Cour.
Herr George Delechinal, General = Major

Cammerherren.
Herr Philipp Friedrich von der Brüggen.
Ferdinand Alexander Baron von Taube.

Stall=

Stallmeister.

Herr Rudolph von Bischoffwerder, Cammerherr.

Hofrath und Leib-Medicus, Herr D. Johann August Montanus.

Leib-Chirurgus, Herr Otto Friedrich Bartels.

Garderobbe.

Cammerdiener,	Herr Theodor Klein.
	Johann George Euchler.
	Francesco Rhebarbari.
	Heinrich Ferdinand Edlinger.
Cammer-Portier,	Christoph Mende.
Leib-Schneider,	Christian Voigt.
Leib-Wäscherin,	Anna Maria Tettenbornin.
Stubenheitzer,	Johann Christian Tettenborn.
Beygehülfe,	Andreas Alkowski.
Holzträger,	Johann Christian Kiehle.

Ferner:

Hof-Jäger und Leib-Schütze,	Herr Gottfried Heyer.
Jäger,	Friedrich Gabriel Schumann.

Geheime Canzley.

Geheimer Secretarius, Herr Antonius Gietulewicz, Kriegs-Rath.

Geheimer Canzley-Secretarius, Herr Christian Benedict Georgi.

Hof-Expedition.

Hof-Secretarius,	Herr Carl Gottlieb Helbig.
Hof-Fourier,	Joseph Fränzel.

Livre'e.

Jagd-Page,	Herr Wilhelm von Budberg.
Cammer-Laquays,	Franciscus Xaverius Müller.
	Johann Heinrich Krönert.
Laquays,	Johann George Taschenberger.
	Adolph Kayser.
	Joseph Renschub.
	Bartholomäus Gallas.
	George Weiß.
	Johann Gottlieb Born.
	Carl Friedrich Fleischer.
	Christian Schönfeld.
	Christian Friedrich Wagner.

Laufer,

Laufer,	George Lindner.
	Carl George Siegmund Kretzschmar.

Officen.

Koch,	Herr Carl Friedrich Herrmann.
Mund = Schenke,	Johann Christoph Damm.
Silberdiener,	Johann Gotthelf Wolff.
Ausspeiser,	Andreas Weidlich.
Beygehülfe,	Johann Christian Wiesener.
Silberwäscherin,	Dorothea Elisabeth Ziegertin.
Koch Pursche,	Johann Christian Kröbsch.
Küchen = Frau,	Catharina Louisa Schneiderin.

Stall.

Stallmeister,	Herr Christian Heinrich Hann.
Leib = Knecht,	Wilhelm Engert
Sattelknecht,	Christian Friedrich Tippmann.
Wagenmeister,	Johann Heinrich Ebeling.
Roß = Arzt,	Johann Christian Weißbach.
Sattler,	Gottfried Benjamin Wießner.
Reut = Schmidt,	Gottfried Tiefel.
Reut = Knechte,	Matthias Bauer.
	Johann Gottlieb Ziegert.
	Johann Gottlieb Heilwagen.
	Matthias Walzer.
	Joseph Floretzki.
	Joseph Ritzsche.
	Johann Adam Straßburger.
	Johann Grundmann.
	Johann Christian Uhlemann.
	Christian Riedel.
Jagd = Kutscher,	Samuel Schindler.
	Johann George Großmann.
Jagd = Vorreuter,	Johann Gottfried Grubert.
	Johann Christian Gründel.
Postillons,	Jacob Seyffert.
	Johann Christian Rohr.
Leib = Wagenhalter,	Franz Anton Henzschel.
Wagenhalter,	Johann Martin Ballmann.
	George Görlitz.
Beyarbeiter,	Johann George Hicksch.
	Johann Ritzsche.
	Gottfried Bugeisen.

Hof=

Hof-Staat.
von denen Königl. Prinzeßinnen.

Obrist-Hofmeisterinnen.

Ihro Excell. Frau Christina Louisa Francisca Gräfin von Taxis, bey Ihro Königl. Hoheit der Prinzeßin Elisabeth.

Ihro Excell. Frau Johanna Freyfrau von Falckenstein, gebohrne Freyin von Freyberg, bey Ihro Königl. Hoheit der Prinzeßin Cunigunda.

Beichtvater,	R. D. Ignatius Richter.
Cammer-Zahlmeister,	Herr Joseph Fiedler von Westin.
Sommelier,	Johann Ernst Kluge.
dessen Adjunctus,	Ernst Kluge.
Hof-Kröserin,	Maria Anna Leschlin.
Silber-Wäscherin,	Dorothea Scheurin.

Hierüber:

Garderobbe-Inspector,	Herr Joseph Kuntze.

Bey Ihro Königl. Hoheit der Prinzeßin Elisabeth.

Hof-Dame,	Fräul. Carolina v Byrn.
Cammer-Frau,	Frau Fiederica Glowacka.
Cammer-Dienerinnen,	Madem. Theresia Glowacka.
	Friederica Birnbaum.
Cammer-Mensch,	Margaretha Dlachizin.

Ferner:

Cammer-Diener,	Herr Anton Fiedler von Westin.
Friseur,	Franciscus Stadler.
Cammer-Thürhüter,	Joseph Swoboda.
Garderobbier,	Johann Michael Köhler.
Cammer-Laquay,	Johann Schmager.
Laufer,	Johann Daniel Hoffmann.
Silber-Gehülfe,	Sebastian Linkiewicki.
Leib-Wäscherin,	Anna Regina Eichmannin.

Bey Ihro Königl. Hoheit der Prinzeßin Cunigunda.

Hof-Dame,	Fräul. Christina von Rayndorff.

Cammer-

Cammer-Frau,	Frau Catharina Hewaldin.
Cammer-Dienerinnen,	Madem. Barbara Cerini.
	Catharina de Cerini.
Cammer Mensch,	Josepha Ternerin.
	Ferner:
Cammer-Diener,	Herr Franciscus Fiedler Westin.
	Johann Ehrenfried Dolitsch.
	August Köhler.
Cammer-Laquay,	Joseph Kühnel.
Laquays,	St. Jean Hurau.
	Peter Meister
	Johann Wilhelm Linden.
Wagenhalter,	Michael Bode.

Ihro Majestät der höchstsel. Königin hinterlassener Hof-Staat.

Obrist-Hofmeister.

Se. Excell. Herr Rupert Florian von Weßenberg, Freyherr von Ampringen, Cabinets-Minister.

Obrist-Hofmeisterin.

Ihro Excell. Frau Esther verwittibte Gräfin Ogilvi.

Fräulein-Hofmeisterin.

Frau Anna Baronne von Rohr.

Cammer-Fräuleins,	Fräul. Francisca Baronne von Zehmen,
	Johanna Comt. Przcbendowska.
	Francisca von Talenberg.
Cammerdienerin,	Madem. Eleonora Birnbaumin.
Mund-Köchin,	Sophia Catharina Liebin.
Leib-Wäscherin,	Eva Catharina Roos.
Cammer-Zahlmeister,	Herr Franciscus Ponte, Hofrath.
Coffenschreiber,	Carl August Schirwasser.
Cammer-Zahl-Amts-	
Schreiber,	Johann Wenzel Eisenkolb.
Aufwärter,	Johann George Möbius.
Cammerdiener,	Herr Christian Mals.

Cammer-

Cammerdiener,	Herr Johann Baptista Cerini.
	Johannes Biernacki.
Hof-Apotheker,	Johann Adam Hoppe.

Ferner:

Somelier-Gehülfe,	Carl Gottlieb Elsaßer.
Leib-Schneider,	Joseph Kuntze.
Garderobbe-Gehülfe,	Anton Treher.
Cammerheitzer-Gehülfe,	August Dunckel.
Cammer-Huissier,	Thomas Cäsar Luciny.
Saal-Thürhüter,	Joseph Swoboda.
Cammer-Trabante,	Jacob Francke.
Mund-Kuchelträger,	Johann Friedrich Fontaine.
Leib-Schuster,	Johann Christian Puschner.

Pensionaires,

so bey verschiedenen Königl. und Churfürstl. jungen Herrschaften gewesen.

Frau Catharina Walter von Waldberg, Cammerfrau, von Sr.
Madem. Maria Barbara Weisin und } Durchl.
    Antonia Bachmannin, Cammer-Die- } Prinz
    nerinnen } Maximil.

Madem. Maria Francisca Pierrart, Cammer- von Ihro
    dienerin. } Durchl. der
Leopold Kubecius, Thürsteher. } Pfalzgräfin
Michael Schmotzer, Stubenheitzer. } von Zweybrück
} Amalia.

Herr Christoph Marin, Cammer-Diener von Ihro Durchl. der Prinzeßin Maria Anna.

Chur-

Churfürstl. Sächsisches
hohes Ministerium, Collegia
und Expeditiones.

Geheimes Cabinet.
Cabinets-Ministri.

1. Se. Excellenz Herr Rupert Florian von Weßenberg, Freyherr von Ampringen.
2. Se. Excellenz Herr Otto Christoph von der Howen.
3. Se. Excellenz Herr Johann George Friedrich Graf Einsiedel.
4. Se. Excellenz Herr Leopold Nicolas Freyherr von Ende.
5. Se. Excellenz Herr Carl Graf von der Osten genannt Sacken.
6. Se. Excellenz Herr Joseph Franz Freyherr von Forell.

Geheime Assistenz-Räthe.

Herr Johann Albericus von Hoffmann, geheimer Rath.
    Friedrich Joachim Edler Krisst von Krisstenstein, auch Chur-Trierischer geheimer Staats-Rath.

Departements des geheimen Cabinets.
Domestique-Departement.

Dasselbe dirigiren Se. Excellenz der Cabinets-Ministre und Staats-Secretoire Herr Leopold Nicolas Freyherr von Ende.

Dabey expediren:

Herr Johann Julius von Vieth, Kriegs-Rath und geheimer Cabinets-Secretarius, auch Ceremonien-Meister.
    Friedrich Wilhelm Ferber, geheimer Cammer- und Berg-Rath und geheimer Cabinets-Secretarius.
    Friedrich August Schmid, geheimer Legations-Rath und geheimer Cabinets-Secretarius.
    Friedrich Herrmann Carl von Langenau, Hof- und Justitien-Rath.
    Carl Friedrich Lucius, geheimer Secretarius und erster geheimer Cabinets-Registrator.
    Justus Friedrich Güntz, geheimer Secretarius und zweyter geheimer Cabinets-Registrator.
    Justus Julius von Vieth, Accessist.

Geheime

Geheime Cabinets-Canzellisten.

Herr Gottlieb Wilhelm Wentzel.   Herr Johann Adam Hofmann.
Johann Gottfried Volz,   Friedrich Traugott Haßling.
Secretarius.

Militair-Departement.

Dasselbe dirigiren in Land- und Wirthschafts-Sachen Se.
Excellenz der Cabinets-Ministre und Staats-Secretaire Herr Leopold Nicolas Freyherr von Endel.

Dabey expediren:

Herr Christian Wilhelm Just, geheimer Kriegs-Rath und geheimer Cabinets-Secretarius.

George Friedrich Großmann, würklicher Kriegs-Rath.

Friedrich Gottlob Müller, geheimer Secretarius und geheimer Cabinets-Registrator.

Geheime Cabinets-Canzellisten.

Herr Christian August Stempel, Secretarius.

Christian Schöne.

Etranger-Departement.

Dasselbe dirigiren Se. Excellenz der Cabinets-Ministre
und Staats-Secretaire Herr Carl Graf von der
Osten genannt Sacken, Ritter des Russisch-Kai-
serl. St. Andreas- und Alexander Newski-Ordens.

Dabey expediren:

Herr Johann Cölestinus Just, geheimer Legations-Rath und
geheimer Cabinets-Secretarius.

Jacob Friedrich Necker, geheimer Legations-Rath und geheimer Cabinets-Secretarius.

David Fizeaux, Legations-Rath und geheimer Cabinets-
Registrator.

Friedrich August Müldener, Secretarius.

Geheime Cabinets-Canzellisten.

Herr Carl Gottfried Kretschmar, Secretarius.

Friedrich Wilhelm Schifferdecker, Secretarius.

Johann Gottlieb Unger, Secretarius.

Geheimes Cabinets-Archiv.

Bey demselben unter Aufsicht des geheimen Kriegs-Raths
und geheimen Cabinets-Secretarii Herrn Johann
Christoph Clauder,

Herr Adolph Friedrich von Teubern, Hofrath und geheimer Ca-
    binets-Registrator.
Herr Carl Christian Klingner, geheimer Cabinets-Registrator.

Geheime Cabinets-Canzellisten.

Herr Gottfried Hopffe, geheimer Registrator.
    Carl Gottfried Krieg, Secretarius,
    Christian Salomo Lucius, Secretarius.
    Carl Heinrich Müller.

Fouriers.

Herr Johann Christoph Rothe.   Herr Gottfried Hopffe.

Couriers.

Herr Johann Gottlob Koretzki.   Herr Dominicus Brina.
    Andreas Re°.   Charles Ernest Cossart.
Aufwärter der geheimen Cabinets-Canzley, Joh. Gottlob Heyme.

Conferenz-Ministri.

Ihro Excellenz Herr Rupert Florian von Weßenberg, Freyherr
    von Ampringen.
Ihro Excellenz Herr Johann George von Ponickau.
Ihro Excellenz Herr Hieronymus Friedrich von Stammer.
Ihro Excellenz Herr Thomas Freyherr von Fritsch.
Ihro Excellenz Herr Friedrich Ludewig Wurmb.
Ihro Excellenz Herr Philipp Carl von Weßenberg, Freyherr
    von Ampringen.
Ihro Excellenz Herr Andreas Graf von Riaucour.
Ihro Excellenz Herr Christian Gotthelf Freyherr von Gut-
    schmid.

Geheimes Consilium.

Würkliche geheime Räthe, so darinnen Session haben.

Ihro Excellenz Herr Johann George von Ponickau.
Ihro Excellenz Herr Hieronymus Friedrich von Stammer.
Ihro Excellenz Herr Thomas Freyherr von Fritsch.
Ihro Excellenz Herr Friedrich Ludewig Wurmb.
Ihro Excellenz Herr Christian Gotthelf Freyherr von Gut-
    schmid.

                                          Geheime

Geheime Canzley.

Geheime Referendarii.

Herr Christian August Menius, Hofrath.

Johann August Heinrich Röder, Cammerherr, auch Hof- und Justitien-Rath.

D. Carl Rudolph Gräfe, Hof- und Justitien-Rath, auch geheimer Archivarius.

Hannß Ernst von Teubern, Hof- und Justitien-Rath.

Carl Franz Romanus, Hof- und Justitien-Rath.

Wolfgang Gottfried Ferber, Hof- und Justitien-Rath.

Friedrich Adolph von Burgsdorff, Appellations-Rath.

Carl Friedrich von Seydewitz, Hof- und Justitien-Rath.

Friedrich Wilhelm von Lindenau, Hof-und Justitien-Rath.

Geheime Registratores.

Herr Caspar Siegmund Birnbaum, geheimer Secretarius.

Johann George Häuel.

Christian Gotthold Wenzel.

George Heinrich Leonhard, geheimer Secretarius.

Friedrich Gottlob Reinländer.

Friedrich Daniel Jacoby.

Carl Wolfgang Dietrich.

Ernst Gottlieb Krämer.

Johann Gotthelf Schramm.

Geheime Canzellisten.

Herr Johann Heinrich Henning,
Christian Friedrich König, } geheime Registratores.
Carl Gottfried Fiedler,

Carl Rudolph Janicke.

Friedrich Christian Reinow.

Johann Friedrich Wilhelm Geißler.

Friedrich Gotthelf Fritzsche.

Johann Christoph Rost.

Johann Adam Siegmund Müller.

Carl Friedrich Winter.

Heinrich Gottlieb Zacharias.

Johann Christian Laurich.

Christian Gottlob Roßberg.

Gottlob Friedrich Ficker.

Adolph Wilhelm Pöppelmann.

Johann Friedrich Adolph Pitschel.

Johann Gottlieb Krempe.

David August Gottlob Meerheim

Geheimer Raths-Fourier.

Herr Johann Wolfgang Balthasar.

Geheimer Raths-Aufwärter.

Herr Johann Michael Lopitzsch.

Geheime Canzley-Aufwärter.

George Gottlieb Kirchner.

Johann Gottfried Hofmann.

Johann Gottlieb Gasch, Adjunctus.

Geheime Canzley-Bothe.

Johann Wilhelm Hahn.

Das geheime Archiv.

Herr D. Carl Rudolph Gräfe, Hof- und Justitien-Rath, geheimer Referendarius und geheimer Archivarius.

Carl Gottfried Schubardt, Cammer-Commissions-Rath und geheimer Secretarius.

Jacob Heinrich Weiß, Cammer-Commissions-Rath und geheimer Registrator.

Christian Gottfried Daniel Wagner, geheimer Registrator.

Johann Friedrich König, geheimer Canzlist.

Aufwärter.

Johann George Poitzsch.

Würkliche geheime Räthe, so keine Session haben.

Seine Excellenz Herr Rupert Florian von Wessenberg, Freyherr von Ampringen.

Seine Excellenz Herr Andreas Graf von Riaucour.

Seine Excellenz Herr Joseph Graf von Bolza.

Seine Excellenz Herr Carl Leonhard Marschall von Bieberstein.

Seine Excellenz Herr Philipp Carl von Wessenberg, Freyherr von Ampringen.

Seine Excellenz Herr Carl Graf von der Osten, genannt Sacken.

Seine Excellenz Herr Leopold Nicolas Freyherr von Ende.

Seine Excellenz Herr Hanns Gotthelf von Globig.

Seine Excellenz Herr Joseph Abbe' Victor.

Seine Excellenz Herr Joseph Franz Freyherr von Forell.

Seine Excellenz Herr Heinrich Gottlieb Graf von Lindenau.

Seine Excellenz Herr Gotthelf Adolph Graf von Hoym.

Seine Excellenz Herr Adam Rudolph von Schönberg.

Seine Excellenz Herr Clemens Graf zu Lobron.

Seine Excellenz Herr Camillo Graf Marcolini.

Titular-

Titular geheime Räthe.

Herr Alexander Graf von Callenberg, zu Mußkau.
    Leopold Carl Freyherr von Palm.
    Johann Christoph von Ponickau.
    Johann Ferdinand August von Funck.
    Johann Nicolaus von Maxen.
    August Ferdinand Graf von Zech.
    Carl August aus dem Winckel.
    Carl Heinrich Graf, Herr von Schönburg.
    Johann Friedrich von Ponickau.
    Rudolph von Bünau.
    Johann Carl von Metzradt.
    Carl Friedrich August Trützschler von Falckenstein.
    Carl Gotthelf von Hund und Alten Grotkau.
    Carl Friedrich von Beust.
    Otto Moritz von Thielau.
    Peter Nicolaus Freyherr von Gartenberg.
    Alexander von Unruh.
    Gustav George von Völckersahm.
    Adolph Alexander Freyherr von Zehmen.
    Christian Ludwig Gustav Freyherr von Wiese.
    Christian Friedrich Graf Löser.
    Carl Gottlob von Goldstein.
    Johann Albericus von Hofmann.
    Franz Xaver Freyherr von Thurn.
    Friedrich Anton von Heynitz.
    Johann Adolph Graf vom Loß.
    Paul Marquis d'Huc.
    Thomas Lazniewski.
    Peter Friedrich Freyherr von Hohenthal.
    George Reinhard Graf von Wallwitz.
    Joseph Carl Freyherr von Bender.

Churfürstl. Sächß. Ministres, Residenten und Charge's d'Affaires.

Am Chur-Bayerischen Hofe,	Residdent, Herr Legations = Rath Unger.

Am Königl. Dänischen Hofe,	Envoye' Extraordinaire, Herr General-Major und Cammerherr, Graf von Callenberg.
Am Königl. Französischen Hofe,	Ministre Plenipotentiaire, Herr geheimer Rath und Cammerherr, Graf vom Loß.
Am Königl. Großbritannischen Hofe,	Envoye' Extraordinaire, Herr Landes-Hauptmann und Cammerherr, Graf von Brühl, zu Martinskirch.
In Hamburg,	Resident, Herr Legations-Rath Brentano.
In Holland,	Charge' d'Affaires, Herr geheimer Legations-Secretaire Dubois.
Am Päbstlichen Hofe,	Resident, Herr Hofrath D. Bianconi.
Am Chur-Pfälzischen Hofe,	Envoye' Extraordinaire, Se. Excellenz der Conferenz-Ministre und würkliche geh. Rath, Herr Graf von Riaucour.
Bey der Pforte,	Charge' d'Affaires, Herr Commercien-Rath Hübsch.
Am Königl. Pohlnischen Hofe,	Resident, Herr geheimer Legations-Rath von Essen.
Am Königl. Preußischen Hofe,	Envoye' Extraordinaire, Herr General-Major von Stutterbeim.
Bey der Reichs-Versammlung zu Regenspurg,	Ministre Plenipotentiaire, Se. Excell. der Conferenz-Ministre und würkliche geheime Rath, Herr von Ponickau.
Am Röm. Kayserlichen Hofe,	Ministre Plenipotentiaire, Herr geheime Rath von Völckersahm.
= = = =	Ministre Resident, Herr geheimer Legations-Rath von Pezold.
Am Rußisch-Kaiserlichen Hofe,	Ministre Plenipotentiaire, Herr General-Major und Cammerherr Baron von Sacken.
Am Königl. Schwedischen Hofe,	Envoye' Extraordinaire, Herr Cammerherr und Obrister Graf von Zinzendorf und Pottendorf.
Am Königl. Spanischen Hofe,	Ministre Plenipotentiaire und Envoye' Extraordinaire, Herr Cammerherr Graf von Werthern.
Am Chur-Trierischen Hofe,	Envoye' Extraordinaire, Se. Excellenz der Conferenz-Ministre und würkliche gebeime Rath, Herr Graf von Riaucour.

General-

General=Haupt=Cassa.

Diese wird unter Jhro Churfürstl. Durchl. Höchst eigener Direction, und der Auffsicht Sr. Excellenz des geheimen Cabinets=Ministri und Staats=Secretarii, Herrn Leopold Nicolas Freyherrn von Ende, durch geheime Finanz=Räthe verwaltet.

Geheime Finanz=Räthe.

Herr George Reinhard Graf von Wallwitz, geheimer Rath, und geheimer Finanz Rath.
D. Johann George Spillner, geheimer Finanz=Rath.

Canzley.

Vortrags=Expedition in General=Cassen=Sachen.

Herr Johann Christoph Kirsch, geheimer Finanz Secretarius.
Johann Christoph Stöltzer, geheimer Finanz=Secretarius.
Hierüber annoch
Herr Johann Christian Daschke, Secretarius in Salz-Sachen.
Heinrich Traugott Rothe, Secretarius in Post=Sachen.
August Gottfried Hoffmann, geheimer Finanz=Registrator.
Christian Conrad Wachter,
Johann Gottfried Plisch,   } geh. Finanz=Canzellisten.
Rudolph Tschudy,

In General=Accis=Sachen.

Herr Johann Gottlob Meyler, Secretarius.
Johann Gottfried Hunger, Secretarius.
Gottlieb Humann, Secretarius.
Ferner:
Herr Johann Schöniger, Registrator.
Christian Gottlieb Dorn, Registrator.
Johann Gottfried Bauer, Calculator.
Carl Gottfried Klemm, Calculator und Copist.
Johann Christian Buschbeck, Copist.
Carl Christian Hennig, Copist.

Rechnungs=Expedition.

Herr Christian Günther, geheimer Finanz=Secretarius.
Johann Heinrich Voland, Calculator und Copist.
George Christian Rossius, Calculator und Copist.

Buchhalterey.

Herr Ludwig Oberrelt, Ober-Buchhalter.
   Johann Christian Scherzer, Buchhalter.
   Christian Friedrich Meißner, Examinator und Calculator.
   Johann Michael Eger, Calculator und Copist.
   Johann Friedrich Körner, Calculator und Copist.

Haupt-Cassa.

   Haupt-Cassier. Vacat.
Herr Johann Gottlob Trömer, Calculator.
   Johann Gottfried Berger, Copist.
   Johann Gottfried Hänel, Copist.
   Johann Christoph Heidenreich, Bothenmeister.
   Friedrich Wilhelm Heckel, Fourier.
Johann Saam, Stubenheizer.
Johann George Schüller, Stubenheizer.

General-Kriegs-Zahl-Amt.

General-Kriegs-Zahlmeister, Herr Christian Friedrich Kögel.
Ober-Kriegs-Commissarius und Controlleur,   Christian Gabriel Klingemann.
General-Kriegs-Cassier,   Christian Daßdorff.
General-Kriegs-Zahl-Amts-Copisten,   Johann Friedrich Uhlich.
   Johann Christian Thiericher.
   Johann Christian Böaebolt.
   Daniel Gotthelf Richter.
Accessist,   Jeremias August Raacke.
Aufwärter,   Christian Immanuel Birnbaum.
Cassen-Gehülfe,   Johann Christoph Heße.

Rent-Cammer-Expedition.

   Rent-Cammermeister.
Herr Hieronymus Segnitz.
   Rent-Cammer-Cassier.
   Vacat.
   Rent-Cammer-Schreiberey.
Herr Johann Christoph Rascher.
   Christoph Heinrich Heymann, auch Cammer-Bau-Cassier.
   Christian Gottfried Grahl, Emeritus.
   Christian Lebrecht Rothe.

                                    Herr

Herr Carl Heinrich Neumann.
  Paul Rudolph Eschke.
  Carl August Schumann.
  Polycarp Friedrich Sturm.
  Samuel Siegel.
  Carl Heinrich Drechßler, Supernumerarius.
            Aufwärter.
Christoph Friedrich Verlohren.

General-Accis-Haupt-Cassa.

Herr Johann Friedrich Zocher, Accis-Cassier.
  Christian Friedrich Bencke, Calculator und Copiste.
  Heinrich Gottlieb Fiedler, Copiste.
  Carl Gottlieb Kuntze, Copiste.

Ober-Gleits- und Land-Accis-Commissarius.

Herr Johann Otto Frentzius, Cammer- und Berg-Rath.

Gleits- und Land-Accis-Commissarii.

Herr Loth Friedrich Presler, im Chur-Creyße.
  Gottlob Friedrich Danckwarth, dessen Adjunctus.
  Carl Wolfgang Wiedemann, im Thüringischen Creyße.
  Johann Amandus Friedrich, im Leipziger Creyße.
  Johann Friedrich Heinitz, im Gebürgischen Creyße.
  Gottlieb Weinhard Schnecke, Ober-Kriegs Commissarius,
    Gleits- und Land-Accis-Commissarius im Meißni-
    schen Creyße.

Ober-Post-Amt Leipzig.

Ober-Post-Amts-Director.

Herr Hofrath, Wolfgang George Welck.

Ober-Post-Commissarii.
Hr. Gottlieb Morgenstern, Ober-Post-Verwalter.
  Otto Carl Rudolph Welck.
        Assessores.
Hr. Carl Gottlob Brückner, Cammer-Commissarius und Ober-Post-Amts-Cassier.
  Johann Andreas May, Cammer-Commissarius und Bothenmeister.

Registratores.
Hr. Johann Gottfried Hütter.
  Ernst Ferdinand Lochmann.
  Ober Post-Amts-Cassier.
Hr. Carl Gottlob Brückner, Cammer-Commissarius.
  Controlleur und Calculator.
Hr. Gottlob Schencke.
  Christian Friedrich Zülich, Post-Commissarius, dessen Adjunctus.

G 2   Einneh-

Einnehmer.

Hr. Johann Zacharias Ruppenau.

George Gottfried Günther.

Post-Schreiber.

Hr. Johann Christian Bauer.
Joh. Bartholomäus Jüncke.
Elias Bauer.
Johann Christoph Dreßler.
Christian Gottfried Hiepe.
Johann George Uhlig.
Gottfr. Theodor Lanzenbauer.
Joh. Christian Gottl. Müller.

Supernumerarii.

Hr. Christian Gottfried Beer.
Johann Daniel Stör.
Gottfried Blasius Keller.
Johann Gottlob Andreä.

Packmeister.

Hr. Johann Melchior Sandvos.

Briefträger im Hällischen Viertel.

Andreas Gahr.

Im Peters Viertel.

Johann Adam Grunert.

Im Rannstädter Viertel.

Carl Friedrich Kunath.

Im Grimmischen Viertel.

Johann Christian Trincks.

Deren Gehülfen.

Im Hällischen Viertel, Johann Christoph Kob.
Im Peters Viertel, George Christoph Püschel.
Im Rannstädter Viertel, Joh. Gottlob Burckhardt.
Im Grimmischen Viertel, Joh. Christian Friedrich Schmidt.
Johann Gottfried Guthsmuth, Beygehülfe.

Aufwärter u. Coffre-Träger.

Johann Carl Muth.
Christian Mittag.

Deren Gehülfen.

Johann Friedrich Krunth.
Friedrich Reinhold.

Post-Bothen.

Johann Jacob Lehmann.
Gottfried Mühle.
Christian Hermsdorf.
Christoph Balthasar Klemm.
Johann Friedrich Berthold.
George Andreas Müller.
Carl Friedrich Rothhardt.
Andreas Just.
Johann Friedrich Streicher.
Johann Michael Neidhardt.
Johann Christian Klos.

Bothen- und Post-Kutschen-Amts-Expedition.

Bothenmeister.

Herr Johann Andreas May, Cammer-Commissarius.
Johann Carl Gottlieb Lohße, dessen Adjunctus.

Bothen-Amts-Schreiber.

Hr. Ernst Friedrich Kregel.

Briefträger.

Johann Gottfried Schmidt.

Dessen Gehülfe.

Johann Christian Trauer.

Schaffner bey der Dreßdner-Leipziger Post-Kutsche.

Adam Friedrich Seiffert.

Johann George Naumann.

Schaffner bey der Braunschweizischen Post-Kutsche.

Johann George Günther.
Jacob Zäncker.

Schaffner bey der Berliner Post-Kutsche.

George Wilhelm Gebhardt.

Schaffner

Schaffner bey der Jenaischen Post-Kutsche.
Johann Christian Marr.
Schaffner bey der Hamburgischen über Coburg nach Nürnberg gehenden Post-Kutsche.
Carl Ludwig Wagner.
Michael Schultze.

Vice-Schaffner.
Christian George Ostickenberg.
Johann Friedrich Berthold.
Johann Istrich.
Johann Friedrich Petzolde.
Aufwärter u. Coffre-Träger.
Johann Gottlieb Myth.
Dessen Gehülfe.
Johann Friedrich Streicher.

Zeitungs-Expedition.
Pachter.

Herr Johann Andreas May, Cammer-Commissarius.

Gottfried Blasius Keller, Expediteur.
Ernst Friedrich Kregel, Expediteur.
Christoph Heßelbarth, Packer.

Post-Stall.
Postmeister und Post-Stall-Pachter.

Herr Gottfried Ploß, Post-Commissarius.

12 Postillons zum fahren, und 2 Postillons zum reuten.
General-Accis-Güter-Beschauer bey der Post.

George Heinrich Herzberg.

Post-Stationes.

Adorff.
Hr. Johann Christoph Pinder, Postmeister.

Altenburg.
Hr. Johann Heinrich Gottlieb Hebenstreit, Postmeister.

Annaberg.
Hr. Carl Friedrich Reiche, Postmeister.

Annaburg.
Hr. Joh. Gottlob Krüger, Postmeister.

Auerstädt.
Hr. Johann David Häner, Postmeister.

Auma.
Hr. Johann George Teuscher, Postmeister.

Barby.
Hr. George Peter Beck, Post-Verwalter.

Baruth.
Hr. Johann Friedrich Sigismund Clar, Postmeister.

Belgern.
Hr. Carl Friedrich Lamprecht Thielemann, Postmeister.

Belzig.
Hr. Johann Friedrich Lübecke, Post-Verwalter.

G 3

Borna.

Borna.
Hr. Johann Adolph Robitzsch, Post-Commissarius.

Buttelstädt.
Hr. Johann August Adam Lüttich, Postmeister.

Camenz.
Hr. Carl Friedrich Berggold, Post-Verwalter.

Chemnitz.
Hr. Johann David Hebenstreit, Postmeister.

Colditz.
Hr. Gottlob Leberecht Grössel, Postmeister.

Cölleda.
Hr. Johann Günther Büchner, Postmeister.

Coßdorff.
Hr. Johann Christian Krüger, Postmeister.

Dahme.
Hr. Johann Tobias Balzer, Postmeister.

Döbeln.
Hr. Rudolph Richter, Post-Verwalter.

Dobrilugk.
Hr. Johann David Backofen, Post-Verwalter.

Dölitzsch.
Hr. Johann Gottfried Erdmann Kohlmann, Post-Verwalter.

Dommitzsch.
Hr. Ernst Gottfried Winkler, Post-Verwalter.

Düben.
Hr. Constantin Ehrenfried Reimann, Postmeister.

Ehrenfriedersdorf.
Hr. Johann Gottfried Weiß, Post-Verwalter.

Eißleben.
Hr. Johann Leberecht Keßler, Postmeister.

Elsterwerda.
Hr. Christian Gottlob Pretzsch, Postmeister.

Eilenburg.
Hr. Johann Abraham Wilhelm Rivinus, Postmeister.

Eybenstock.
Hr. Johann Friedrich Zeitzer, Postmeister.

Forsta.
Hr. Johann Weise, Postmeister.

Frauenwalde.
Hr. Johann George Pfeuffer, Post-Verwalter.

Freyberg.
Hr. Johann Heinrich Wilhelm Stockmann, Postmeister.

Freyburg.
Hr. Johann Ferdinand Christian Dombois, Postmeister.

Frohburg.
Hr. Christian Friedrich Gralchen, Post-Verwalter.

Gefell.
Des verstorbenen Postmeisters Oheims Wittwe.

Geithayn.
Hr. Christian Gottlob Uhlemann, Post-Verwalter.

Gera.
Hr. Johann Friedrich Huth, Post-Commissarius.

Geringswalde.
Hr. Paul Trenkmann, Post-Verwalter.

Geßnitz.
Hr. Carl Friedrich Poppe, Posthalter.

Grimma.

Grimma.

Hr. Martin Friedrich Claußnitzer, Post-Commissarius.

Großengottern.

Hr. Friedrich Andreas Helbig, Post-Verwalter.

Großenhayn.

Hr. Johann Christian Kurzrey, Postmeister.

Groß-Neubauß.

Hr. Johann Melchior Krause, Postmeister.

Guben.

Hr. Samuel Kuppermann, Postmeister.

Harckeroda.

Hr. Johann Heinrich Tellemann, Postmeister.

Hertzberg.

Hr. Johann Friedrich Agner, Postmeister.

Hertzogswalde.

Hr. Christian Gottlieb Lehmann, Postmeister.

Häseler.

Hr. George Christoph Leser, Post-Verwalter.

Hof.

Hr. Ephraim Wächter, Post-Commissarius.

Hohenbucka.

Hr. Carl August Bertels, Postmeister.

Holtzweißig.

Hr. Samuel Hennig, Postmeister.

Hoyerswerda.

Hr. Christian Gottfried Ganßauge, Postmeister.

Jeßen.

Johann Andreas Hennig, Brief-Sammler.

Johann Georgenstadt.

Hr. Johann Friedrich Baumann, Postmeister.

Jüterbogk.

Hr. Johann Gottlob Nitzschke, Postmeister.

Kemberg.

Hr. Johann Groß, Postmeister.

Königsbrück.

Hr. Gottfried Lorenz, Postmeister.

Landsberg.

Hr. Carl Friedrich Jentzsch, Postmeister.

Langensaltza.

Hr. Christoph Friedrich Anton Knoll, Postmeister.

Langenlunkwitz.

Hr. George Gottlob Herold, Postmeister.

Lauchstädt.

Hr. Johann Rudolph Wahle, Post-Verwalter.

Lieberosa.

Hr. Ernst Joachim Bredahl, Postmeister.

Hr. Friedrich August Rausch, dessen Adjunctus.

Lichtenstein.

Hr. Johann Daniel Friedel, Post-Verwalter.

Lübben.

Hr. Carl Friedrich Scharbe, Postmeister.

Luckau.

Hr. Hannß Dietrich von Leipziger, Postmeister.

Lützen.

Hr. Johann Carl Arnold, Post-Verwalter.

Marienberg.

Hr. Johann Cornelius Donner, Postmeister.

Merseburg.

Merseburg.

Hr. Carl Gottfried Daßdorf, Post=Commissarius.

Meißen.

Hr. Johann Gottfried Funcke, Postmeister.

Meißelwitz.

Hr. Johann Gottlieb Göllner, Post Verwalter.

Mitweyda.

Hr. Johann Philipp Böhfer, Post=Verwalter.

Mittelpöllnitz.

Hr. Johann Christoph Weifer, Post=Verwalter.

Mußkau.

Hr. Johann Gottfried Schmied= gen, Postmeister.

Naumburg.

Hr. August Ludwig Müller, Postmeister.

Neustadt an der Orla.

Hr. Johann Gottlob Schuch= mann, Post=Commissarius.

Neustadt bey Stolpen.

Hr. Ehrenfried Lippe, Postmei= ster.

Noßen.

Hr. Johann Gottlieb Groß= mann, Postmeister.

Oederan.

Hr. Christian Michael Günther, Postmeister.

Oelßnitz.

Hr. Johann Gottfried Brah= mer, Post=Verwalter.

Oschatz.

Hr. Johann Gottfried Acker= mann, Post=Verwalter.

Pegau.

Hr. Johann Friedrich Probst, Postmeister.

Penig.

Hr. Christian Gottfried Scheit= ner, Postmeister.

Pförthen.

Hr. Johann Christian Fritzsche, Postmeister.

Pirna.

Hr. Johann Gottlieb Mau= ctisch, Postmeister.

Plauen.

Hr. Gottfried Wilhelm Ir= misch, Post=Commissarius.

Pretzsch.

Hr. Christian Friedrich Carl, Postmeister.

Querfurth.

Hr. Christian Ludwig Storch, Postmeister.

Reichenbach.

Hr. Johann Balthasar Kluge, Postmeister.

Rippach.

Hr. Dietrich Heinrich Gott= schaldt, Postmeister.

Rochlitz.

Hr. Christian Gottfried Kohl, Postmeister.

Ronneburg.

Hr. Johann Wilhelm Kirchner, Post=Verwalter.

Roßla.

Hr. Johann Andreas Poppen= dieck, Postmeister.

Rothenburg.

Hr Christian Gottfried Sieber, Post=Verwalter.

Roßwein.

Herr Carl Gottlob Wüstling, Post=Verwalter.

Sangerhausen.

Hr. Johann Martin Lindau, Postmeister.

Schnitz

Schäafftädt.

Hr. Johann Gottlieb Finck, Post-Verwalter.

Schkeuditz.

Hr. Johann Gottfried Rögner, Post-Verwalter.

Schlaitz.

Hr. Friedrich Christian Oelbey, Postmeister.

Schleußingen.

Hr. Johann Paul Siegling, Postmeister.

Schneeberg.

Hr. Christian Gottbelf Baum-gärtner, Postmeister.

Schwartzenberg.

Hr. Gottlieb Wilhelm-Schimpff, Post-Verwalter.

Sonnewalde.

Herr George Friedrich Göllnitz, Postmeister.

Sorau.

Hr. Johann Christian Mieckisch, Postmeister.

Spremberg.

Hr. August Heinrich Süßen-guth, Postmeister.

Stauchitz.

Hr. Christian Traugott Mie-risch, Postmeister.

Stollberg am Hartz.

Herr Johann Wilhelm Dobber, Postmeister.

Stollberg im Gebürge.

Hr. Carl Friedrich Lehm, Post-Verwalter.

Strehla.

Hr. Samuel Gottwill Schade, Post-Verwalter.

Subla.

Hr Johann David Aehle, Post-meister.

Tennstädt.

Hr. Johann Gottfried Wüstner, Postmeister.

Thum.

Hr. Carl Friedrich Thierfelder, Post-Verwalter.

Torgau.

Herr Johann Friedrich Heyd-rich, Postmeister.

Triebel.

Hr. Johann Abraham Leh-mann, Postmeister.

Waldheim.

Hr. Israel Oehme, Postmeister.

Weißensee.

Des verstorbenen Postmeisters Blau hinterlassene Wittib.

Weißenfels.

Hr. Johann Christian Tauscher, Postmeister.

Wermsdorff.

Hr. Nicolaus Opfermann, Post-meister.

Hr. Gottbelf Gustav Lutheris, Adjunctus.

Weyda.

Hr. Ferdinand August Ußwald, Post-Verwalter.

Wilßdruff.

Hr. Christoph Heinrich Busch, Postmeister.

Wittenberg.

Herr August Ferdinand Meyer, Postmeister.

Wurzen.

Des verstorbenen Postmeisters Roßtocks hinterlassene Wit-tib.

Zebista.

Hr. Johann David Nitzsch-mann, Postmeister.

Zeitz.

Zeitz.

Hr. Christian Friedrich Huth,
Postmeister.

Jörbig.

Hr. Johann Christoph Krem=
sier, Post=Verwalter.

Zwenckau.

Herr Johann Gottlieb Böhne,
Post, Verwalter.

Zwickau.

Hr. Johann Ernst Lots, Post=
Commissarius.

Hr. Johann Gottlob Lots, des=
sen Adjunctus.

Hof=Post=Amt Dreßden.

Ober=Postmeister.

Herr Gottfried Ludewig Seyfert.

Secretarius und Post=
Controlleur.

Hr. Wilhelm Christoph Bon=
nard.

Secretarius und Post=
Einnehmer.

Hr. Johann Samuel Tschuncke.

Post=Schreiber
Ordinarii.

Hr. Christian Gottlob Hütter.

Christian Friedrich Nau=
mann, Secretarius.

Johann Christoph Richter.

Friedrich Samuel Tüllmann.

Johann Friedrich Hoff=
mann.

Post=Schreiber
Extraordinarii.

Hr. Gottfried Heinrich Leh=
mann.

Johann Christian Sauerezig.

Posthalter.

Hrn. Johann David Kleestücks
Wittbe.

Packmeister und Coffre=
Aufseher.

Hr. Johann Christoph Laurich.

Carl Wilhelm Leonhardt.

Post=Accis=Einnehmer.

Hr. Johann Gottlieb Stein.

Post=Schaffner.

Johann George Naumann und

Johann Friedrich Seyffert, bey
denen Leipziger Kutschen.

Johann Christian Seebach, bey
der Prager Kutsche.

Brief=Träger.

Johann George Schielein.

Johann Adolph Friedrich, des=
sen Adjunctus und Gehülfe.

Christian Friedrich Schäfer.

Johann Kietze, dessen Ge=
hülfe.

Christian Heinrich Krancke.

Johann Christian Müller,
dessen Gehülfe.

Coffre=Träger.

Johann Istrich.

Johann George Schäfer.

Christoph Ziegler.

Post=Bothen.

Johann August Schotte.

Christian Kießling.

Carl August Schirmer.

Christian Becker.

Ober=

Ober = Poſt = Amt Budißin.

Ober = Poſtmeiſter.

Herr Cammer = Commiſſions = Rath, Chriſtian Wilhelm Pöppelmann.

Vice = Ober = Poſtmeiſter.

Herr Commiſſions = Rath, Carl Ehrenfried Breſcius.

Poſt = Schreiber.

Hr. Johann Chriſtian Richter.
 Johann Gottlob Schäfer.
 Johann Carl Schubardt.

Pack = und Waagemeiſter auch Briefträger.

Johann Heinrich Grubl.
Johann Friedrich Boden, Adjunctus.

Poſt = Aufwärter.

Hannß Jannaſch.
Johann Wilde, Poſt Bothe.
George Schiert, Poſt = Bothe nach Löbau.

Poſthalterey Budißin.

Hr. Johann George Rohn, Poſthalter.

Poſt = Amt Görlitz.

Hr. Johann Gottlob Kober, Poſtmeiſter.
 Johann Friedrich Kober, deſſen Adjunctus.
 Samuel Traugott Kober, Poſtſchreiber.
Johann Gottlieb Mentzel, Briefträger.

Poſt Amt Waldau.

Hr. Johann Gottlieb Schmidt, Poſtmeiſter.

Poſt Amt Lauban.

Hr. Johann Gottlieb Siegert, Poſtmeiſter.
Gottlob Simon, Bothe nach Waldau.

Johann Gottlieb Meyer, Poſt-Bothe nach Margliſſa und Meſſersdorff.

Poſt = Amt Zittau.

Hr. Friedrich Hoffmann, Poſtmeiſter.
 Joachim Heinrich Bertoch, Poſtſchreiber.
David Rottmann, Briefträger.
Johann Gottlieb Endler, Bothe nach Gabel.

Poſt = Amt Löbau.

Hr. Johann Samuel Qvierner, Poſtmeiſter.
Johann Heinrich Grohmann, Briefträger.
Johann Siegfried Naumann, Bothe nach Zittau.

Poſt = Amt Herrnhuth.

Hr. Johann Chriſtoph Becker, Poſt = Verwalter.

Bremenhayn.

Hr. Johann David Bernauer, Poſtmeiſter.

Hoyerswerda.

Hr. Chriſtian Gottfried Gansauge, Poſtmeiſter.

Poſt = Amt Camenz.

Hr. Carl Friedrich Berggold, Poſt = Verwalter.
 Johann Heinrich Heinitz, Poſthalter.

Poſt-Amt Königsbrück.

Hr. Carl Gottlob Lorentz, Poſt-
nieiſter.

Carl Friedrich Lorentz, Poſtſchreiber und Inſpector
des Poſthauſes zu Berns-
dorf.

Schmiedefeld.

Hr. Johann Bergel, Poſtmeiſter.

Rothkretzſcham.

Hr. Chriſtian Traugott Kühn,
Poſthalter.

Reichenbach.

Hr. Friedrich Erdmann Wehle,
Poſt-Verwalter.

Biſchoffswerda.

Hr. Chriſtian Gottlob Geier,
Poſtmeiſter.

Schweinerden.

Hr. Michael Herrmann, Brief-
Sammler.

Margliſſa.

Hr. Chriſtian Ehrenfried Weiner, Brief-Sammler.

Münze zu Dreßden.

I. Bey der Caſſen-Expedition.

Berg-Rechnungs-Secretarius und Münz-Caſſirer.

Herr Carl Gotthard Eyring.

Münz-Schreiber,   Joh. Chriſtian Tauerſchmidt.

Münz-Schreiber Beygehülfe,   Chriſtian Gotthelf Petzold.

II. Bey der Ausmünzung.

Münz-Meiſter,	Herr Ernſt Dietrich Croll.
Münz-Guardein,	Johann Friedrich Knauſt.
Münz-Guardein Abjunctus,	Chriſtian Friedrich Knauſt.
Münz Gegen-Guardein,	Johann Gottlieb Starcke.
Münz-Controlleur,	Auguſt Gottlob Richter.
Münz-Eiſenſchneidere,	Johann Friedrich Stieler.
	Carl Chriſtoph Pribus.
Münz-Druckwerks-Meiſter,	Adam Wenger.
Münz-Druckmeiſter,	Johann Gottfried Piccard,
Münz-Ohme,	Johann Chriſtian Schwartze.
Münz-Schloſſer,	Gottfried Judrich.
Münz-Tiegelwärter,	Johann Rühle.
Münz-Aufwärter,	Auguſt Jonas.

Ingleichen die benöthigten Schmelzer, Weißſieder, Juſtirer,
Präger, Beygehülfen und Arbeitere.

Hierüber

Guardein bey der Guardein-
Stube zu Leipzig,   Herr Johann George Sonntag.

Penſionai-

Penſionaires.

Münz=Controlleur,	Herr Johann Wilhelm Höpner.
Münz=Medailleur,	Chriſtian Siegm. Wermuth.
Münz=Ober=Juſtirer,	Johann Michael Schleſinger.
Leipziger Münzſchreiber,	Johann Gottlieb Weißpflug.
⸗ ⸗ Auszähler,	Johann George Müller.

Haupt=Salz=Caſſa zu Dreßden.

Ober=Salz=Inſpector.

Herr Johann Zacharias Hermann, Cammer=Aſſiſtenz=Rath.

Haupt=Salz=Caſſier,	Herr Johann Chriſtlieb Liebeheim.
Salz=Schreiber,	Johann Michael Marckendorf.
	Johann Chriſtian Fiſcher.
Salz=Meſſer in der Salz=Cammer,	Johann Adam Unger.
Salz=Bereuter,	Johann Chriſtoph Zſchüdrich.
Salz=Meſſer auf dem Salz=Boden,	Andreas Planiz.
	Johann Gottfried Walliſchit.
Salz=Meſſer=Beygehülfe,	Johann Gottlob Fuchs.
Salz=Viſitator,	Johann George Jahn.
Salz=Böttger,	Johann George Zimmermann.
Pohlniſch=Salz=Mahler,	Johann Chriſtoph Braune.

Salz=Verwalter zu Großen=Salza.

Herr Chriſtian Ernſt Reuber, wegen des dortigen Churfürſtl. Sächß. Salz=Einſchlags.

Salzſchreiber daſelbſt, Hr. Carl Siegmund Kurzrey.

Salz=Böttger allda, Mſtr. Johann Ernſt Gottlieb Marquardt.

Salz=Verwaltere in denen Churfürſtl. Elb= Niederlagen.

Herr Johann Heinrich Göttel, zu Wittenberg.

Hr. Johann Friedrich Herrnsdorf, zu Torgau.

Carl Friedrich Voigt, zu Mühlberg.

Martin Starcke, zu Meißen.

Benjamin Peterſen zu Schandau.

Salz=Bereutere bey denen Niederlagen.

Carl Friedrich Richter,
Gottfried Uley, } zu Wittenberg.
Johann George Gille,

Johann Andreas Reiche, zu Torgau.

Martin Goßmann, zu Mühlberg.

Johann

Johann Wilhelm Leipold, zu Meißen.

Floß-Verwalter zur Salz-Siede-Holz-Flöße, Herr Christian Friedrich Geilsdorf.

Floß-Verwalter Adjunctus zur Salz-Siede-Holz-Flöße, Herr Christian Wilhelm Reeße.

Salz-Siede-Holz-Lieferante bey der Flöße, Herr Floß-Commissarius Friedrich Ernst Mylius.

Auffeher bey der Flöße, Johann Christian Gruhner.

Auffeher beym Holz-Hofe, Gottlieb Hande.

General-Accis-Inspection und Einnahme zu Dreßden.

1) Inspection.

Herr Engel Friedrich Triebel, würklicher Accis-Rath und Inspector allda.

Johann Gottlieb Raabe, Co-Inspector und Senat.

Actuarii.

Herr Johann Sigismund Kruger, Inspector.

Christian Samuel Herkloß, Inspector.

Canzellist.

Herr Johann Traugott Lau.

Hierüber:

Herr Carl Gottfried Duckewitz, Accessist.

2) Ober-Einnahme.

Herr Gottlieb Humann, Secretar. und Ober-Einnehmer.

Zur Einnahme und Defectur-Assistenz.

Herr Johann Gottfried Oehme, sen.

Heinrich Gottlob Oehme, jun.

3) Haupt-Einnahme.

Herr Johann Christian Trebs, General-Accis-Einnehmer.

August Friedrich Kuhno, Gen. Accis-Einnehmer.

Sigismund Steltzer, Gen. Accis-Einnehmer.

Johann Friedrich Grabl, Gen. Accis-Einnehmer.

Johann Christoph Baarmann, Gen. Accis-Einnehmer.

Zur Assistenz:

Herr Johann Christian Heegewald.

Johann Michael Stein.

Herr

Herr Johann August Grimmer.
Heinrich Friedrich Gotthelf Richter.
Johann Nicolaus Grundig.

4) Accis-Einnahme im Post-Hause.

Herr Johann Gottlieb Stein, Gen. Accis-Einnehmer.

5) Accis-Einnahme zu Friedrichstadt.

Herr Johann Christian Krostewitz, Co-Insp.
Wilhelm Ferdinand Jenzsch, Gen. Accis-Einnehmer.

General-Accis-Commiffarien.

Ober-Accis-Commiffariat zu Leipzig.   Vacat.
Herr August Leberecht Triebel, Ober-Accis-Commiffarius in
Leipzig.
Gottlob Erdmann, Ober-Accis-Commiffarius im Manns-
feldifchen.
Chriftian Gotthold Bennemann, Ober-Accis-Commiffa-
rius im Merfeburgifchen und Seitzifchen Stift.
George Gottfried Eckhard, Hofrath und Commiffarius im
Chur-Creyße.
Ehrenfried Auguft Wend, Commiff. im Meißner Creyße.
Johann Gotthard Hallbauer, Commiffarius im Leipziger
Creyße.
Johann Samuel Lämmel, Commiffarius im Leipziger
Creyße.
Chriftian Andreas Ullmann, Commiffarius im Gebürgi-
fchen Creyße.
Friedrich Wilhelm Schütter, Commiffarius im Thürin-
gifchen Creyße.
Adam Wilhelm Ruhland, Commiffarius in der Nieder-
Laufitz.
Gottfried Bethmann Bernhardi, Commiffarius im Ge-
bürgifchen Creyße.
Ernft Ludewig Schneegaß, Commiffarius in der Ober-
Laufitz.
Johann Gottfried Zencker, Commiffarius im Neuftädt-
fchen und Voigtländifchen Creyße.
Hierüber:
Herr Johann Gottlieb Reißmann, Accis-Infpector zu Auma,
Neuftadt an der Orla und Triptis, mit dem Prädi-
cat eines Accis-Commiffarii.

Herr

Herr Johann Gottfried Weise, Accis=Inspector zu Lübben und
Lübbenau, mit dem Prädicat eines Accis=Commissarii.
Siegmund Imanuel Mathesius, Accis=Inspector zu Ma-
rienberg und Scheibenberg, mit dem Prädicat eines
Accis=Commissarii.
Carl Traugott Reyher, Accis=Inspector zu Rochlitz, mit
dem Prädicat eines Accis=Commissarii.

Accis = Inspectores.

Adorf, Neukirchen, Oelßnitz.
Hr. Carl Heinrich Fischer, in
Oelßnitz.
Altenberg, Dippoldiswalda,
Frauenstein, Geißing, Ra-
benau, Sayda, Tharand.
Hr. Johann Gotthelf Wend, in
Dippoldiswalda.
Annaberg, Buchholz, Jöh-
städtel.
Hr. Johann Christoph Wey, in
Annaberg.
Artern, Eißleben, Hett-
städt.
Hr. Gottlob Erdmann, Ober=
Accis-Commissarius, in Eiß-
leben.
Aue, Eibenstock, Neustädtel,
Schneeberg.
Hr. Carl Traugott Glück, in
Schneeberg.
Auerbach, Falkenstein.
Hr. Heinrich Wilhelm Kolbe, in
Auerbach.
Auma, Neustadt an der
Orla, Triptis.
Hr. Johann Gottlieb Reißmann,
Accis-Commissarius.
Hr. Samuel Gottl. Reißmann,
Assist. Inspector, in Neustadt
an der Orla.

Bärenstein, Glaßhütte,
Lauenstein.
Hr. Johann Daniel Wagner, in
Glaßhütte.
Barby, Gommern.
Hr. Johann Wilhelm Röhrich,
in Gommern.
Baruth, Golßen, Luckau.
Hr. Immanuel Erdmann Ca-
menz, in Luckau.
Belgern, Mühlberg.
Hr. Carl Romanus Rauscher, in
Mühlberg.
Beltzig, Brück, Niemeck.
Hr. Johann Gottfried Koch, in
Beltzig
Berga, Münchenbernsdorf,
Weyda.
Hr. Johann Christian Seyffarth,
in Weyda.
Berggießhübel, Dohna, Gott-
leuba, Pirna.
Hr. Carl Gottfried Zilliger, in
Pirna.
Bernstadt, Löbau, Ostritz,
Reichenbach, Schönberg,
Seidenberg.
Hr. Immanuel Gotthelf Lucke,
in Löbau.
Biebra, Freyburg.
Hr. Gotthelf Engelbert Nietzsche,
in Biebra.

Bischoffs-

Bischoffswerda.

Hr. Friedrich Christian Hoffmann, in Pulßniß.

Bitterfeld.

Hr. Christian August Conradi,
in Düben.

Borna, Frohburg, Lobstädt,
Regis, Rötha.

Hr. Gottlieb Heinrich Albert
am Ende.

Johann Adolph Kobitzsch, Assistenz-Inspector in Borna.

Brand, Freyberg.

Hr. Friedrich August Schill, in
Freyberg.

Brandis, Grimma, Mutz-
schen, Naunhof, Nerchau,
Trebsen.

Hr. Johann Albert Jahn, sen.
pro emerit.

Johann Albert Jahn, jun.
zu Grimma.

Brehna, Landsberg, Zörbig.

Hr. Eberhard Wilhelm Diple-
rus, in Zörbig.

Brück, s. Beltzig.

Brücken, Sangerhausen,
Wallhausen.

Hr. Johann Friedrich Wagner,
in Sangerhausen.

Buchholtz, s. Annaberg.

Budißin, Weißenberg.

Hr. Carl August Diehlig, in
Budißin.

Burgstädtel, Rohren, Lun-
zenau, Pönig.

Hr. Gottfried Carl Nauert, in
Pönig.

Calau, Drebkau, Dobrilugk,
Kirchhayn, Vetzschau.

Hr. Friedrich Traugott Siebe,
in Finsterwalda.

Camenz, Elstra.

Hr. Traugott Reichel, in Camenz.

Chemnitz, Stollberg.

Hr. Erdmann Friedrich Ritter,
in Chemnitz.

Christianstadt, Gaßen, Sorau, Triebel.

Hr. Johann Sigismund Knap-
pe, in Sorau.

Cölleda, Wiehe.

Hr. Christian Wilh. Schmidt,
in Cölleda.

Colditz, Lausig.

Hr. Johann Christian Hoyer,
in Colditz.

Crimmitzschau.

Hr. Johann Gottbold Schilling,
in Schneeberg.

Croßen, Osterfeld, Zeitz.

Hr. Carl Heinrich Aumhor, in
Zeitz.

Dahlen.

Hr. Johann Gottfried Haase, in
Oschatz.

Delitzsch.

Hr. Caspar Gottlob Crellet.

Johann Augustin Segnitz,
Assistenz-Inspector das.

Dippoldiswalda, s. Al-
tenberg.

Dobrilugk, s. Calau.

Döbeln.

Hr. Christian Gottlieb Schanze,
daselbst.

Dohna, s. Berggießhübel.

Dommitzsch, Kemberg,
Pretzsch, Schmiede-
berg.

Hr. Johann Gustav Saupe, in
Pretzsch.

Drebkau, s. Calau.

Dresden.
Hr. Carl Friedrich Trieb, würklicher Accis-Rath.
Düben, Eilenburg.
Hr. Johann Bernhard Scheibe, in Eilenburg.
Eckartsberga.
Hr. Johann Christian Beyer.
Ehrenfriedersdorf, Geyer, Schlettau, Thum.
Hr. Christian Friedrich Fischer, Cammer-Commissarius, in Schlettau.
Eibenstock, s. Aue.
Eilenburg, s. Düben.
Eisleben, s. Artern.
Elsterberg, Lengefeld im V. Treuen.
Hr. Friedrich Wilhelm Irmisch, in Reichenbach im Voigtland.
Elsterwerda, Hayn, Liebenwerda, Ortrandt.
Hr. Carl Friedrich Gebicke, in Hayn.
Elstra, s. Camenz.
Elterlein.
Hr. Christoph Friedrich Mayer.
Falckenstein, s. Auerbach.
Finsterwalda, Sonnewalda.
Hr. Christian Carl Gottlob Heinsdorff, in Finsterwalda.
Forsta.
Hr. Carl Gottlob Unwürde.
Frankenberg
Hr. Carl Gottfried Richter, in Freyberg.
Frauenstein, s. Altenberg.
Freyberg, s. Brand.
Freyburg, s. Biebra.
Friedland, Guben, Lieberosa.
Hr. Johann Daniel Kalbe, in Guben.
Frohburg, s. Borna.

Fürstenberg.
Hr. Johann Gottfried Wilhelm Neumann, in Finsterwalda.
Gaßen, s. Christianstadt.
Gebesee, Tennstädt.
Hr. Gottlieb Tobias Hübschmann, in Tennstädt.
Geißing, s Altenberg.
Geithayn, Leißnig, Mitweyda.
Hr. Gottlob Heinrich Caroll, in Rochlitz.
Christian Traugott Barth, Assistenz-Inspector.
Geringswalda, Hartha, Waldheim.
Hr. Ehrenfried Siegmund Straube, in Leißnig
Geyer, s. Ehrenfriedersdorf.
Glaßhütte, s. Bärenstein.
Görlitz, Rothenburg.
Hr. Friedrich Gottlieb Gößing, in Görlitz.
Golßen, s. Baruth.
Gommern, s. Barby.
Gottleuba, s. Berggießhübel.
Gräfenhaynichen, Seyda, Wittenberg, Jahna.
Hr. Christian Friedrich Hoffmann, in Wittenberg.
Grimma, s. Brandis.
Gröditzsch, Pegau, Zwenkau.
Hr. Rudolph August Zöllner, in Pegau.
Grünhayn, Zwönitz.
Hr. Johann Christian Gottlob Jahn, in Grünhayn.
Guben, s. Friedland.
Hartha, s. Geringswalda.
Hayn, s. Elsterwerda.

Hayn

Haynichen.
Hr. Siegmund Lorenz Burck-
hardt, in Waldheim.
Hertzberg, Ubigau, Wah-
renbrück
Hr. Carl Gottfried Vetter, in
Herzberg.
Hettstädt, s. Artern.
Hohenstein, Schandau,
Sebnitz, Wehlen.
Hr. Benjamin Petersen, in
Schandau.
Johann Benjamin Petersen,
Assistenz-Inspector.
Hoyerswerda, Wittgenau.
Hr. Adolph Friedrich Riem-
schneider, in Hoyerswerda.
Jeßen, Schönewalda,
Schweinitz.
Hr. Johann Christian Heffter,
in Jeßen.
Jöhstädtel, s. Annaberg.
Johann Georgenstadt,
Hr. Gottfried Leonhardt Heub-
ner, daselbst.
Kemberg, s. Dommitzsch.
Kindelbrück, Weißensee.
Hr. Johann Philipp Taute, in
Weißensee.
Kirchberg.
Hr. Friedrich Wilhelm Rüdiger,
daselbst.
Kirchhayn, s. Calau.
Königsbrück.
Hr. Johann Christian Karsch.
Königstein.
Hr. Johann Gottfried Hain,
Rohren, s. Burgstädtel.
Landsberg, s. Brehna.
Langensalza.
Hr. Ludewig Christoph Hirte.
Lauban, Marcklissa.
Hr. Johann Friedrich Stauf-
fenbuhl, in Lauban.

Laucha, Mücheln, Nebra.
Hr. Julius Christian Roderisch,
in Laucha.
Lauchstädt, Merseburg,
Schaafstädt.
Hr. Heinrich Gottlob Mey, in
Merseburg.
Lauenstein, s Bärenstein.
Laußig, s. Colditz.
Leipzig.
Hr. August Lebrecht Triebel,
Ober-Accis-Commissarius.
Leißnig, s. Geithayn,
Lengefeld im Geb.
Hr. Johann Gottfried Bielitz,
Lengefeld im Voigtlande,
s. Elsterberg.
Liebenwerda, s. Elsterwerda.
Lieberosa, s. Friedland.
Liebstadt.
Hr. Johann Heinrich Gottlieb
Kumpel, in Pirna.
Lobstädt, s Borna.
Löbau, s. Bernstadt.
Lommatzsch, Meißen.
Hr. Johann Friedrich Matthai,
in Meißen
Luckau, s. Baruth.
Lübben, Lübbenau.
Hr. Johann Gottfried Weise,
Accis-Commissarius, in Lüb-
ben.
Lützen, Markranstädt,
Schkeuditz.
Hr. Gottlob Gotthelf Thieme,
in Schkeuditz
Carl August Schmidt, in
Merseburg, Assist. Inspe-
tor zu Lützen und Mark-
ranstädt.
Lunzenau, s. Burgstädtel.
Markranstädt, s. Lützen,
Marcklissa, s. Lauban.

H 3   Marien-

Marienberg, Scheibenberg.

Hr. Siegmund Immanuel Mat=
thesius, Accis = Commissa=
rius in Annaberg.

Meißen, s. Lommatzsch.

Merseburg, s. Lauchstädt.

Mittweyda, s. Geithayn.

Mölßen.

Hr. Carl Jacob Traugott Ar=
nold, in Zwenckau.

Mücheln, s. Laucha.

Mügeln.

Hr. Adolph Ehregott Schedlich,
in Meißen.

Mühlberg, s. Belgern.

Mühltroff, Plauen.

Hr. Christoph Heinrich Fischer,
in Plauen.

Johann Friedrich Gottlob
Hübsch, Adjunctus.

Münchenbernsdorf,
s. Berga.

Mußkau.

Hr. Johann Carl Friedrich
Persch.

Mutzschen, s. Brandis.

Mylau, Netzschkau, Reichen=
bach im Voigtlande.

Hr. Gottfried Wilh. Irmisch.

Friedrich Wilhelm Irmisch,
Adjunctus, in Reichenbach.

Naumburg.

Hr. Friedrich Victor Fränckel.

D. Friedrich Heinrich Eschen=
bach, Assistenz=Inspector,
in Naumburg.

Naunhof, s. Brandis.

Nebra, s. Laucha.

Nerchau, s. Brandis.

Netzschkau, s. Mylau.

Neukirchen, s. Adorf.

Neusalza, Neustadt Meißen.

Hr. Christian Gottlieb Schmalz,
in Stolpen.

Neustadt an der Orla,
s. Auma.

Neustädtel, s. Aue.

Niemeg, s. Beltzig.

Noßen, Roßwein, Sieben=
lehn, Wilsdruff.

Hr. Friedrich Christoph Ditt=
mann, in Roßwein.

Oederan.

Hr. Salomo Gottlob Bienert,
in Freyberg.

Oelsnitz, s. Adorf.

Ortrandt, s. Elsterwerda.

Oschatz, Strehla.

Hr. Carl Siegismund Pietzsch,
in Oschatz.

Osterfeld, s. Croßen.

Ostritz, s. Bernstadt.

Pausa.

Hr. Carl Friedrich Krause.

Pegau, s. Gröitzsch.

Penig, s. Burgstädtel.

Pförthen.

Hr. Johann Gottlob Böhmel.

Pirna, s. Bergaießbübel.

Plauen, s. Mühltroff.

Prettin.

Hr. Carl Gottlob Schmörl, in
Mühlberg.

Pretzsch, s. Dommitzsch.

Pulsnitz, Stolpen.

Hr. Johann Gottfried Barthel,
in Stolpen.

Rabenau, s. Altenberg.

Radeberg.

Hr. Christian Gottlob Kayser,
in Dreßden.

Radeburg.

Hr. Christian Friedr. Fritzsche,
in Dreßden.

Rahnis,

Rahnis, Ziegenrück.
Hr. Johann Gottlieb Leuthier.
Christian Heinrich Langen=
berg, Assistenz=Inspector,
in Neustadt an der Orla.
Regis, s. Borna.
Reichenbach in der Ober=
lausitz, s. Bernstadt.
Reichenbach im Voigtlande,
s. Mylau.
Rochlitz.
Hr. Carl Traugott Reyher, Ac=
cis=Commissarius.
Christian Benjamin Roch,
Accis=Secret.und Assistenz=
Inspector.
Rötha, s. Borna.
Roßwein, s. Noßen.
Rothenburg, s. Görlitz.
Rußland.
Hr. Johann Traugott Leßing,
in Camenz.
Sangerhausen, s. Brücken.
Sayda, s. Altenberg.
Schraffstädt, s. Lauchstädt.
Schandau, s. Hohenstein.
Scheibenberg, s. Marien=
berg.
Schellenberg.
Hr. Johann August Klemm.
Schildau.
Hr. Johann Christian Heinsius.
Schkeuditz, s. Lützen.
Schkölen.
Hr. Johann Christian Fischer.
Schlettau, s. Ehrenfrie=
dersdorf.
Schlieben.
Hr. Adam Heinrich Rosenbach.
Carl Gottfried Vetter, Assi=
stenz=Inspector.
Schmiedeberg, s.Dommitzsch.
Schneeberg, s. Aue.

Schönberg, s. Bernstadt.
Schönewalda, s. Jeßen.
Schwarzenberg.
Hr.Carl Rudolph Spranger.
Gottfried Leonhard Heubner,
Adjunctus.
Schweinitz, s. Jeßen.
Sebnitz, s. Hohenstein.
Seidenberg, s. Bernstadt.
Senftenberg.
Hr. Carl Gotthelf Fischer.
Siebenlehn, s. Noßen.
Sonnewalda, s. Finster=
walda.
Seyda, s. Gräfenhaynichen.
Sorau, s. Christianstadt.
Spremberg.
Hr. Christian Gottl. Schmidt.
Stollberg, s. Chemnitz.
Stolpen, s. Pulßnitz.
Stößen, Teuchern.
Hr. Christian Wentzel, in Weis=
senfels.
Strehla, s. Oschatz.
Taucha.
Hr. Johann Gottlob Küster, in
Leipzig.
Tennstädt, s. Gebesee.
Teuchern, s. Stößen.
Thamsbrück.
Hr. Johann Christian Schuma=
cher, in Langensalza.
Tharand, s. Altenberg.
Thum, s. Ehrenfriedersdorf.
Torgau.
Hr. August Gottlob Winckler.
Trebsen, s Brandis.
Treuen, s. Elsterberg.
Triebel, s. Christianstadt.
Triptis, s. Auma.
Uebigau, s. Herzberg.
Vetschau, s. Calau.
Wahrenbrück, s. Herzberg.
H 3   Waldheim,

Waldheim, f. Geringswalda.

Wallhausen, f. Brücken.

Wehlen, f. Hohenstein.

Weißenberg, f. Budißin.

Weißenfels.
Hr. George Carl Grünenthal.

Weißenste, f. Kindelbrück.

Werdau, Zwickau.

Hr. Heinrich August Beyer, in Zwickau.

Weyda, f. Berga.

Wiehe, f. Cölleda.

Wiesenthal Ober, Wiesenthal Unter.

Hr. Johann Christian Haußner.

Wilsdruff, f. Noßen.

Wittenberg, f. Gräfenhaynichen.

Wittgenau, f. Hoyerswerda.

Wolckenstein.
Hr. Christian Gotthold Biebig, in Zschopau.

Wurzen.
Hr. Johann August Eichler.

Jahna, f. Seyda.

Zeitz, f. Croßen.

Ziegenrück, f. Rahnis.

Zittau.
Hr. Carl Friedrich von Beßer.

Jöblitz.
Hr. Johann Gottlob Beyer, in Freyberg.

Törbig, f. Brehna.

Tschopau.
Hr. Johann Cornelius Köhler.

Johann August Bergner, Assistenz-Inspector.

Iwenckau, f. Gröitzsch.

Zwickau, f. Werdau.

Zwönitz, f. Grünhayn.

Geheimes Kriegs=Raths=Collegium.

Vice-Präsident.

Herr Christoph Friedrich von Flemming, General=Major von der Infanterie.

Würckliche geheime Kriegs-Räthe, so Votum und Sessionem haben.

1. Herr Christian Wilhelm Just.
2.   Otto Bernard von Borcke.
3.   - Christian Schüßler.
4.   Johann Ferdinand Casimir von Ponickau, General-Major und Inspecteur von der Cavallerie.
5.   Gottlieb August Retzsch.
6.   Nicolaus Reinhold von Pfeilitzer, Franck genannt, Obrister und Inspecteur von der Infanterie.

Ferner:

Ferner:

Würkliche geheime Kriegs-Räthe, so keine Session haben.

1. Herr Friedrich Adolph von der Albe.
2.   Friedrich Ludwig von Reinicke,
3.   Ernst Ludwig von Riesenwetter.

Titular-geheime Kriegs-Räthe.

1. Herr Gottfried Freyherr von Schnurbein.
2.   Friedrich von Hopfgarten, Cammerherr.
3.   Johann August von Ponickau.
4.   Friedrich Gottlob von Warnsdorff.
5.   Carl Friedrich von Graffen.
6.   Carl Erasmus Freyherr von Hulbenberg.
7.   Christian Gottlob Adolph von Nostitz.
8.   Johann Christoph Clauder.
9.   Carl Heinrich von Zetzschwitz.

Würkliche Kriegs-Räthe.

1. Herr Julius Vieth von Golßenau.
2.   Johann Friedrich Querner.
3.   Johann Gottfried Elsaßer.
4.   Gottfried Schmieder.
5.   Caspar Friedrich von Gersßdorff.
6.   Gottlob Ernst Hennig.
7.   George Friedrich Großmann.

Titular-Kriegs-Räthe.

1. Herr Joachim Reimar von der Lühe.
2.   Johann Wilhelm Faber.

Haupt- und Archiv-Expedition.

Ober-Kriegs-Commissarius, Herr Christian August Döbner.
Geheimer Secretarius, Herr Friedrich Lebrecht Pönitz.
Supernumerar-Secretarius, Herr Christian August Retzsch.
Geh. Kriegs-Secretarius und geh. Kriegs-Registrator, Herr Christian Gottlieb Bülz.
Archiv-Secretarius, Herr August Wilhelm Julius von Bey.
Geheimer KriegsRegistr. und geh. Kriegs-Expeditor, Herr Johann Christian Schüller.

Geheimer

Geheimer Kriegs = Canzellist, Herr Gottbold Adolph Grahl.
= = = Gottlieb Friedrich Keul.
= = = = Christian Carl Döbner.
= = = = Carl Wilhelm Holzapffel.
= = = = Christian Andreas Crusius.
= = = = Gotthard Benedict Pfeiffer.
= = = = Carl Gottfried Einer.
Geh. Kriegs = Raths = Fourier, Herr Christian Salom. Liscovius.
= = Canzley Aufwärter, Johann George Fielsach.
= = Canzley = Diener, Johann Christian Ringler.

Commissariats = Expedition.

Ober = Kriegs = Commissarius, Herr Johann David Tischer.
Commissariats = Secretarius, Christian Wilhelm Beyer.
Secretarius und Registrator, Elias Unger.
Commissariats = Canzellist, Joh. Gottlieb Niedner, Exped.
Carl Andr. Kersten, Secret.
Johann Friedrich Schuster.
Carl Friedrich Fleischer.
Johann Gottfried Theiler.
Christian Gottfried Krebs.

Bey der Invaliden= und Soldaten=Knaben=Expedition.

Geheimer Kriegs = Secretarius, Herr Friedrich Herm. Walther.
Kriegs = Commissarius, Leon Gotthard Stiebler.

Bey der Casernen = Oeconomie.

Casernen = Inspector, Herr Johann Benjamin Becker.

Bey dem Commissariat = und Proviant = Fuhrwesen.

Equipage = Commissarius, Herr Johann Christoph Müller.

Proviant = Amts = Expedition.

Ober = Proviant = Commissarius, Herr Johann Wilhelm Rothe.
Proviant = Commissarius, Alexander Heinrich Franck.
= = Amts = Registrator, Johann Heinrich Seyfert.
Proviant = Officier, Friedrich Heinrich Pitschel.
Gottl. Samuel Tzschöckel.
Joh. Ludewig Benj. May.
Proviant = Officiante, Carl Friedrich Holzapffel.

Proviant=

Proviant-Verwaltere bey den Land-Magazinen.

In Dreßden, wird durch den Proviant-Commissarium, Herrn
Alexander Heinrich Francken mit verwaltet.

In Leipzig,   Herr Johann Adolph Dittmar.
In Wittenberg,   Siegmund Christoph Bruckhauß.
In Torgau,   Christian Gottlob Fleischer.
In Zwickau,   Johann Gottfried Kolbe.
In Zeitz,   Johann August Mendel.
In Heldrungen,   Christoph Hillner.
In Freyberg,   Carl Heinrich Gotthard Heinicke.
In Königstein,   Amadeus Kühn.

Rechnungs-Expedition.

Ober-Rechnungs-Commissarius, Herr Christian Heinrich Pönig.
Rechnungs-Secretarius,   Herr George Friedrich Carl Renzsch.
Secretarius und Rechnungs-Registrator, Herr Friedrich Ima-
nuel Stern.
Calculatores,   Herr George Friedrich Zincke.
                      Johann Christoph Richter.
                      Theophilus Modus.
                      Gottlob Ehrenreich Oehme.
                      Heinrich Gottlieb Morgenstern.
Rechnungs-Copist,   George Friedrich Franz.

Creyß- und Märsch-Commissarien.

Im Chur-Creyße.
Herr Wolff Gottlob von Lindenau, auf Polzen, Hauptmann.
Rudolph Ernst von Schlegel, auf Ober Mahle, Major.

Im Meißnischen Creyße.
Herr Heinr. Adolph von Klengel auf Hahnefeld, Obrist-Lieutenant.
Magnus Heinrich von Lüttichau, auf Potschappel.
Adjunctus, Herr Heinrich Leopold, Freyher von Fritsch,
auf Zschochau, Major.

Im Thüringischen Creyße.
Herr Heinrich Rudolph von Helldorff, auf Deuben.
Caspar Wilhelm von Berlepsch, auf Hennigsleben.

Im Leipzigischen Creyße.
Herr Carl August Sahrer von Sahr, auf Kötteritzsch, Amts-
Hauptmann.
Franz Hildebrand Johann Friedrich von Schindler, auf
Rüdigsdorff, Major.

Im

Im Gebürgischen Creyße.

Herr Heinrich Friedrich von Wolffersdorff, auf Leubnitz, Cammerherr.

Friedrich Theodor von Peterkowsky, auf Geyersberg.

Adjunctus, Herr Hanß Carl August von Carlowitz, auf Groß-Hartmannsdorff.

Im Voigtländischen Creyße.

Herr Gottlob August von Watzdorff, auf Jößnitz.

George Christoph von Reitzenstein, auf Schönberg, Major.

Im Neustädtischen Creyße.

Herr Heinrich von Bünau, auf Nimritz.

Adjunctus, Herr Johann Wilhelm von Brandenstein, auf Crölpa, Cammer-Junker.

Im Stifte Merseburg.

Herr Hannibal Abraham von Schmerzing, Obrist-Lieutenant.

Im Stifte Zeitz.

Herr Günther von Bünau, Capitaine.

Im Marggrafthum Ober-Lausitz.

Herr Carl Erasmus, Freyherr von Hulbenberg, geheimer Kriegs-Rath.

Im Marggrafthum Nieder-Lausitz.

Herr Christoph Ullrich von Zastrow, auf Stoßdorff, Major.

Im Fürstenthum Querfurth.

1) Querfurthische Creyß.

Herr Christian von Geusau, Creyß-Director, Obrister.

2) Jüterbogkische Creyß.
Vacat.

Cammer-Collegium.

Cammer-Präsident.

Herr Hanß Christoph von Poigk.

Vice-Cammer-Präsident.

Herr Carl Ferdinand Lindemann.

Würk=

Würkliche geheime Cammer- auch Cammer- und Berg-Räthe.

Herr Friedrich Gottlob von Berlepsch, geheimer Cammer- auch Cammer- und Berg-Rath.

Maximilian Robert Freyherr von Fletscher, geheimer Cammer- auch Cammer- und Bergrath.

Wilhelm George Marschall, geheimer Cammer- auch Cammer- und Bergrath.

D. Andreas Wagner, geheimer Cammer- auch Cammer- und Berg-Rath.

Hiob Christian von Bomßdorf, geheimer Cammer- auch Cammer- und Bergrath.

Johann Otto Frenzius, Cammer- und Berg-Rath.

Friedrich Wilhelm Ferber, geheimer Cammer- auch Cammer- und Berg-Rath.

Albrecht Ludewig Graf von der Schulenburg, Cammerherr und geheimer Cammer- auch Cammer- und Berg-Rath.

Titular geheime Cammer-Räthe.

Herr Carl Heinrich von Heinicken. Herr Marcus von Schnurbein. Herr Otto Bernhard Verdion.

Würkliche Cammer-Räthe ohne Session.

Herr Gottlob Lebrecht von Heinitz. Herr Johann Bernhard Blum.

Land-Cammer-Räthe.

Hr. Christoph Friedr. von Erur. Hr. Carl Friedrich Kregel von Sternbach.
Wolf Siegfried Curt von Lüttichau.
Carl Gottlob von Goldstein.
Gottlob Heinrich von Birckholz.
Ferdinand Wilhelm v. Funcke.
Carl Otto von Dießkau.
Hanuß Herrmann v. Damnitz.
Carl Wilhelm von Lindenau, zu Polenz.
Christoph Ehrenreich von Arnim.
Ernst Gottlob v. Riesenwetter.
Carl Heinrich von Thümmel.
George Adolph von Hartitsch.
Friedrich Moritz von Heßler.
Erhard Friedrich Freyherr von und zu Mannsbach.
Christian Gottlob v. Dießkau.
Ludwig Albrecht Leopold von Kanitz.
Johann Ferdinand August von Ziegenhird.

Cammer-Assistenz-Räthe.

Hr. Heinrich August Fischer. Hr. Johann Zacharias Herrmann. Johann Friedrich Schilling. Christoph Siegmund v. Ernest.

Titular-

Titular-Cammer-Räthe.

Hr. Gottfr. e) Steinbach.
Joh... Matthias Klein.
Christian Gottlob Freege.
Johann Christoph Lippold.
Christian August Scheefer-
meyer.

Hr. Franz du Bose.
D. Albinus Ernst Ulrici.
Joachim Nicolaus Hofmann.
Friedrich Wilhelm Möh-
ler.

Titular-Land-Cammer-Räthe.

Hr. Johann George Gottfried
von Seydel.
Johann Caspar von Gerßdorf.
George Wilhelm Freyherr
von Hohenthal.
August von Einsiedel.
Hannß Christoph von Einsie-
del.
Johann Friedrich von Po-
sern.

Hr. Christian Friedr. v. Fromberg.
Moritz August von Minck-
witz.
Friedrich Wilhelm von Uech-
teritz.
Joh. Friedrich von Kutzschen-
bach.
Joh. Adolph Carl von Türck.
Joh. Friedrich Gottlob von
Schmidt.

Cammer-Gemachs-Expedition.

Herr August Constantin Ferber, Legations-Secretarius.
Wolf Abraham Leberecht von Weydenbach, Cammer-Jun-
ker und Amts-Hauptmann.
Christian Heinrich August von Uffel, Amts-Hauptmann.
Carl Gottlob Geier, geheimer Cammer-Secretarius.
George Köhler, Cammer-Registrator.
Johann Gottfried Dähnerth, Registrator.

Cammer-Copisten.

Hr. Johann Gottfried Zschiedrich.
Johann George Müller.

Hr. Jonathan Gotthelf Hennig.
Johann Wilhelm Pollmer.

Cammer-Schreiber und Haußmann, Johann Gottlieb Pollmer.

Cammer-Fourier.

Herr Johann Samuel Thiemer.

Jagd-Floß-und Rent-Expeditiones.

Hr. Christian Gotthold Crusius,
Hofrath.
August Heinrich Rabe, Jagd-
und Floß-Secretarius.

Hr. Johann Friedrich Schilling,
Cammer-Assistenz-Rath.
Gottlieb August Schumann.
Carl Friedrich Heerwagen.

Hr.

Hr. Christian Ernst Brehme.
Johann George Rothe.
Johann August Puttrich.
Gottfr. Immanuel Grundig.
Carl Heinr. Adolph Schnei-
der.
Friedrich David Grahl.
Polycarpus Lebrecht Lechla.
Benedictus Clemens Clauß-
witz.
Johann Friedr. Ackermann.
Johann Siegmund Strauch.
Michael Heinrich Reinhard.
Registratores.
Hr. Johann Samuel Schulze.
Johann Christoph Ludwig.
George Christoph Beckauer.
Joh. Christoph Kindermann.
Carl Friedrich Heber.
Ferdinand August Koch.
Adam Heinrich Braune.
Carl Gottfried Daßdorf.
Bothenmeister und Sportul-
Einnehmer.
Hr. Friedrich Gottlob Lucius.
Rent Schreiber.
Hr. Friedrich Conrad Grahl.
Christian Wilhelm Rabe.
Christian August Fritzsche.
Rent Copisten.
Hr. Johann George Gebhard.
Johann Gottfried Sahlat.
Johann Christoph Stolle,
Registrator.
Johann Christian Wegner.
Adam Heinrich Frauenstein.
Johann George Kaulfuß.
Christoph Friedrich Winckler.
Johann Gottfried Ranitz.
Johann Christian Grütze.
Carl Friedrich Knorr.
Johann Christian Dießner.
August Heinrich Ludwig.

Hr. Johann Christian Nachtigall.
Johann Carl Gottlob Oehme.
George Carl Richter.
Johann August Jacoby.
Christian Gottfried Welsch.
Christian Gottlieb Mende.
Christian Gottlieb Kretsch-
mar.
Paul Mäußel.
Carl Otto Ludwig Hecker.
Friedrich Gottlob Eckhardt.
Ernst Gottfried Hübner.
Gustav Gottlob Oehme.
Renterey.
Hr. Carl Gottfried Otto, Land-
Rentmeister.
Johann Friedrich Weiße, Bi-
ce-Land-Rentmeister.
Johann Carl Gottfried Otto,
Vice-Land-Rentmeister.
Rent-Rechnungs-Se-
cretarii.
Hr. Johann Ehrenfried Tünzel.
Johann Ehrenfried Fischer.
Samuel August Freyberg.
Christian Ludwig Fischer.
Christian Gottlob Legler.
Carl Friedrich Janicke.
Christian Gottlob Schopper.
Rent-Calculatores ex-
traordinarii.
Hr. Carl Joseph Thiele, Penf.
Gottlob Christian Kaulisch.
Johann Christoph Steudel.
Johann Michael Crpselius.
Friedrich Günther.
Gottfried Siegert.
Johann Christian Günther.
Christian Adam Andreas
Quanz.
Johann Christoph Probst.
Heinrich Christoph Rudel.
Christian Gottlob Günther.
Hr.

Hr. Johann Gottlieb Niedrich.
Carl Andreas Faber.
Carl Gottfried Frauenstein.

Renterey-Aufwärter.
Hr. Joh. Christoph Süßmilch.
Christian Anton Schmidt, Bey-
Aufwärter.

Feuerwächter beym Canzley-
Hause am Schlosse.

Mäurer.
Carl Traugott Lorenz.

Christian Fröbe.
Michael Schurich.
Johann George Fröbe.
Gottfried Nacke.
Christian Gottfried Lucas.

Zimmerleute.
Johann Gottfried Pfaffe.
Johann August Gerlach.
Johann Michael Lehmann.
Christian Gutfreund.
Christian Freudenberger.
Johann Gottfried Klare.

Cammer-Archiv.

Hr. Heinrich August Fischer,
Cammer-Assistenz Rath.
Joh. Gottfried Gerven, Secr.
Heinr Gottlieb Rothe, Secr.
Carl Joseph Duckwitz, Secr.
Johann August Keul, Copist.
George Friedrich Weindauer,
Copist.

Cammer-Consulenten und
Cammer-Procuratores.

Hr. D. Christian August Hau-
schild, Cammer Commis-
sions-Rath und Cammer-
Consulent.
D. Immanuel Gottlieb Frey-
berg, Vice-Cammer Con-
sulent.
Traugott Plänckner, Com-
missions-Rath und Cam-
mer-Consulent.
Carl Gotelieb Gehrnauer,
Cammer-Procurator im
Marggrafthum Nieder-
Lausitz.
Christian Friedrich Zachariä,
Cammer-Procurator.
Christian Ludwig Reut, Cam-
mer-Procurator im Marg-
grafthum Ober-Lausitz.

Hr. Conrad Christoph Kühnhardt, Cammer-Procurat.
August Cyriac Ernst, Cam-
mer-Procurator.
Heinrich Erdmann Heinsius,
Cammer-Procurator in
denen Herrschaften Sorau
und Triebel mit Christianstadt.
Carl Gottfried Küster, Cammer-Procurator im Leip-
ziger Creyße.
Johann Christoph Kremsier,
Cammer-Commissarius
und Amts-Procurator in
denen Aemtern Delitzsch,
Zörbig und Bitterfeld.
Heinrich Adolph Müllner,
Amts-Procurator zu Weis-
senfels.
Joh. Gotthelf Hertel, Cammer-Procurator in de-
nen Aemtern Wiesen-
burg, Grünhayn, Zwi-
ckau, Schwarzenberg, und
andern Gebürgischen Aem-
tern.

Cammer-Commissarii.
Hr. Friedr. Engelbrecht Myliius.
Hr.

Hr. Carl Gottlob Kandler.
Johann Andreas Schulze.
Gottfried Samuel Seyfried.
Heinrich Gottlob Killer.
L. Johann Gottfried Auten-
rieth.
Johann Gottlob Ziegler.
Johann Gottfried Dinter.
Johann Heinrich Kermeß.
Caspar Heinrich Rosencranz.
Alexander Bogislaus Brause.
Christoph Carl Rebnitz.
Johann Christian Heinze.
Gottlieb Samuel Cörner.
Christian August Weise.
Justus Lorenz.
August Friedr Königsdörffer.
August Heinr. Königsdörffer.
Christian Friedrich Fischer.
Ehrenreich Christian Lebrecht
Speißer.
Christian Ernst Hoffmann.
Johann David Neander.
Carl Gottlob Worm.
Carl Gottlob Brückner.
Christoph Friedrich Lunitz.
Johann Christoph Friedrich
Bergau.
Johann Gottfried Kämpfe.
Johann Gottlob Ottens.
Ernst Gottlob Schade.
Dietrich August Brüchting.
Johann Gottlob Lehmann.
Wolfgang Christian Friedr.
Schröter.
Johann Andreas May.
Johann Samuel Beyer.
Christoph Sigismund Gera-
behand.
Johann Gottlieb Böttger.
George Friedrich Heße.
Christoph Heinrich Haahse.
Christian Gottlob Löbel.

Hr. Justinus Andreas Ritze.
Carl Gottlob Pretzschel.
Sigism. Gottlob Scheußler.
George Gottlieb Möbius.
Michael Christian Semler.
Gottlob Sigism. Pistorius.
Johann Friedrich Leuthier.
Christian Gotthelf Schob.
Johann Gottlob Häbler.
Johann Gottlob Leopold.
Johann Gottlieb Treberhof.
George Philipp Kröber.
Johann Paul Richter.
Adolph Gottlieb Vater.
Carl Gottlob Pohle.
Felix Leopold Gottlieb Vin-
hold.
Johann Christoph Kremsier.
Johann Friedrich Müller.
Heinrich August Pfeiffer.
Eberhard Heinrich Bröll.
Joh. Gottlieb Willkommen.
Johann Gottlieb Körbitz.
Christian Gottlob Piper.
Friedrich Wagner.
Johann August Lobse.
Ernst Christoph Risch.
Johann Gottfried Thomas
Koch.
Carl Friedrich Mirschenk.
Andreas Friedrich Thome.
Salomo Dietrich.

Cammer-Revisores.

Hr. David Francke.
Christian Gottlieb Weber.
George Adam Kirst.
Heinrich Ferdinand Wagner.
Johann Martin Burckhardt.
Gottlieb Wilhelm Heupel.
Joseph Constans Marsmann.
Johann George Müller.
Heinrich Friedrich Haumann.
Cammer-

Cammer = Fiscal.
Hr. Carl Samuel Senf.
Cammer = Commissions=
Actuarii.
Hr. Carl Gottfried Küster.
Johann August Senfft.
Friedrich Conrad Reich.
Cammer = Bau = Casse.
Cammer = Bau = Cassier, Herr
Christoph Heinr. Heymann.
Ober = Land = Feld = Messer.
Hr. Christoph Moritz Dietze.
Christian Adolph Francke,
Land=Bauschreiber, dessen
Adjunctus.
Land = Bau= Schreiber.
Hr. Samuel Adam, Jagd=
Baumeister.
Adam Moritz Haußwald.
Johann Moritz Haußwald,
dessen Assistent.
Christian Conrad Francke,
emer.

Hr. Christian Adolph Francke,
Johann August Schütze.
Conrad Gotthelf Rothe.
Christian Friedrich Staffel.

Cammer = Conducteurs.

Hr. Johann Carl Beyer.
Hannß Siegmund Ulrich.
Johann August Richter.
Christian Gottfried Francke.
Carl August Fiedler.
Christian Friedrich Fischer.
Christian Riedrich.
Christian Heinrich Kändler.
Philipp Martin Ferdinand
Walther.
Johann Wilhelm Chryselius.
Immanuel Köhler, Condu=
cteur beym Salzwerke zu
Dürrenberga.
Traugott Heinrich Kleeditz.
Christian Gottfr. Hahmann.

Amt Dreßden.

Ober=Amtmann.

Herr D. Jacob Heinrich Reinhold, Hofrath.

Amts = Actuarii.
Hr. Christian Friedrich Seyler.
Carl Christian Marbach.
Carl Gottlieb Kühn.
Christian Gottfried Matthäi.
Johann Simeon Zumpe.
Amts = Cassier.
Hr. Johann Friedrich Krahmer.
Acten = Inspector.
Hr. August Friedrich Müller,
Registrator.
Amts = Registratores.
Hr. Johann Gottfried Beck.
Daniel Gottlieb Graß.
Johann Heinrich Telsing.

Hr. Heinrich Ferdinand Wagner.
Christian Gotthelf Günther.

Amts = Copisten.
Hr. Johann Friedr. Leonhardi.
Johann Ernst Weise.
Christian Friedrich Hahn.
Carl Friedrich Meißner.
Gottlob Hieronimus Raben=
stein.
Friedrich Ludwig Anesorge.

Amts Bothen.
Johann Jacob Polt.
Carl Friedrich Wagner.
Gottlob Friedrich Seyfert.

Amts=

Amts-Frohn.

Gottlob Friedrich Junig.
Johann Gottfried Haacke,
Constantin Magnus Wohlleben, } Bey-Knechte.

Amts-Verwalterey Dreßden.

Amts-Verwalter.

Herr Friedrich Gottlieb Funcke.

Bey der Amts-Verwalterey-Expedition.

Hr. Johann August Seyffarth. Hr. Johann Gottlieb Fiealr.
Johann Gottlob Liebeler. Sigismund Wilhelm Gutsch-
Carl August Verlohren. ner.

Amts-Gewerken.

Herr Johann Gottfried Kuntsch, Amts-Mauermeister.
Adam Gottfried Reiße, Amts-Zimmermeister.
Johann Gottfried Pfützner, Amts-Mäurer-Polier.
Christian Gottlob Damm, Amts-Zimmer-Polier.
Carl Friedrich Gutte,
Johann Gottfried Hanisch,
Samuel Hanitzsch,
Carl Gottlob Tranckner, } Amts-Verwalterey-Bothen.

Herr Friedrich Gottlieb Funcke, Amts-Weingebürgs-Inspector,
auch Amts-Verwalter, wie oben.
Johann Peter Naacke, Berg-Verwalter.
Martin Dietze, Berg-Voigt.
Samuel Dietze, Berg-Voigt Abjunctus.
Johann Friedrich Herkloß, Mauermeister.
Johann George Diebel, Zimmer-und Röhrmeister.

Amt-Schreiberey.

Herr Christoph Germann, Amtschreiber.

Bey der Amtschreiberey-Expedition.

Herr Friedrich Wilhelm Riedel.

Uebrige Beamte.

Altenberg. Annaberg.
Hr. Christian Friedrich Wiese, Hr. George Melchior Giese,
Amtmann. Mühlen-Amts-Verweser.

Annaburg.

Hr. Christian Heinrich Wießner, Amtmann.

Arnshaugk.

Hr. Christian Friedrich Hedenus, Amts-Inspector.

Friedrich Traugott Redlich, Amtmann.

Augustusburg.

Hr. Johann August Klemm, Amts-Verweser.

Barby.

Hr. Christian Gottlieb Krebß, Amtmann.

Belzig.

Hr. Paul Friedrich Müller, Amts-Verweser.

Johann Friedrich Lüdecke, Amtschreiber.

Bitterfeld.

Hr. Carl Ludwig Meyer, Amtmann.

Friedrich Leberecht Dietrich, Amtschreiber.

Borna.

Hr. Johann Ludwig Cotta, Amtmann.

Chemnitz.

Hr. Carl Christian Johann Schrek, Amts-Verweser.

Colditz.

Hr. Gottfried Benjamin Hartmann, Amts-Inspector.

Joh. Daniel Gottlob Hartmann, Amtmann.

Dahme.

Hr. August Siegmund Richter, Amtmann.

Delitzsch.

Hr. Lorentz Hennig Sucke, Cammer-Commissions-Rath und Amtmann.

Dippoldiswalda.

Hr. Friedrich Benjamin Zahn, Cammer-Commissions-Rath und Amtmann.

Dobrilugk.

Hr. Johann Carl Heun, Amtmann.

Christian Gottlieb Helmricht, Amtschreiber.

Düben.

Hr. Christian Gotthelf Benemann, Cammer-Commissions-Rath und Amtmann.

Eckartsberga.

Hr. Carl Moßdorf, Amtmann.

Friedrich Heinrich Schertzberg, Amts-Verwalter.

Eilenburg.

Hr. Gottlob Friedrich Renner, Amtmann.

Franckenberg mit Sachsenburg.

Hr. Christian Daniel Roch, Amtmann.

Finsterwalde.

Hr. Christoph Heinrich Hertwig, Amtmann.

Carl Adolph Tischer, Amtschreiber.

Frauenstein.

Hr. Johann Gottlieb Näcke, Amts-Verweser.

Gottlieb Benedict August Pitterlin, Amtschreiber.

Freyberg.

Hr. Johann Paul Meißner, Creyß-Amtmann.

Freyburg.

Hr. Paul Friedrich Keßler, Amts-Verweser und Amts-Verwalter.

Gommern.

Gömmern.

Hr. Christoph Carl Rentz, Cammer=Commissarius und Amtmann.

Gräfenhaynchen.

Hr. Johann Wilhelm Otto, Amtmann.

Grimma, Erb=Amt.

Hr. Carl Gottlob Kirchhoff, Amtmann.

Grimma, Schul=Amt.

Hr. Carl Christoph Wend, Amtmann und Schul=Verwalter.

Carl Christian Gensel, adjungirter Schul=Amtmann und Schul=Verwalter.

Grüllenburg.

Hr. Christian Wilhelm Haberland, Amtmann.

Christian Friedrich Treutler, Amtschreiber.

Grünhayn.

Hr. Christian Gottlieb Gottschald, Amtmann.

Guben.

Hr. Heinrich August Erdmann Keßel, Amtmann.

Carl Gottfried Schreiber, Amts=Verweser.

Hayn mit Moritzburg.

Hr. Gottlob Friedrich Birnbaum, Amtmann.

Gottlob Ehrenfried Lederer, Amts=Verwalter und Oeconomie=Inspector.

Hoyerswerda.

Hr. Theophilus Leßing, Amtmann.

Christoph Gabriel Schmelzer, Amts=Verwalter.

Hohnstein.

Hr. Christian Friedrich Scheffler, Amts=Inspector.

Hr. Friedrich Christian Gotthelf Scheibner, Amts=Verweser.

Johann Christian Gottlieb Lamprecht, Amtschreiber.

Heldrungen.

Hr. Heinrich Benedict Richter, Cammer=Commissions-Rath und Amtmann.

Tobias Johann Heinrich Grübeling, Amts=Verwalter.

Jüterbogk.

Hr. Friedrich Christian Krebß, Amtmann.

Kähndorf mit Bennshausen.

Hr. Gottlieb Friedrich Bleymüller, Amtmann.

Andreas Voßberg, Amts=Verwalter.

Laußnitz.

Hr. D. Johann Traugott Kemter, Amts=Verweser.

Lauterstein.

Hr. Johann Gottfried Lippold, Amtmann.

Langensalza.

Hr. Christian Gottlieb Lebrecht Göschel, Amtmann.

Martin Christoph Lebrecht Gilbert, Amts=Verwalter.

Leipzig.

Hr. Johann Gottfried Blümner, Cammer=Commissions=Rath und Creyß=Amtmann.

Philipp Francke, Amts=Rent=Verwalter.

Leißnig.

Hr. Friedrich August Seyfried, Cammer=Commissions-Rath und Amtmann.

Hr.

Hr. Christian August Goldscha=
de, Amts=Verwalter.

Liebenwerda.

Hr. Johann Alexander Bielitz,
Cammer = Commissions=
Rath und Amtmann.

Christian August Petermann,
Amts=Verwalter.

Lübben.

Hr. Carl Christian Fiedler,
Amtmann.

Christian Friedrich Wend,
Amts=Adjunctus.

Carl Gottlob Pretzschel, Cam=
mer= Commissarius und
Amtschreiber.

Meißen, Creyß=Amt.

Hr. Carl Wolfgang Maximi=
lian Welck, Creyß=Amt=
mann.

Friedrich Wilhelm Praße,
Amts=Inspector.

Meißen, Procuratur=Amt.

Hr. Carl Traugott Kempter,
Procuratur=Verwalter u.
Procuratur=Amtschreiber.

Meißen, Schul=Amt.

Hr. Friedrich Wilhelm Schu=
mann, Amtmann.

Gotthold Benjamin Kober,
Schul = Oeconomie=Ver=
walter.

Mildenfurth.

Hr. Carl Gottfried Hoffmann,
Amts=Verweser.

Johann Gottlob Hedenus,
Amts=Verwalter.

Mutzschen.

Hr. Carl Adam Petzsch, Amt=
mann.

Mägeln.

Hr. Adolph Ehregott Sched=
lich, Amtmann.

Mühlberg.

Hr. Augustin Gotthelf Irsch=
haußen, Amtmann.

Noßen.

Hr. Carl Heinrich Schwabe,
Berg=Rath und Amtmann.

Oschatz.

Hr. Johann Christoph Schun=
cke, Amtmann.

Pausa.

Hr. Johann Ehregott Calow,
Amts=Verweser.

Johann Christian Schmidt,
Amt=Schreiber.

Pegau.

Hr. Gottfried Lebrecht Sernau,
Amtmann.

Pforta, Schul=Amt.

Hr. D. Caspar Christian Gut=
bier, Amtmann.

Carl Valerian Francke,
Schul=Verwalter.

George Christ. Beyer, Amts=
Verwalter.

Johann Andreas Echter=
meyer, Kornschreiber.

Pirna.

Hr. August Heinrich Schrey,
Amtmann.

Plauen.

Hr. Johann Friedrich Wehner,
Amtmann.

Johann Christian Schmidt,
Amt=Schreiber.

Pretzsch.

Hr. Johann Balthasar Woll=
kopf, Amtmann.

Atlaß Friedrich Crusius,
Amts=Verweser.

Querfurth.

Hr. Tobias Ehrenfr. von Braun,
Amts = Hauptmann und
Pachts=Innhaber.

Hr.

Hr. Ludwig Friedrich Tobias von
Zittwitz, deſſen Aſſiſtente
und Mitpachter.
Johann Leonhard Chriſtian
Kaupiſch, Amts = Ver=
weſer.

Radeberg.
Hr. Ernſt Ludwig Langbein,
Amtmann.
Chriſtian Gottlieb Schröd=
ter, Amtſchreiber.

Rochlitz.
Hr. Gottfried Auguſt Bern=
hardi, Amts = Verweſer.
Johann Andreas Schmidt,
Amts=Verwalter.

Sachſenburg in Thüringen.
Hr. Chriſtian Friedrich Robſolt,
Amtmann.
Carl Heinrich Hoffmann,
Amts = Verweſer.
Johann Friedrich Bär, Amt=
ſchreiber.

Sangerhauſen.
Hr. Chriſtoph Wilhelm Thöll=
den, Cammer = Commiſ=
ſions=Rath und Amtmann.
Chriſtian Löbnitz, Amts=Ver=
walter.

Sittichenbach.
Hr. Guſtav Friedrich Gebſer,
Amtmann.
Wilhelm Chriſtian Traut=
wein, Amts=Verweſer.

Schleußingen.
Hr. Carl Friedrich Thyme,
Cammer = Commiſſions=
Rath und Amtmann.
Siegfried Auguſt Huth, Amt=
ſchreiber.

Schlieben.
Hr. Johann Gottlob Lunitz,
Amtmann.

Schwarzenberg.
Hr. Carl Auguſt Juſt, Creyß=
Amtmann.
Carl Siegmund Jentzſch,
Amts = Verwalter.

Schweinitz.
Hr. Auguſt Chriſtian Wie=
gandt, Amtmann.

Senfftenberg.
Hr. Johann Chriſtian Wolff,
Amtmann.
Gottlob Ehrenfried Hutt=
mann, Amtſchreiber.

Seyda.
Hr. Chriſtian Friedrich Rein=
hardt, Commiſſions=Rath
und Amtmann.

Sorau.
Hr. Johann George Beck, Cam=
mer = Commiſſions = Rath
und Beamter.

Spremberg.
Hr. Carl Friedrich Fleck, Amt=
mann.

Stollberg.
Herr Friedrich Amadeus Da=
niel Liebe, Amtmann.

Stolpen.
Hr. George Gottlob Flachß,
Amts = Verweſer.
Friedrich Ernſt Conradi,
Amts = Verwalter.

Suhl.
Hr. Chriſtoph Anton Hoffmann,
Amtmann.
George Wilhelm Fuhrmann,
Amts=Verwalter.

Tautenburg.
Hr. Johann Andreas Gröſch=
ner, Amts Inſpctor.
Gottfried Salomo Gotthelf
Schmieder, Amts = Ver=
weſer.

J 3　　　　　Tennſtedt.

Tennstedt.

Hr. D. Bernhard Friedrich Rudolph Laubn, Commissions-Rath und Creyß-Amtmann.

Torgau.

Hr. Johann Gottlieb Dahme, Amtmann.

Valentin Alberti, Amts-Verweser.

Treffurth.

Hr. August Christian Gehßer, Amtmann.

Voigtsberg.

Hr. George Christoph von Mangold, Creyß-Hauptmann und Pachts-Innhaber.

Christian Wilhelm Hendel, Amtmann.

Ernst Friedrich Engelschall, Amts-Verwalter.

Weißenfelß.

Hr. Johann Gottfried Lazer, Cammer-Commissions-Rath und Amtmann.

Heinrich Gottfried Müllner, Amts-Verwalter.

Chrysostomus Erdmann Schröter, Amtschreiber.

Weißensee.

Hr. Gottfried Wagner, Amtmann.

Gottfried Heinrich Humann, Amts-Verwalter.

Wendelstein.

Hr. Christian Heinrich Weigel, Amtmann.

Hr. Heinrich Caspar Robbe, Amts-Verweser.

Weyda.

Hr. Johann Ehrenreich Jeremias, Amtmann.

Christian Wilhelm Juncker, Amts-Rent-Verwalter.

Wiesenburg.

Hr. D. Friedrich Wilhelm Coith, Amtmann.

Wittenberg.

Hr. Gottlieb Traugott Dietrich, Creyß-Amtmann.

Carl Christoph Marckwordt, Amts-Inspector.

Wolkenstein.

Hr. Gotthelf Friedrich Hilbert, Amtmann.

Wurzen.

Hr. Johann Carl von Lüebecke, Amtmann.

Ziegenrück.

Hr. Carl Gottlob Aster, Cammer-Commissions-Rath und Amtmann.

Zörbig.

Hr. Christian Gotthelf Benemann, Cammer-Commissions-Rath und Amtmann.

Hr. Friedrich August Krause, Amts-Verweser.

Zwickau.

Hr. Carl Leopold Weise, Commissions-Rath und Amtmann.

D. Johann August Gerstäcker, Amtmann.

Haupt-Zeughaus-Kellerey in Dreßden.

Ober-Land-Weinmeister und Hauskellner.

Herr Ignatius Roos.

Herr Johann Gottfried Bähr, Kellermeister und Ober-Böttger.

Herr

Herr Chriſtian Friedrich Seyferth, Kellerſchreiber.
Johann Gabriel Leiſching, ⎱
Gottfried Benjamin Bähr, ⎰ Böttger.
Johann Wilhelm Köhler, Bey-Böttger.
Gottlieb Kuntzſch, Kellerey-Knecht.

Kellerey auf der Feſtung Königſtein.
Mattheus Krancke, Hof-Böttger.

Kellerey in Torgau.
Herr Ignatius Roos, Ober-Land-Weinmeiſter und Weinmei-
ſter allda.
Chriſtian Schimpff, Wein-Böttger.
Johann Chriſtian Werner, Böttger.
Johann Friedrich Luppe, Böttger.

Kellerey in Lichtenburg.
Johann Chriſtian Juſt, Böttger.

Kellerey in Weiſſenfelß.
Herr Johann Philipp Gerlach, Weinmeiſter.

Floß-Inſpection.
Die Stelle eines Directoris und Ober-Inſpectoris Vacat.

Elb- und Weiſeritz-Flöße.
Herr Ferdinand Caſimir von Vietinghof, genannt Scheel, Ober-
Aufſeher.
Carl Gottlob Hungar, Floß-Commiſſarius und Floßmei-
ſter bey der Weiſeritz-Flöße.
Johann Eſaias Hänzſchel, Floßmeiſter zu Schandau.
Johann Daniel Lobrinus, Floßmeiſter zu Königſtein.
Gotthard Schramm, Holz-Verwalter beym Elb-Holz-
Hofe vor dem Pirnaiſchen Thore zu Dreßden.
Johann Gotthard Schramm, deſſen Adjunctus.

Görsdorf-Blumenau-wie auch Freyberger Mulden-
und Neu-Graben-Flöße.
Herr Ferdinand Caſimir von Vietinghof, genannt Scheel, Ober-
Aufſeher.

Herr

Herr Gottlob Friedrich Benedict, Floßmeister bey der Görsdorf-
Blumenauer Flöße.
Carl Friedrich Kober, Floßmeister bey der Freyberger
Mulden = und Neu = Graben = Flöße.
Carl August Zimmler, Floßschreiber allda.

Kohlschreiber.

Gottlob George Weber.   August Richter.
Johann George Rümmler.

Floß = Anweiser.

Gottlob Heinrich Schneider.   Carl Gottlob Seiferth.
George Frentzel.

Elsterwerdaer Neu = Graben = und Canal = Flöße.

Herr Peter August von Schönberg, Ober = Aufseher.
Johann George Schubert, Floßmeister zu Elsterwerda.
Christian Friedrich Geißdorf, Floß = Verwalter zu An-
naburg.
Christian Wilhelm Neeßen, dessen Adjunctus.
Gotthard Schramm, Holz = Verwalter beym Ostraer
Holz = Hofe zu Dreßden.
Johann Gotthard Schramm, dessen Adjunctus.
Friedrich August Essenius, Holz = Verwalter zu Meißen.
Johann Christian Ketzinger, Holz = Verwalter zu Gröbel.

Elster = Flöße.

Herr Philipp Christoph von der Heyde, Ober = Aufseßer.
Christian Gottlieb Förster, Floßmeister.
Carl Gottfried Fischer, Floß = Verwalter zu Leipzig.
Adam Friedrich Siegmund Schmidt, Floß = Verwalter zu
Zeitz.
Christian Gottlob Grahl, Floßverwalter zu Pegau.
Christian Friedrich Herttwig, Holzverwalter zu Leipzig.
Johann Gottfried Kießelstein, Floßschreiber im Voigt-
lande.
Ferdinand August Ußwald, Floß = Straf = Befehlshaber.
Johann Gottlieb Unteutsch, dessen Adjunctus.

Saalen = Flöße.

Herr Adam Friedrich Senfft von Pilsach, Ober = Aufseher.
August Ludwig Stöter, Floßmeister.

Herr

Herr Johann Gottfried Loth, Floßmeiſter und Floß-Verwalter zu Halle und auf Kriegsdorfer Reſier.

Johann Chriſtian Toſtlöwe, Floßſchreiber und Floß-Zoll-Einnehmer zu Köſen.

Tobias Burggraf, Floßſchreiber zu Köſen.

Johann Wilhelm Peſtel, Floßſchreiber zu Ziegenrück.

Chriſtian Gottlob Vieweger, deſſen Adjunctus.

Gotthelf Chriſthilf Rummel, Floß-Straf-Befehlshaber.

Gottlob Friedrich Köthel, Floß-Holz-Verwalter zu Weiſſenfelß.

Johann Adam Bötticher, Holz-Verwalter zu Merſeburg.

Hierüber:

Herr Johann Gottfried Blümner, Cammer-Commiſſions-Rath und Creyß-Amtmann zu Leipzig, als Caſſierer bey der Elſter-und Saalen-Floß-Caſſa zu Leipzig.

Wiltzſch-und Mulden-item Schwartzenbergiſche oder Schwartz-Waſſer-Flöſſe.

Herr Heinrich Alexander von Reitzenſtein, Ober-Aufſeher.

Carl Siegmund Jentzſch, Amts-Verwalter zu Schwartzenberg, als Floßmeiſter.

Pleißen-Flöſſe.
Vacat.

Hennebergl. Dielen-und Bau-auch Scheitholz-Flöſſe zu Schleußingen.

Herr Johann Adam Triebel, als Floß-Verwalter der Scheit-Holz-Flöſſe.

Erdmann Hannibal Reinhardt,
Floß-Commiſſarius.
Johann George Brückner, und
Peter Pohlig,
} als Pachtere der Dielen-und Bau-Holz-Flöſſe.

Landes-Regierung.

Canzler.

Herr Adolph Heinrich Graf von Schönberg.

I 5

Vice-Canzler.

Herr Carl Abraham Freyherr von Fritsch.

Hof-und Justitien-Räthe.

Herr Johann August Heinrich Röder, Cammerherr.

George Wilhelm von Hopfgarten.

August Gottlob von Hopfgarten.

Peter Friedrich Freyherr von Hohenthal, geh. Rath.

Carl Wilhelm von Carlowitz, Cammerherr.

Carl Bodo Wilhelm Senfft von Pilsach.

Johann Wilhelm Sigismund von Zeschau.

Carl Adolph von Schönberg.

Carl Friedrich von Seydewitz.

Friedrich Herrmann Karl von Langenau.

Johann Wilhelm Christoph Graf zu Stolberg-Roßla, Cammerherr.

Friedrich Wilhelm von Lindenau.

Carl Heinrich Johann Wilhelm Graf von Schlitz, genannt Görz, Cammerherr.

Bernhard August Ludewig Graf von Zech.

Rudolph von Bünau.

Johann Friedrich von Heucher.

D. Johann Christian Schumann.

Johann Christoph Seyffert.

August Gottlieb Edler von Gärtner.

D. Christian Lebrecht Krebel.

Hannß Ernst von Teubern.

D. Carl Rudolph Gräfe.

George Samuel Creutziger.

D. Christian Schmidel.

D. Gottfried Ferdinand Lindemann.

Carl Franz Romanus.

Wolfgang Gottfried Ferber.

Hierüber:

Assessores.

Herr Hannß Heinrich August von Hünerbein.

D. Jacob Heinrich Born.

Wilhelm August Just.

Hof-Räthe ohne Session.

Hr. Friedrich Albrecht von Götz, Hr. Wolfgang Benjamin von
    Cammerherr.   Lüttichau.

Friedrich von Zehmen.   D. Christian Johann Feustel.

Herr

Hr. Joh. George von Schmidt.
Chriſtian Auguſt Menius.
Alexander Heinrich von Sipp-
mann.
Wolfgang George Welck.
D. Gottfried Heinrich Ducke-
wiß.
D. Chriſtian Heinrich Hänel.
Andreas Friedrich von Baſti-
neller.

Hr. D. Johann Gottfried Lange.
George Gottfried Eckard.
D. Carl Philipp Geßner.
D. Chriſt. Gotthard Cruſius.
Adolph Friedr. von Teubern.
D. Ernſt Martin Chladenius.
D. Carl Ferdinand Hommel.
D. Chriſt. Gottlob Demiani.
D. Joh. Wilb. Friedr. Jahn.
D. Gotthold Ernſt Löber.

Titular Hof = Räthe.

Hr. Gregorius Agdolo.
D. George Chriſtoph Platz.
Joh. Daniel Ohlenſchläger.
D. Johann Daniel Ritter.
Phil. Friedr. Thom. Steger.
D. Daniel Wilhelm Triller.
Matthias von Breuning.
Carl Baron von Rauſch.
D. Chriſtian Gottfried Rein-
hard.
D. Carl Andreas Bel.

Hr. Johann Gottfr. Haymann.
Chriſtian Gottfried Winckler.
Friedrich Joſeph Rotier.
D. Jacob Heinrich Reinhold.
Johann Gottlob Böhme.
Friedrich Wilh. Dobenecker.
Erdmann Sigism. Heinſius.
D. Erdmann Guſtav Zangen.
Lic. Johann Paul Beßerer.
Adam Anton Heußer.
Chriſtoph Siegm. Tönnies.

Hof= und Juſtitien=Canzley.

Lehns = Expedition.

Hr. Gottlob Benedict Lochmann,
geb. und Lehns-Secretar.
Benjamin Theophilus Reben-
troſt, Regiſtrator, Secret.
Creyß = Secretarii.
Hr. Johann Auguſt o Feral, im
Leipziger Creyße, deſſen
Vices Herr Johann Chri-
ſtoph Irmiſch vertritt.
Johann Chriſtian Günther,
im Meißniſchen Creyße,
Cammer=Commiſſ. Rath.
Johann Heinrich Helbach, im
Thüringiſchen Creyße.
Gottlob Friedr. Wilb. Schä-
fer, in der ausländiſchen
Creyß=Expedition, Cam-
mer=Commiſſions=Rath.

Hr. Chriſtian Gottlob Dießner,
im Chur-Creyße.
George Ludewig Viol, im Ge-
bürg = und Voigtländiſchen
Creyße.
Chriſtian Friedrich Weinlig,
in der Vorbeſchieds=Expe-
dition.
Chriſtian Gottlieb Kretzſch-
mar, als anderer Secretar.
in der ausländiſchen Creyß=
Expedition.
Supernumerar=Secretarii.
Hr. Philipp Friedrich Lingke.
Benjamin Theophilus Reben-
troſt.
Johann Chriſtoph Irmiſch.
Hr.

Hr. Christian Friedrich Weinlig.
Christ. Gottlieb Kretzschmar.
Christian Friedrich Kallert.
Christian Friedrich Sigismund Heinsius.
Johann Friedrich Gotthelf Arnold.
Carl August Friedrich Danckwart.
Carl Conrad Rüger.
Hierüber:
Hr. Heinrich August Ossenfelder.
Creyß = Copisten.
Hr. Israel Hillig, im Gebürgischen Creyße.
Carl Heinrich Stöckel, im Thüringischen Creyße.
Christian Friedrich Laurich, in der ausländischen Creyß-Expedition.
Gabriel Uhlig, im Meißnischen Creyße.
Johann Gottlob Hultzsch, im Chur-Creyße.
Friedrich August Hillig, im Leipzigischen Creyße.
Johann Michael Schmieder, in der Lehns-Expedition.
Canzley = Bothenmeister.
Hr. Johann Gottfried Frölich.
Canzley = Diener.
Hr. Ludewig Lorenz Friedrich Hildebrand.

Supernumerar-Copisten und Canzlisten.
Hr. Christoph Ehrenfr. Kästner, Canzley=Aufwärter.
Johann Christoph Koitzsch.
Johann Christoph Hofmann, Registrator.
Johann Abraham Frenzel.
Carl August Renner.
Johann Gottfr. Teichmann.
Christian Gottfr. Lehmann.
Johann Christian Frölich.
Johann Carl Kästner.
Johann Christian Knorr.
Johann Gottlieb Richter.
Just Heinrich Henning.
Carl August Buchner.
Christian Carl Döpmann.
Carl Friedrich Poser.
Ludewig Lorenz Friedrich Hildebrand.
Gotthelf Mischel.
Christoph Friedrich Rößler.
Johann Gottfried Hanitzsch.
Maximil. Traugott Müller.

Canzley=Bothe.
George Köhler.
Johann Daniel Köhler, dessen Adjunctus.

Canzley = Hausmann und Stubenheitzer.
Martin Franz.

Appellations = Gericht.
Präsident.
Herr August Friedrich Freyherr von Ende.
Würkliche Ordinar-Appellations=Räthe.
Herr Otto Moritz von Thielau, geheimder-Rath.

Herr

Herr Carl Albrecht von Nimptsch, Cammerherr.

Rudolph Christian von Bennigsen.

Julius Christian Friedrich von Schauroth, Cammerherr und Domherr zu Naumburg.

Johann Friedrich Carl Graf von Dallwitz, Cammerherr und Domherr zu Meißen, auch Probst zu Budißin.

Friedrich Adolph von Burgsdorff, geheimer Referendarius.

Ernst Heinrich Freyherr von Hagen.

Seyfried Ernst von Schlieben.

Ludwig Ferdinand von Hopfgarthen.

Christian Wilhelm von Theler.

August Wilhelm von Oppen.

Johann August von Lindenau.

D. Jacob Heinrich Born, Stifft-Meißnischer Cantzler zu Wurtzen, Ober-Hof-Gerichts-Assessor und Bürgermeister zu Leipzig.

D. Johann Gottfried Worm.

D. Christian Friedrich Wilisch.

D. Carl Heinrich Heydenreich.

D. Christian Albinus Zahn.

D. Heinrich Friedrich Leberecht Autenriet.

D. Carl Gottfried Winckler, der Juristen-Facultät zu Leipzig Beysitzer, auch Stadt-Richter daselbst.

D. Friedrich August Fischer, des Hof-Gerichts zu Wittenberg, wie auch der daßigen Facultät und Schöppen-Stuhls Beysitzer, Professor Juris Ordinarius.

D. Gottfried Siegmund Seyfried.

Appellations-Räthe ohne Session.

Hr. Johann Wilhelm Traugott von Schönberg, Amts-Hauptmann des Budißinischen Creyßes.

Carl Gottlob von Heldreich, Ober-Amts-Hof-Richter in dem Marggrafthum Ober-Lausitz.

Ernst Adam Levin von Trotta, genannt Treyden, Cammerherr.

D. Johann August Clemann.

D. Carl Friedrich Trier.

Protocollante.

Hr. D. Joh. August Cleemann.

Appellation-Gerichts-Secretärii.

Ordinarii.

Hr. Friedrich Conrad Grundmann.

Johann Christian Winckler.

Supernumerarii.

Hr. Ludwig Heinr. Heydenreich.

Heinrich August Duckwitz.

Carl Gustav Strauch.

Registrator

Registrator und Bothen-
meister.
Hr. Johann Carl Hultsch.
Acten = Inspector.
Hr. Joh. Friedrich Angermann.
Armen = Advocat und
Fiscal.
Hr. D. Valentin Ernst Löscher.
Copisten, Ordinarii.
Hr. Johann Christian Schotte.
Johann George Pachtmann.
Christian Ullich.
Christian Gottfr. Schencke.
Johann Conrad Wenzel.
Johann Heinrich Scheucker.
Christian Friedrich Martini.
Johann Christoph Tröger,
hat das Prädicat eines
Vice = Registratoris.
Johann Heinrich Lincke.

Hr. Carl Gottfried Wolff.
Johann Christian Braune.
Christian Friedr. Hoffmann.
Supernumerar= Copisten.
Hr. Johann Andreas Jung,
Aufwärter.
Friedrich Gottlob Dietrich.
Johann George Heselich.
Johann Christoph Laurich.
Johann Carl Hultsch.
Peter Lobrenz.
Johann Christoph Bertholdt.
Ordinaire Bothen.
Johann Gottlieb Marbach.
Johann George Kretzschmar.
Johann Daniel Kretzschmar.
Martin Fritzsche.
Supernumerar= Bothen.
Friedrich Gottlob Kretzschmar.
Johann George Pfitzner.

Ober = Steuer = Collegium.
Ober = Steuer = Director.
Herr Detlev Carl Graf von Einsiedel, auf Wolkenburg rc.
Vice = Ober = Steuer = Director.
Herr Carl August von Schönberg, auf Meineweh rc.
Ober = Steuer = Einnehmere.
Churfürstlicher Seite.
Herr Johann Hillmar Adolph von Schönfeld, auf Löbnitz Schloß-
Theils, Cammerherr.
Johann Carl von Werder, auf Roßbach.
George Heinrich von Carlowitz, auf Röhrsdorf, Cammer-
herr und Creyß = Hauptmann.
Gesammter Landschaft wegen.
Herr Christian Friedrich Graf Löser, auf Reinharz und Clöden,
geheimer Rath und Erb = Marschall.
Gottlob Heinrich von Birckholz, auf Stechau, Hof Rich-
ter zu Wittenberg, auch würckl. Land = Cammer = Rath.
Herr

Herr Christian Friedrich von Hopfgarthen, auf Mülverstädt, Cammerherr.

Rudolph von Bünau, auf Lauenstein, geheimer Rath.

Ober-Steuer-Buchhalterey.

Herr Adam Gottfried Marcus, Ober-Steuer-Buchhalter.

Calculator.

Herr Johann Friedrich Renner.

Copisten.

Herr Joh. Gottlob Matthäi, hat das Prädicat eines Calculatoris.
Friedrich Gotthold Kuhn.
Gottlob Samuel Heerfarth.

Aufwärter.

Christoph Heinrich Maucksch.

Trank-Steuer-Haupt-Cassa.

Herr Johann Friedrich Wollan, Ober-Steuer-Cassir.

Calculator.

Herr Christian Wilhelm Matthäi.

Copisten.

Herr Johann August Lau, hat das Prädicat eines Calculatoris.
Herr Gottlieb Friedrich Gehrischer. Herr August Carl Wollan.

Quatember-Steuer-Haupt-Cassa.

Herr Carl Friedrich Thomas, Ober-Steuer-Cassir.

Calculator.

Herr Christian Gottfried Laurich.

Copisten.

Herr Benjamin Gottlob Wezlich, Calculator.
Herr Christian Gottlob Möller.   Herr Anton August Brenig.

Schock-Steuer-Haupt-Cassa.

Herr Gottfried Müller, Ober-Steuer-Cassir.

Calculator.

Herr Johann Christian Apitz.

Copisten.

Herr Joh. Gottlieb Nicolai. Hr. Carl August Fischer, Calculator.
Herr Carl Gottlieb Müller.

Ordinar-Steuer-Secretariat-Expedition.

Herr Christian August Kunze, Steuer-Rath und Ober-Steuer-Secretarius.
Carl Gottlob Noa, Ober-Steuer-Registrator.

Herr

Herr August Gottlob Thiele, Vice-Registrator mit dem Prädicat eines Steuer-Secretarii.

Copisten.

Hr. Johann Friedrich Rothe.   Hr. Christian Gottlieb Möller.
Johann Ludewig Büttner.   George Traugott Hofmann.
Herr Friedrich Johann Christian Reinhold.

Extraordinar-Steuer-Secretariat-Expedition.

Herr Christian Friedrich Grabener, Ober-Steuer-Secretarius.
Carl Friedrich Weigelt, Ober-Steuer-Registrator.
Christian Gotthelf Johne, Steuer-Registrator Adjunctus.

Copisten.

Herr Johann Gottlob Körnich.
Heinrich Benjamin Cubaldi,   haben das Prädicat als
Christoph Friedrich Schelcher,   Steuer-Registratores.
Heinrich Gottfried Oesterreich, hat das Prädicat eines
Calculatoris.

Supernumerar-Steuer-Secretarii.

Herr Carl Gottlob Noa.   Herr August Gottlob Marcus.

Steuer-Rechnungs-Expedition.

Expeditores.

Herr Christian Gottfried Schimpf, Steuer-Rechnungs-Secretarius.
Johann Carl Edelmann. Herr Heinrich Gottfried Kröber.
Herr Carl Siegmund Reuchel.

Copisten.

Hr. Carl Rudolph Schwarze,   Hr. Johann Christoph Schuricht.
hat das Prädicat eines   Johann Christian Klaß.
Calculatoris.   Johann Andreas Adam.

Personen-Steuer-Rechnungs-Expedition.

Calculatores.

Hr. George Carl Loßius.   Hr. Friedr. August Matthäi.
Carl Friedrich Horn.   Johann Christian Richter.
Joh. Gottlieb Thiermann.   Gotthelf Friedrich Siegert.

Copisten.

Hr. Johann Gottlieb Röthig.   Hr. Benjamin Friedrich Erntel.

Mahlgroschen-Steuer-Rechnungs-Expedition.

Calculatores.

Hr. Carl Siegmund Reuchel,   Hr. Christian Siegm. Schmidt.
Ober-Steuer-Expeditor.   Gottlob Heinrich Promnitz.
Johann Gottlob Gajsch.   David August Thieme.

Copisten.

Copisten.

Hr. Heinrich Ehrenfried Neubert   Hr. Heinrich August Horn.
Hr. Johann August Opitz.

Ober-Steuer Procurator.

Herr D. Christian Friedrich Fleischer.

Steuer-Archiv.

Herr Johann Immanuel Bertholdt, Ober-Steuer-Archivarius.

Copisten.

Hr. Johann Samuel Köhler.   H. Johann Carl Mühlberger.

Hierüber:

Herr Johann Friedrich Futterbäcker, so das Prädicat eines
Steuer-Registratoris hat.

Stempel-Factorie.

Herr Johann Heinrich Renzsch, Factor.
Christian Gottfried Böhle, Controleur.
Carl Gottfried Schmidt, Stempler.

Steuer-Fourier.

Herr George Friedrich Helbig, ist auch zugleich Tranckfteuer-
Revisor.

Steuer-Haus-Verwalter.

Herr Johann Gottfried Lohrengel.
Steuer-Aufwärter beym Ober-Steuer-Collegio, Johann Christian Dietze.

Creyß-Steuer-Einnahmen.

Chur-Creyß.

Herr Christoph Ernst von Globig, auf Grauwinckel, Hof-Ge-
richts-Assessor zu Wittenberg, und adelicher Creyß-
Steuer-Einnehmer.
Der Rath zu Wittenberg.
Herr D. Friedrich Genßler, Raths-Deputirter.
Christian Friedrich Schneider, Creyß-Schock-und Perso-
nen-Steuer-auch Impost-Einnehmer.
Johann Friedrich Ulich, Creyß-Tranck-und Quatember-
Steuer-Einnehmer.

Thüringischer Creyß.

Herr Levin Friedrich von der Schulenburg, auf Burgscheidun-
gen, Cammerherr, Creyß-Hauptmann und adelicher
Creyß-Steuer-Einnehmer.
Der Rath zu Langensalza.

Herr D. Jeremias Hoppe, Raths-Deputirter.

Friedrich Christian Reinhardt, Creyß-Land-Tranck-und Schock-Steuer-Einnehmer, hat den Charakter als Accis-Rath.

Christian Gottlieb Heckel, Creyß-Quatember-Steuer-Einnehmer.

Johann Gottfried Meyer, Creyß-Steuer-Einnehmer in der Grafschaft Stolberg-Roßla.

Carl Gotthelf Hartmann, Steuer-Einnehmer in der Grafschaft Stolberg-Stolberg.

Meißnischer Creyß.

Herr Hannß Adolph von Carlowitz, auf Stößitz, Cammerherr und adelicher Creyß-Steuer-Einnehmer.

Der Rath zu Dreßden.

Herr Christoph Bormann, Raths-Deputirter.

Johann Christoph Könitzer, Creyß-Tranksteuer-und Impost-Einnehmer.

Johann Christoph Rothe, Creyß-Schock-und Personen-Steuer-Einnehmer.

Peter Börner, Creyß-Quatember-Steuer-Einnehmer.

Calculatores.

Herr Johann Gottfried Irmer. Herr George Maximil. Krieger.
Herr Carl Gottlob Voigt.

Copisten.

Herr Carl Gottfried Seyrich.   Hr. Johann Gottlieb Letze.
Christian Wilhelm Teuchert.   Carl Julius Cäsar.
Herr Carl Ernst Göpffert.

Aufwärter.

Johann Gottlieb Schwärzel.

Erzgebürgischer Creyß.

Herr Carl Friedrich Gottlob Metzsch, auf Reuth ꝛc. Creyß-Hauptmann und adelicher Creyß-Steuer-Einnehmer.

Der Rath zu Freyberg.

Herr D. Christian Friedrich Haugk, Raths-Deputirter.

Johann Friedrich Ranft, Creyß-Tranck-und Personen-Steuer-auch Impost-Einnehmer.

Samuel Gottlieb Aster, Creyß-Schock-Steuer-Einnehmer.
Zacharias Braune, Creyß-Quatember-Steuer-Einnehmer.

Leipziger Creyß.

Herr Johann Friedrich von Ponickau, auf Belgershayn, Köhrau, Baalsdorf und Hirschfeld, geheimer Rath und adelicher Creyß-Steuer-Einnehmer.

Der

Der Rath zu Leipzig.

Herr D. Carl Gottlob Koch, Raths-Syndicus, und

D. Friedrich Heinrich Graf, Assessor beym Schöppen-Stuhle zu Leipzig, als Raths-Deputirte.

Johann Friedrich Blümner, Creyß-Trancksteuer- auch Amts-Impost-Einnehmer, ist auch Creyß-Amtmann, und hat den Character als Cammer-Comm.ssions-Rath.

Johann George Heymann, Creyß-Schock- und Personen-Steuer-Einnehmer.

Christian Felix Weise, Creyß-Quatember-Steuer-Einnehmer, auch Wein-Inspector.

Voigtländischer Creyß.

Herr Heinrich Ernst Ehrenreich von Feilitzsch, auf Kürbitz, Obrist-Lieutenant und adelicher Creyß-Steuer-Einnehmer.

Der Rath zu Plauen.

Herr Gottlob Ferdinand Schneider, Raths-Deputirter.

Johann Christian Leißner, Creyß-Tranck- und Schock-Steuer auch Impost-Einnehmer.

Johann Benjamin Eberhardt, Creyß-Quatember-Steuer-Einnehmer, auch Amts-Steuer-Einnehmer in Plauen.

Neustädter Creyß.

Herr Christian Heinrich von Watzdorf, auf Schloßberga und Hohenölßen, Amts-Hauptmann und adelicher Creyß-Steuer-Einnehmer.

Der Rath zu Neustadt an der Orla.

Herr Johann Christoph Zinnßmann, Raths-Deputirter.

Voldemar Heinrich Benedict Jacobi, Creyß-Tranck-Schock- und Quatember-Steuer-auch Impost-Einnehmer.

Stift Wurtzen.

Herr Johann Christoph Lindner, Stifts-Steuer-auch Impost-Einnehmer.

Johann Laurentius Weselowski, Adjunctus.

Steuer-Procuratores.

Herr Friedrich Benjamin Schmidt, im Chur-Creyße.

Herr Dietrich Lebrecht Schmidt, ⎫
Christian Heinrich Paulßen, ⎪
Friedrich Gottlob Schiele, ⎬ im Thüringischen Creyße.
Christoph Gottfried Dürr, ⎪
Christian Gotthelf Hübsch, ⎭

Benedictus Siegmund Gerlach, ⎫ im Meißnischen
Christian Traugott Otto, ⎬ Creyße.

K 2 Herr

Herr George Friedrich Salomon Liebe, } im Erzgebürgischen
    Carl Gottfried Höpfner, Adjunctus. }   Creyße.

Im Leipziger Creyße.

Herr Johann Wilhelm Müller, Cammer=Consulent.
    Johann Gottfried Steinhäußer, } im Voigtländischen
    Johann Christoph Lebrecht Steu- }   Creyße.
    ler, Adjunctus.

    D. Johann Christian Böhme,
    George Wilhelm Herrmann, } im Neustädtischen
    Johann Christoph Lebrecht Steu- }   Creyße.
    ler, Adjunctus.

Hierüber:

Herr Gottlieb Lebrecht Hunger, }
    Christoph Christian Moritz, } so das Prädicat als Steuer=
    Johann George Muthreich, } Procuratores haben.
    Ludwig August Hahn, }

Steuer-Revisores.

Herr Johann Friedrich Kaulfuß,
    Johann Christian Spendelin, } im Chur=Creyße.
    Christian Gotthelf Böberdt, }

    Gottfried Oehme,
    Gottlieb Sieptraht,
    Johann Gottfried Meyer, } im Thüringischen
    Johann Christian Oehme, }   Creyße.
    Johann Christoph Peters,
    Johann Gottlieb Petterß,

    Andreas Gotthelf Finck,
    Johann Friedrich Ihle, } im Meißnischen
    Johann Carl Reiche, }   Creyße.
    Christian Dorotheus Kunze,

    Friedrich Gotthelf Aster,
    Johann August Bergner, } im Erzgebürgischen
    Carl Gottfried Erler, }   Creyße.
    Christian Gottfried Stohn,

    Christoph Werner,
    Johann Christian Scharnack,
    Johann Gottfried Heincke,
    Samuel Friedrich Kluge, } im Leipziger Creyße.
    Tobias Gottlieb Gerber,
    Johann Gottfried Fröde,
    Christian Gottfried Heymann,

    Gottlieb Friedrich Schürer, } im Voigtländischen
    Gottlob August Rudert, }   Creyße.

                                 Herr

Herr Carl Heinrich Schröter,
 Christian Heinrich Harzer, } im Neustädter Creyße.
 Johann August Müller,

Hierüber:

Herr David Gottlob Kunze, und } so das Prädicat als Steuer-
 Johann Christoph Lehn, } Revisores haben.

Tranck = Steuer = Revisores.
Im Chur-Creyße.

Herr Johann Friedrich Kaulfuß.
 Johann Friedrich Meerbach,
 Gottfried Oehme,
 Joh. Christian Oehme, Adjunct. } im Thüringischen Creyße.
 George Heinrich Höller,
 Carl Friedrich Burkhardt,

Im Meißnischen Creyße.

Herr George Friedrich Helbig.

Im Erzgebürgischen Creyße.

Herr August Gotthilf Sonntag.

Im Leipziger Creyße.

Herr Gottfried Werner.

Im Voigtländischen Creyße.

Herr Gottlieb Friedrich Schürer.

Im Neustädter Creyße.

Herr Carl Heinrich Schröter.

Churfürstl. Sächs. Steuer=Credit=Cassa.

I. Deputati.

a) Aus der Ritterschaft.

Herr Friedrich Wilhelm von Bölzig, auf Roitzsch, aus dem Chur-Creyße.

 Adam Friedrich von Lindenau, auf Tackau, aus dem Thüringischen Creyße.

 Friedrich von Zehmen, auf Stauchitz, aus dem Meißnischen Creyße.

 Julius Ernst von Schütz, auf Erdmannsdorff, aus dem Erzgebürgischen Creyße.

 Ludewig Carl von Pöllnitz, auf Bendorff, aus dem Leipziger Creyße.

 Lebrecht Gottlob von Metzsch, auf Friesen, aus dem Voigtländischen Creyße.

 Detlev von Brocktorff, auf Rackendorff, aus dem Neustädter Creyße.

Welchen

Welchen auf den Todes= oder Behindrungsfall

Herr Anton von Leubniß, auf Rackith, aus dem Chur=Creyße,

George Adolph von Buckersroda, auf Marckröhliß, aus dem Thüringischen Creyße,

George Adolph von Hartißsch, auf Staucha, aus dem Meißnischen Creyße,

Carl Wilhelm von der Mosel, auf Mittel=Mosel, aus dem Erzgebürgischen Creyße,

Christoph August Lebrecht von Bodenhausen, auf Brandiß, aus dem Leipziger Creyße,

Gottlob August von Watzdorff, auf Jößniß, aus dem Boigtländischen Creyße,

Friedrich Wilhelm Adam von Wilcke, auf Droißsch, aus dem Neustädter Creyße,

substituiret worden.

b) Die Creyß=Städte.

Leipzig.   Dreßden.   Langensalza.
Wittenberg.   Zwickau.   Plauen, und
                   Neustadt an der Orla.

II. Steuer=Credit=Buchhalterey.

Herr Gabriel Einert, Buchhalter.

Christoph Einert,
Johann Christian Jockisch, } Calculatores.

Christian Friedrich Döring,
Traugott Samuel Brauer, } Copisten.

III. Steuer=Credit=Cassa.

Herr Traugott Lebrecht Kayßer, Cassier.

Christian Traugott Riccius,
Carl Christlieb Sachße, } Copisten.

Hierüber:

Andreas Unger, Aufwärter.

General=Accis=Collegium.
General=Accis=Director.
Vacat.

General=Accis=Vice=Director.

Herr Victor Carl von Vieth.

General=Accis=Räthe.

Herr Johann Friedrich Roß.

Herr

Herr George Matthias Rachel von Löwmannsegl.
  Johann Michael Köhler.
  Carl Christian Lincke.
  Carl Wilhelm Benno von Heinitz, Cammerherr.
  Engel Friedrich Triebel.
  Johann Thomas von Rachel.
  Johann Esaias Krebel.
  Carl von Beust, Cammer-Junker.

Titular-Accis-Räthe.

Herr Johann Theodor Koch.
  Christian Friedrich Gleichmann.
  Christian Friedrich Reinhardt.

General-Accis-Canzley.

Accis-Secretarii.

Hr. Friedrich August von Wichmannshausen, emer.
  Friedr. Wilhelm Sternickel.
  August Adolph Adler.

Supernumerarii.

Hr. Joh. Wilhelm Hartmann.
  Christian Gottlob Matthäi.
  August Friedrich Preller.

Hierüber:

Hr. Christian Benjamin Koch, Assistenz-Accis-Inspector und Amts-Steuer-Einnehmer in Rochlitz.

Zu Führung der Haupt-Registranden sind verordnet:
Hr. Johann Wilhelm Hartmann, Secret. Supern.
  Christian Gottlieb Dorn, Registrator.

Copisten.

Hr. Gottfried Adolph Böhme.
  Johann Bennewitz.
  Emanuel Peylschmitt, Accis-Registrator.
  Gottfried Rüdiger.
  Anton August Gallas.
  Johann August Trebborn.
  Johann Traugott Lau.
  Friedrich Christian Immanuel Heerwagen.
  Johann August Siegel.
  Christian Friedrich Gottlob Hänel.
  Johann Gottlob Thamme.

Fouriers.

Hr. August Heinrich Francke.
  Johann Christoph Hunger.

General-Accis-Archiv.

Vacat.

General-Accis-Rechnungs-Expedition.

Secretarii.

Hr. Christian Carl Hicksch.
  Friedrich Wilhelm Peckholdt.

Calculatores.

Hr. Johann Christian Müller.

Hr. Johann Jacob Triebensee.
  Friedrich Gottfr. Kühnhardt.
  Carl George Schulze.
  August Zacharias Herrmann.
  Joh. George Wiedemann.

Herr

Hr. Johann · Gottlob Säft=
gen.
Christian Gottlob Kramer.

Registrator.
Hr. Johann Gottlieb Conradi.

Copist.
Hr. Carl Ehregott Boß.

General Accis=Calculator=
Beygehülfen.
Hr. Christian Gottfried Francke.
Gottfried Siegm. Walckhof.
Christoph Friedrich Pohl.

Accis=Agent.
Hr. Christian Friedrich Nau=
mann, Accis=Secretar.

Außer der General=Accis=Canzley.

Accis=Bau=Director.
Hr. Samuel Locke.
Samuel Gottlieb Locke, Ad=
junctus.

Accis=Procuratores.
Hr. Jacob Tittel.

Hr. Friedrich Gottlob Rodig.

Accis=Stempel·Schneider.
Hr. Carl Wilhelm Höckner.

Accis=Buchbinder.
Hr. Johann Heinrich Bloß=
feld.

Ueberdem
sind sämmtliche General=Accis=Commissarii und Inspectores in
Jurisdictionalibus an das General=Accis=Collegium ver=
wiesen.

Ober=Rechnungs=Deputation.

Director.

Se. Excell. der Herr Conferenz=Ministre und würkliche ge=
heime Rath Christian Gotthelf Freyherr von Gut=
schmid.

Deputirte Räthe aus denen Collegiis,
als:

Aus dem geheimen Kriegs=Raths=Collegio.
Herr geheimer Kriegs=Rath Christian Schützler.
Aus dem Cammer=Collegio.
Herr geheimer Cammer=Rath Gottlob Friedrich von Berlepsch.
Aus der Landes=Regierung.
Herr Hof=und Justitien Rath Johann Friedrich von Heucher.
Aus dem Ober=Steuer Collegio.
Herr Cammerherr und Ober=Steuer=Einnehmer Johann Hill=
mar Adolph von Schönfeld.
Aus dem General=Accis=Collegio.
Herr Accis=Rath Johann Michael Köhler.

Ober=

Ober-Rechnungs-Inspectores.

Ordinarii.

Herr Carl Friedrich Fischer, } Ober-Rechnungs-Räthe.
Joh. Friedrich Thielmann, }
George Carl Welck,
Gottlob Ernst Hennig, würklicher Kriegs-Rath.

Supernumerarii.

Herr Christian Benjamin Klincficht von Clingenau, Legations-Rath.
August Wend.

Ober-Rechnungs-Secretarii.

Herr Samuel Benjamin Corner.
Johann Gottfried Dabel, Supernumerarius.

Ober-Rechnungs-Examinatores.

Ordinarii.

Hr. George Friedrich Richter, Secretarius.
Gottfried Füßel.
Johann Gottlieb Poscharsky.
Friedrich Gottlob Fischer.
Hr. Friedrich Samuel Richter.
Samuel Gottlob Hentschel.

Extraordinarii.

Hr. Johann Friedrich Martius.
Johann Carl Raack.
David Gottlob Müller.

Ober-Rechnungs-Canzlisten.

Hr. George Conr. Schneider.
Christian Gottlob Wagner, Besoldungs-Cassier.
Hr. Johann Friedrich Zahmel.
Johann Wilhelm Petzolt, Aufwärter.

Ober-Consistorium.

Präsident.

Se. Excell. Herr Hanuß Gotthelf von Globig, würklicher geheimer Rath.

Vice-Präsident.

Herr Peter Freyherr von Hohenthal.

Räthe.

Herr D. Johann Gottfried Hermann, Ober-Hof-Prediger.
Johann Gottlieb von Leyser.
D. Johann Joachim Gottlob am Ende, Superintendens.
Caspar Ferdinand Gottschalck.
Christian Friedrich August Reinhardt.

Herr D. Carl Friedrich Behrisch.

M. Johann Gottfried Strauß, Assessor Supernumerarius
und Hof-Prediger.

Titular-Ober-Consistorial-Rath.
Herr D. Johann Paul Schröter.

Secretariats-Expedition.
Herr Friedrich August Just, Secretarius.

Jonas Friedrich Roch, Supernumerar-Secretarius.

Christian Heinrich Valerius Zeis, Registrator.

Carl Ludwig Schlagk, Copist, mit dem Prädicat als Registrator.

Christian Heinrich Menzel, Canzellist.

Proto-Notariats-Expedition.
Herr Johann Heinrich Heyder, Proto-Notarius.

Johann Gottfried Mehlig, Copist.

Friedrich August Schönborn, Canzellist.

Cassen-Expedition.
Herr Gottlob Friedrich Krebel, Cassirer.

Johann Gottfried Haschke,
Christoph Friedrich Tillner, } Canzellisten.

Aufwärter, Johann Gottlob Rose, Canzellist.

Bey-Aufwärter, Johann Michael Schlicke.

Hof-Ministerium.
Ober-Hof-Prediger.
Herr D. Johann Gottfried Hermann.

Hof-Prediger und Hof-Diaconi.
Herr M. Johann Gottfried Strauß.

M. Christian Gottlob Gehe.

Capell-Director und Hof-Organist.
Herr Johann Christoph Richter.

Christlieb Siegmund Binder, Adjunctus.

Hof-Cantor und Vice-Hof-Cantor.
Herr Gotthelf Emanuel Vicum.

Gottlob Lebrecht Hunger.

Hof-Kirchner und andere Hof-Kirchen-Bediente.
Christian Heinrich Adam Schlagk, Hof-Kirchner.

Johann Tobias Böhme, Kirchen-Stübgen-Diener.

Carl Wilhelm Schmager, Schloß-Thürmer, der das Hofge-
läute besorgt.

Carl Siegmund Schmager, Adjunctus.

Johann

Johann Gottfried Wißmann,
Johann Gottfried Wehnert, } Hof-Calcanten.

Consistorium zu Leipzig.
Director. Vacat.
Assessores.
Herr D. Christian Wilhelm Küstner, Ober Hof-Gerichts-Assessor, Bürgermeister der Stadt Leipzig, und Decanus
des Stifts Wurtzen.

D. Johann Friedrich Bahrdt, Domherr in Meißen, Profess. Theolog. Ord. und Superintendens.

D. George Gottlieb Börner, des Raths zu Leipzig Mitglied und Assessor im Schöppenstuhl.

D. Johann August Ernesti, Profess. Theol. Ord.

D. David Gottfried Aegidius Wilcke, Profess. Juris Ex-
traordin. und Ober-Amts-Rath.

D. Johann Wilhelm Richter, des Raths zu Leipzig Mitglied.

D. Johann George Richter, Profess. Theol. Extraord.

D. Heinrich Friedrich Innocentius Apel.

Protonotarius, Hr. Zacharias Richter.
Protonotarius Adj. Carl Heinrich Reinhardt.
Actuarius, Heinrich Gotthelf Weiner.
Registrator, Johann Friedrich Oeser.
Nuncius, Johann Gottlob Siebdrat.

Consistorium zu Wittenberg.
Director.
Herr D. Ernst Martin Chladenius, Hof-Rath und Ordinarius.
Assessores.
Herr D. George Friedrich Krauße, Hof-Gerichts-Assessor und
Prof. Jur. Ordin.

D. Martin Gottlieb Pauli, Hof-Gerichts-Assessor und
Professor Ordin.

Nota: Die zwey geistlichen Assessor-Stellen sind jetzt vacant.
Protonotarius, Hr. Friedrich Wilhelm Grebel.
Consistorial-Bothe, Johann Christian Schmidt.

Universität Leipzig.
Ordentliche Professores.
1) Der Theologie.
Herr D. Christian August Crusius.

Herr

Herr D. Johann Friedrich Bahrdt.

    D. Johann August Ernesti.

    D. Johann Friedrich Burscher.

    D. Johann August Dathe, Prof. der hebräischen Sprache.

2) Der Rechte.

Herr D. Carl Ferdinand Hommel, Prof. Decretalium et Ordinarius.

    D. Friedrich Gottlieb Zoller, Prof. Codicis.

    D. Heinrich Gottfried Bauer, Prof. Pandectar.

    D. Johann Theophilus Seger, Prof. Institut.

    D. Josias Ludwig Ernst Püttmann, Prof. Tit. de V. S. et R. I.

    D. Johann Tobias Richter, Prof. des Sächsischen Rechts.

    D. Christian Heinrich Bräuning, Prof. des Natur = und Völker= Rechts.

    D. Carl Rudolph Gräfe, Prof. des Lehn= Rechts.

3) Der Medicin.

Herr D. Anton Wilhelm Plaz, Professor der Therapeutik.

    D. Johann Christoph Pohl, Professor der Pathologie.

    D. Ernst Gottlob Bose, Professor der Anatomie und Chirurgie.

    D. Johann Carl Gehler, Prof. der Physiologie.

    D. Anton Rüdiger, Prof. der Chymie.

4) Der Philosophie.

Herr D. Carl Andreas Bel, Professor der Poesie.

    Johann Gottlob Böhme, Professor der Geschichte.

    Carl Günther Ludovici, Professor der Logik.

    D. Heinrich Gottlieb Francke, Prof. der Moral und Politik.

    Christian Gottlieb Seydliz, Professor der Metaphysik.

    George Heinrich Borz, Professor der Mathematik.

    August Wilhelm Ernesti, Professor der Beredsamkeit.

    Samuel Friedrich Nathanael Morus, Professor der griechischen und lateinischen Sprache.

    M. Christlieb Benedict Funcke, Professor der Naturlehre.

    Christian August Clodius, Professor der Philosophie.

    D. Daniel Gottfried Schreber, Professor der Oeconomie.

Außerordentliche Professores.

1) Der Theologie.

Herr D. Johann George Richter.

    Johann Gottlieb Bosseck.

    Lic. Christian Wilhelm Thalemann.

2) Der

2) Der Rechte.

Herr D. Heinrich Gottlieb Francke, des Staats = Rechts außerord. Prof.

D. David Gottfried Aegidius Wilcke.

D. August Friedrich Schott, der Alterthümer des Rechts außerordentl. Prof.

3) Der Medicin.

Herr D. Carl Christian Krause, Professor der Anatomie und Chirurgie.

D. Ernst Plattner.

D. Johann Ehrenfried Pohl, Professor der Botanik.

D. Johann Gottlob Haase.

4) Der Philosophie.

Herr D. Christian August Crusius.

Johann Friedrich Fischer, Professor litterarum human.

D. Johann Friedrich Burscher.

Johann Joachim Schwabe.

Anton Ernst Klausing, Prof. der geistl. Alterthümer.

Christoph Friedrich Lößner, Prof. der geistl. Philologie.

Johann George Eck.

Christian Garve.

Friedrich August Wenck.

Friedrich Wolfgang Reiz.

Christian Friedrich Pezold.

M. Nathanael Gottfried Leske, Prof. der Naturgeschichte.

Universität Wittenberg.
Ordentliche Professores.

1. Der Theologie.

Nota. Die zwey ersten Professor=Stellen sind iezt vacant.

Herr D. Ernst Friedrich Wernsdorf.

D. Christian Friedrich Schmidt.

2. Der Rechte.

Herr D. Ernst Martin Chladenius, Professor Decretal. und Ordinarius.

D. George Friedrich Kraus, Professor Codicis.

D. Martin Gottlieb Pauli, Professor Digest. Veter.

D. Friedrich August Fischer, Professs. Digest. inf. et nov.

D. George Stephan Wiesand, Professor Institut.

D. Johann Carl Gebhard Reinhard, Professor des Lehn=Rechts.

Herr

Herr D. Ernſt Gottfried Klügel, Prof. des Sächſiſchen Rechts.
    D. Chriſtian Gottlieb Hommel, Prof. Tit. de V. S. et R. L.

3. Der Medicin.

Herr D. Daniel Wilhelm Triller.
    D. George Auguſt Langguth, Profeſſor der Pathologie und
        Chirurgie.
    D. George Rudolph Böhmer, Profeſſor der Anatomie und
        Botanik.

4. Der Philoſophie.

Herr D. Johann Daniel Ritter, Prof. der Geſchichte und Moral.
    Johann Daniel Titius, Profeſſor der Phyſik.
    Johann Friedrich Hiller, Profeſſor der Beredſamkeit.
    Carl Daniel Freyberg, Prof. der Logik und Metaphyſik.
    D. Johann Ernſt Zeiber, Prof. der höhern Mathematik.
    Johann Matthias Schröckh, Prof. der Poeſie.
    Johann Jacob Ebert, Prof. der Mathematik.
    Friedrich Wilhelm Dreßde, Prof. der oriental. Sprachen.
    Benjamin Gottlieb Lorenz Boden, Profeſſor der griechiſchen
        Sprache.

Land = Schule Meißen.

Adelicher Inſpector.

Herr Cammerherr Hannß Adolph von Carlowitz, auf Stößiz.

    M. Johann Chriſtoph Gottleber, Rector.
    Friedrich Wilhelm Schumann, Schul-Beamter.
    M. Andreas Chriſtian Cleemann, Con-Rector.
    M. Johann Auguſt Müller, Tertius.
    Johann Lebrecht Schreger, Cantor.
    Johann Albrecht Klimm, Mathematicus.

Land = Schule Grimma.

Adelicher Inſpector.

Herr Carl Friedrich von Holleufer.

    M. Johann Tobias Krebs, Rector.
    Carl Chriſtian Wend, Schul-Verwalter, hat das Prädi-
        cat als Amtmann.
    Carl Chriſtian Genſel, Adjunctus.
    M. Johann Heinrich Mücke, Con-Rector.
    M. Heinrich Gotthelf Noa Hofmann, Tertius.
    M. Heinrich Gottfried Reinhardt, Cantor.
    Gottlob Heinrich Richter, Mathematicus.

Land=

Land = Schule Pfortha.

Adelicher Inspector.

Herr George Friedrich von Berlepsch, zu Hennigsleben, Domherr zu Naumburg und Stifts = Rath zu Zeitz.

M. Christian Gottfried Grabner, Rector.
M. Christian Gotthelf Haugk, geistlicher Inspector.
Carl Valerian Francke, Schul = Verwalter.
M. Gotthelf Ehrenfried Becker, Con=Rector.
M. Friedrich Gottlieb Barth, Tertius.
Gottlob Geißler, Cantor.
M. Christian Gottlieb Kluge, Diaconus.
M. Johann Gottlieb Schmidt, Mathematicus.

Superintendente und geistliche Inspectores.

Annaberg.
Hr. M. Christian Gottlieb Glöckner.

Barby.
Hr. Julius Ferdinand Troppaneger.

Baruth.
Hr. M. Johann Siegismund Kunth.

Beltzig.
Hr. M. Johann Carl Klotzsch.

Bischoffswerda.
Hr. M. Joh. Christian Klotz.

Bitterfeld.
Hr. M. Johann Gottfried Wachsmuth.

Borna.
Hr. M. Johann Gottfried Richter.

Chemnitz.
Hr. M. Johann Michael Mehlig.

Clöden.
Hr. M. Carl Gottlob Claußnitzer, Probst.

Colditz.
Hr. M. Joh. Gottlieb Fiedler.

Dahme.
Hr. M. Wilhelm Heinrich Heydenreich.

Delitzsch.
Hr. Rudolph Friedrich von Wichmannshausen.

Dobrilugk.
Hr. D. Johann Gottlob Werner.

Dreßden.
Hr. D. Johann Joachim Gottlob am Ende.

Ebeleben.
Hr. M. Johann Gottfried Märtens, Inspector.

Eckartsberga.
Hr. M. Friedrich Gotthelf Kuhn.

Eißleben.
Hr. M. Johann Andreas Müller, Gen. Superintendens.

Eilenburg.
Hr. M. Johann Andreas Kranold.

Frauenprießnitz.
Hr. M. Johann Christoph Jonas Schwarze.

Freyberg.
Hr. M. Christoph Gottlob Grundig.

Freyburg.
Hr. M. Aug. Sigism. Cnobloch.

Glaucha.

Glaucha.

Hr. M. Christoph Heinr. Barth.

Gommern.

Hr. Christoph Heinrich Barth.

Gräfenhaynichen.

Hr. M. Ernst Christian Hofmann.

Grimma.

Hr. M. Johann Victorin Facilides.

Hartenstein.

Hr. Gottlob Ludwig Richter, Inspector.

Hayn.

Hr. D. Melchior Traugott Schubarth.

Heldrungen.

Hr. M. Christoph Aug. Silber.

Hertzberg.

Hr. M. August Lebrecht Wilcke.

Jeßen.

Hr. D. Johann Bücher.

Jüterboak.

Hr. Johann Paul Bernhardt.

Kemberg.

Hr. M. Gottlieb Müller, Probst.

Langensalza.

Hr. M. Carl Gottlob Leisching.

Leipzig.

Hr. D. Johann Fried. Bahrdt.

Leißnig.

Hr. M. Friedrich Bonaventura Hofmann.

Lichtenstein.

Hr. Joh. Carl Oertel, Inspect.

Liebenwerda.

Hr. M. Joh. Gottlieb Gautzsch.

Lößnitz.

Hr. M. Gottheff Friedrich Deßfeld, Inspector.

Meißen.

Hr. M. Christoph Haymann.

Neustadt an der Orla.

Hr M. Johann Gottlob Walther.

Oelßnitz.

Hr. M. Johann Christoph Friedrich Steinmüller.

Oschatz.

Hr. Joh. Carl Fried. von Brause.

Pegau.

Hr. M. Joh. Gotthelf Fritzsche.

Penig.

Hr. M. Gottlieb Uhlig.

Pforta.

Hr. M. Christian Gotthelf Haugk, Inspector.

Pirna.

Hr. Johann August Essenius.

Plauen.

Hr. D. George Friedr. Stranz.

Querfurth.

Hr. Carl Christoph Stößner.

Rochlitz.

Hr. D. Christ. Gottlieb Ißrich.

Sangerhausen.

Hr. M. Christlieb Traugott Bierling.

Schleußingen.

Hr. M. Gottgetreu Müller.

Schlieben.

Hr. M. Friedrich Ernst Bauer, Probst.

Seyda.

Hr. M. August Anton Medicke.

Sonnewalda.

Hr. George Ephraim Richter.

Stollberg.

Hr. M. Johann Peter Siegmund Winckler.

Subla.

Hr. Christian Wilhelm Grötzsch.

Torgau.

Hr. M. Gottlieb Merckel.

Walden-

Waldenburg.
Hr. M. Gottlob Friedr. Richter.

Waldheim.
Hr. M. Johann Christian Heyne, Inspector.

Weißenfels.
Hr. M. Ernst Gottfr. Brehme.

Weißensee.
Hr. M. Erdmann Wilh. Ferber.

Weyda.
Hr. M. Gottlieb Ludwig After.

Wittenberg.
Vacat.

Wurtzen.
Hr. M. Christoph Bauer.

Jahna.
Hr. M. Christian Conr. Clauß,

Zwickau.
Hr M. Joh. Gottfried Weller.

Landes-Oeconomie-Manufactur-und Commercien-Deputation.

Director.

Se. Excellenz Herr Friedrich Ludewig Wurmb, Conferenz-Ministre und würklicher geheimder Rath.

Vice-Director.

Herr Peter Freyherr von Hohenthal, Ober-Consistorial-Vice-Präsident.

Deputirte Räthe aus denen Collegiis und Assessores.

Herr D. Andreas Wagner, geheimer Cämmer- und Berg-Rath.
Peter Friedrich Freyherr von Hohenthal, geheimer Rath, auch Hof- und Justitien-Rath.
August Gottlieb Edler von Gärtner, Hof- und Justitien-Rath.
George Matthias Rachel von Löwmannsegk, Accis-Rath.
Carl Wilhelm Benno von Heynitz, Cammerherr und Accis-Rath, auch Assessor.
Johann Gottfried Haymann, Hof-Rath und Assessor.
Carl Wilhelm von Ermes, Cammer-Junker und Assessor.
Carl von Beust, Cammer-Junker, Accis-Rath und Assessor.
Friedrich Herrmann Carl von Langenau, Hof- und Justitien-Rath und Assessor.

Secretarii.

Herr Carl Gottfried Dathe, erster Secretarius.
Carl Friedrich Spitzner, zweyter Secretarius.

Copiſten.

Hr. Johann Auguſt Lindner.   Hr. Joh. Gottfr. Zimmermann.
Joh. Friedrich Futterbäcker.   Carl Gotthelf Zier, Acceſſiſt.
Aufwärter.
Johann Michael Weinreich.

Berg-Gemach.
Directores.

Herr Hannß Chriſtoph von Poigk, Cammer-Präſident.
Herr Carl Ferdinand Lindemann, Vice-Cammer-
Präſident.

Geheime Cammer- auch Cammer- und Berg-Räthe.

Herr Friedrich Gottlob von Berlepſch.
Maximilian Robert, Freyherr von Fletcher.
Wilhelm George von Marſchall.
D. Andreas Wagner.
Job Chriſtian von Bomßdorff.
Johann Otto Frenzius, Cammer- und Berg-Rath.
Friedrich Wilhelm Ferber, geheimer Cammer- auch Cam-
mer- und Berg-Rath.
Albrecht Ludewig Graf von der Schulenburg, Cammerherr.

Berg-Räthe.

Herr Gottlob Lebrecht von Heynitz, Cammer-Rath.
D. Gottfried Heinrich Duckewitz, Hofrath.
Johann Friedrich Stop.
D. Johann Wilhelm Friedrich Jahn, Hofrath.

Berg-Räthe ohne Seſſion.

Herr Wilhelm Edler von Gärtner.
Ludewig Ehregott von Burgsdorff.
Johann George von Wichmannshauſen.

Titular Berg-Räthe.

Hr. Carl Heinrich Schwabe.   Hr. Leopold von Beuſt, auch
D. Johann Gottlob Bauer.   Cammerherr.
Johann Gregorius Herold.   D. Chriſtian George Wolf-
Johann Herrmann Borlach.   gang Behriſch.

Berg-

Berg = u. Münz=Secretarius, Hr. Magnus Lichtwer.
Secretarii supernumerarii, Christian Heinrich Kettner.
Johann Christian Duckwitz.
Berg=Gemachs=Registrator, Johann Gottfr. Kürschner.
Berg=Canzellisten, ChristianGottlb.Brannaschk.
Johann Carl Jacob Spruch.
Johann Gottfried Kaspe.
Paul Friedr. Kuno, Supern.

Rechnungs=Expedition.
Berg=Rechnungs=Secretar. Hr. Gotthelf Sigismund Hofmann.
Calculator ordinarius, Gottfried Carl Hunger.
Calculator extraordinarius, Johann Gottlieb Hegewald.
Aufwärter, Johann Christian Meißner.

Ober=Berg=Amt zu Freyberg.
Ober=Berg=Hauptmann.
Herr Adam Friedrich von Ponickau.
Berg=Hauptmann.
Herr Carl Eugenius Pabst von Ohain.
Vice=Berg=Hauptmann.
Herr Friedrich Wilhelm Heinrich von Trebra.
Ober Berg=Amts=Assessores.
Herr Johann George von Wichmannshausen, Berg=Rath.
Johann Gottfried Meybach, Berg=Commissions=Rath.
Johann Friedrich Wilhelm Charpentier, Berg=Commissions=Rath.
Ober=Berg=Amts=Verwalter, Hr. Johann Friedrich Schincke.
Ober=Berg=Amts=Secretarius, Joh. Friedrich Scheuchler.
Ober=Berg=Amts=Actuarius, Friedrich Gottlieb Voigt.
Ober=Berg=Amts=Schreiber, Gottfried Humann.
Ober=Berg=Amts=Schreiber Adj. Adam Heinrich Krauße.
Ober=Berg=Amts=Copiste, Salom. Fried. Langhammer.
Ober=Berg=Amts=Aufwärter, Johann Jacob Richter.
Ober=Berg=Amts=Bothe, Johann Gottlob Hofmann.

Ober=Zehenden= und Austheiler=Amt zu Freyberg.
Ober=Zehendner und Austheiler.
Herr Daniel Christoph Richter, Rittmeister.
Zehenden=Schreiber.
Herr Johann George Kümmler.

L 2 Vice=

Vice-Zehenden-Schreiber.
Herr Gotthelf Gabriel Wagner, zugleich Zehenden-Diener.

Ober-Zehenden- und Austheiler-Amt im Ober-Gebürge.

Herr Carl Ludwig Fischer, Commissions-Rath.

Interims-Administrator des Ober-Gebürgischen Ober-Zehenden-Rechnungs-Wercks.

Herr Johann George Hofmann, auch Ober-Hütten-Amts-Actuarius.

Zehenden-Schreiber.

Herr August Friedrich Abendroth.

Darzu gehörige Unter-Zehendnere.

Herr Christian am Ende, zu Geyer.
 Carl August Martin, dessen Adjunctus.
 Gottlob Benjamin Reinhold, zu Schwarzenberg.
 Johann George Böhme, zu Eybenstock.
 Samuel Gottlieb Helbig, zu Marienberg.

Berg-Aemtere, nebst übrigen jedes Orts verordneten Berg-Bedienten.

Zu Altenberg.

Herr Christian Friedrich Wiese, Zehendner, zugleich Amtmann.
 Gottfried Wilhelm Grellmann, Bergmeister, zugleich bey Glashütte und Berggießhübel.
 Christian Gotthelf Mehlhorn, Marckscheider, ingleichen zu Berggießhübel und Glashütte.
 August Körner, Berg-Geschworner.
 Carl Gottlob Birnbaum, zu dessen Sublevation.
 Carl Gottfried Trachbrod, Berg-Gegen- und Receß-Schreiber.
August Eichler, Zubuß-Bothe.

Zu Annaberg.

Herr Salomon Friedrich Fischer, Bergmeister, desgleichen bey der Scheibenberger Revier.
 Carl Friedrich Freißleben, Marckscheider, zugleich in Scheibenberger und Oberwiesenthaler Revier.
 David Gotthelf Benjamin Schütze, Berg-Geschworner.
 Erasmus Christian Friedrich Schindler, Berg-Gegen- und Receß-Schreiber.
 Christian Gottfried Täuscher, Berg-Guardein.

Herr

Herr Carl Friedrich Thierfelder, Zinn-Hütten-Schreiber.
Christian Gottfried Ebert, Ausbeut- und Zubuß-Bothe.
Christian Friedrich Landrock, Ausbeut- und Zubuß-Bothe.
Gottlieb Bernhard Kiesewetter, Kobald Ueberreuther.

Zu Berggießhübel und Glaßhütte.

Herr Gottfried Wilhelm Greßmann, Bergmeister und Zehendner.
 Carl Gottlob Birnbaum, Berg-Geschworner.
 Johann Daniel Wagner, Berg-Gegen- und Receß-
  Schreiber.
Gottfried Henzsch, Zubuß-Bothe.

Zu Ehrenfriedersdorf.

Herr Heinrich Moritz Gottlob von Nostitz, Bergmeister, zugleich
 in Geyer.
 Johann Gottlob Blüher, Bergmeister, emeritus.
 Johann Christian Techelmann, Marckscheider, deßgleichen
  zu Geyer.
 Johann Christian Paul, Berg-Geschworner, zugleich Zinn-
  Waagmeister.
 Johann Ernst Heinrich Kraus, Berg-Gegen- und Receß-
  Schreiber, auch Quatember-Gelder-Einnehmer.
Johann George Siegert, Zubuß-Bothe, ad interim.

Zu Eybenstock.

Herr Carl Ernst Schmid, Bergmeister, deßgleichen zu Schneeberg.
 August Constantin Ferber, Vice-Bergmeister, zugleich zu
  Schneeberg.
 Johann Ernst Lenck, Berg-Geschworner, auch Zinn-Waag-
  meister und Eisensteinmesser.
 Johann George Böhme, Berg-Gegen-und Receß-Schreiber,
  zugleich Zehenden- und Quatember-Gelder-Ein-
  nehmer.
Christian Heinrich Kellner, Zubuß-Bothe, ingleichen zu Schnee-
 berg.

Zu Freyberg.

Herr Johann Andreas Scheidhauer, Bergmeister.
 Johann Friedrich Engelschall, Bergmeister titularis, und
  Ober-Einfahrer.
 Carl Ernst Richter, Marckscheider.
 Johann Christoph Döbniß, Berg-Geschworner.
 Christian Gottlieb Borrmann, Stoll-Geschworner.
 Johann Otto Ruperti, Poch- und Wäsch-Geschworner.
 Johann Gottfried Göbelt, Berg-Geschworner.
 Johann Carl Gottlieb Beutel, Berg-Geschworner.

        Herr

Herr Johann Gottlieb Walther, Berg-Geschworner.

Johann Friedrich Mende, Kunstmeister.

Christian Friedrich Wilhelm Schmid, Berg-Schreiber.

George Heinrich Hempel, Berg-Amts-Copist.

Johann Samuel Dentler, Berg-Amts-Aufwärter,

Berg-Academie zu Freyberg.

Professor, Herr Johann Friedrich Wilhelm Charpentier, Bergs Commissions-Rath.

Inspector, Johann Friedrich Scheuchler, zugleich Ober-Berg-Amts-Secretarius.

Johann Gottfried Weise, Aufwärter.

Mehrere Freybergische Berg-Bediente.

Herr Johann Andreas Klotzsch, Berg-Guardein.

Christian Gottfried Kießling, Vice-Marckscheider.

Johann Friedrich Freißleben, Vice-Marckscheider Abjunct.

Johann Wilhelm Kabisch, Gegen-Schreiber.

George Gottlob Richter, designirter Receß-und Knappschafts-Schreiber.

Gottlob Friedrich Schuberth, Berg-Mechanicus.

Johann Christoph Stiebl, Leipziger Ausbeut-und Zubuß-Bothe.

Johann Gottlob Hofmann, zu dessen Sublevation.

Friedrich Lebrecht Richter, Dreßdner Ausbeut-und Zubuß-Bothe.

George Gottfried Lempe, auswärtiger Zubuß-Bothe.

Johann Michael Büttner, auswärtiger Zubuß-Bothe.

David Volckmar Grahl, Gegenbuchs-Copiste.

Zu Beyer.

Herr Heinrich Moritz Gottlob von Nostitz, Bergmeister, zugleich zu Ehrenfriedersdorf.

Johann Gottlob Blüber, Bergmeister, emeritus.

Johann Christian Techelmann, Marckscheider, zugleich in Ehrenfriedersdorf

Johann Christian Paul, Berg-Geschworner, zugleich in Ehrenfriedersdorf.

Christian am Ende, Berg-Segen-und Receß-Schreiber, zugleich Zehendner.

Carl August Martin, dessen Abjunctus.

Adam Heinrich Landrock, Zubuß-Bothe.

Zu Johann Georgenstadt.

Herr Christian Samuel Butz, Bergmeister, emeritus.

Christian Hieronymus Lommer, Bergmeister, zugleich zu Schwarzenberg, auch Berg-Guardein.

Her

Herr Johann Gottfried Schreiber, Marckscheider.

Carl Traugott Schmid, Geschworner.

Carl Christian Conrad Schmid, Berg-Schreiber.

Johann Friedrich Scheidhauer, Gegen- und Receß-Schreiber.

Immanuel Friedrich Wolf, dessen Sublevant.

Johann Jacob Wezig, Kobold-Ueberreuther.

Ausbeut- und Zubuß-Bothen.

Christian Gottlob Scherber.   Carl Siegmund Junckhähnel.

Johann Christian Müller.

Zu Marienberg.

Herr Friedrich Wilhelm Heinrich von Trebra, Bergmeister, auch Vice-Berg-Hauptmann.

Johann Martin Hoppensack, Marckscheider.

Johann Christian Täuscher, Berg-Geschworner.

Gottlob Salomon Karg, Berg-Schreiber.

Ferner:

Herr Johann Andreas Oetterich, sonst Rätz genannt, Marckscheider und Berg-Guardein, emeritus.

Johann Gottfried Täuscher, Vice-Guardein.

Samuel Gottlieb Helbig, Zinn-Zehendner und Zinn-Hütten-Schreiber, ingleichen Hütten-Schreiber bey der Auer- und Marienberger Silber-Schmelz-Hütte.

David Christian Techelmann, Receß-und Gegen-Schreiber.

Johann August Paulich, Zubuß-Bothe.

Johann Friedrich Gotthelf Buchner, Berg-Amts-Copist.

Zu Neustadt an der Orla, nebst Camsdorff.

Herr Johann Gottfried Gläser, Bergmeister, auch Zehenden-Einnehmer, zugleich in Voigtsberg.

Friedrich Gottlieb Gläser, Marckscheider und Berg-Amts-Assessor, zugleich in Voigtsberg.

Gotthelf Fiedler, Berg-Geschworner.

Johann Gottlieb Leuthier, Berg-Gegen- und Receß-Schreiber.

Friedrich Benjamin Wolf, dessen Adjunctus.

George Wilhelm Lindig, Quatember- und Knappschafts-Gelder-Einnehmer.

Samuel Mehner, Hütten-Schreiber.

Johann Christian Bözsch, Zubuß-Bothe.

Gabriel Preiß, Zubuß-Bothe.

Zu Schneeberg.

Herr Johann Christian Jacob, Zehendner.

L 4

Herr

Herr Carl Ernst Schmid, Bergmeister, desgleichen zu Eybenstock.

August Constantin Ferber, Vice-Bergmeister, auch Legations-Secretarius.

Adolph Beyer, Berg-Schreiber.

Johann Gottfried Möckel, Marckscheider, zugleich Berg-Guardein und Gewerken-Probierer bey der Auer Schmelz-Hütte.

Johann Gottfried Tittel, Berg-Geschworner.

Johann Friedrich Schultze, Berg-Geschworner.

Veit Hannß Schnorr, Gegen- und Receß-Schreiber, auch Vice-Kobald-Inspector.

Christian Heinrich Dämmrich, Zinn-Hütten-Schreiber und Waagemeister bey der Silber-Zinn-Schmelz-Hütte zur Aue.

Christian Heinrich Keller, Ausbeut- und Zubuß-Bothe, ingleichen zu Eybenstock.

Johann Gottlob Göpphard, Kobald-Ueberreuther.

Michael Ellrich, Kobald-Ueberreuther.

Zu Scheibenberg und Ober-Wiesenthal.

Herr Salomon Friedrich Fischer, Bergmeister, zugleich in Annaberg.

Carl Friedrich Freißleben, Marckscheider, zugleich in Annaberg.

Christian Heinrich Hildebrand, Berg-Geschworner und Eisenstein-Messer.

Erasmus Christian Friedrich Schindler, Berg-Gegen- und Receß-Schreiber zu Scheibenberg.

Andreas Hartmann, Berg-Gegen- und Receß-Schreiber zu Ober-Wiesenthal.

Christian Gottfried Ebert, Ausbeut- und Zubuß-Bothe, zugleich in Annaberg.

Zu Schwarzenberg.

Herr Christian Hieronymus Lommer, Bergmeister, zugleich in Johann Georgenstadt.

Johann Gottfried Schreiber, Marckscheider.

Johann Christian Schubert, Berg-Geschworner, auch Eisenstein-Messer und Waagmeister bey der Zinn-Schmelz-Hütte.

Gottfried Leonhardt Heubner, Berg-Gegen- und Receß-Schreiber.

Christian Gottfried Ebert, Ausbeut- und Zubuß-Bothe, zugleich in Annaberg.

Zu

Zu Voigtsberg.

Herr Johann Gottfried Gläfer, Bergmeifter, zugleich im Neu=
ſtädtiſchen Creyße.

Friedrich Gottlob Gläfer, Marckſcheider und Berg=Amts=
Aſſeſſor, desgleichen im Neuſtädtiſchen Creyße.

Johann Conrad Seydel, Berg=Geſchworner und Eiſenſtein=
Meſſer.

Berg=Gegen=und Receß=Schreiber, Vacat.

Zubuß=Bothe, Vacat.

Bey dem Commun=Berg Amte Falkenſtein.

Herr Johann Chriſtoph Eckſtein, Bergmeifter.

Johann Gottlieb Eckſtein, Berg=Geſchworner und Eiſen=
ſtein=Meſſer.

Heinrich Wilhelm Kolbe, Berg=und Receß=Schreiber.

Zu Subl.

Herr Johann Gottlob Gläfer, Bergmeifter.

Friedrich Gottlob Gläfer, Vice=Bergmeifter.

Johann Wilhelm Spangenberg, Berg=Gegen=und Receß=
Schreiber, auch Zehenden=und Quatember=Gelder=
Einnehmer.

Hierüber:

Berg=Voigt in Thüringen und Zehendner zu San=
gerhauſen mit Bottendorf.

Herr Johann Chriſtian Schmid, auch Berg=Commiſſions=Rath.

Ober=Zehendner in der Grafſchaft Stollberg.

Herr Johann Gottlieb Ziegler, Cammer=Commiſſarius.

Berg=Phyſici.

Herr D. Johann Heinrich Luther, Berg=und Hütten=Phyſicus
in Freyberg, auch Saigerhütten=Phyſicus zu
Grünthal.

D. Johann Gottfried Würſtler, in denen Berg=Aemtern
Marienberg, Ehrenfriedersdorf und Geyer.

D. Friedrich Gottlob Hübner, bey denen Berg=Aemtern An=
naberg und Scheibenberg mit Ober=Wieſenthal.

D. David Heinrich Schindler, zu Schneeberg.

D. Wilhelm Wennicke, im Neuſtädtiſchen Creyße.

Berg=Inſpector titularis.

Herr Gottlieb Müller.

Cammer=Inſpector im Obergebürge und im Voigtlande.

Herr George Chriſtian Läßig.¶

Edelge=

Edelaestein = Inspector.

Herr Johann Christoph Uhmann.

Serpentin = Stein = Inspector.

Herr Johann Gottlob Friedrich.

Einfahrer im Obergebürge.

Herr Johann Christian Mittelbach.

Ober = Hütten = Amt zu Freyberg.

Ober = Hütten = Verwalter.

Herr Christlieb Ehregott Gellert, Commissions = Rath.

Ober = Hütten = Raiter.

Herr Johann Friedrich o Feral.

Ober = Hütten = Vorsteher.

Herr Christian Klinghammer.

Ober = Schieds = Guardein.

Herr August Friedrich Schultze.

Ober = Hütten = Amts = Assessor und Glöth = Factor.

Herr Christian Friedrich Hedrich.

Ober = Hütten = Amts = Actuarius.

Herr Johann George Hofmann.

Wilhelm Friedrich Siegmund Teucher, interims Actuarius.

Ober = Hütten = Amts = Copist und Aufwärter.

Johann Benjamin Frommelt.

Uebrige Hütten = Bediente.

Ober = Hüttenmeister.

Herr Ehregotthold Stocklöbe.

Hüttenschreibere.

Herr August Christian Höfmann, an der Halßbrückner Hütte.

Gottlob George Weber, an der Ober = Muldner Hütte.

Johann Michael Simon, an der Unter = Muldner Hütte,
zugleich Schrotzießer.

Samuel Gottlieb Helbig, bey der Auer und Marienberger
Silber = Hütte.

Carl Friedrich Goldberg, titularis.

Silber = Brenner.

Herr Johann Friedrich Freißlebe.

Samuel Gottlob Richter, Vice = Silber = Brenner.

Hüttenmeistere.

Herr Christian Friedrich Richter, an der Halßbrückner Hütte.

Christoph Benjamin Siegbard, an der Unter = Muldnerhütte.

Johann Christoph Grundmann, an der Ober = Muldner
Hütte.

Herr

Herr Johann Christian Fleischer, an der Münzbacher Hütte, und Nacht-Hüttenmeister an der Ober-Muldner Hütte.

George Gotthold Wittig, an der Thurmhofer Hütte, und Nacht-Hüttenmeister an der Unter-Muldner-Hütte.

Gottlob Siegmund Richter, Nacht-Hüttenmeister an der Halßbrückner Hütte.

Johann Peter Hunger, Vice-Hüttenmeister.

Kohlschreibere.

Herr Gottlob George Weber, an der Halßbrückner Hütte.

Johann George Rümmler, an der Mulden- und Münzbacher Hütte.

Thomas Friedrich Weber, titularis.

Gewerken Probierere.

Herr Johann Christian Christiani, bey der Halßbrückner Hütte.

Johann Salomon Leonhard, bey der Unter-Muldner Hütte.

Friedrich August Süße, bey der Ober-Muldner Hütte.

Friedrich Siegmund Dentler, Vice-Gewerken-Probirer.

Johann Gottfried Täuscher, bey der Marienbergischen Schmelzhütte.

Johann Gottfried Möckel, bey der Auer Silber-Schmelz-Hütte.

Wagemeistere.

Herr Johann Benjamin Linse, bey der Ober-Muldner Hütte.

Johann Benjamin Frommelt, bey der Unter-Muldner Hütte.

Gotthelf Gabriel Wagner, bey der Thurmhofer und Münzbacher Hütte.

Carl Gottlob Paulicke, bey der Halßbrückner Hütte.

Peter Hunger, Vice-Waagemeister.

Johann August Siegbard, Supernumerar-Waagemeister.

Christian Heinrich Dämmrich, Waagemeister bey der Auer Silber-Hütte.

Johann Christian Täuscher, Waagemeister bey der Marienberger Silber-Schmelz-Hütte.

Kohlenmessere.

Herr Johann Wilhelm Kapphahn, an der Ober-Muldner Hütte.

Thomas Friedrich Weber, an der Unter-Muldner Hütte.

Johann Carl Seefeld, an der Münzbacher Hütte.

George Heinrich Hempel, an der Halßbrückner Hütte.

Saigerhütte Grünthal.

Herr Johann Samuel Räzel, Saigerhütten-Factor.

Herr

Herr Friedrich August Böse, Anrichter und Schichtmeister.
Carl Gotthelf Hauck, Hammer Verwalter.
Christian Gotthelf Kunze, Buchhalter.

Churfürstl. Sächsisches Blaufarbenwerk
zu Oberschlema bey Schneeberg.

Factor,	Herr Carl Heinrich Baumgärtner.
Gerichts-Verwalter,	Christoph Friedrich Härtel.
Farbmeister,	Johann Gottfried Lauckner, sen.
Farbmeister,	Johann Gottfried Lauckner, jun.

Hierüber:

Die benöthigten Schürer oder Schmelzer, Gemengmacher,
Farb-Arbeiter und Handwerksleute.

Cammer-Credit-Cassen-Commission.
Commissarii.

Herr Carl Ferdinand Lindemann, Vice-Cammer-Präsident.
Victor Carl von Vieth, Vice-General-Accis-Director.
Otto Bernhard von Borcke, geheimer Kriegs-Rath.
Gottlieb August Retzsch, geheimer Kriegs-Rath.
Friedrich Gottlob von Berlepsch, geheimer Cammer, auch
    Cammer-und Berg-Rath.
Hiob Christian von Bomsdorff, geheimer Cammer, auch
    Cammer-und Berg-Rath.
Johann Christoph Clauder, geheimer Kriegs-Rath und
    geheimer Cabinets-Secretarius.
Johann Friedrich Kost, Accis-Rath.
Johann Michael Köhler, Accis-Rath.
Johann Esaias Krebel, Accis-Rath.

Buchhalterey und Cassa.

Buchhalter,	Hr. George Friedrich Großmann, würklicher Kriegs-Rath.
Vice-Buchhalter,	Johann Friedrich Sputh.
Cassier,	Johann Heinrich Hecht, Capitaine.
Calculatores,	Johann Gottlob Säfftgen.
	Johann Gottfried Jacobi.
	Friedrich Gotthelf Borger.
	Christian Friedrich Wiedemann.
Aufwärter,	Friedrich Gotthardt Lobeck.

Cassen-

Caſſen-Billets-Commiſſion.

Commiſſarii.

Herr Chriſtoph Friedrich von Flemming, General-Major, und Vice-Präſident des geheimen Kriegs-Raths-Collegii.

Carl Ferdinand Lindemann, Vice-Cammer-Präſident.

Carl Auguſt von Schönberg, Vice-Ober-Steuer-Director.

Victor Carl von Vieth, Vice-General-Accis-Director.

Johann Hilmar Adolph von Schönfeld, Cammerherr und Ober Steuer-Einnehmer.

Albrecht Ludwig Graf von der Schulenburg, Cammerherr und geheimer Cammer-Rath.

Carl Wilhelm Benno von Heynitz, Cammerherr und Accis-Rath.

Otto Bernhard von Borcke, geheimer Kriegs-Rath.

Gottlieb Auguſt Retzſch, geheimer Kriegs-Rath.

Friedrich Wilhelm Ferber, geheimer Cammer-Rath und geheimer Cabinets-Secretarius.

George Matthias Rachel von Löwmannsegk, Accis-Rath.

I.

Bey Ausfertigung der Caſſen-Billets,
vertritt die Stelle eines Buchhalters,

Herr Johann Gottfried Jacobi, Cammer-Credit-Caſſen-Calculator.

II.

Haupt-Auswechſelungs Caſſa.

Buchhalter,	Herr Johann Friedrich Gürtler, Commiſſions-Rath.
Caſſirer,	Johann Friedrich Roſt.
Aſſiſtent,	Carl Auguſt Schierwaſſer.
Aufwärter,	Johann George Nagel.
	Johann Heinrich Nagel.

Porcelain-Manufactur-Commiſſion.

Unter Direction

Sr. Excellenz des Herrn würklichen geheimen Raths und Cämmerers Camillo Grafen Marcolini.

Commiſſarius, Herr Cammer-Rath Gottlob Lebr. von Heynitz.

Berg-Rath, Herr D. Carl Wilhelm Pörner.

Officians

Officianten.

Hof-Commissarius,	Herr George Friedrich Hanstein.
Inspector,	Joh. Ernst Gottfried Herrich.
Buchhalter,	Johann Christoph Hummutzsch.
	Philipp August Feller.
	Christian Benedict Hennig.
Zum Detail-Verkauf,	Christian Gotthelf Haußwald.
Controleur,	Gotthelf Friedrich Benjamin
	Birnbaum.

Policey=Commission zu Dreßden.

Commissarii.

Herr Job Christian von Bomsdorff, geh. Cammer= auch Cammer= und Berg=Rath.

George Wilhelm von Hopfgarten, Hof= und Justitien=Rath.
George Matthias Rachel von Löwmannseck, Accis=Rath.
Gottfried Schmieder, Kriegs=Rath.
Caspar Ferdinand Gottschalck, Ober=Consistorial=Rath.
D. Jacob Heinrich Reinhold, Hofrath und Ober=Amtmann.
Der Rath zu Dreßden.

Officianten.

Herr Johann Ernst Mücke, Secretarius.
Carl Gottfried Tzschocke, Fiscal, Cammer=Procurator.
Carl August Hartmann, Copiste.
Heinrich Gottlob Gräbmer, Copiste.
Johann Gottfried Rätz, Aufwärter.

Aufsehere.

Johann August Spitz.	Christian Gottlieb Fröhlich.
Johann Gottlieb Riedel.	Jacob Samuel Strömtz.

Zugegeben.

Herr Johann Daniel Löper, Secretarius.

Churfürstl. Sächs. Sanitäts=Collegium.

Dieses Collegium hat in specie das Medicinal-Wesen in den Meißnischen, Erzgebürgischen, Voigtländischen und Neustädtischen Creyßen, ingleichen in denen Stiftern, im Marggrafthum Ober-Lausitz, und im Schleusingischen

schen zu respiciren, dahergegen das Medicinal-Wesen im Thüringischen an die medicinische Facultät zu Leipzig, so wie im Chur-Creyß, und den zu solchem geschlagenen Aemtern, ingleichen in der Grafschaft Barby, und dem Marggrafthum Nieder-Lausitz an die medicinische Facultät zu Wittenberg specialiter verwiesen ist, übrigens im Hauptwerke das Collegium und die Facultäten in Correspondenz stehen.

Mitglieder des Sanitäts-Collegii.

Herr D. Christian Heinrich Hänel, Hofrath und Leib-Medicus.

D. Carl Philipp Gesner, Hofrath und Leib-Medicus.

D. Johann Wilhelm Friedrich Jahn, Hofrath und Leib-Medicus.

D. Gotthold Ernst Löber, Hofrath und Leib-Medicus.

D. Gottlob Christian Demiani, Hofrath und Leib-Medicus.

Der General-Stabs-Medicus, welche Stelle jetzo Herr Hofrath Hänel mit bekleidet.

Herr D. Christian Lobegott Pitschel, Hof-Medicus und Lehrer der Anatomie.

D. Johann Gottlob Heiße, Hof-Medicus und Amts-Physicus.

D. Gottlob Siegismund Schneider, Stadt-Physicus.

D. Johann August Montanus, Hofrath und Churfürstl. Leib-Chirurgus.

Johann Christian Gottfried Petri, Churfürstl. Hof-Apotheker.

Das Directorium führet der jedesmal anwesende älteste Leib-Medicus.

Die Expedition besteht

in

Herr D. Christian Friedrich Otto, als Secretarius Collegii.

Johann Carl Gottlob Eckhardt, als Registrator.

August Servatius Fleischbein, als Copist.

Johann George Schwarze, als Aufwärter.

Collegium Medico-Chirurgicum.
Deputirte.

Herr Otto Bernhard von Borcke, geheimer Kriegs-Rath.

Johann Friedrich von Heucher, Hof- und Justitien-Rath.

Herr

Herr D. Christian Heinrich Hänel, Hofrath und Leib-Medicus.

Docenten.

Herr D. Christian Heinrich Hänel, Hofrath und Leib-Medicus, als General-Staabs-Medicus.

D. Friedrich Lobegott Pitschel, Hof-Medicus.

Johann Christoph Wilde, General-Staabs-Chirurgus.

Secretarius.

Herr Friedrich Herrmann Walther, geheimer Secretarius.

Verwalter des chirurgischen Hospitals.

Herr Conrad Tietze.

Hierüber:

1 Prosector, Herr D. Johann Joseph Steinlechner.
6 Chirurgi.

Geheime Legations-Räthe.

Herr Johann Siegmund von Pezold.
Johann Cölestinus Just.
Johann Heinrich Kauderbach.
Christian Ludwig von Hagedorn.
Jacob Friedrich Necker.
Joseph Wilczinski.
August Franz von Essen.
Friedrich August Schmid.

Legations-Räthe.

Hr. Heinrich Bieber.
Philipp Friedrich Steinheil.
Johann August von Ernest.
Polycarp August Leisching.
Christian Gottlieb Unger.
Franciscus Brentano.
Franz Xaverius Hewald.
Carl Ludw. Piani des Planes.

Hr. Jean Baptiste de Merlo.
Johann Anton Ehrlinger.
Ernst Theodor Langer.
David Fizcaur.
Christian Benjamin Klinckicht von Clingenau.
Abrah. Jacob Andr. Pallard.
Wolffgang Freyherr v. Riesch.

Cammer-Commissions-Räthe.

Hr. D. Wilhelm Pöpelmann.
George Gottlieb Tischer.
Johann Christian Günther.
Johann George Jeremias.
Gottlob Friedrich Wilhelm Schäfer.

Hr Lorenz Heinrich Sucke.
Johann Friedrich Friese.
Carl Gottfried Schubarth.
Friedrich Benjamin Zahn.
Joh. Gottfried Bennemann.
Michael Gottlieb Bucher.

Herr

Hr. D. Christian August Hau=
schild.
  Johann Christoph Gruve.
  Johann George Beck.
  Friedrich August Seyfried.
  Johann Gottfried Blümner.
  Johann Gottfried Lazer.
  Johann Friedrich Köblau.

Hr. Johann Christian Heinze.
  Johann Gottfried Hübel.
  Johann Siegmund Clar.
  Jacob Heinrich Weiß.
  Carl Gottlieb Aster.
  Carl Friedrich Thyme.
  Johann Alexander Bielitz.
  Christoph Wilhelm Thölden.

Commissions-Räthe.

Hr. Johann Samuel Lehmann.
  L. Anton Volckmar Schu=
chart.
  Christian Friedr. Reinhardt.
  Johann Gottlob Ehrlich.
  Antoine Andre'.
  Joh. Gottfried von Pegelau.
  Christoph Fried. Wilh. Hasse.
  Ernst Dietrich Schieck.
  Franz Rüdiger von Jeschki.
  Simon Kiebl.
  L. Johann Heinrich Günther.
  Christian Gottfried Ulmann.
  Gottlieb Ehregott Gellert.
  George Wilhelm Liebe.
  Carl Bogislaus von Unruh.
  Levin August Lindemann.
  Heinrich Amadeus Hase.
  Johann George Grieninger.
  Carl Ehrenfried Brescius.
  Bernhard Friedrich Rudolph
Laubn.

Hr. Carl Christoph Bösch.
  Johann Gottlob Bleymüller.
  Johann Melchior Gervinus.
  Johann Gottfried Sünder.
  Christian Gotthelf Hennig.
  Carl Eusebius August Cla=
rus.
  Ludwig Friedrich Kögler.
  Johann August Teutscher.
  Carl Christian Kühnel.
  Christian Siegm Schildbach.
  Joh. Christoph Moritz Jäger.
  Joh. Christ. Aemil. Wirsing.
  Traugott Plänckner.
  Carl Friedrich Vetter.
  Carl Christian Schaller.
  Maffeo Chiaveri.
  Johann Gottfried Erhardt.
  Johann Friedrich Gürtler.
  Carl Gottfried Hübler.
  Carl Leopold Weise.
  Traugott Friedrich Eckhardt.

Commercien-Räthe.

Hr. Carl Gottlieb Nader.
  Johann Wilhelm Kühn.
  Friedrich August von Seelen.
  Johann Christoph Beck.
  Johann Christian Rost.
  Johann Friedrich Jägger.
  George Conrad Walther.
  Johann Martin Klozsch.

Hr. Johann August Klein.
  Johann Heinrich Lincke.
  Johann Friedrich Glade.
  Johann Abraham Moß=
dorf.
  Friedrich Hübsch.
  Johann Caspar Simon.
  Johann Christoph Lincke.

Räthe.

Hr. D. Bonaventura Calbes.   Hr. Adam Gottfried Marcus.
Hr. Johann Gottfried Steinhäuser.

Civil-Ober-Bau-Amt.

Ober-Land-Baumeister,   Herr Christian Friedrich Exner.
Land-Baumeister,   Johann Friedrich Knöbel.
Secretarius,   George Gottlob Köhler.
Registrator,   Gottfried Schrenckendorf.
Copiste,   Johann Christoph Johne.
Aufwärter,   Christian Lehmann.

Ueberdies:

Ober-Land-Baumeister,   Herr Julius Heinrich Schwartze.
Hof-Baumeister,   Friedrich August Krubsacius.
General-Accis-Bau-Director,   Herr Samuel Locke.

Ober-Bau-Amts-Cassa.

Ober-Bau-Amts-Zahlmeister, Hr. Christian Traugott Weinlig.
Cassen-Schreiber, Herr Ludwig Friedrich Härtel.

Conducteurs.

Hr. Mattheus Daniel Pöppel-   Hr. Johann Gottfried Keußsch.
mann.   Johann August Gebhardt.
Christian Conrad Voigtlini.   Conrad Gotthelf Rothe.
Christian Ludwig Juncker.   Carl Rudolph Schieferdecker.
Christoph Gotth. Schwarze.   Carl Friedrich Grahl.
Christian Friedrich Sparing.   Christian Gottlob Reuß.
Christian Ambrosius Encke.   Carl Friedrich Böhme.
Johann Daniel Schade.   Johann Gottlieb Daumann.

Ferner:

Herr Raymond Baron de le Plat.
    Maffeo Chiaveri, auch Commissions-Rath.
    Carl August Fiedler.
Hof-Bauschreiber, Herr Johann Heinrich Teubner.
Schloß-Bauschreiber in Pillnitz, Herr Johann Christian Ewig.
—— —— in Seedlitz, Herr Johann Mattheus Weinedel.
—— —— in Moritzburg, Herr George Hornbauer.
—— —— in Hubertsburg, Herr Joh. Gottfried Hänich.
Kunstwärter in Seedlitz, Johann George Maucksch.
Röhrmeister in Pillnitz, Christian Priczolt.
Schloß-Röhrmeister in Hubertsburg, Johann Gottlob Felber.
—— —— in Lichtenburg, Johann Christian Miertzsch.

Schloß-

Schloß-Röhrmeister in Pretzsch, Johann Daniel Kirchner.
Auffeher bey den Schiffen, Christian Kalte.
——— bey dem Zimmerhofe, Johann Gottlob Hauptmann.

Künstler und Handwerker.

Hof-Mahler, Herr Johann David Pöppelmann.
Theatralischer Hof-Mahler, Herr Johann Benjamin Müller.
Hof-Bildhauer, Herr Gottfried Knöffler.
——— ——— Herr Johann Joseph Hackel.
Hof-Wasser-Inspector und Grottier, Herr Friedrich Gottlieb
    Dietrich.
Hof Modellmeister, Herr Friedrich Wilhelm Gärtner.
Hof-Mauermeister, Herr Christian Bormann.
Machinen und Hof-Zimmermeister, Herr Christian Gottlob Reuß.
Ober-Bau-Amts Chirurgus, Herr Johann Christoph Matthäi.
Hof-Marmorier, Herr Andrea Salvatore Aglio.
Hof-Steinmetzmeister, Johann Christian Mittag.
Hof-Tischler, Johann Christoph Heße.
  Adjunctus, Johann Gottlieb Heße.
Höf-Tischler, Christoph Daniel Berger.
Hof-Comödien-Tischler, George Wilhelm Böhringer.
Kirchen-Tischler, Raymond Küffner.
Schiff-Zimmermeister, Johann George Richter.
Hof-Kupferschmidt, Johann Jacob Retsch.
Hof-Schlosser, Adolph Traugott Wöhler.
Hof-Stuccatur, Joseph Bossi.
——— ——— Heinrich Wilhelm Zaulich.
Hof-Töpfer, Gottfried Messerschmidt.
Hof-Klempner, Christoph Friedrich Sattler.
  Adjunctus, Johann Bartholomäus Fuchß.
Hof-Glaser, Johann Emanuel Schultze.
Hof-Schieferdecker, Johann Daniel Schumann.
——— ——— zu Hubertsburg, Johann Michael Erhardt.
Hof-Nagelschmidt, Johann Christian Vogel.
Hof-Seiler, Carl August Faber, Emeritus.
——— Gottfried August Faber.
Hof-Pflastersetzer, Christian Gottlieb Wilcke.
Hof-Mäurer Polier, Johann Gottlieb Schmidt.
Hof-Zimmer-Polier, Caspar Salomon.
Hof-Röhrmeister, Carl Friedrich Brockisch.
  Zu denen Churfürstl. Cammer- und Land-Gebäuden
    gehörig.
Land-Bauschreiber in Weißenfels, Herr Johann Christoph Schütze.
——— ——— in Merseburg, Herr Johann Gottlieb Haberland.

Land-

Land-Bauschreiber, Herr Samuel Adam, auch Jagd-Baumeister.
Gränz-Commissarius und Conducteur, Herr Christian Salomon
       Heinrich Hemmann.
Land-Bauschreiber, Herr Adam Moritz Haußwald.
—— —— Herr Christian Conrad Francke, dessen Assistent.
—— —— Herr Christian Adolph Francke.
Mühlen-Werkmeister, Johann Jacob Schönheit.

Ober-Lausitz.
Land-Voigt.

Herr Hieronymus Friedrich von Stammer, auf Prie-
titz, Conferenz-Ministre und würklicher geheimer
Rath, auch Dom-Probst zu Meißen.

Dechant.

Herr Martinus Nuckh, Administrator Ecclesiasticus et Decanus
    der exemten Kirche S. Petri zu Budißin, des Jungfräul.
    Stifts S. Mariae Magdalenae de poenitentia zu Lauban
    Praepositus und dasigen Closters Visitator perpetuus.

Landes-Hauptmann.

Herr Wolff Christian von Schönberg, auf Weicha, Arnsdorf,
    Cammerherr.

Amts-Hauptmann.

Herr Johann Wilhelm Traugott von Schönberg, auf Cullm,
    Appellations-Rath,
       Landes Aelteste, Budißinischen Creyßes.
Herr Gottlob August von Leubnitz, auf Friedersdorf und Groß-
    Schweidnitz.
    Johann Rudolph von Rodewitz, auf Laußke, Zschorna,
    Cammerherr.

Gegenhändler.

Herr August Adolph von Below, auf Großwelcka, Milckwitz,
    Cammer-Junker.
    Johann Gottlob Erdmann von Nostitz, Adjunctus.

Landes-Bestalter.

Herr Carl Heinrich von Zezschwitz, auf Nieder-Taubenheim.

Closter-Voigt zu Marienstern.

Herr Carl Heinrich von Zezschwitz, auf Pießkowitz, geheimer
    Kriegs-Rath.

Closter-

Closter = Voigt zu Marienthal.

Herr Carl Friedrich Traugott von Ziegler und Klipphausen,
auf Nieder = Rudelsdorf, Major.

Hof = Richter.

Herr Carl Gottlob von Heldreich, auf Kotitz, Belbitz, Appel=
lations = Rath.

Vice = Hof = Richter.   Vacat.

Landes = Commissarien, Budißinischen Creyses.

Herr Carl Gottlob von Gersdorff, auf Techritz, Gloßen.
Moritz Wilhelm von Nostitz, auf Uhna.

Cammer = Procurator.

Herr Christian Ludwig Reut.

Ober = Amts = Canzler.

Herr Christian Friedrich Jacob Janus.

Ober = Amts = Vice = Canzler.

Herr Carl Ehrenreich Patzschke.

Land = Syndicus.

Herr Johann Gottfried Fiedler.

Dom = Stifts Syndicus.

Herr Carl Benjamin Acoluth.

Ober = Amts = Protonotarius.

Herr Johann Christian Lehmann.

Land = Physicus.

Herr D. Friedrich Conrad Bergmann, zu Budißin.

Ober = Amts = Secretarius.

Herr August Gottfried Fiedler.

Landeshauptmannschafts = Secretarius.

Herr Johann Friedrich Zacharias Zeideler, Stifts = Cammer
Rath.

Landschafts = Secretarius.

Her Ernst Gottlieb Fiedler.

Rent = Secretarius.

Herr Andreas Friedrich Rießner.

Landes = Copist.

Herr Gottfried Siegmund Pitterlin.

Hof = Gerichts = Actuarius.

Herr Christoph August Freyberg.

Hof = Gerichts = Vice = Actuarius.

Herr Johann Gottlob Hegen.

Ober = Amts = Notarii.

Herr Johann Gottfried Götze.
Johann Jacob Rößler.

M 3   Ober=

Ober-Amts-Registrator.
Herr Christian Friedrich Krinitz.

Görlitz.
Amts-Hauptmann.
Herr Ernst Gottlob von Kiesenwetter, auf Wilcka und Bohra,
Land-Cammer-Rath.

Landes-Aeltesten.
Herr Ernst Ludwig von Kiesenwetter, auf Wannscha, geheimer
Kriegs-Rath.
Carl Gottlob von Uechteritz, auf Mittel-Sohland, Hofrath.
Verweser im Stift Joachimstein.
Herr Johann Ernst von Gersdorff, auf Lautitz, Cammerherr.

Landes-Commissäril.
Herr Ernst Gottlob von Kiesenwetter, auf Werda, Major.
Johann Adolph Gotthardt von Nostitz, auf Collm, K. X.
Rittmeister.

Land-Physicus.
Herr D. Christian Friedrich Baumeister, zu Görlitz.

Amts-Secretarius.
Herr Gottlieb Jeremias Bernhauer.

Land-Steuer-Secretarius.
Herr Carl Gottlob Wilde.

Amts-Canzellist.
Herr Johann Gottfried Dietrich.

Copiste.
Herr Johann Gottlieb Kindler.

Nieder-Lausitz.
Herr Gabriel, Abt und Herr des Stifts und Closters
Neuenzelle.
NB. Dieser Prälat ist zwar ein Land-Stand, hat aber kein
Officium.

I. Ober-Amts-Regierung.
Herr Christian Wilhelm Carl von Stutterheim, auf Ogrose und
Bolschwitz, Ober-Amts-Regierungs-Präsident, Chur-
fürstl. Cammerherr und Ritter des rothen Adler-
Ordens.
Ferdinand Moritz von Haberkorn, auf Sellendorf und
Schöneiche, Ober-Amts-Vice-Präsident und Consi-
storial-Director.

Herr

Herr George Wolff Erasmus vou Hartitzsch, auf Terpt, Ober=
Amts=Rath.

Christian Gottlieb Behrnauer, auf Buderose, Ober=Amts=
Rath.

Christian Friedrich Brescius, Ober=Amts= und Consisto=
rial=Rath.

Supernumerarii.

Herr Johann Siegmund von Rephun, Ober=Amts=Rath und
Amts=Hauptmann.

August Wilhelm von Trosky, Ober=Amts=Rath.

Carl Friedrich Sartorius, Ober=Amts=Rath.

Titular Ober=Amts=Rath.

Herr D. David Gottfried Aegidius Wilcke.

Secretarii.

Herr Johann Michael Friedrich Frosch, Lehns= und Gerichts=
Secretarius.

Christian Erdmann Jacobi, Ober=Amts=Secretarius.

Johann Christian Zschiesche, Lehns=Registrator.

Canzellisten.

Hr. Johann Gottfried Maltusch. Hr. Caspar Siegmund Reinsch.
Johann Gottlob Schultze.   Johann Salomon Delius.

Supernumerar=Canzlist.

Herr Michael Burghart.

II. Landes=Hauptmannschaft.

Herr Johann Niclas von Maxen, auf Streege, Liebesitz, Oegeln,
Obern und Oberstein, geheimer Rath und Landes=
Hauptmann.

Carl August Stünzner, Gegenhändler.

Christian Gottlob Günther, Registrator.

Lebrecht Gottlieb Kießling, Copist.

Johann Martin Fritsche, Copist.

III. Consistorium.

Herr Ferdinand Moritz von Haberkorn, Director und Ober=
Amts=Vice=Präsident.

Carl Siegmund von Zeschau, auf Garrenchen, Consistorial=
Rath, Landes=Aeltester im Luckauischen Creyße, und
Land=Gerichts=Assessor.

Christian Friedrich Brescius, Ober=Amts= und Consisto=
rial=Rath.

D. Friedrich Wilhelm Sartorius, Consistorial=Assessor und
General=Superintendent.

M 4

Herr

Herr Carl Friedrich Delius, Consistorial-Assessor und Archidia-
conus in Lübben.

Johann Gottlieb Friedrich Erdmann, Protonotarius.

Johann Gottlieb Wolff, Copist.

Friedrich Wilhelm Suhl, Copist Adjunctus.

Cammer-Procurator.

Herr Carl Gottlieb Behrnauer.

IV. Land-Gerichte.

Herr Siegmund Seyfried Ney, auf Uckro, Paserin und Pickel,
Land-Richter.

Carl Siegmund von Zeschau, auf Garrenchen, Consistorial-Rath und Landes-Aeltester.

Johann Carl Gottlob von Walther und Croneck, auf
Groß-Mehso, Land-Syndicus.

Bürgerliche Assessores.

Herr D. Johann Carl Gebhard Reinhard, zu Wittenberg.

D. David Aegidius Wilcke, zu Leipzig.

D. Ernst Gottfried Christian Klügel, zu Wittenberg.

Christian Gottfried Metius, Landes-Aeltester und Bürgermeister zu Guben.

D. Johann Christian Francke, zu Wittenberg.

D. Christian Gottfried Herrmann, zu Leipzig.

Land-Gerichts Protonotarius.

Herr Johann Christian Zschiesche.

Landes-Aeltesten.

Herr Carl Siegmund von Zeschau, zu Garrenchen im Luckauischen Creyße, Consistorial-Rath und Land-Gerichts-
Assessor.

Johann Friedrich von Dallwitz, auf Doltzig im Gubeni-
schen Creyße.

Wilhelm Leopold von Muschwitz, auf Lipten im Calauischen
Creyße.

Ernst Abraham von Stutterheim, auf Wiese im Crum-
spreeischen Creyße.

Johann Friedrich von Trosky, zu Bohsdorf im Sprem-
bergischen Creyße.

Landes-Deputirte.

Herr Joachim Wilhelm von Schlieben, auf Oberin und Jetzsch
im Luckauischen Creyße.

Balthasar Gottlob Erdmann von Zeschau, auf Jeßen und
Juritz im Gubenschen Creyße.

Herr

Herr Moritz Ludewig von Oppen, auf Rückepusch im Calaui-
    schen Creyße.
    Christian Maximilian vom Rade, im Crumspreeischen
        Creyße.
    Johann Friedrich von Berge, auf Klein-Loitz im Sprem-
        bergischen Creyße.

Landes-Officianten.

Herr Hannß Heinrich von Karraß, auf Golßen, Drahnsdorf,
    Ober-Steuer-Einnehmer.
    Johann Carl Gottlob von Walther und Croneck, auf
        Groß-Mehfo, Land-Syndicus.
    Christian Gottfried Wiede, Landes-Bestalter und Ober-
        Amts-Advocate.
    Johann Gottfried Hüllmigck, Landschafts-Secretarius und
        Ober-Steuer-Caßirer.

Land-Physici.

Herr D. Johann Gottlob Israel, im Luckauischen⎤
    D. Johann Gottlob Horstig, im Gubenschen ⎟
    D. Theodor Friedrich Lohde, im Crumspreeis. ⎬ Creyße.
    D. Samuel Hieronymus Bothe, im Calauis. ⎟
    D. Joh. Benjamin Eleemann, im Spremb ⎦

Dom-Stift Meißen.
Capitulares.

Herr Hieronymus Friedrich von Stammer, Dom-Probst.
    Christian Ferdinand von Zedtwitz, Dom-Dechant.
    Gottlob Heinrich von Döring, Senior und Cantor.
    D. Christian August Crusius, Custos, Prof. Theol. Lips.
    Johann Friedrich Carl Graf von Dallwitz, Probst zu
        Budißin.
    Carl Adolph von Schönberg.
    George Wilhelm von Hopffgarten.
    D. Johann Friedrich Bahrdt, Prof. Theol. Lips.

Officianten.

Herr D. Carl August Bucher, Stifts-Syndicus.
    Christian Friedrich Glück, Stifts-Baumeister.
    George Gottbelf Richter, Stifts-Actuarius.

Stift

Stift Wurzen.

Probst.
Herr August Ferdinand Graf von Zech, auch Stift-Merseburgischer Cammer-Director und Dechant zu Zeiß.

Dechant.
Herr D. Christian Wilhelm Küstner, des Ober = Hof=Gerichts und Consistorii, auch Schöppen-Stuhls zu Leipzig Assessor, ingleichen Bürgermeister der Stadt Leipzig.

Canonici.
Herr D. Christian Gottfried Reinhardt, zu Merseburg, Hofrath, auch Stifts Merseburg=und Naumburgischer Cammer-Procurator, Senior und Scholasticus.

Johann Gottlieb Boßeck, Sacræ Linguæ Prof. zu Leipzig, Canonicus.

D. Friedrich Heinrich Graf, des Ober=Hof=Gerichts zu Leipzig Advocat. ord. des Raths daselbst Mitglied und Schöppen-Stuhls Assessor, Custos.

August Constantin Ferber, Legations-Secretarius und Vice-Bergmeister zu Schneeberg, Canonicus.

Justus Julius von Vieth, Canonicus.

Supernumerarii.
Herr D. Heinrich Gottfried Bauer, des Ober=Hof=Gerichts und Juristen-Facultät zu Leipzig Assessor, Canonicus.

D. Christian Gottfried Herrmann, des Ober= Hof= Gerichts zu Leipzig Assessor und des Raths daselbst Mitglied, Canonicus.

Stifts=Syndicus.
Herr Johann Heinrich Hofmann.

Stifts=Regierung zu Wurzen.

Stifts = Hauptmann.
Herr Joachim Siegmund Plöß.

Canzler.
Herr D. Jacob Heinrich Born, Appellations=Rath, Ober=Hof-Gerichts-Beysitzer und Bürgermeister zu Leipzig.

Stifts = Räthe.
Herr Johann Christian Carl Zahn.

Ludewig Heinrich Schröter, auf Helmsdorf.

Gottlob Heinrich von Döring, Domherr zu Meißen und Senior.

Herr

Herr Hannß Heinrich von Elterlein.
Carl Heinrich Theodor Koch.

Secretarius.
Herr D. Christian Carl Kanne.

Cantzlisten.
Herr Johann Gottfried Stiffarth.
Christian Friedrich Rudorff, Act. Jur.

Canzley-Bothen.
David Bennewitz.   Christian David Bennewitz, dessen Adj.

Stifts-Consistorium zu Wurzen.

Bestehet aus denen zur Stifts-Regierung daselbst gehörigen
Herren Räthen, wozu aber noch kömmt
Herr M. Christoph Bauer, Consistorii Assessor und Superinten-
dent.

Amtmann.
Herr Johann Carl von Lüedecke.

Stifts-Creyß-Steuer-Einnehmer.
Herr Johann Christoph Lindner.
Johann Laurentius Weselowski, Adjunctus.

Dom-Stift Merseburg.
Capitulares.

Herr Reichardt Gottlieb von Zinck, auf Staßfurth, Oßmarsle-
ben, Wizschersdorf und Gatterstädt, Dom-Probst
und Residens, auch Churfürstl. Sächs. Stifts- und
Consistorial-Rath.

Carl Bernhard von Wolfersdorf, auf Alt-Scherbitz,
Beuditz, Schkeuditz und Wehlitz, Dom-Dechant und
Residens.

Joachim Werner von Alvensleben, Senior, Prápositus St.
Sixti und Residens, Churfürstl. Sächs. Consistorial-
Präsident und Stifts-Rath.

Johann Heinrich von Helldorf, auf Gröst, Lehmigen,
Droßdorf, Euleufeld, St. Ulrich, Stöben, und
Schwerstädt, Cantor und Residens, auch Churfürstl.
Sächs. Cammerherr.

Johann Christoph von Ponickau, auf Pomsen, Naunhof,
Custos und Residens; auch Churfürstl. Sächs. geheimer Rath.

Herr

Herr Carl Chriſtoph von Zehmen, Reſidens.

Moritz Ferrinand von Wilcke, auf Liebsdorf.

Caſpar Friedrich van Gersdorf, auf Ober = Belmsdorf, Churfürſtl. Sächſ. Kriegs = Rath.

D. Carl Ferdinand Hommel, auf Zwey = Naundorf, Groß-Zſchepa und Queſitz, Hofrath, Ober = Hofgerichts = Aſſeſſor, öffentlicher Lehrer des geiſtlichen Rechts und Ordinarius in Leipzig.

Adolph Auguſt von Berbisdorf.

Auguſt Siegismund aus dem Winkel, Scholaſticus, Aedilis, und Reſidens, auch Ober = Hofgerichts = Aſſeſſor in Leipzig.

Adolph Heinrich Boſe, auf Ober = Franckleben und Nickern ꝛc. Cammerherr, auch Hof = Marſchall der verwittibten Frau Churfürſtin von Sachſen Kön. Hoheit.

D. Friedrich Gottlieb Zoller, Codicis Profeſſ. publ. des Churfürſtl. Sächſ. Ober = Hof = Gerichts zu Leipzig, und der Juriſten = Facultät daſelbſt Beyſitzer, auch der Academie daſelbſt Decemvir.

Chriſtian Ehrenfried Anton von Ziegeſar, auf Schönau.

Carl Ludolph von Alvensleben.

Heinrich Wilhelm von Bülow, Ober = Appellations = Rath in Zelle.

Canonici Minores.

Jhro Excellenz, Herr Johann George Friedrich Graf von Einſiedel, auf Gersdorf, Börnichen, Saathayn, Knau und Babren ꝛc. Churfürſtl. Sächſ. würklicher geheimer Cabinets Miniſter.

Chriſtian Wilhelm von Zehmen, auf Marckersdorf, Clodra und Neumühle.

Detlev Carl Graf von Einſiedel, auf Wolckenburg, Wolperndorf, Ehrenberg, Gersdorf, Böhrigen, Knau und Saathayn ꝛc. des Johanniter = Ordens Ritter, Churfürſtl. Sächſ. Ober = Steuer = Director, Cammerherr, Creyß = Hauptmann und Ober = Steuer = Einnehmer des Leipziger Creyßes.

George Wilhelm von Hopfgarten, auf Mülverſtedt, Domherr zu Meißen und Naumburg, auch Churfürſtl. Sächſ. Hof = und Juſtitien = Rath.

Officianten.

Herr Johann Moritz Adolph Winter, Stifts = Syndicus.

D. Carl Auguſt Salzmann, Dom = Probſtey = Gerichts = Verweſer.

Herr

Herr Carl Gottlieb Müller, Procurator Fabricae et Communitatis Vicariorum.

Gregorius Christian Segnitz, Dom-Cämmerer.

Johann Michael Buch, Dom-Probstey-Verwalter.

Melchior Balthasar Caspar Segnitz, Camerarius Adjunctus.

Stift Merseburgis. Cammer-Collegium.

Director.

Herr August Ferdinand Graf von Zech, Churfürstl. Sächs geheimer Rath, auch Dom-Probst der Stifts-Kirch zu Wurzen, und Decanus des Stifts Zeitz.

Cammer-Räthe.

Herr Ferdinand Wilhelm von Funcke, Ober-Auffeher und Land-Cammer-Rath.

Carl August Just.

Johann Jacob Freyherr von Hohenthal.

Carl Bernhard von Ende.

Cammer-Officianten.

Rentmeister.

Herr Friedrich Andreas Bastineller.

Cammermeister.

Herr Johann Heinrich Braune, Capitaine.

Cammer-Secretarius.

Herr Johann Friedrich Adolph Steinberg.

Rent-Secretarius.

Herr Carl August Förstel.

Cammer-Procurator.

Herr D. Christian Gottfried Reinhardt, Hofrath.

Steuer-Einnehmer.

Herr Friedrich August Erfurdt.

Cammer-Registrator.

Herr Christian Siegmund Bändel.

Rent-Schreiber.

Herr Christian Gotthelf Rähm.

Calculator.

Herr Moritz Friedrich Herzog.

Cammer-Schreiber.

Herr Johann Heinrich Hempel.

Cammer-Copist.

Herr Johann Christoph Pfau.

Rentherey-Copist.

Herr Johann Gottlob Zumpe.

Super-

Supernumerar=Cammer=Copisten.

Herr Johann Gottfried Knorr.

Johann Christian David Bändel.

Cammer= Aufwärter, Michael Rüdiger.

Hierüber dependiren von der Cammer:

Herr Johann George Schulze, Gleits= und Land. Accis= Einnehmer.

Gotthelf Petersen, Kornschreiber.

Johann August Krause, Forstschreiber.

Johann Adam Fleischer, Impost=Einnehmer.

Johann Heinrich Weickardt, Adjunctus.

Johann Wilhelm Chryselius, Baumeister.

Johann Gottlieb Fochtmann, Bauschreiber.

Johann Christian Thieme, Bettmeister.

Johann Ehrenfried Fischer, Straßen=Bau=Inspector.

Christian Andreas Knorr, sen. Trank=Steuer=Revisor.

Christian Andreas Knorr, jun. Adjunctus.

Johann Christian Schröter, Weinmeister.

Johann Christian Müller, Schloß=Gärtner.

Stifts=Regierung zu Merseburg.

Canzler.

Herr Otto Ferdinand von Löben.

Stifts=Räthe.

Herr Joachim Werner von Alvensleben, Churfürstl. Stift Merseburgl. Consistorial=Präsident.

Reichardt Gottlieb von Zinck, Dom=Probst, Churfürstl. Stift Merseburgl. Consistorial=Rath.

Regierungs=Räthe.

Herr Rudolph August von Wichmannshausen, Churfürstl. Stift=Merseburgl. Consistorial=Rath.

Heinrich Ferdinand von Zedtwitz, Consistorial=Rath.

D. Christian Michael Herold.

Ernst Gottlieb von Kiesewetter.

Friedrich Adolph von Below.

Secretarien.

Herr Christian August Just, Lehns=Secretarius, und des geistlichen Consistorii Protonotarius.

Christian Friedrich Geißler, Gerichts=Secretarius.

Christian Moritz Schwope, Gerichts= und Commissions=Secretarius.

Canzlisten.

Herr Christian Rüdiger, Lehns=Canzlist.

Herr

Herr Johann Friedrich Jacob, Canzlist.

Johann Gottfried Weidner, Canzlist.

Johann Gottlieb Blechschmidt, Supernumerar = Canzlist und Aufwärter.

Gottfried Hübner, Supernumerar = Canzlist.

Christian Heinrich Kaufmann, Supernumerar = Canzlist.

Stifts = Consistorium zu Merseburg.
Präsident.

Herr Joachim Werner von Alvensleben, Stifts = Rath.

Consistorial = Räthe.

Herr Reichardt Gottlieb von Zinck, Dom = Probst und Stifts= Rath.

Rudolph August von Wichmannshausen, Regierungs=Rath.

Heinrich Ferdinand von Zedtwitz, Regierungs = Rath.

Assessores.

Herr M. Christian Ernst Schmidt, Stifts = Superintendens.

M. Johann Christian Ernst Kühn, Pastor und Senior zu Merseburg.

Consistorial = Officianten.

Herr Christian August Just, Lehns = Secretarius und Proto= notarius.

Christian Friedrich Cuno, Actuarius.

Consistorial = Aufwärter.

Johann George Spiegler.

Stift Merseburgische Beamten und Subalternen.
Amt Merseburg.

Herr George Philipp Schultze, Cammer = Commissions = Amt= mann, auch Reservaten= und Amts = Steuer=Einnehmer.

Johann Michael Richter, Actuarius.

Johann Gottfried Nestler, Landrichter.

Amt Lützen und Zwenckau.

Herr Christian Gottlieb Garmann, Amtmann.

Johann Christoph Rensch, Amtschreiber.

Johann Heinrich Klemm, Amts = Steuer=Einnehmer.

Carl Heinrich Spangenberg, Actuarius.

Carl Mieting, Land = Richter zu Zwenckau.

Amt Schkeuditz.

Herr Christian Ludewig Müller, Amtmann.

Capitaine Friedrich Gottschaldt, Amts = Einnehmer.

Johann Christoph Pörner, Actuarius.

Amt Lauchstädt.

Herr Carl Christian Böschen, Commissions=Rath, ist Justitz= und Rechnungs = Beamter.   Herr

Herr Friedrich August Edling, Actuarius und Land-Richter.
Johann Conrad Nagel, Registrator.

Stift-Merseburgische Jagd-und Forst-Bediente.

Herr Johann Adolph Plötz, Cammerherr, auch Stift Merseburgl. Ober-Forst-und Wildmeister.

Im Amte Merseburg.

Herr Johann Christian Derschke, Heegereuter zu Merseburg.
Johann Christian Mieth, dessen Adjunctus.
Christian August Hammer, Fasanwärter daselbst.
Johann Carl Schöne, Heegereuter zu Liebenau.

Im Amte Lützen.

Herr Johann Christian Hohlfeld, Heegereuter zu Lützen.

Im Amte Zwenckau.

Herr Johann Gottlob Dettel, Hof-Jager und Ober Förster in
Zwenckau.

Im Amte Schkeuditz.

Herr Johann Wilhelm Ludewig, Heegereuter zu Maßlau.
Johann Samuel Junghannß, Heegereuter in Schkeuditz.
Johann Heinrich Völckel, Heegereuter in Ehrenberg.

Im Amte Lauchstädt. Vacat.

Dom-Stift Naumburg.

Capitulares.

Herr Christoph von Taubenheim, Dom-Probst.
Friedrich Wilhelm von Seebach, Dom-Dechant.
Carl August von Uffel, Senior und Präsident zu Zeitz.
Adalbert George August Wilhelm von Boineburg, Custos.
Johann August Alexander von Seebach, Scholasticus.
George Friedrich von Berlepsch, Cantor und Stifts-Rath
zu Zeitz.
Christian Friedrich August von Mebing, Residens.
Friedrich Wilhelm Albert von Goldacker, Residens.
August Gottlob von Hopfgarten.
George Wilhelm von Hopfgarten.
Julius Christian Friedrich von Schauroth.
Friedrich Wilhelm von Beust.

Majores Präbendati.

Herr Christian Heinrich August von Uffel.
Friedrich von Berlepsch.
Ludwig Adam Christian von Wuthengu.

Herr

Herr Heinrich Adolph Graf von Brühl.
  Johann Ludewig Wurmb.
  Friedrich Wilhelm von Lindenau.
          Minores Præbendati.
Herr Otto Dietrich Gottlob von Berlepsch.
  Carl Friedrich Wilhelm von Mandelsloh.
  Christian Ludwig, Reichs-Graf zu Stollberg.
  Ernst Ludewig Wilhelm von Dacheröden.
          Officianten.
Herr Johann Christian Scherzer, Stifts-Syndicus und Dom-
    Probstey-Gerichts-Verweser.
  D. Peter Christop Lepsius, Dom-Probstey-Gerichts-Voigt
    zu Osterfeld.
  Johann Bernhard Ferber, Gerichts-Voigt.
  Johann Ernst Gottfried Erlmann, Stifts-Baumeister.
  Heinrich Gottfried Herrmann, Dom-Cämmerer, und
    Dom-Probstey-Verwalter.

Stift Zeitz.
Canonici.

Decanus, Herr August Ferdinand Graf von Zech, geheimer Rath
    und Stifts Merseburgischer Cammer-Director, auch
    Dom-Probst zu Wurzen.
Senior,   Herr D. Johann Gottfried Lange, Hofrath und
    Pro-Consul bey dem Rathe zu Leipzig.
Subsenior,   Heinrich Ludwig von Bastineller, Stifts-
    Naumburgischer Regierungs-Rath.
Canonici,   Johann Jacob, Freyherr von Hohenthal,
    Stifts-Merseburgischer Cammer-Rath.
    Friedrich Wilhelm Freyherr von Hohenthal.
    Heinrich Ferdinand Edler Herr von Gärtner.
    D. Johann August Ernesti, S. S. Theol.
    Prof. Publ. in Leipzig.

          Officianten.
Herr Johann Gottfried Sünder, Commissions-Rath und Capi-
    tuls-Syndicus.
  Christian Friedrich Wenigel, Baumeister.
  Christoph Ernst Ehrhardt, Granarius.

Stiftisches Cammer-Collegium.

Director.

Ihro Excellenz, Herr Gotthelf Adolph Graf von Hoym, auf
Gleina und Thallwitz re. Churfürstl. Sächs. würklicher
geheimer Rath.

Cammer-Räthe.

Herr Jacob Friedrich Rees.
Heinrich Arnold von Witzleben.
Ludwig Otto von Tümpling, Cammerherr.
Moritz August von Minkwitz, Land-Cammer-Rath.
Friedrich Christian von Zedtwitz.

Cammer-Officianten.

Rent-Meister, Herr Christian Gottlieb Hoyer, Capitaine.
Cammer-Meister und Stifts-Ober-Steuer-Cassier, Herr
Christian Nicolaus Schwartze, Capitaine.
Cammer-Secretarius. Vacat.
Rechnungs-Secretarius, Herr Johann Christoph Hunger.
Cammer-Commissarius und Registrator, Herr Heinrich August
Pfeiffer.
Bauschreiber und Cammer-Copiste, Herr Leopold Alexander
Meerheim.
Forstschreiber und Cammer-Copist, Herr Joh. Wilhelm Drescher.
Cammer-Copist, Herr Ernst Friedrich Richter.
Cammer-Aufwärter, Johann Christian Vogel.
Hofrath und Cammer-Procurator, Herr D. Christian Gott-
fried Reinhardt.
Cammer-Commissarius, Herr Johann Gottfried Medicke.

Stifts-Regierung.

Herr Johann Dietrich von Ponickau, Cantzler.
Carl August von Uffel, Stifts-Rath, auch Consistorial-
Präsident und Cammerherr.
George Friedrich von Berlepsch, Stifts-Rath und Schu-
len-Inspector zu Pforta.
August Heinrich Heydenreich, Regierungs-Rath.
Heinrich Ludwig von Bastineller, Regierungs-Rath.
Adam Christian Ludwig von Wuthenau, Regierungs-Rath.

Cantzley-Officianten.

Lehn- und Gerichts-Secretarius, Herr Johann Christian Aemi-
lius Wirsing, Commissions-Rath.
Registrator, Herr Christian Rudolph Gottlieb Grötzsch.
Cantzellisten, Christian Friedrich Schilling.
Wilhelm August Wunder.

Cantzel-

Canzelliſten,   Herr Johann Friedrich Gabriel Weithas.

                Johann Paul Kober, Supernum.

Bothenmeiſter,   Johann Gottlob Dimler.

Canzley-Bothen,   Friedrich Gottlieb Horbter.

                Johann Chriſtian Rohland.

Stifts-Conſiſtorium.

Herr Carl Auguſt von Uffel, Präſident und Cammerherr.

    Sämmtliche bey der Stifts-Regierung befindliche Her-
ren Räthe, wozu noch kömmt

    Der Stifts-Superintendent zu Zeitz,

Herr D. Friedrich Immanuel Schwartze.

    Ehrenreich Chriſtian Lebrecht Speiſer, Conſiſt. Secretar.

    Noch an Churfürſtl. Bedienten im Stifte.

Herr Günther von Bünau, Stifts-Naumburgiſcher Marſch-
Commiſſarius, Major.

    Stifts Naumburgiſche Beamte zu Zeitz.

Herr George Gottlieb Tiſcher, Cammer-Commiſſions-Rath und
Steuer Einnehmer bey dem Amte Zeitz.

    Johann Carl Tiſcher, Amtmann.

    Gottlob Morgenſtern, Amts-Verwalter.

    Chriſtian Gotthelf Gnieſe, Amts-Schreiber.

    Chriſtian Gottlob Straßner, Gleitsmann.

    Johann Andreas Roßke, Steuer-Einnehmer.

    Chriſtian Gottl. Curth, Amts-Aſſiſtenz-Steuer-Einnehmer.

    George Gottlieb Möbius, Cammer-Commiſſarius, Korn-
Schreiber und Stempel-Impoſt-Einnehmer.

    D. Chriſtian Theodor Wachter, Zeitziſcher Amts- und Land-
Phyſicus.

Zu Naumburg.

Herr Gottlieb Auguſt Moßdorff, Amtmann.

    Elias Ehrenfried Mummenthey, Steuer-Einnehmer auf
der Freyheit und Retardaten-Einnehmer.

Zu Haynßburg.

Herr Johann Gottlieb Böttcher, Cammer-Commiſſarius und
Amts-Verweſer.

Forſt- und Jazd-Bediente.

Herr Carl Rudolph von Reitzſchütz, Cammer-und Jagd-Junker,
auch Ober-Forſt- und Wildmeiſter.

    Carl Gotthelf Trommer, Heegereuter.

    Ober-Förſter zu Lontzig, Vacat.

Herr Johann Wilhelm Packbuſch, Förſter zu Nickelsdorff.

    Johann Daniel Kühn, Förſter zu Breitenbach.

Johann Chriſtian Tittel, Weiden-Knecht zu Goßra.

N 2

Auguſt

August Abicht, Hüner-Fänger.
Johann Gottfried Gebhardt, Heegereuter zu Schönburg.
Gottfried Patzschke, und
Johann Christian Dreßer, Wildprets-Verkäufer.

Probstey-Gerichte und Procuratur zu Zeitz.

Herr Christian August Mitternacht, Probstey-Gerichts-Voigt.
Johann Christian Heintze, Procuratur-Verwalter, Cammer-
Commissions-Rath.
Johann Gottlieb Leitholdt, Procuratur-Korn-Schreiber.

Das Churfürstl. Sächs. Ober-Hof-Gerichte zu Leipzig.

Ober-Hof-Richter.

Herr Hannß Adolph Erdmann Herr von Werther, auf Wiehe,
Bachra, Allerstädt rc. des heiligen Römischen Reichs
Erb-Cammer-Thürhüter.

Beysitzere auf der adelichen Bank.

Herr George Adolph von Burkersroda, auf Markröblitz.
Friedrich Wilhelm Albrecht von Goldacker, auf Weberstädt
und Ufhofen, des hohen Stifts zu Naumburg Capi-
tularis.
August Siegmund aus dem Winkel, des hohen Stifts zu
Merseburg Capitularis.
Heinrich Ferdinand von Zettwitz, Stifts-Regierungs-Rath
zu Merseburg.
Friedrich Adolph von Below, Stifts-Regierungs-Rath
zu Merseburg.
Adam Christian Ludwig von Wutbenau, auf Glessen, auch
Stifts-Regierungs-Rath zu Zeitz.

Beysitzere auf der gelehrten Bank.

Herr D. Carl Ferdinand Hommel, auf Zwepnaundorf, Groß-
Zschepa und Quesitz, Capitularis des hohen Stifts
zu Merseburg, Churfürstl. Sächs. Hofrath, Ordina-
rius der Juristen-Facultät und Decretal. Profess.
Publ. Ord.
D. Jacob Benedict Winkler, auf Döblitz, Churfürstl. Sächs.
Hofrath.

Herr

Herr D. Jacob Heinrich Born, auf Wildenborn, Churfürstl. Sächs. Stift=Meißnischer Canzler zu Wurzen, auch Appellations=Rath und Bürgermeister zu Leipzig.

D. Christian Erdmann Deyling, Proconsul zu Leipzig.

D. Christian Wilhelm Küstner, auf Paußdorf, des Consistorii und des Schöppenstuhls zu Leipzig Beysitzer, auch Decanus des Stifts zu Wurzen, sowohl Bürgermeister zu Leipzig.

D. Friedrich Gottlieb Zoller, Capitularis des hohen Stifts zu Merseburg, Codic. Prof. Publ. Ord. und der Juristen=Facultät zu Leipzig Beysitzer.

D. Heinrich Gottfried Bauer, auf Webau, Pandect. Prof. Publ. Ord. des hohen Stifts zu Naumburg Capitularis, und zu Wurzen Canonicus, der Juristen=Facultät zu Leipzig Beysitzer.

D. Christian Gottfried Herrmann, des Land=Gerichts in der Nieder=Lausitz Beysitzer, Canonicus des Stifts Wurzen, auch des Raths zu Leipzig Mitglied.

D. Johann Gottlieb Seger, Instit. Prof. Publ. Ord. und der Juristen=Facultät zu Leipzig Beysitzer.

Advocati.

Herr D. David Gottlob Dietz.

D. Johann Gottfried Sieber.

D. Johann George Lotichius.

D. Heinrich Christian Haacke.

D. Carl Wilhelm Müller.

D. Friedrich Heinrich Mylius.

D. Johann Christoph Kind.

D. Friedrich Wilhelm Bauer.

D. Adolph Christian Wendler.

D. Carl Gottfried Zitzmann.

D. George August Marche.

D. Heinrich Wilhelm Erx.

D. Gotthelf Friedrich Lochmann.

D. August Friedrich Siegmund Green.

D. Jacob Thomas Gaudlitz.

D. Johann August Neumann.

D. August Friedrich Müller von Berneck.

D. Johann Adam Gottlieb Kind.

Carl Ludwig Mylius,
Christian Polycarp Wolf, } als Supernumerar. Advocaten.
Johann Gottlieb Sand;

Armen=

Armen = Advocat.
Herr D. Johann Gottfried Sieber.

Protonotarius.
Herr Christian Wilhelm Kritz.

Fiscalis.
Herr Johann Heinrich Lange.

Actuarius.
Herr Daniel August Sinapius.

Notarii ad Acta und Copisten.
Herr Johann Gottlieb Große.
Christian Gottfried Kretschmann.

Bothen.
Johann Gottlieb Werner.   Johann Heinrich Schneider.

Hof = Gericht zu Wittenberg.

Hof = Richter.
Herr Gottlob Heinrich von Birckholz, auf Stechau, Land = Cam=
mer = Rath und Ober = Steuer = Einnehmer.

Adeliche Assessores.
Herr Christoph Ernst von Globig, auf Grauwinkel.
Adolph Günther von Haugwitz, auf Rothemarck.
Gottlob Leopold von Birckholz, auf Schwartzenburg.

Assessores auf der gelehrten Banck.
Herr D. Ernst Martin Chladenius, Hofrath, Ordinarius und
Director des geistlichen Consistorii zu Wittenberg.
D. George Friedrich Krauß.
D. Martin Gottlieb Pauli.
D. Friedrich August Fischer, Appellations = Rath.
D. George Stephan Wiesand.

Protonotarius.
Herr Abraham Gottlieb Tischer.

Actuarius. Vacat.

Registrator.
Herr Gottlob Friedrich Florens Weidler.

Copist.
Herr Johann Friedrich Weigoldt.

Hof=

Hof-Gerichts-Bothe.
Johann Samuel Hildebrand.
Advocatus Fisci.
Herr L. Johann Friedrich Autenrieth, Cammer-Commissarius.
Hof-Gerichts-Advocati.
Herr L. Johann Friedrich Autenrieth.
D. Christian Gottfried Francke.
Friedrich Christoph Pfotenhauer.
D. Ernst Gottfried Christian Klügel.
D. Carl August Schlockwerder.
L. Friedrich Salomon Bretnitz.
D. Friedrich Gottlieb Heßling.
D. Johann Christian Francke.

Churfürstl. Sächs. Ober-Aufsicht zu Schleusingen.

Ober-Aufseher.
Herr Christian August von Taubenheim.
Regierungs-Räthe.
Herr Johann Immanuel Bössel.
Adolph Heinrich Heydenreich.

Consistorium.
Bestehet aus diesen nämlichen Personen, und
Herrn M. Johann Gottgetreu Müller, Consistorial-Assessorn,
Superintendenten und Ephoro des Chur- und Fürstl.
Sächs. Hennebergischen Gymnasii.
Secretarii und Officianten.
Herr August Feistkol, Regierungs-Lehns- und Consistorial-Se-
cretarius.
Johann August Klett, Rent-Secretarius.
Johann Georg Müller, Steuer-Secretarius,
Johann Georg Dietrich, Steuer-Revisor, auch Regie-
rungs-Advocat.
Canzellisten.
Herr Carl Wilhelm Immanuel Franck, Bothenmeister und
Canzellist.
Johann Friedrich Schwartz, Renterist.
Johann Christian Schwartz, Supernumerarius.
Joh. Christoph Schmidt, Canzley-Diener und Schloß-Thorwärter.

Ober-

Ober=Aufseher=Amt der Grafschaft Mannsfeld.

Ober = Aufseher.

Herr Christoph Gottlob von Burgsdorff, Cammerherr.

Ober=Aufseher=Amts=Substitutus.

Herr D. Christian Johann Feustel, Hof=und Justitien=Rath.

Rentmeister.

Herr Christian Julius Schütz.

Franz Siegismund Wilhelm Schütz, dessen Adjunctus.

Secretarius.

Herr Jobst Christian Bürger.

Subalternen.

Herr Christian Andreas Borges, Actuarius.

Johann August Ehrenberg, Registrator.

Christian Gottlieb Benjamin Geyer, Canzellist.

Johann Gottfried Haustein, Canzellist und zugleich Canz=
ley=Diener.

Bothen.

Gottfried Böttger, und   Philipp Ziegner.

Forst=Bediente.

Ober = Forstmeister.

Herr Johann Ernst Graf und Herr zu Schönburg.

Förster.

Johann Christian Clamroth, im Arnsteinischen Forste.

Gottlieb Wölfer, im Wippraischen und Leunungischen Forste.

Christian Ehrenfried Protze, im Königeröber Forste.

Johann Christian Saße, im Arnsteinischen Forste.

Creyß=Hauptleute,

so zu ordentlicher Dienstleistung angestellet.

1) Im Chur=Creyße.

Herr Anton von Leubnitz, Cammerherr.

2) Im Thüringischen Creyße.

Herr Adam Friedrich Senft von Pilsach, Ober=Aufseher.

3) Im

3) Im Meißnischen Creyße.
Herr George Heinrich von Carlowitz, auch Cammerherr.

4) Im Ertzgebürgischen Creyße.
Ihro Excellenz, Herr Friedrich Ludwig Graf zu Solms, Landes-Hauptmann.

5) Im Leipziger Creyße. Vacat.

6) Im Voigtländischen Creyße.
Herr George Christoph von Mangold.

7) Im Neustädtischen Creyße.
Herr Christoph Ehrenfried von Brandenstein.

Creyß-Hauptmannschaftliche Secretarien.

Herr Gottlob August Troppaneger, Secretarius bey der Creyß-
Hauptmannschaft des Chur-Creyßes.
Johann Christoph Heinrich Liebezeit, Secretarius bey der
Creyß-Hauptmannschaft des Thüringischen Creyßes.
Carl August Bucher, Secretarius bey der Creyß-Haupt-
mannschaft des Meißnischen Creyßes.
Carl Gottlob Schimpf, Secretarius bey der Creyß-Haupt-
mannschaft des Erzgebürgischen Creyßes.
Carl Gottlieb Grünewaldt, Secretarius bey der Creyß-
Hauptmannschaft des Leipziger Creyßes.

Hierüber:

Creyß-Hauptleute,
so in dieser Qualität keine Dienste verrichten.

Herr Ernst Dietrich aus dem Winkel.
Otto Heinrich von Thielau.
Otto Wilhelm von der Bruncken.
Rudolph Dietrich von Schönberg zu Thannenhayn.
Johann Adolph von Carlowitz.
Christian Wilhelm aus dem Winkel.
Friedrich Wilhelm Adam von Wilcke.
Johann Daniel Carl von Lohse.

Amts-Hauptleute,
so zur ordentlichen Dienstleistung angestellt.

1) Im Chur-Creyße.
Herr Johann George Siegmund von Rephuhn, auch Ober-
Amts-Rath.

N 5   Herr

Herr Carl Friedrich von Troski.
Carl Ernst von der Lochau.

2) Im Thüringischen Creyße.
Herr Heinrich Adolph Graf von Brühl, auch Cammerherr.
Christian Friedrich von Hellmoldt, auch Rittmeister.
Friedrich Christian von Zedtwitz.

3) Im Meißnischen Creyße.
Herr Carl Victor August von Broizen.
George Adolph von Hartitzsch.
Carl Friedrich Freyherr von Rochow.

4) Im Erzgebürgischen Creyße.
Herr Friedrich Gottlob Metzsch, Creyß-Hauptmann.
Julius Ernst von Schütz, auf Erdmannsdorf.

5) Im Leipziger Creyße.
Herr Carl August Sahrer von Sahr, auch Creyß-Commissarius.
Johann Otto Heinrich von Schlegel.
Christian Wilhelm Sahrer von Sahr.

6) Im Voigtländischen Creyße.
Herr Lebrecht Gottlob Metzsch, auf Reichenbach.
Christoph Wilhelm Ludwig Röder.

7) Im Neustädtischen Creyße.
Herr Christian Heinrich von Watzdorff, auch Creyß-Steuer-
Einnehmer.

8) In der Nieder-Lausitz.
Herr Alexander Samuel Freyherr von Löben, Vice-Landes-
Hauptmann.

Hierüber:

Amts-Hauptleute,
so in dieser Qualität keine Dienste verrichten.

Herr Carl Maximilian von Maxen.
Heinrich Ernst von Wolffersdorff.
Johann Carl von Zedlitz.
Hannß Friedrich von Kleist.
Gottlob Heinrich von Kracht.
Reichard Friedrich von Schlieben.
George Heinrich Zanthier.
Heinrich von Einsiedel.
Adam Friedrich von Lindenau.

Herr

Herr Christian August von Beulwitz.

    Wolff Rudolph von Uechteritz.

    Johann Ernst Kregel von Sternbach.

    Johann Adolph von Zeschau.

    August Christian Johann von Thümen, auch Creyß-Director und Marsch-Commissarius im Jüterbogkischen Creyße.

    Carl August aus dem Winckel.

    Christian Heinrich Freyherr von Stein.

    Friedrich Ludwig von Ebra.

    George Friedrich Römer.

    Christian Friedrich Curt von Lüttichau.

    Heinrich Rudolph Vitzthum von Eckstädt.

    Ernst Haubold von Gersdorff.

    Tobias Ehrenfried von Braun.

    Johann Gottlob Erdmann von Nostitz.

    Johann Ferdinand von Reisewitz.

    Carl Gottlob von Thielau.

    Johann Gottlob von Gersdorff.

    Wolf Abraham Lebrecht von Weydenbach, auch Cammer-Junker.

    Christian Heinrich August von Uffel.

    Otto Ernst von Schütz.

Chur-

Churfürstl. Sächsische
Generalität und Militair-Etat.

Generalität.

General-Feld-Marschall.
Vacat.

Generals.
Jhro Durchl. Herr Eugenius Fürst zu Anhalt-Dessau, Cavall.
Jhro Excell. Herr Heinrich Christoph Graf von Baudißin, Infant. und Gouverneur zu Dreßden.

General-Lieutenants.
Herr Christian von Plötz, Cavall. und Gouverneur zu Leipzig.
Johann Friedrich Graf Vitzthum von Eckstädt. Cavall.
Jhro Durchl. Herr Johann Adolph Prinz zu Sachsen-Gotha, Infant.
Herr Carl August von Gersdorff, Chef des Ingenieur-Corps, und Director des General-Kriegs-Gerichts.
Christoph Heinrich Vitzthum von Eckstädt, Cavall.
Johann Wilhelm Graf von Ronow, Cavall.
Friedrich Christoph Graf zu Solms, Infant.
George Carl Baron von Klingenberg, Infant.
Carl Adolph Graf von Brühl, Cavall.
Andreas Graf von Renard, Cavall.
Carl Joseph Comte de Marainville, Inf. Titul.

General-Majors.
Herr Franz Theodor Baron von Stain, Titul.
George Wilhelm Käudler, Cavall.
August Constans Graf von Nostitz, Infant.
Carl Wilhelm von Bomsdorf, Infant.
Dominicus Wolffgang Baron von Stain, Inf. Titul.
Carl Schönenberg von Brenckenhoff, Cavall.

Herr

Herr George de la Chinal, Infant. Titul.
Volpert Christian Baron von Riedesel, Infant.
Ernst Bogislaus von Borck, Infant.
Friedrich Leopold von Thile, Infant.
Gustav Adolph von Bennigsen, Infant. und Comman-
 dant der adelichen Compagnie Cadets.
Ludwig Ernst von Brenckendorff, Cavall.
Christian Friedrich von Winckelmann, Cavall.
Johann Ferdinand Casimir von Ponickau, Cav. Insp.
Johann Carl von Block, Infant.
August von Bagge, Infant.
August Reineccius, Carl Graf von Callenberg, Cav. und
 Churfürstl. General-Adjutant.
Ernst Friedrich von Carlsburg, Infant.
Christoph Friedrich von Flemming, Infant. und geheim-
 der Kriegs-Raths-Vice-Präsident.
Adam Burckhard Christoph von Schiebel, Cavall. und
 Churfürstl. General-Adjutant.
Heinrich Gottlieb von Stutterheim, item.
Johann Gustav Baron von Sacken, Cavall.

Obristen.

Herr Christoph Levin von Trotta, genannt Treyden.
Christoph Ernst Ewald von Haudring, Cavall.
Emanuel Vitzthum von Eckstädt, Titul.
Joseph Albrecht von Szawlowski, Titul.
George Ludwig von Uetterodt, Infant.
Adam Prinz Czartorpski, Titul.
Johann Ignatius von Rosler, Cavall.
August Heinrich von Nitzschwitz, Infant.
Johann Constans von Kwilecki, Infant.
Philipp Ferdinand von der Heyde, Infant.
Joseph von Jerowski, Titul.
Philipp Christian von Pirch, Infant.
Balthasar Erdmann von der Heyde, Cav. Titul.
Johann Ludewig Le Coq, Infant.
Friedrich Gotthard von Brincken, Inf. Titul.
Christoph Friedrich von Meck, Titul.
Franz Xaverius Branicki, Titul.
Johann Carl von Oettingen, Infant. und Churfürstl. Ge-
 neral-Adjutant.
Friedrich Wilhelm von Milckau, Infant.
Johann Ernst von Winckler, Infant.
Maximilian Wilhelm von Larisch, Infant.

Herr

Herr Christoph Heinrich von Zanthier, Infant.

Hanß Siegmund von der Pfordte, Infant. und Unter-Commandant zu Königstein.

Jean Remi de Ponsar, Infant.

Johann Christoph von Naumann, Ingen.

Alexis Chevalier du Hamel, Cavall.

Achaz Carl von Moerner, Cavall.

Maximilian Erasmus Graf von Zinzendorff, Infant.

Johann Gottlieb von Bülow, Cavall.

Carl Christian von Obernitz, Infant.

George Rudolph Fäsch, Ingen. Corps.

August Friedrich von Geismar, Cavall.

Albrecht Christian Heinrich Graf von Brühl, Infant. und Churfürstl. General-Adjutant.

Wedig Christoph Baron von Kayserlingk, Cavall.

Johann Siegmund von Kraatz, Titul.

Herrmann Friedrich von Broitzem, Infant.

George Siegmund von Luck, Cavall.

Rudolph Gottlob von Grünberg, Cavall.

Carl August Christoph von Rex, Cavall.

Johann Joseph Baron von Forell, Infant. und Schweizer-Hauptmann.

Christian Wilibald von Goldacker, Cavall.

Franz Otto von Gablenz, Infant.

Nicolaus Reinhold von Pfeilitzer, genannt Franck, Inspecteur von der Infanterie.

Peter Franz de Gonde', Infant.

Johann Friedrich Hiller, Artill. Corps.

Johann August von Neitschütz, Cavall.

Christian August Kölbel von Geysing, Cavall.

Heinrich Adolph von Nackel, Cavall.

Friedrich Gottlob von Haugwitz, Cavall.

Carl Friedrich Benjamin Froeden, Ober-Zeug-Meister.

Friedrich August Graf von Zinzendorff, Infant. Churfürstl. General-Adjut.

Carl Heinrich von Reitzenstein, item.

Heinrich Gottlieb von Bülow, Infant.

Ernst Gottlob von der Pfordte, Infant.

Inspecteurs.

Herr General-Major, Johann Ferdinand Casimir von Ponickau, von der Cavallerie.

Herr

Herr Obrister, Nicolaus Reinhold von Pfeilitzer, genannt Franck, von der Infanterie.

Exercitien-Meisters.

Herr Obrist=Lieutenant, Hannß Heinrich von Minckwitz, von der Cavall.

Herr Obrist=Lieut. Heinrich Adolph von Boblick, von der Infant.

General = Kriegs = Gericht.

Director.

General=Lietenant, Herr Carl August von Gersdorff.

General.Auditeur.

Herr Johann Gottfried Fritsche.

General.Auditeur=Lieutenant.

Herr Wilhelm Gotthelf Müller.

General=Kriegs=Gerichts=Actuarius, Herr Johann Gottlieb Thomas.

General=Kriegs=Gerichts=Actuarius, Herr Ernst August Carl Hövecker.

General=Kriegs=Gerichts=Registrator, Herr Christian Benjamin Wilisch.

General=Kriegs=Gerichts=Accessisten, Herr Johann Christoph Wirthgen, und Herr Johann Gottfried Heyner.

General=Kriegs=Gerichts=Waibel, Johann Christoph Gärtner. dessen Adjunctus, Caspar Heinrich Reichardt.

General=Staabs=Profos, Johann Gottfried Schultze.

General = Staabs = Canzley.

Geheimer Kriegs=Rath und General=Staabs.Secretarius, Herr Carl Friedrich von Graffen.

Kriegs=Rath und General.Staabs=Secretarius, Herr Johann Friedrich Querner.

Secretarius und General=Staabs=Registrator, Herr Christian Ehrenreich Schäffer.

General=Staabs=Can-   Herr Conrad Friedrich Sander.
zellisten,   Christian Wilhelm Döbner.
        Carl Heinrich Richter.
        Johann Balthasar Fröbel.
        Carl Gottlieb Sehm, extraord.

Gouver=

Gouvernement in Dreßden.
Gouverneur.
Se. Excellenz, Herr Heinrich Christoph Graf von Baudissin, General von der Infanterie.

Commandant in Neustadt.
Vacat.

Gouvernements-Adjut. Hr. Wolff Christoph Friedrich von Felgenhauer, Major.

Platz-Major.   Christian Angermann, Major.

Stadt-Major,   Carl Sigismund von Brauschitzsch, Capitaine.

Platz-Adjutant,   Carl August von Lüttichau, Capit.

Maitre der Militair-Schule.
Herr Gottlob Friedrich von Brück, Premier-Lieutenant.

Stadt-Wachtmeister in Neustadt, Herr Johann Frentzel.

Gouvernements-Canzley.
Herr Jacob Daniel Wendt, Gouvernements-Secretarius.

    Christian Gottlieb Lentz, Canzellist.

    Johann Gottfried Frenzel, Copist.

Gouvernements-Kriegs-Gerichte.
Herr Gottfried Schmieder, Kriegs-Rath, als Regiments-Schultheiß.

    Carl Christian Ferber, Actuarius.

    Johann David Jünger, Accessiste.

David Clemens, Gerichts-Waibel.

Zur Garnison-Kirche gehörig.
Herr M. Johann Traugott Müller, Garnison-Prediger.

    Christoph Heinrich Pönis, Ober-Rechnungs-Commissarius, als Kirchen-Vorsteher.

    Samuel Gottlob Feilschmidt, Cantor.

    Johann Wilhelm Eckersberg, Organist.

Johann May, Kirchen-Aufwärter.

Hierüber:
Herr Johann Wilhelm Grafe, Interims-Feldscheer.

Festungs-Thorschreibere.
Herr Gottfried Friese, im Pirnaischen Thore.

    Gottheb Ehrenhold Prätorius, im See-Thore.

    Christian Gottlieb Nicolai, im Wilsdruffer Thore.

Herr

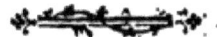

Herr Johann Wilhelm Kleefelder, im weißen Thore.
   Ludwig August Kleefelder, Adjunctus.
   Johann Gottfried Hoyer, im schwarzen Thore.
   Johann Christoph Baarmann, an der Elbe in Neustadt.
   Anton Hager, an der Elbe vorm Pirnaischen Thore.

Hierüber:

Herr Christian Friedrich Liscovius, Controlleur der Logis-Zettel.

Schlagzieher.

Andreas Gutowski, im Pirnaischen Thore.
Christian Moritz, im Wilsdruffer Thore.
Johann Christian Schebitz, im See-Thore.
Christoph Sickert, im weißen Thore.
Christoph Baldauf, im schwarzen Thore.
Matthes Bischoff, an der Brücke.

Durchführer.

Jacob Noack,
Michael Gottlieb Plat, } im Pirnaischen Thore.
Christian Gottlob Ulrich,
Andreas Möbius, } im See-Thore.
Johann Christian Hübner,
Gottfried Schmiedel, } im Wilsdruffer Thore.
Johann Gottfried Wolcke, im weißen Thore.
George Fabel, im schwarzen Thore.
Thorwärter am Ramischen Schlage, Johann Gottlieb Höflitz.
Hausmann im Corps de Garde-Gebäude in Neustadt, Christian
   Biber.

Garde du Corps.
Staab.

Commendant, Vacat.

Obrister,   Hr. General-Major Christian Friedrich
                        von Winckelmann.
Obrist-Lieutenant,   Hr. Obrister Alexis Chevalier Du Hamel.
Major,   Hr. Obrist-Lieutenant Maurice Comte de
                        Bellegarde.
Ober-Quartiermeister, Hr. Premier-Lieutenant George Friedrich
                        Zirckel.
Adjutant,   Hr. Premier-Lieutenant Johann Wilhelm
                        August von Brandenstein.
Ober-Auditeur,   Hr. Gottlob Theodor Krippendorff.
Ober-Feldscheer,   Hr. Johann Gottleb Fränzel.

Compagnien.
Rittmeifters.
Würkliche Rittmeifters.
Herr Rittmeifter, Johann Heinrich Adolph von Rapski, Major.
—— —— Heinrich Adolph von Beuft, Major.
—— —— Carl Chriftoph Vitzthum von Eckftädt.
—— —— Carl Gottlob von Ponickau und Pillgramm.

Staabs-Rittmeifters.
Herr Rittmeifter Carl Auguft Marfchall von Bieberftein.
—— —— Chriftoph Carl von Häußler.
—— —— Carl Ludewig von Oerzen.
—— —— Rudolph Traugott von Thielau.

Premier-Lieutenants.
Herr Prem. Lieuten. Hannß Guftav von Kirchbach.
—— —— Wilhelm Anton von o Byrn.
—— —— Carl Ferdinand von Bottenftern.
—— —— Johann Friedrich von Fuchs.
—— —— Franz Auguft von Blucher.
—— —— Heinrich Maximilian Friedr. von Watzdorff.
—— —— Johann Cafimir von der Offen, gen. Sacken.
—— —— Wilhelm Chriftian Ernft von Feilitzfch.

Sous-Lieutenants.
Herr Sous-Lieuten. Carl Adolph von Phul.
—— —— Carl Ludewig von Schirnding.
—— —— Johann Auguft von Möllendorff.
—— —— Otto Carl Erdmann von Kofpoth.
—— —— Friedrich Baron von Niemptfch.
—— —— Hannß Rudolph von der Pforte.
—— —— Otto Johann von Richter.
—— —— Moritz Adolph von Langen.

Adeliche Compagnie Cadets.
Chef.
Ihro Churfürftl. Durchl.
Capitaine.
Herr Guftav Adolph von Bennigfen, General-Major.
Capitain-Lieutenant.
Herr Carl Chriftoph Cäfar von Plötz, Obrift-Lieutenant.

Premier-

Premier-Lieutenant.

Herr Friedrich Wilhelm von Schierbrand, Major.

Erster Sous-Lieutenant.

Herr August Wilhelm von Kückbusch, Capitaine.

Zweyter Sous-Lieutenant.

Herr Hannß August Carl von Minckwitz, Capitaine.

Fähndrich.

Herr Carl Heinrich von Osterhaußen, Premier-Lieutenant.

Auditeur.

Herr Gotthelf Siegismund August Pitterlin.

Sergeant, Herr George Gottlob von Hartitzsch.

Gefreyt. Corporal, Herr Gottlob Heinrich von Karras.

Fourier, Herr Traugott Friedrich Müller.

Musterschreiber, Herr Friedrich Herrmann Walther, geheimer Kriegs-Secretarius.

Capit. d'Armes, Herr Anton Wüstmann.

Ober-Feldscheer, Herr Johann Christoph Wilde, General-Staabs-Chirurgus.

1. Corporal, Herr Friedrich Carl von Jeschki.
2.   =   =   Carl Friedrich von Krackau.
3.   =   =   Johann Adolph von Könitz.
4.   =   =   Friedrich Christian von Jeschki.
5.   =   =   Hannß August von Steindel.
6.   =   =   Friedrich Ludewig von Grunewald.
7.   =   =   Otto Heinrich von Leipziger.
8.   =   =   Matthias Heinrich von Borrowitz.
9.   =   =   Carl Gottlob von Thermo.
10. =   =   Hannß Carl von Egidy.

Maitres.

Directeur und Maitre der Fortification.

Herr Carl Traugott Rehnitz, Major.

Erster Conducteur.

Herr Johann August Tittmann, Mathematicus.

Zweyter Conducteur.

Herr George Wilhelm Schmeltzer, Sous-Lieutenant.

Sprachmeister.

1) Herr Abraham Heinrich Benard.
2)   Abraham Daniel Durussel.

Tanzmeister.

1) Herr Johann Gottlieb Röder.
2)   Carl August Wetzner.

Professor

Professor Moralium.
Herr Johann Wolffgang Dietrich.

Fechtmeister.
1) Herr Johann Christoph Kahlau.
2)   Carl Martin Richter.

Geographus und Professor Histor.
Herr Johann Wolffgang Dietrich.

Zeichnungsmeister.
Herr Michael Keyl.

Schreibemeister.
Herr Gottfried Christian Volhard, Capitaine.
    Johann Christoph Göde, dessen Adjunctus.

Schweizer-Leib-Garde.

Schweizer-Hauptmann.
Herr Johann Joseph Freyherr von Forell, Obrister.

Capitain-Lieutenant.
Herr Francois Raymond Chevalier du Brechet, Obrist-Lieuten.

Premier-Lieutenant.
Herr Joseph Victor Amadeus Graf von Tarin, Major.

Sous-Lieutenant.
Herr Carl Magnus Swoboda von Nicklewitz, Capitaine.

Aggregirter Sous-Lieutenant.
Herr Hercules Graf Mariscotti, Capitain.

Auditeur und Secretarius.
Herr Gotthelf Siegismund August Pitterlin.

Wachtmeister-Lieutenant.
Herr Johann Friedrich Haase.

Feldscheer.
Herr Johann George Schreyer.

4. Rottmeister.
1) Herr Johann Wilhelm Scheibner.
2)   Johann Christoph Benisch.
3)   Christian Grahl.
4)   Johann Dittmann.

2. Corporals.
1) Herr Johann Gottfried Schubert.
2)   Christian Gottlieb Tieftrunk.
    3. Tambours.   3. Pfeifer.   100. Schweizer.
  1. Fourier-Schütze, Andreas Hübner.

Haupt-

Haupt = Zeug = Haus zu Dreßden.

Obrister Haus= und Land=Zeugmeister.

Vacat.

Ober= Zeugmeister.

Herr Carl Friedrich Benjamin Fröden, Obrister von der Artillerie.

Zeug=Hauptmann.

Herr Johann Heinrich Schmieder, Obrist=Lieutenant.

Ober= Zeugwärtere, als:

Herr Otto August Berger, } Capitains.
  Christian Gottfried Ebert, }

Adjutant.

Herr Valentin Conrad Ehrenreich Schäffer, und Premier=Lieutenant.

Auditeur.

Herr Christian Moritz Kotsch, Ober=Auditeur.

Ober=Zeugschreiber.

Herr Johann Carl Cäsar, Ober=Kriegs=Commissarius.

Artillerie = Secretarius.

Herr Johann Gottlob Hannemann.

Vice = Ober = Zeugschreiber.

Herr Johann Christian Schuffenhauer.

Artillerie = Zeug = Diener.

Herr Johann Christian Döbner.
  Christoph Friedrich Herrmann.
  Johann Christoph Partowsky.
  Traugott Heinrich Knorr.

Artillerie=Paucker.

Herr Christoph Rudolph Sommer.

Artillerie = Gerichts = Fourier.

Herr Carl Friedrich Liebeskind.

Artillerie = Schule.

Directeur.

Herr Johann Gottfried Hoyer, Major.

Ober = Feuerwerks = Meister.

Herr Johann Gottlob Weckeßer, Capitaine.

Batterie = Meister.

Herr Jacob Friedrich Harpeter, Premier = Lieutenant.

Mathematicus.

Herr Friedrich Wilhelm Raabe, Premier= Lieutenant.

O 3   Ingenieur

Ingenieur und Zeichenmeister.
Herr Johann Friedrich Christian von Langen, Prem. Lieutenant.

Unter-Feuerwerks-Meister.
Herr Johann George Pietzsch.

Aufwärter.
Johann Gottfried Ebert.

Stubenheitzer.
Christian Schumann.

Pulvermühle.

Inspecteur.
Herr Johann Heinrich Schmieder, Zeug-Hauptmann und Obrist-Lieutenant.

Pulvermacher.
Herr Justus Kaufmann.
1 Körnknecht.   5 Pulverarbeiter.   2 Kohlknechte.

Handwerker.

Modellmeister.
Herr Johann Serum, und Premier-Lieutenant.

Gießerey-Inspector.
Herr Johann Gottfried Weinboldt, Stückgießer.

Stückgießer-Adjunctus.
Herr August Siegmund Weinboldt.

Stückverschneider.
Johann Siegmund Weniger.
Mechanicus, Christian Gottlieb Aehnelt.
Schlossermeister, Johann Friedrich Heese.
Tischlermeister, Dittrich Vollmar.
Wagnermeister, Johann Christoph Wachsmuth.
Klempnermeister, Michael Wilhelm Weck.
Plattner, Johann Michael Patzer.
Büchsenmacher, Johann Friedrich Röver.
Büchsenschäffter, Carl Christoph Meischer.
Drechßlermeister, Vitus Jacob Ranzenbach.
        "   "   Friedrich Carl Meyer, Adjunctus.
Schmiedemeister, Johann Christoph Leubholdt.
Schwerdtfeger, Samuel Groß.
Pulverböttgermeister, Johann Gottlob Glühmann.
Kupferstecher, Friedrich Gottlob Schlitterlau.
Trommelmacher, Johann Gottfried Knöbel.
Sattlermeister, Christian Lotze.
Kupferschmidt, Johann Christian Plant.

Bürsten-

Bürstenmacher, Johann Hector Laurin.
Nagelschmidt, Johannes Vogel.
=   =   = Carl Samuel Vogel, Adjunctus.
Sägenschmidt, Johann Paul Heinrich Gröll.
Riehmermeister, George Andreas Hornberger.
Seiler, Carl. Christian Faber.
=   = Gottfried August Faber, Adjunctus.
Mauermeister, Carl Gottlieb Georgi.
Brückmeister, Johann Gottfried Meschker.
Feilenhauer, Johann Gottfried Steinmann.
Buchbinder, Daniel Gottlieb Voigt.
Zeltschneider, Johann Gottfried Helm.
Mahler, Gottlob Friedrich Preißler.
Lohgerber und Leder = Lieferant, Johann Gottfried Strubel.
Spritzenaufseher, Gottfried Abraham Sievert.
Zimmergesellen, Gottfried Sohre.
=   =   = Christoph Richter.
=   =   = Samuel Klotzsche.
Holzaufseher, Christoph Schumann.
Thorwärter im Zeughofe, Johann Martin Thiele.
Thorwärter im Zimmerhofe, Johann Christoph Tautenhahn.
              Artillerie = Wagenhaus.
Ober = Wagenmeister, als Schirrmeister, Johann Adam Gott=
      lob Herrmann.
      2. Wagenbauer.   4. Knechte.
      Bey denen Festungs = Baugefangenen.
Medicus, Herr Lic. Michael Schmidt.
Festungs = Bau = Prediger, Herr M. Johann Heinrich Wollesky.
Chirurgus, Oberfeldscheer, Herr Johann Friedrich Bertram.
Herr Johann Samuel Größel, Bau = Chirurgus = Adjunct.
Profos, Johann Wolffgang Heinze.
=   =   = Friedrich Christoph Sommerwerk, Adjunctus.
      6 Festungs = Bau = Knechte.
                    Ferner:
            Auf der Festung Königstein.
Premier = Lieutenant und Zeugwärter, Herr Carl Conr. Latomus.
Artillerie = Zeug = Diener, Herr Johann Siegmund Parchwitz.

Ingenieur = Corps.
Staab.
Chef, General = Lieutenant, Herr Carl August von Gersdorff.
                    O 4   Obrister,

Obrifter, Herr George Rudolph Fäsch.
Lieuten. und Ingenieur = Quartiermeister, Herr Carl Gottfried
Tschaschler.

Feld = Brigade.

Obrist = Lieutenannt,	Hr. Carl Heinrich Marschall von Herrengoßerstadt.
Major,	Johann Caspar Wiedemann.
Capitaine,	Egidius Gotthelf Francke.
	Christian Samuel Berggold.
	Friedrich Ludwig Aster.
Premier = Lieut.	Carl Gottlieb Haackß.
	Wilhelm Gottfried Tschaschler.
	Rudolph Andreas Löbnitz.
Sous = Lieuten.	Carl Otto Gleichmann.
	Herrmann Ehrenfried Backstroh.
	Ferdinand Otto Mencke.
	Gottlieb August Schmidt.
Unter = Officier,	Gottlob Friedrich Buschbeck.
	Johann Christian Gätzschel.
	George Theodor Gotthelf Thamm.

Land = Brigade.

Obrist = Lieutenant,	Hr. Johann Christoph Rehschuh.
Major,	Christian Friedrich Angermann.
Capitaine,	Gottlieb Ehrenreich Schäffer.
	Johann Friedrich Rudolph Möstel.
	Johann Gottlieb Knüpffer.
Prem. Lieut.	Johann Friedrich Gottlob Francke.
	Daniel Ernst Gadow.
	Johann Christoph Schweiger.
Sous = Lieut.	Adam Gottlob Selmß.
	George Vogel.
	August Wilhelm Behrisch.
	Johann Gottfried Richter.
Unterofficier,	Johann August le Coque.
	Johann Gottlieb Mörbe.
	George Heinrich Häckel.

Academie.

Directeur, Major,	Hr. Abraham Gottlob Forchheim.
Mathematicus,	August Gottlob Böhme.
	Deſignat.

Designat. Sous-Lieut. Hr. Carl Siegmund Walther.
Architecte, Carl Leopold Rodewitz.
Aufwärter, Adam John.

Nachtrag.

Major, Herr Johann Christian Pietsch, Festungs-Ingenieur
in Königstein.

Ober-Militair-Bau-Amt.

Director.

General-Lieutenant, Herr Carl August von Gerßdorff, Chef
des Ingenieur-Corps.

Assessores.

Ingenieur-Obrist-Lieutenant, Herr Joh. Christoph Rehschuh.
—— Major, Herr Abraham Gottlob Forchheim.
—— Capitaine, Herr Egidius Gotthelf Francke.
Secretarius, Herr Carl Friedrich Benjamin Pietsch.
Copiste, Herr Johann Christoph Johne.
Aufwärter, Johann Adam Pietzoldt.

Bauschreibere.

Herr Johann Christian Schneider, zu Dreßden.
Carl Gottlieb Schneider, zu Neustadt bey Dreßden.
Amandus Kühn, zu Königstein.

Künstler und Handwerker zu Dreßden.

Chirurgus. Vacat.
Steinmetzmeister zu Dreßden, und Neustadt, Joh. Christian Beck.
Mauermeister, Christian Bormann.
Zimmermeister zu Dreßden und Neustadt, Adam Christian Reuße.
Schloßer, Johann Friedrich Heese.
Tischler, Dietrich Vollmar.
Töpfer, Johann Heinrich Ullrich.
Schmidt, Johann Christoph Leutboldt.
Pflastersetzer, Christian Gottlieb Wilcke.
Schorstein-Feger, Johann Gottlieb Martini.
Mäuer-Polier, Joseph Zschichka.
Zimmer-Polier, Heinrich Kummelberger.

Zu Neustadt.

Chirurgus, Johann August Landgraf.
Mauermeister, Adam Moritz Haußwaldt.
——— Adjunctus, Johann Friedrich Renner.
Schlosser, Friedrich Gottlob Bäber.
Tischler, Johann Gottlieb Walther.
Töpfer, Johann Gottfried Lehmann.
Schmidt, Johann Christoph Oppermann.
Wagner, Leonhard Hartung.
Schornsteinfeger, Johann Balthasar Schwerdt.
Mäuer-Polier, Vacat.
Zimmer-Polier, Johann George Müller.
Wallmeister, Martin Richter.
Wallsetzer, Johann George Barthel.
Wallsetzer, Jeremias Kuntze.

Hierüber auf der Festung Königstein.

Mauermeister, Johann Daniel Kayser.
Schornsteinfeger, Johann Gottlieb Martini.

Ausländische Ministres

an dem

Churfürstl. Sächsischen Hofe.

Vom Chur-Bayerischen Hofe.

Resident, Herr Hofrath von Posch.

Vom Königl. Dänischen Hofe.

Envoye' Extraordinaire, Herr Cammerherr Freyherr von Rosencrone.

Vom Königl. Französischen Hofe.

Ministre Plenipotentiaire, Monsieur le Comte du Buat.

Vom Königl. Großbritannischen Hofe.

Außerordentlicher Gesandter, Herr von Osborn.

Vom Chur-Pfälzischen Hofe.

Bevollmächtigter Minister, der adeliche geheime und würkliche Regierungs-Rath, Herr Baron von Hallberg.

Vom Königl. Preußischen Hofe.

Außerordentlicher Gesandter, Herr geheime Legations-Rath von Borcke.

Vom

Vom Röm. Kayserlichen Hofe.

Bevollmächtigter Minister, Herr Cammerherr Freyherr von Knebel.

Vom Rußisch-Kayserlichen Hofe.

Außerordentlicher Gesandter, Herr Cammerherr Fürst Beloselski.

Vom Königl. Schwedischen Hofe.

Außerordentlicher Gesandter, Herr Cammerherr Graf von Löwenhielm.

Vom Königl. Spahischen Hofe.

Envoye' Extraordinaire und Ministre Plenipotentiaire, Herr von Onis.

Vom Chur-Trierischen Hofe.

Außerordentlicher Gesandter, Herr geheimer Rath von Zawopski.

Albani.

Fürst: Horatius Franciscus, geb. 21 Sept. 1717, Fürst des Heil. Röm. Reichs, von Soriano und des Päbstlichen Throns, succed. dem Herrn Vater Carolo Albani II, 2 Jun. 1724. Ritter des Poln. weissen Adler-Ordens.

Gem. Maria Anna Mathildis, Alderandi, Herzogs von Massa und Fürstens von Carrara Tochter, geb. 15 Aug. 1726, verm. im Jan. 1748.

Kinder: a) Carolus Franciscus Xauerius Josephus, geb. 25 Sept. 1748, Kais. Kön. wirkl. geh. Rath und Obristhofmeister der verm. Erzherzogin zu Mayland.

b) Josephus Clemens Franciscus de Paula Andreas, geb. 14 Sept. 1750, Abt von St. Lorenzo in Campo, Großcreutz des Maltheser-Ordens, Päbstl. Haus-Prälat und Protonotarius Apostolicus.

c) Clemens Simon Stephanus, geb. 28 Oct. 1751.

d) Maria Theresia Anna Juliana Agnes, geb. 20 May 1753.

e) N. Prinz, geb. 5 Aug. 1761.

f) N. Prinzeßin, geb. im Dec. 1770.

Mutter: Theresia, Caroli, Grafens von Borromeo Tochter, geb. 23 Jan. 1699, verm. 4 Oct. 1712, Wittwe 2 Jun. 1724.

Geschwister: 1. Julia Augusta, geb. 5 Jan. 1719. Gem. Augustinus IV, Fürst Chigi, verm. 27 Febr. 1735, Wittwe 29 Dec. 1769.

2. Johannes Franciscus Caietanus, geb. 26 Febr. 1720, Cardinal 10 April 1747, Bischof zu Porto und St. Ruffina 1773.

3. Maria Anna Josepha, geb. 5 Jul. 1721, Stern-Creutz-Ordens-Dame 14 Sept. 1759. Gem. Carolus Loffredo, Graf von Potenza, verm. 16 Nov. 1740.

Vaters Bruder: Alexander Albani, geb. 15 Oct. 1692, Cardinal-Diaconus 16 Jul. 1721.

Altieri.

Fürst: Aemilius Carolus, Fürst von Oriolo und Herzog von Monterano, geb. 25 Apr. 1723, succed. seinem Herrn Vater Hieronymo Altieri, 17 Jan. 1762. Capitain der Päbstl. Garde.

Gem. Maria Liuia Gertrudis, Camilli Antonii, Fürstens von Borghese Tochter, geb. 22 Sept. 1731, verm. 4 Nov. 1749.

Kinder: a) Maria Louisa, geb. im Nov. 1753. Stern-Creutz-Ordens-Dame 3 May 1774. Gem. Laurentius, Herzog von Strozzi und Fürst von Forano, verm. 27 Nov. 1771.

b) Maria Theresia, geb. 22. Nov. 1755, gieng im Nov. 1773 in das Oblaten-Frauen-Kloster di Tor di Spechi zu Rom.

c) Antonius Maria Ludouicus, geb. 18 Jun. 1759.

d) N. Prinz, geb. 12 Nov. 1762.

e) f) g) N. N. N. Prinzen.

h) i) k) l) N. N. N. N. Prinzeßinnen.

m) Maria Virginia Francisca Gertrudis, geb. 4 Apr. 1770.

Mutter: Maria Magdalena, Caroli, Grafens von Borromeo Tochter, geb. 7 Jul. 1694, verm. 10 Apr. 1721, Wittwe 17 Jan. 1762.

Geschwister: 1. Maria Catharina, geb. 1 May 1722. Gem. Hieronymus, Herzog von Mattei, Wittwe 15 Oct. 1753.

2. Vincentius Maria Franciscus Josephus Balthasar, geb. 27 Nov. 1724. Päbstl. Cammer-Clericus, auch Präsident über die Wasserleitungen und Ufer.

3. Theresia Mariana, geb. 15 Oct. 1728.

4. Maria Louisa Anna, geb. 2 Jun. 1731.

5. Angelus, geb. 27 Sept. 1734, Maltheser Groß-Prior, Päbstl. Hausp'rälat und Präfect oder Gouverneur zu Benevento.

6. Maria Camilla, geb. 10 Apr. 1740.

Vaters Bruders Aemilii Altieri, Tochter: 1. Maria Victoria, geb. 9 Jul. 1697. Gem. Nicolaus Maria Rospigliosi, Fürst Pallavicini, verm. 6 Jul. 1713, Wittwe 26 Nov. 1759.

2. Maria Virginia, geb. 19 Jun. 1704. Gem. Philippus, Fürst von Laute, verm. 6 Jul. 1732, Wittwe 26 März 1771.

Anhalt-Bernburg.

Fürst: Fridericus Albertus, geb. 15 Aug. 1735. succed. dem Herrn Vater Victori Friderico, 18 May 1765, Ritter des St. Andreas und St. Alexander-Newsky-Ordens.

Kinder: a) Alexius Fridericus Christianus, Erbprinz, geb. 12 Jun. 1767.

b) Paulina Christina Wilhelmina, geb. 23 Febr. 1769.

Vollbürtige Schwestern: 1. Charlotta Wilhelmina, geb. 25 Aug. 1737. Gem. Christianus Güntherus, Fürst zu Schwarzburg-Sondershausen, verm. 4 Febr. 1760.

2. Friderica Augusta Sophia, geb. 28 Aug. 1744. Gem. Fridericus Augustus, Fürst von Anhalt-Zerbst, verm. 27 May 1764.

3. Christina Elisabetha Albertina, geb. 14 Nov. 1746. Gem. Augustus, Prinz von Schwarzburg-Sondershausen, verm. 27 Apr. 1763.

Halb-Schwester: Sophia Louisa, geb. 29 Jun. 1732. Gem. Fridericus Gottlob Henricus, Graf von Solms-Baruth, verm. 20 May 1753.

Anhalt-Bernburg-Hoymb und Schaumburg.

Fürst: Carolus Ludouicus, geb. 16 May 1723, succed. dem Herrn

Vater

Vater Victori Amadeo Adolpho, 15 Apr. 1772, Holländischer General-Lieutenant der Infanterie, auch des deutschen Ordens Commandeur zu Doesburg.

Gem. Amalia Eleonora, Friderici Wilhelmi, Fürstens von Solms Tochter, geb. 22 Nov. 1734, verm. 16 Dec. 1765.

Kinder: 1. Victor Carolus Fridericus, geb. 2 Nov. 1767.
2. Wilhelmus Ludouicus, geb. 19 Apr. 1771.
3. Alexius Clemens Fridericus Ludouicus Ernestus, geb. 19. Aug. 1772.

Vollbürtige Geschwister: a) Victoria Charlotta, geb. 25 Sept. 1715, war mit Friderico Christiano, letzten Markgrafen von Brandenburg-Culmbach, verm. 26 Apr. 1732, jedoch von ihm geschieden 1739. Er starb 20 Jan. 1769.

b) Franciscus Adolphus, geb. 7 Jul. 1724, Königl. Preuß. General-Lieutenant und Chef eines Regim. zu Fuß, Amts-Hauptmann zu Egeln, Ritter des schwarzen Adler-und Johanniter-Ordens. Gem. Maria Josepha, Johannis Wolfgangi, Grafens von Haßlingen in Guhren Tochter, geb. 13 Sept. 1740, verm. 19 Oct. 1762, des Chur-Pfälzischen St. Elisabethen-Ordens-Dame.

Kinder: a) Charlotta Louisa, geb. 20 Apr. 1766.
b) Fridericus Franciscus Josephus, geb. 1 Märý 1769.
c) Victoria Amalia Ernestina, geb. 11 Febr. 1772.
d) Adolphus Carolus Albertus, geb. 14 Jul. 1773.

Stief-Mutter: Hedwig Sophia, Wenceslai Ludouici, Grafens von Henkel-Donnersmark in Oderberg Tochter, geb. 4 May 1717, verm. 14 Febr. 1740, Wittwe 15 April 1772.

Stief-Geschwister: 1) Fridericus Ludouicus Adolphus, geb. 29 Nov. 1741, Holländ. Obristlieutenant beym zweyten Regiment Oranien-Nassau und Ritter des St. Annen-Ordens.
2) Sophia Charlotta Ernesta, geb. 3 Apr. 1743. Gem. Wolfgangus Ernestus II, Fürst von Ysenburg, verm. 20 Sept. 1760.
3) Victor Amadeus, geb. 21 May 1744, Ritter des St. Annen-Ordens, Ruß. Kaiß. Obrister und Commandeur des Leib-Cüraß. Regim.

Vaters Stief-Schwester: Sophia Christiana Antoinetta Eberhardina Wilhelmina, geb. 6 Febr. 1709. Gem. Christianus, Prinz zu Schwarýburg-Sondershausen, verm. 10 Nov. 1728, Wittwe 28 Sept. 1749.

Anhalt-Cöthen.

Fürst: Carolus Georgius Lebrecht, geb. 15 Aug. 1730, succ. dem Herrn Vater Augusto Ludouico, 6 Aug. 1755, Ritter des weiß-sen Adler-und de l' Union parfaite Ordens, Senior des Fürst-lichen Hauses Anhalt 18 May 1765.

Gem.

Gem. Louiſa Charlotta Friderica, Friderici, Herzogs von Holſtein Glücksburg Tochter, geb. 5 März 1749, verm. 26 Jul.
1763, erhält den Orden de l' Union parfaite 1764.

Kinder: 1. Auguſtus Chriſtianus Fridericus, Erbprinz, geb. 18
Nov. 1769.

2. Carolus Wilhelmus, geb. 5 Jan. 1771.

3. Louiſa Friderica, geb. 30 Aug. 1772.

Vollbürtige Geſchwiſter: a) Chriſtiana Anna Agnes, geb. 5 Dec.
1726. Gem. Henricus Erneſtus, regier. Graf von Stolberg-
Wernigerobe, verm. 12 Jul. 1742.

b) Johanna Wilhelmina, geb. 4 Nov. 1728. Gem. Carolus Fridericus, Fürſt von Carolath-Schönaich, verm. 17 Dec. 1749.

c) Fridericus Erdmannus, geb. 26 Oct. 1731, Ritter des Poln.
weiſſen Adler-Ordens, Königl. Franzöſ. General-Lieutenant,
Groß-Creutz des proteſt. Ordens du Merite militaire und Obriſter eines Inf. Regim. erhält zu Berlin die Belehnung über die
vom Grafen von Promnitz erlangte freye Standes-Herrſchaft
Pleß in Ober-Schleſien 7 Oct. 1767. Gem. Louiſa Ferdinanda,
Henrici Erneſti, Grafens von Stolberg-Wernigerode Tochter,
geb. 30 Sept. 1744. verm. 13 Jun. 1766.

Kinder: 1. Immanuel Erneſtus Erdmannus, geb. 9 Jan. 1768.

2. Fridericus Ferdinandus, geb. 25 Jun. 1769.

3. Anna Aemilia, geb. 20 May 1770.

4. Chriſtiana, geb. 8 Febr. 1774.

Stief-Schweſter: Maria Magdalena Benedicta, geb. 22 März
1739, Canoniſin zu Gandersheim.

Vaters Bruders Leopoldi, Wittwe: Charlotta Friderica Amalia,
Friderici Wilhelmi Adolphi, Fürſtens von Naſſau-Siegen
Reformirter Linie Tochter, geb. 30 Nov. 1702, verm. 21 Jun.
1725, Wittwe 19 Nov. 1728. Zweyter Gem. Albertus Wolf-
gangus, Graf von Schaumburg-Lippe-Bückeburg, verm. 16
Apr. 1730, abermals Wittwe 24 Sept. 1748.

Anhalt-Deſſau.

Fürſt: Leopoldus Fridericus Franciſcus, geb. 10 Aug. 1740, ſucced. dem Herrn Vater Leopoldo Maximiliano, 16 Dec. 1751,
Ritter des ſchwarzen Adler-Ordens.

Gem. Louiſa Henrietta Wilhelmina, Henrici Friderici, Prinzens
in Preuſſen und Markgrafens von Brandenburg Tochter, geb.
24 Sept. 1750, verm. 25 Jul. 1767.

Kind: Fridericus, Erbprinz, geb. 27 Dec. 1769.

Geſchwiſter: 1. Henrietta Catharina Agnes, geb. 5 Jun. 1744,
Canoniſin zu Herforden.

2. Hann-

2. Hanns Gürge, geb. 28 Jan. 1748, Kön. Preuß. Obrister des
Haakischen Inf. Regim. auch Domherr zu Magdeburg.

3 Casimira, geb. 19 Jan. 1749. Gem. Simon Augustus, regier.
Graf von der Lippe-Detmold, verm. 9 Nov. 1769.

4 Albertus, geb. 22 Apr. 1750. Gem. Henrietta Carolina Louisa,
Ferdinandi Johannis Ludouici, Grafens von der Lippe-Weißen-
feld Tochter, geb. 7 Febr. 1753, verm. 25 Oct. 1774.

Vaters Geschwister: 1. Fridericus Henricus Eugenius, geb. 27
Dec. 1705, Ritter des weissen Adler-Ordens, Chur-Sächsischer
General der Cavallerie, Obrister eines Regim. Curaß. und Gou-
verneur zu Wittenberg.

2. Anna Wilhelmina, geb. 12 Jun. 1715.

3. Leopoldina Maria, geb. 18 Dec. 1716.   Gem. Henricus Fridericus, Prinz in Preussen und Markgraf zu Brandenburg-
Schwedt, verm. 13 Febr. 1739.

4. Henrietta Amalia, geb. 7 Dec. 1720. Decanißin zu Herforden.

Anhalt-Zerbst.

Fürst: Fridericus Augustus, geb. 8 Aug. 1734, succ. dem Herrn
Vater Christiano Augusto, 16 März 1747, des H. Röm. Reichs
General-Feldmarschall-Lieutenant, Innhaber eines Kais. Kön.
Curaff. Reg. und Ritter des Russ. St. Andreas-Ordens.

Zwote Gem. Friderica Augusta Sophia, Victoris Friderici, Fürstens von Anhalt-Bernburg Tochter, geb. 28 Aug. 1744, verm.
27 May 1764, erhält den Russ. Kais. St. Catharinen-Orden
im Jul. e. a.

Schwester: Catharina II, Alexejewna, (sonst Sophia Augusta Friderica.) geb. 2 May 1729, bekannte sich zur Griechischen Kirche 9 Jul. 1744. Gem. Petrus III, Kaiser von Rußland, und regier. Herzog von Holstein-Gottorp, verm. 1 Sept. 1745, wird
Kaiserin von Rußland 8 Jul. 1762, Wittwe 17 Jul. e. a.
Siehe Rußland.

Aremberg.

Herzog: Carolus Maria Raymundus, geb. 31 Jul. 1721, succ. dem
Herrn Vater Leopoldo Philippo Carolo Josepho, 4 März 1754,
Ritter des goldnen Bliesses und des militar. Mariä Theresiä-
Ordens Großcreutz, Grand von Spanien von der ersten Classe,
des H. R. Reichs General-Feldzeugmeister, Kaiserl. Königl.
wirkl. geh. Rath, General-Feldmarschall, Obrister eines Regim. zu Fuß, Gouverneur zu Mons und Groß-Baillif der Grafschaft Hennegau.

Gem. Louisa Margaretha, Ludouici Engelberti, Grafens von der
Mark Erb-Tochter, geb. 10 Jul. 1730, verm. 18 Jun. 1748,
Stern-Creutz-Ordens-Dame 14 Sept. 1749.

Kinder:

Kinder: a) Ludouicus Petrus, Erbprinz, geb. 3 Aug. 1750, Kaif. Königl. wirkl. Cämmerer. Gem. Antoinetta Candida Paulina, Leonis, Herzogs von Brancas und Grafens von Lauragais Tochter, geb. 24 Oct. 1758, verm. 19 Jan. 1773, Stern-Creutz-Ordens-Dame 14 Sept. 1774.

Kind: N. Prinzeßin, geb. im Sept. 1774.

   b) Maria Francisca Leopoldina Carolina, geb. 13 Jul. 1751.

   c) Maria Flora, geb. 25 Jun. 1752, Stern-Creutz-Ordens-Dame 14 Sept. 1774. Gem. Wilhelmus, Graf von Ursel, verm. 18 Apr. 1771.

   d) Augustus Maria Raymundus, geb. 30 Aug. 1753, führt den Namen eines Grafens von der Mark, Kön. Franz. Obrister eines deutschen Inf. Reg.

   e) Carolus Josephus Maria, geb. 18 Apr. 1755.

   f) Ludouicus Maria, geb. 20 Febr. 1757.

   g) Maria Louisa Francisca, geb. 29 Jan. 1764.

Schwestern: 1. Maria Victoria Paulina, geb. 26 Oct. 1714, Stern-Creutz-Ordens-Dame 3 May 1736. Gem. Augustus Georgius Simpertus, letzter Markgraf von Baaden-Baaden, verm. 7 Dec. 1735, Wittwe 21 Oct. 1771.

2. Maria Adelheid Francisca, geb. 30 Sept. 1719, Stiftsdame zu Chateau-Chalon in Burgund.

3. Maria Flora Charlotta Theresia, geb. 23 Oct. 1722, Stern-Creutz-Ordens-Dame 3 May 1744. Gem. Johannes Carolus Josephus, Marquis Deynse aus dem Hause Merode, verm. 11 Jun. 1744, Wittwe 10 Aug. 1774.

Auersperg.

Fürst: Henricus Josephus Johannes, Herzog zu Münsterberg und Frankenstein zc. geb. 24 Jun. 1697, succ. dem Herrn Vater Francisco Carolo, 6 Nov. 1713, Ritter des goldnen Vliesses, Groß-Creutz des Hungarischen St. Stephani-Ordens, Kaif. Königl. wirkl. geh. Rath, Obrist-Erb-Land-Marschall und Erb-Land-Cämmerer in Crain und der Windischen Mark.

Kinder erster Ehe: 1. Carolus Josephus Antonius, Graf, geb. 17 Febr. 1720, Majorats-Erbe, Kaiserl. Königl. wirkl. Cämmerer. Gem. Maria Josepha Rosalia, Johannis Wilhelmi, Fürstens von Trautson Tochter, geb. 26 Aug. 1724, verm. 26 May 1744.

Kinder: a) Maria Francisca, geb. 30 Jul. 1745, Stern-Creutz-Ordens-Dame 3 May 1768. Gem. Franciscus, Graf von Daun, verm. 13 Apr. e. a. Wittwe 17 Apr. 1771.

   b) Wilhelmus, geb. 9 Aug. 1749, Kaif. Königl. wirkl. Cämmerer und Hauptmann unter dem Inf. Regim. Loudon.

   c) Carolus, geb. 21 Oct. 1750, Kaiserl. König. Hauptmann unter dem Baron Steinischen Inf. Reg.   d) Pau-

d) Paulina, geb. 11 Dec. 1752.

e) Christina, geb. 18 Febr. 1754.

f) Aloysia, geb. 20 Nov. 1762.

g) Vincentius, geb. 31 Aug. 1763.

2. Johannes Adamus, geb. 27 Aug. 1721, Kaiſ. Kön. wirkl. geh. Rath und Cämmerer, Reichs-Fürſt für ſich und ſeine Deſcendenten 14 Aug. 1746. Zwote Gem. Maria Wilhelmina Joſepha, Wilhelmi Reinhardi, Grafens von Neipperg Tochter, geb. 30 Apr. 1738, verm. 10 Apr. 1755, Stern-Creutz-Ordens-Dame 3 May e. a.

Zwoter Ehe: 3. Joſephus Franciſcus Antonius, geb. 31 Jan. 1734, Fürſt-Biſchof zu Gurk, Domherr zu Paſſau und Salzburg, Probſt zu Ardagger.

4. Thereſia, geb. 22 März 1735, Stern-Creutz-Ordens-Dame 14 Sept. 1756. Gem. Johannes Joſephus, Graf von Kinſky, verm. 25 Apr. 1758.

5. Maria Antonia, geb. 30 Sept. 1739, Stern-Creutz-Ordens-Dame 3 May 1755. Gem. Gundaccarus Thomas, Graf von Wurmbrand, verm. 12 Jan. e. a.

6. Franciſcus de Paula, geb. 5 Sept. 1741, Maltheſer-Ritter, Kaiſ. Kön. Cämmerer und General-Feld-Wachtmeiſter.

7. Maria Anna, geb. 26 Apr. 1743. Gem. Joſephus Wenceslaus, Graf von Würben, verm. 25 Oct. 1760.

8. Johannes Baptiſta, geb. 28 Febr. 1745, Domherr zu Paſſau und Olmütz, S. S. Theolog. Doctor und Erzbiſchöfl. Wiener. Conſiſtorial-Rath.

9. Aloyſius, geb. 20 März 1747, Kaiſerl. Kön. Hauptmann unter dem Königſeckiſch. Inf. Reg. und des deutſchen Ordens Ritter.

10. Franciſcus Xaverius, geb. 19 Jun. 1749, Kaiſ. Kön. Hauptmann unter dem Fürſt Kinſkyſchen Inf. Regim.

Augſpurg.

Fürſt-Biſchof: Clemens Wenceslaus, Herzog zu Sachſen, Churfürſt zu Trier, geb. 28 Sept. 1739, zum Coadj. erw. 5 Nov. 1764, Biſchof 20 Aug. 1768, Coadjutor zu Elwangen 30 Apr. 1770.

Avellino.

Fürſt: Marinus Franciſcus Maria Caracciolo, VII Fürſt von Avellino und Herzog von Atripalda, geb. 5 Aug. 1714, ſucc. dem Hrn. Vater Marino Franciſco Caracciolo VI, 1 May 1727, Ritter des goldnen Blieſſes und des St. Januarii-Ordens, Erb-Groß-Canzler des Königreichs Neapolis.

Kinder: a) Franciſcus Marinus Maria, Herzog von Atripalda, geb. 7 Aug. 1734, Päbſtl. Ehren-Cämmerer. Gem. N. Prinzeßin von Miranda-Caracciolo, verm. 1759.

b) Julia Maria, geb. 1 Jun. 1736, Stern-Creutz-Ordens-Dame

me 14 Sept. 1757. Gem. Hieronymus Caraffa, Fürst von San-Lorenzo.

c) Carolus, geb. 2 Aug. 1737.

d) Maria Theresia, geb. 10 Dec. 1738. Gem. Dominicus Or-fini, Herzog von Gravina, verm. im April 1762.

e) Maria Francisca, geb. 18 Nov. 1739, Stern-Creuz-Ordens-Dame. Gem. N. Fürst von Frascia, verm. 1761.

f) Johannes, geb. 4 Sept. 1741.

g) Maria Leonilda, geb. 11 April 1744.

h) Maria Vincentia, geb. 12 Nov. 1745.

Baaden-Durlach und Baaden.

Markgraf: Carolus Fridericus, geb. 22 Nov. 1728, succed. dem Herrn Großvater Carolo Wilhelmo, in Durlach 12 May 1738, und Markgraf Augusto Georgio Simperto, in Baadeu, 21 Oct. 1771, Ritter des Königl. Dän. Elephanten- und Chur-Pfälzi-schen St. Huberti-Ordens, auch des Baaden-Durlachschen Ritter-Ordens de la Fidelite Ordensherr.

Gem. Carolina Louisa, Ludouici VIII, Landgrafens von Hessen-Darmstadt Tochter, geb. 11 Jul. 1723, verm. 28 Jan. 1751, erhält 1771 den Russ. Kais. St. Catharinen-Orden.

Kinder: 1. Carolus Ludouicus, Erbprinz geb. 14 Febr. 1755, Rit-ter des Russ. St. Andreas-Ordens, und des Ordens de la Fide-lite geb. Ritter. Gem. Amalia Friderica, Ludouici IX, Landgra-fens von Hessen-Darmstadt dritte Tochter, geb. 20 Jun. 1754, verm. 15 Jul. 1774.

2. Fridericus, geb. 29 Aug. 1756, Ritter des Kön. Poln. weissen Adler- und St. Stanislai-Ordens, auch des Ordens de la Fi-belite geborner Ritter, Holländ. Obrister bey dem zweyten Ba-taillon des zweyten Reg. Oranien-Nassau, auch des Schwäb. Kreises Obrister.

3. Ludouicus Wilhelmus Augustus, geb. 9 Febr. 1763, des Or-dens de la Fidelite geb. Ritter.

Mutter: Anna Charlotta Amalia Louisa, Johannis Wilhelmi Fri-sonis, Fürstens von Nassau-Oranien Tochter, geb. 13 Octob. 1710. Gem. Fridericus, Erbprinz von Baaden-Durlach, verm. 3 Jul. 1727, Wittwe 26 März 1732.

Bruder: Wilhelmus Ludouicus, geb. 14 Jan. 1732, Holländ. Ge-neral-Lieutenant, Gouverneur zu Arnheim, und Obrister eines Inf. Reg. auch des Durlachschen Ordens de la Fidelite gebor-ner Ritter.

Groß-Vaters Bruders Christophori Kinder:

a) Carolus Augustus Johannes Reinhardus, geb. 14 Nov. 1712, des H. R. Reichs General-Feld-Marschall, und des Schwäb.

Kreises

Kreiſes General-Feldzeugmeiſter, auch Obriſter über ein Schwäb. Kreis Inf. Regim. Ritter des Churpfälziſchen St. Huberti-Ordens und des Durlach. Ordens de la Fidelite Ordens-Canzler und Ritter.

b) Carolus Wilhelmus Eugenius, geb. 13 Nov. 1713, Königl. Sardin. General der Inf. und des Durlach. Ordens de la Fidelite Ritter.

c) Chriſtophorus, geb. 5 Jun. 1717, Kaiſerl. Königl. General-Feld-Marſchall und Innhaber eines Inf. Reg. des H. R. R. General-Feldzeugmeiſter, auch Ritter des Ordens de la Fidelite und des Würtemb. großen Jagd-Ordens.

Von dem letzten Markgrafen Auguſto Georgio Simperto, in Baaden-Baaden, leben noch:

Die Wittwe: Maria Victoria Paulina, Leopoldi Philippi Caroli Joſephi; Herzogs von Aremberg Tochter, geb. 26 Oct. 1714, verm. 7 Dec. 1735, Stern-Creutz-Ordens-Dame 3 May 1736, Wittwe 21 Oct. 1771.

Bruders Ludovici Georgii Simperti, Wittwe: Maria Anna Joſepha Auguſta, Caroli VII, Röm. Kaiſers und Churfürſtens von Bayern zwote Prinzeßin, geb. 7 Aug. 1734, verm. 20 Jul. 1755, Wittwe 22 Oct. 1761.

Tochter erſter Ehe: Eliſabetha Auguſta Franciſca Eleonora, geb. 16 März 1726, Stern-Creutz-Ordens-Dame 3 May 1757.

Bamberg.

Fürſt-Biſchof: Adamus Fridericus Joſephus Maria Franciſcus, Graf von Seinsheim, geb. 16 Febr. 1708, erw. 21 Apr. 1757, Biſchof zu Würzburg 7 Jan. 1755.

Barbian und Belgiojoſo.

Fürſt: Antonius I, geb. 11 Jan. 1693, Ritter des goldnen Bließes und Kaiſ. Kön. wirkl. geh. Staatsrath, ward vom Kaiſer Joſepho II, im Reichs-Fürſten-Stand erhoben im Sept. 1769.

Kinder: 1. Albericus Maria Joſephus Maximus, Marquis von Grumello d' Eſte, geb. 20 Oct. 1725, Grand von Spanien, Kaiſerl. Königl. wirkl. geh. Rath und Cämmerer, General-Feldmarſchall-Lieutenant und Capitain-Lieutenant der Garde dü Corps. Gem. Anna Richarda, Prinzeßin von Eſte und San Martino, geb. 1 Jul. 1735, Stern-Creutz-Ordens-Dame 3 May 1761.

Kinder: a) Barbara Maria Ignatia Thereſia, geb. 10 Febr. 1759.

b) Albericus Hercules Rainaldus Carolus Antonius, geb. 5 May 1760.

c) Beatrix Richarda Thereſia Victoria Joachima, geb. 4 Oct. 1763.

A 5   d) Lu-

d) Ludouicus Franciscus Albericus Antonius Azzonius Vitus Eberhardus, geb. 12 Jan. 1767, Malthefer-Ritter.

e) Hercules Carolus Philibertus Albericus Sigismundus, geb. 24 May 1771.

2. Ludouicus Carolus Maria, geb. 2 Jan. 1728, Malthefer-Ritter, Kaif. Kön. wirkl. geh. Rath und Cämmerer, General-Feldwacht-meister und bevollm. Minifter am Kön. Großbrit. Hofe.

Bruder: Carolus Josephus Franciscus, geb. 14 May 1695, Ritter des St. Mauritii-und St. Lazari-Ordens, auch ehemal. Franz. und Sardin. General-Lieutenant.

Basel.

Fürst-Bischof: Simon Nicolaus Eusebius Ignatius, Graf von Frohberg, geb. 22 Sept. 1693, erw. 26 Oct. 1762.

Bayern.

Churfürst: Maximilianus Josephus, geb. 28 März 1727, succeb. als Churfürst dem Herrn Vater Carolo Alberto, 20 Jan. 1745, Ritter des Span. goldnen Vliesses und Großmeister des adel. St. Michaelis-Ordens.

Gem. Maria Anna Sophia, Augusti III, Königs in Polen und Chur-fürstens zu Sachsen zwote Prinzeßin, geb. 29 Aug. 1728, verm. 13 Jun. 1747, erhält 19 März 1749 den Russ. Kaiserl. St. Catharinen-Orden.

Schwestern: 1. Maria Antonia Walpurga Symphorosa, geb. 18 Jul. 1724. Gem. Fridericus Christianus, Königl. Prinz von Polen und Churfürst zu Sachsen, verm. 13 Jun. 1747, Witt-we 17 Dec. 1763.

2. Maria Anna Josepha Augusta, geb. 7 Aug. 1734. Gem. Ludouicus Georgius Simpertus, Markgraf von Baaden-Baaden, verm. 20 Jul. 1755, Wittwe 22 Oct. 1761.

Vaters Bruders Ferdinandi Mariae, Sohns Clementis Francisci de Paula, Herzogs in Bayern Wittwe: Maria Anna Amalia, Josephi Caroli Emanuelis Augusti, Pfalzgrafens von Sulz-bach Tochter, geb. 22 Jun. 1722, verm. 17 Jan. 1742, Dame des Chur-Pfälzischen St. Elisabethen-Ordens 1766, Wittwe 6 Aug. 1770.

Berchtolds-oder Berchtesgaden.

Gefürsteter Probst: Franciscus Josephus Antonius, Freyherr von Hausen auf Gleichenstorf, geb. 16 May 1715, erw. 3 Aug. 1768.

Böhmen.

Königin: Maria Theresia, f. Römischer Kaiser.

Borghese.

Fürst: Marcus Antonius Franciscus Borghese, Fürst von Sulmo-na und Rossano, geb. 16 Sept. 1730, succ. dem Herrn Vater Camillo Antonio Francisco Borghese, 16 Sept. 1763.   Gem.

Gem. Anna Maria Louisa Virginia, Eberhardi, Herzogs von Salviati Tochter, geb. 9 Oct. 1752, verm. 25 Apr. 1768.

Mutter: Agnes Theresia, Philippi Alexandri Colonna, Fürstens
von Palliano Tochter, geb. 6 Apr. 1702, verm. 4 Nov. 1723,
Wittwe 16 Sept. 1763.

Geschwister: 1. Anna Maria Eleonora, geb. 30 Aug. 1724. Gem.
Michael, Fürst von Francavilla-Imperiali, verm. 25 Febr. 1740.

2. Maria Liuia Gertraud, geb. 22 Sept. 1731. Gem. Aemilius
Carolus, Fürst Altieri, verm. 4 Nov. 1749.

3. Johannes Baptista Franciscus, geb. 17 Jan. 1733.

4. Scipio Franciscus de Paula, geb. 1 Apr. 1734, Cardinal 10
Sept. 1770.

5. Hyppolitus Franciscus Maria, geb. 20 Apr. 1735.

6. Horatius, geb. 24 Sept. 1736, Kön. Span. Brigadier und
Commenthur des Montesa-Ordens.

Vaters Bruder: Jacobus Borghese, geb. 2 Jun. 1698. Gem. eine Nichte des Cardinals Coscia, verm. 1728.

Vaters Bruders Pauli Mariae Pii, Wittwe: N. N.

Sohn: Paulus, Fürst von Borghese-Aldobrandini.

Bourbon-Conde.

Prinz: Ludouicus Josephus, geb. 9 Aug. 1736, succed. seinem
Herrn Vater Ludouico Henrico, 27 Jan. 1740, Ritter der Kön.
Orden, Ober-Hofmeister des Kön. Hauses, General-Lieutenant
und Gouverneur von Bourgogne.

Kinder: a) Ludouicus Henricus Josephus, Herzog von Bourbon, geb.
13 Apr. 1756, Ritter der Kön. Orden, Oberhofm. des Kön. Hauses in Anwartschaft und Gouverneur von Champagne und Brie.
Gem. Louisa Maria Theresia, Ludouici Phillippi, Herz. von Orleans einzige Prinzeßin, geb. 9 Jul. 1750, verm. 24 Apr. 1770.

Kind: N. Herzog von Enghien, geb. 2 Aug. 1772.

b) Louisa Adelheid, Madem. von Bourbon, geb. 5 Oct. 1757.

Vaters Schwester: Louisa Elisabetha, geb. 22 Nov. 1693. Gem.
Ludouicus Armandus, Prinz von Bourbon-Conty, verm. 9
Jul. 1713, Wittwe 4 May 1727.

Bourbon-Conty.

Prinz: Ludouicus Franciscus, geb. 13 Aug. 1717, succed. dem
Herrn Vater Ludouico Armando, 4 May 1727, Ritter der
Kön Orden, General-Lieutenant und Gouverneur von Ober-
und Nieder-Poitou, wird nach erhaltener Päbstlichen Dispen-
sation Malthefer Groß-Prior von Frankreich 15 Apr. 1749.

Sohn: Ludouicus Franciscus Josephus, Graf de la Marche, geb. 1
Sept. 1734, Ritter der Königl. Orden, Französ. General-Lieutenant und Gouverneur von Berry, auch Obrister des Reg. la

Marche-

Marché-Prince und eines Cav. Reg. Gem. Fortunata Maria, von Este, Francisci III, Herzogs von Modena Prinzeßin, geb. 24 Nov. 1731, verm. 27 Febr. 1759.

Mutter: Louisa Elisabetha, Ludouici III, Herzogs von Bourbon Tochter, geb. 22 Nov. 1693, verm. 9 Jul. 1713, Wittwe 4 May 1727.

Brandenburg-Onolzbach, oder Anspach-Bayreuth.

Markgraf: Christianus Fridericus Carolus Alexander, geb. 24 Febr. 1736, succ. dem Herrn Vater Carolo Wilhelmo Friderico, in Anspach 3 Aug. 1757 und Markgraf Friderico Christiano, in Bayreuth 20 Jan. 1769, Ritter des schwarzen Adler-Ordens, Kön. Preuß. General-Lieutenant und Chef eines Dragoner-Regim. Kais. Kön. General-Feld-Wachtmeister und Obrister eines Cüraß. Regim. des Fränkischen Kreises Obrister und General-Feldmarschall, auch Obrister über zwey Cavallerie-Regimenter.

Gem. Friderica Carolina, Francisci Josiae, Herzogs zu Sachsen-Coburg-Saalfeld Tochter, geb. 24 Jun. 1735, verm. 22 Nov. 1754.

Mutter: Friderica Louisa, Friderici Wilhelmi, Königs in Preussen Tochter geb. 28 Sept. 1714, verm. 30 May 1729, Wittwe 3 Aug. 1757.

Von dem letzten Markgrafen von Brandenburg-Bayreuth aus der Culmbachischen Linie Friderico Christiano, (welcher mit Victoria Charlotta, Prinzeßin von Anhalt-Bernburg-Schaumburg vermählt gewesen, aber bereits 1739 von ihr geschieden worden,) leben noch

Bruders Friderici Ernesti, Wittwe: Christina Sophia, Ernesti Ferdinandi, Herzogs von Braunschweig-Bevern Tochter, geb. 22 Jan. 1717, verm. 26 Dec. 1731, Wittwe 23 Jun. 1762, Dame des Ordens de l' Union parfaite.

Vetters Friderici, Wittwe: Sophia Carolina Maria, Caroli, Herzogs von Braunschweig-Wolfenbüttel Tochter, geb. 8 Oct. 1737, verm. 20 Sept. 1759, Wittwe 26 Febr. 1763.

Tochter erster Ehe: Elisabetha Friderica Sophia, geb. 30 Aug. 1732. Gem. Carolus Eugenius, Herzog von Würtemberg-Stutgard, verm. 26 Sept. 1748.

Brandenburg, Churfürst, siehe Preussen.
Braunschweig-Lüneburg, Churfürst, siehe England.
Braunschweig-Wolfenbüttel.

Herzog: Carolus, geb. 1 Aug. 1713, succ. dem Herrn Vater Ferdinando Alberto, 3 Sept. 1735 Ritter des Elephant. und schwarzen Adler-Ordens, auch Senior des Hauses Braunschw. Lüneburg.

Gem. Philippina Charlotta, Friderici Wilhelmi, Königs in Preussen Tochter, geb. 13 März 1716, verm. 2 Jul. 1733. Kin-

Kinder: 1. Carolus Wilhelmus Ferdinandus, Erb-Prinz, geb. 9 Oct. 1735, Kön. Preuß. General der Inf. und Chef eines Reg. zu Fuß, Ritter des blauen Hosenband-und schwarzen Adler-Ordens auch General-Lieutenant und Chef über des Herrn Vaters Truppen. Gem.Augusta, Friderici Ludouici, Prinzens von Wallis älteste Tochter, geb. 11 Aug. 1737, verm. 16 Jan. 1764.

Kinder: a) Augusta Carolina Friderica Louisa, geb. 3 Dec. 1764.

b) Carolus Georgius Augustus, geb. 8 Febr. 1766.

c) Carolina Amalia Elisabetha, geb. 17 May 1768.

d) Georgius Wilhelmus Christianus, geb. 27 Jun. 1769.

e) Augustus, geb. 18 Aug. 1770.

f) Fridericus Wilhelmus, geb. 9 Oct. 1771.

2. Sophia Carolina Maria, geb. 8 Oct. 1737. Gem. Fridericus, Markgraf von Brandenburg-Bayreuth, verm. 20 Sept. 1759, Wittwe 26 Febr. 1763.

3. Anna Amalia, geb. 24 Oct. 1739. Gem. Ernestus Augustus Constantinus, Herzog zu Sachsen-Weimar und Eisenach, verm. 16 März 1756, Wittwe 28 May 1758.

4. Fridericus Augustus, geb. 29 Oct. 1740, eventualer Successor im Schles. Fürstenthum Oels, Ritter des Seraphinen- und schwarzen Adler-Ordens, Königl. Preuß. General-Lieutenant der Inf. Gouverneur zu Cüstrin und Obrister eines Regim. Inf. Dompropst zu Brandenburg und Domherr zu Lübeck. Gem. Friderica Sophia Charlotta Augusta, Caroli Christiani Erdmanni, Herzogs von Würtemberg-Oels Erb-Tochter, geb. 1 Aug. 1751, verm. 6 Sept. 1768.

5. Elisabetha Christina Ulrica, geb. 8 Nov. 1746, war mit Friderico Wilhelmo, Prinzen von Preußen vom 14 Jul. 1765 an verm. ist aber geschieden 1769.

6. Augusta Dorothea, geb. 2 Oct. 1749, Canonißin zu Gandersheim.

7. Maximilianus Julius Leopoldus, geb. 10 Oct. 1752.

Geschwister: 1. Antonius Ulricus, geb. 28 Aug. 1714, Ritter des weissen Adler-Ordens.

Kind: Catharina, geb. 26 Jul. 1741.

2. Elisabetha Christina, geb. 8 Nov. 1715. Gem. Fridericus II, König in Preussen, verm. 12 Jun. 1733.

3. Ludouicus Ernestus, geb. 25 Sept. 1718, Kaiserl. und Reichs- auch Holländ. General-Feld-Marschall, Obrister eines Kaiserl. Inf. Reg. und der Holländ. Garde zu Fuß, Gouverneur zu Herzogenbusch, Johanniter-Commenthur zu Supplinburg, Ritter des weissen und schwarzen Adler-St. Andreas- auch Holländischen St. Georgii-Ordens.

4. Fer-

4. Ferdinandus, geb. 12 Jan. 1721, Ritter des blauen Hosenbands, schwarzen Adler- und Johanniter-Ordens, auch Domdechant zu Magdeburg.

5. Louisa Amalia, geb. 29 Jan. 1722. Gem. Augustus Wilhelmus, Prinz von Preussen, verm. 6 Jan. 1742, Wittwe 12 Jun. 1758.

6. Sophia Antoinetta, geb. 23 Jan. 1724. Gem. Ernestus Fridericus, Herzog vou Sachsen-Coburg-Saalfeld, verm. 23 Apr. 1749.

7. Theresia Natalia, geb. 4 Jun. 1728, Aebtißin zu Gandersheim und Canonißin zu Herforden.

8. Juliana Maria, geb. 4 Sept. 1729. Gem. Fridericus V, König von Dännemark, verm. 8 Jul. 1752, Wittwe 14 Jan. 1766.

Braunschweig-Bevern.

Herzog: Augustus Wilhelmus, geb. 10 Oct. 1715, Königl. Preuß. General der Infanterie, Gouverneur zu Stettin, Ritter des schwarzen Adler-Ordens und Chef eines Regim. zu Fuß.

Geschwister: a) Christina Sophia, geb. 22 Jan. 1717. Gem. Fridericus Ernestus, Markgraf und Prinz von Brandenburg-Culmbach, verm. 26 Dec. 1731, Wittwe 23 Jun. 1762.

b) Fridericus Carolus Ferdinandus, geb. 5 Apr. 1729, Königlicher Dän. General der Inf. und Gouverneur zu Copenhagen und Christianshaven, Ritter des Elephanten-Ordens.

Breslau.

Fürst-Bischof: Philippus Gotthardus, Fürst von Schafgotsch, geb. 3 Jul. 1716, wurde 16 März 1744, von Jhro Königl. Majestät von Preussen zum Coadjutor gesetzt, und im Fürstenstand erhoben, Bischof 28 Sept. 1747, installirt 22 März 1748. Ritter des schwarzen Adler-Ordens.

Brixen.

Fürst-Bischof: Leopoldus Maria Josephus, Graf von Spaur, Pflaumb und Valör, geb. 10 May 1696, Bischof 18 Oct. 1747.

Buchau.

Gefürstete Aebtißin: Maria Carolina, Gräfin von Königseck-Rothenfels, geb. 15 Jun. 1708, erw. 13 Febr. 1742.

Chigi.

Fürst: Sigismundus Maria Josephus, geb. 15 März 1736, succed. dem Herrn Vater Augustino IV, 29 Dec. 1769, beständiger Marschall der Kirche und Protector des Conclave.

Kinder: a) Maria Eleonora Louisa, geb. 10 Jul. 1768.

b) Maria Virginia Constantia Gabriela, geb. 18 Jan. 1770.

c) N. Prinz, geb. 17 May 1771.

Mutter: Julia Augusta, Horatii Francisci, Fürstens von Albani

Tochter,

Tochter, geb. 5 Jan. 1719, verm. 27 Febr. 1735, Wittwe 29 Dec. 1769.

Vaters Schwester: Laura Maria, geb. 20 Oct. 1708. Gem. Cajetanus Buoncampagni, Fürst von Piombino, verm. 7 Nov. 1726.   Chur.

Fürst-Bischof: Johannes Antonius, Freyherr von Federspiel, geb. 23 Oct. 1708, Bischof 6 Febr. 1755.

Clary und Aldringen.

Fürst: Franciscus Wenceslaus, geb. 8 März 1706, Herr der Fideicommiß-Herrschaft Töplitz und Berg-Herrschaft Grauppen, Kais. auch Kaiserl. Königl. wirkl. geh. Rath, Obrister Hof- und Land-Jägermeister in Oesterreich, wird vom Kaiser Josepho II, in den Reichs-Fürsten-Stand erhoben 2 Febr. 1767.

Gem. Maria Josepha, Hermanni Friderici, Fürstens von Hohenzollern Hechingen Tochter, geb. 20 Jan. 1728, verm. 14 Febr. 1747, Stern-Creutz-Ordens-Dame 3 May e. a.

Sohn: Johannes Nepomucenus, geb. 17 Dec. 1753, Kais. Kön. wirkl. Cämmerer.

Cöln.

Churfürst: Maximilianus Fridericus, Graf von Königseck-Rothenfels, geb. 13 May 1708, des H. R. Reichs durch Italien Ertz-Cantzler, Legatus natus des Römischen Stuhls, Churfürst und Erzbischof 6 Apr. 1761, Bischof zu Münster 16 Sept. 1762, Probst des adel. Collegiat-Stifts St. Gereon in Cöln 26 Oct. 1773, Dom-Cämmerer und Capitular zu Strasburg.

Colloredo.

Fürst: Rudolphus Josephus, geb. 6 Jul. 1706, Obrist-Erb-Truchseß im Königreiche Böhmen, Ritter des goldnen Bließes und Groß-Creutz des Hungarischen St. Stephani-Ordens, Kaiserl. auch Kais. Kön. wirkl. geh. Rath, Conferenz-Minister, Reichs-Hof-Vice-Cantzler, wird mit seinen männlichen Nachkommen nach dem Rechte der Erstgeburt vom Kaiser Francisco I, in den Reichs-Fürsten-Stand erhoben 29 Dec. 1763.

Gem. Maria Gabriela Francisca, Gundaccari Thomae, Grafens von Stahremberg Tochter, geb. 28 Nov. 1707, verm. 14 Jul. 1727.

Aeltester Sohn: Franciscus Gundaccarus, geb. 28 May 1731, Ritter des goldnen Bließes, des Toscan. St. Stephani-Ordens Erb-Prior und Ayo des Erzherzogs und Erbprinzens Francisci, Kais. Kön. wirkl. geh. Rath. Gem. Maria Isabella Anna Ludmilla, Henrici Pauli Francisci, Fürstens von Fondi und Grafens zu Mansfeld Tochter, geb. 29 Aug. 1750, verm. 6 Jan. 1771, Stern-Creutz-Ordens-Dame 3 May e. a.

Kind: Rudolphus Josephus, geb. 16 Apr. 1772.

Colon.

Colonna-Palliano.

Fürst: Laurentius Colonna, Fürst des Römisch. Stuhls und Herzog von Palliano ꝛc. geb. 11 Jun. 1723, succ. dem Herrn Vater Fabricio Colonna, 27 Oct. 1755. Grand von Spanien von der ersten Classe, Erb-Groß-Connetable von Neapolis, Ritter des Span. goldnen Bliesses und Sicil. St. Januarii-Ordens.

Gem. Maria Anna d'Este, Caroli Philiberti, Markgrafens von St. Martin Tochter, verm. im Oct. 1759.

Kinder: a) Philippus Josephus Franciscus, geb. 1 Sept. 1760.
b) Fabricius Maria Ludouicus, geb. 26 Sept. 1761.

Geschwister: 1. Maria Victoria Josepha, geb. 8 Jan. 1721. Gem. Joachimus Spinola, Marchese de los Balbezes, Grand von Spanien von der ersten Classe, verm. 8 Sept. 1738.

2. Marcus Antonius Maria, geb. 16 Aug. 1724, Cardinal 24 Sept. 1759. und Päbstl. General-Vicarius 1762.

3. Petrus Maria Josephus Joachimus, geb. 7 Dec. 1725, Cardinal-Priester 26 Sept. 1766.

4. Maria Amalia, geb. 2 März 1728, ist im Kloster Regina Cöli zu Rom seit 16 Oct. 1746.

5. Maria Felicitas, geb. 27 Febr. 1731. Gem. Josephus Alliata Johannes, Fürst von Buchera, zweyter Sohn des Fürstens von Villafranca, verm. 18 Jun. 1752, Wittwe.

6. Lucretia Maria, geb. 29 Jan. 1734, ist ebenfalls im Kloster Regina Cöli seit 3 Oct. 1755, unter dem Namen Maria Clementina.

7. Maria Agatha Agnes, geb. 21 Jan. 1736, gieng im Jun. 1757 in ein Kloster zu Rom.

8. Maria Clara, geb. 4 Sept. 1740.

9. Maria Hyppolita, geb. 23 Sept. 1741.

Vaters Schwester: Agnes Theresia, geb. 6 Apr. 1702. Gem. Camillus Antonius Franciscus, Fürst von Borghese, verm. 4 Nov. 1723, Wittwe 16 Sept. 1763.

Colonna-Stigliano oder Sonnino.

Fürst: Ferdinandus Colonna, geb. im Jan. 1690. Fürst von Stigliano, Sonnino und Galatra, succed. seinem Herrn Vater Julio Colonna, 12 Apr. 1732, des Königs beyder Sicilien Ober-Stallmeister und Ritter des St. Januarii-Ordens.

Kinder: 1. Philippus, geb. im März 1724, Marquis von Castel-nuovo. Kön. Sicil. Cammerjunker.

2. N. Prinzeßin, geb. im Jan. 1728.

3. Nicolaus, geb. - - Päbstl. Cammer-Clericus, Präfectus der Archive und Vicarius St. Laurentii in Damaso.

4. Vincentia, geb. - - wird 13 Sept. 1753, als Nonne im Kloster St. Gaudioso zu Neapolis eingekleidet.

5. N. Prinz, geb. - -

Vaters

Vaters Geschwister: 1. Laurentius, Maltheser-Ritter.
2. Virginia.

Colonna di Sciarra.

Fürst: Julius Caesar Colonna di Sciarra, geb. 13 May 1702, Fürst
von Palestrina seiner Gemahlin wegen und Fürst von Carbo-
gnano, succ. seinem Herrn Vater Francisco Mariae Colonna, 7
Oct. 1750, Ritter des Heil. Geist-Ordens.

Gem. Cornelia Constantia, Urbani Barberini, letzten Fürstens von
Palestrina Erb-Tochter, geb. 19 Decemb. 1716, verm. 12 May
1728, Stern-Creutz Ordens-Dame 14 Sept. 1769.

Kinder: a) Anna Maria, geb. 3 Febr. 1730. Gem. Philippus
Franciscus Antonius, Herzog von Sforza-Cesarini, verm. 4
May 1749, Wittwe 6 Dec. 1764, gieng im Febr. 1774 in
das Kloster der Dominicanerinnen zu Narni.

b) Olympia Maria Magdalena Theresia Caspara Candida Francisca, geb. 7 Dec. 1731, Stern-Creutz-Ordens-Dame 3 May
1750. Gem. Hieronymus Caraccioli, Herzog von Cirifalco,
verm. 1749, Wittwe im Aug. 1766.

c) Urbanus Barberini, geb. 1733, Herzog von Basanello, ward
1738 von seinem mütterl. Groß-Oncle dem Cardinal Francisco Barberini, zum Universal-Erben eingesetzt. Gem. Justina, Prinzeßin von Spinoso, Stern-Creutz-Ordens-Dame 3
May 1770.

d) Carolus Maria Barberini, geb. 5 Sept. 1735, Herzog von
Montellbretto. Gem. Justina, Gräfin von Borromeo, verm.
16 Nov. 1770.
Kind: Maria Theresia Josepha, geb. 21 Sept. 1771.

e) Maria Artemisia, geb. 18 Aug. 1736, ist im Kloster St. Catharina zu Siena, unter dem Namen Anna Constantia, seit
30 Sept. 1753.

f) Maria Felicitas Hyppolita, geb. 1737. Gem. Bartholomaeus, Fürst Corsini, verm. 1758.

Conti.

Fürst: Michael Angelus, geb. 8 May 1739, Herzog von Poli und
Guadagnolo, 1759, durch Resign. seines Herrn Vaters Stepha-
ni, Päbstl. geh. Erb-Cämmerer und Ober-Aufseher des Päbstl.
Hospitii und der Capelle.

Gem. Hieronyma, Valerii Publicola, Fürstens von Santa Croce
Tochter, geb. 1742. verm. 5 Sept. 1759.

Brüder: a) Innocentius, geb. 2 Febr. 1731, Cardinal-Priester
19 Apr. 1773.

b) Marcus Antonius, geb. 1 Sept. 1733, Bischof zu Pesaro
1774.

Corſini.

Fürſt: Bartholomaeus, geb. im Nov. 1729, ſucc. ſeinem Herrn Vater Philippo Mariae Joſepho, 20 Nov. 1767, Kaiſ. Königl. wirkl. Cämmerer.

Gem. Maria Felicitas Barberini, Julii Caeſaris Colonna, Fürſtens von Paleſtrina Tochter, geb. 1737, verm. 1758.

Kinder: 1. N. Prinzeßin, geb. 9 Aug. 1759.
: 2. Maria Clementina, geb. 23 Nov. 1760.
3. Maria Thereſia Anna, geb. 15 Nov. 1761.
4. Maria Octauia Anna, geb. 11 März 1763.
5. 6. 7. N. N. N. Prinzeßinnen.
8. N. Prinz, geb. 29 Oct. 1767.
9. Philippus Maria Joſephus, geb. 27 März 1769.
10. N. Prinz, geb. 23 Oct. 1771.

Geſchwiſter: a) Maria Victoria, geb. im Dec. 1728. Gem. Liuio Odeſchalchi, Herzog von Bracciano, verm. 10 Apr. 1747.

b) Laurentius Maria Clemens, geb. 26 Nov. 1730, Maltheſer-Groß-Prior von Piſa, 1739, Kaiſ. Kön. wirkl. Cämmerer 1754, auch des Großherzogs von Toſcana wirkl. geh. Rath 1765, und Obriſt-Hofmeiſter bey deſſen Gemahlin 1769.

c) Maria Thereſia, geb. 1 Oct. 1732. Gem. Franciſcus Caietani, Herzog von Sermonetta, verm. 6 Nov. 1757.

d) Andreas Maria Ludouicus, geb. 11 Jun. 1735, Cardinal 24 Sept. 1759.

e) Lucretia Maria Roſa, geb. 4 Jun. 1740. Gem. Joſephus Maria, Herzog von Altems, verm. 3 Oct. 1763.

f) Johanna Maria Catharina, geb. 14 Jul. 1742. Gem. Joſephus, Herzog Mattei, verm. 20 Apr. 1765.

Vaters Schweſtern: 1. Lucretia, geb. 1707, iſt im Kloſter St. Gaggio unter dem Namen Maria Electa, ſeit 1727.
2. Maria Eliſabetha, geb. 1709. Gem. Carolus, Marcheſe Ginori, verm. 1730, Wittwe 11 Apr. 1757.

Corvey.

Gefürſteter Abt: Philippus (Leopoldus,) Freyherr von Spiegel zum Dieſenberg, aus dem Hauſe Ober-Klingenburg, geb. 21 Aug. 1715, erw. 6 März 1758.

Coſtnitz.

Fürſt-Biſchof: Franciſcus Conradus Caſimirus Ignatius von Robt, geb. 10 März 1706, erw. 9 Nov. 1750, Cardinal 5 Apr. 1756, Groß-Creutz des Hungar. St. Stephani-Ordens 5 Nov. 1765.

Curland und Semgallien.

Herzogl: Carolus, Auguſti III. Königs von Polen dritter Prinz, geb. 13 Jul. 1733, Ritter des Ruſſ. St. Andreas-und Poln. weiſſen

weissen Abler-Ordens, auch Groß-Creutz des Chur-Sächsischen militar. St. Henrici-Ordens, erw. 1758, belehnt zu Warschau 8 Jan. 1759.

Dännemark.

König: Christianus VII, geb. 29 Jan. 1749, succeb. dem Herrn Vater Friderico V, 14 Jan. 1766, gekrönt 1 May 1767, Ritter des Seraphinen-Ordens. Vereinigt den Großfürstl. einseitigen und gemeinschaftlichen Antheil des Herzogthums Holstein mit seinen Staaten, und überläßt dafür die Grafschaften Oldenburg und Delmenhorst der Herzogl. Holstein-Gottorpischen Linie 16 Nov 1773.

Gem. Carolina Mathilda, Friderici Ludouici, Prinzens von Wallis jüngste Tochter, geb. 22 Jul. 1751, verm. 8 Nov. 1766.

Kinder: 1. Fridericus, Cronprinz, geb. 28 Jan. 1768.
2. Louisa Augusta, geb. 7 Jul. 1771.

Vollbürtige Schwestern: a) Sophia Magdalena, geb. 3 Jul. 1746. Gem. Gustauus III, König von Schweden, verm. 4 Nov. 1766.

b) Wilhelmina Carolina, geb. 10 Jul. 1747. Gem. Wilhelmus, Erb-Prinz von Hessen-Cassel und Graf von Hanau-Münzenberg, verm. 1 Sept. 1764.

c) Louisa, geb. 30 Jan. 1750. Gem. Carolus, Prinz von Hessen-Cassel, verm. 30 Aug. 1766.

Stief-Mutter: Juliana Maria, Ferdinandi Alberti, Herzogs von Braunschweig-Wolfenbüttel Tochter, geb. 4 Sept. 1729, verm. 8 Jul. 1752, Wittwe 14 Jan. 1766.

Stief-Bruder: Fridericus, geb. 11 Oct. 1753, Coadjutor des Bißthums Lübeck seit 4 Oct. 1756, resign. 1773. Gem. Sophia Friderica, Ludouici, Prinzens von Mecklenburg-Schwerin Tochter, geb. 24 Aug. 1758, verm. 21 Oct. 1774.

Groß-Vaters Schwester: Charlotta Amalia, geb. 6 Oct. 1706.

Deutschen Ordens Groß-Meister.

Carolus Alexander, Herzog von Lothringen und Bar, geb. 12 Dec. 1712, erw. 4 May 1761. Siehe Römischer Kaiser.

Coadjutor: Maximilianus Franciscus, Kais. Königl. Prinz von Hungarn und Böhmen, Erzherzog zu Oesterreich, geb. 8 Dec. 1756, erw. 3 Oct. 1769.

Dietrichstein.

Fürst: Carolus Franciscus Xauerius, geb. 28 Apr. 1702, succeb. dem Herrn Vater Walthero Francisco Xauerio Antonio, 3 Nov. 1738, Obrister Erb-Land-Mund-Schenk in Kärnthen und Obrister Erb-Land-Jägermeister in Steyermark, Ritter des goldnen Bließes, Kaiserl. Königl. wirkl. geh. Rath.

Kinder: 1. Johannes Baptista Carolus Waltherus, Graf, geb. 27 Jun.

1728, Ritter des goldnen Vliesses, Jhró Maj. des Röm. Kaisers
Obrist-Stallmeister, auch beyder Kais. Kön. Majestäten wirkl.
geh. Rath. Gem. Christina, Johannis Josephi Antonii, Grafens
von Thun zu Tetschen Tochter, geb. 25 Apr. 1738, verm. 30
Jan. 1764.

Kinder: a) Franciscus Josephus, geb. 28 Apr. 1767.
b) Maria Theresia, geb. 11 Aug. 1768.
c) Louisa Josepha, geb. 6 Febr. 1770.

2. Franciscus de Paula Carolus, geb. 13 Dec. 1731, Kais. Königl.
wirkl. Cämmerer und Obrist-Silber-Cämmerer. Gem. Charlotta, Simonis, Freyherrns von Reischach Tochter, geb. 8 Oct.
1740, verm. 25 Apr. 1770.

3. Maria Josepha, geb. 2 Nov. 1736, Stern-Creutz-Ordens-Dame
14 Sept. 1756. Gem. Ernestus Guido, Graf von Harrach, vermählt 20 May 1754.

Schwester: Maria Aloysia, geb. 21 Apr. 1700. Gem. Michael
Wenceslaus, Graf von Althan, verm. 1729, Wittwe 25 Jul.
1738.

Vaters Bruders Jacobi Antonii, Kinder: 1. Guidobaldus Josephus, geb. 9 Dec. 1717, Graf, Kaiserl. Königl. wirkl. Cämmerer. Er war vermählt 1) mit Maria Gabriela, Gräfin von Hen-
kel, seit 4 Nov. 1743. 2) mit Maria Anna, Gräfin von Nothal, seit
1749, Wittwer 1748 und im Jan. 1767.

2. Carolina Posthuma, geb. 20 Febr. 1722, Stern-Creutz-Ordens-
Dame 14 Sept. 1744. Gem. Leopoldus Antonius, Graf von
Salm-Reiferscheld, verm. 2 Febr. e. a. Wittwe 16 Jan. 1769.

Doria-Landi, Pamphili und Melfi.

Fürst: Andreas, geb. im März 1744, succ. seinem Herrn Vater
Johanni Andreae IV, Doria, 8 Dec. 1764, Grand von Spanien
von der ersten Classe.

Gem. Leopoldina Maria, Ludouici Victoris Amadei, Fürstens von
Savoyen-Carignan Tochter, geb. 21 Dec. 1744, verm. 6 May
1767.

Kinder: 1. Johannes Andreas Josephus, geb. 14 Jul. 1768.
2. Camilla Christina Eleonora, geb. 15 Nov. 1770.

Geschwister: a) N. Prinzeßin. Gem. Balthasar Erba-Odeschalchi,
ältester Prinz des Herzogs von Bracciano.

b) Antonius Maria, Protonotarius Apostolicus und Vicarius von
St. Maria Maggiore.

c) Josephus, geb. 1750, Erzbischof von Seleucia und Päbstl. Nuncius am Kön. Franz. Hofe, Großkreutz des Span. Ordens Caroli III.

d) Vincentius Maria, geb. 24 May 1756.

e) f)

e) f) und g) N. N. N. Prinzeßinnen.

Vaters Bruders Philippi Wittwe: Blanca Maria Sforza-Visconti, Markgräfin und Erbin von Caravaggio, Johannis Wilhelmi Josephi, Grafens von Sinzendorf Tochter, geb. im Nov. 1717, verm. 29 Apr. 1737, Wittwe im Oct. 1768.

Kinder: a) Franciscus Maria, geb. 6 Apr. 1738. Gem. Johanna Liuia Anna Josepha Theresia, Lazari Doria, Herzogs von Tursis Tochter, geb. 29 Sept. 1743, verm. 1758.

b) c) und d) N. N. N. Töchter.

Vaters Geschwister: 1) Camillus, ein Abt, resignirte seine Abtey seinem Neven Josepho.

2) Anna, geb. 22 Jan. 1722. Gem. Josephus Spinelli, Herzog von Caivano, verm. 15 Oct. 1741.

Doria-Tursis.

Ist im Aug. 1767 mit Herzog Lazaro ausgestorben, es leben noch deffen Töchter: 1. Johanna Liuia Anna Josepha Theresia, geb. 29 Sept. 1743. Gem. Franciscus Maria Doria, Marquis von Caravaggio, verm. 1758.

2. N. Prinzeßin. Gem. Vincentius Caraffa, Fürst della Roccella, verm. 1761.

Eichstädt.

Fürst-Bischof: Raymundus Antonius, Graf von Strasoldo, geb. 29 Apr. 1718, erw. 5 Jul. 1757.

Elwangen.

Gefürsteter Probst: Antonius Ignatius Josephus, Graf Fugger zu Glöt rc. geb. 3 Nov. 1711, erw. 29 März 1756. Bischof zu Regensburg 18 Jan. 1769.

Coadjutor: Clemens Wenceslaus, Herzog zu Sachsen, Churfürst zu Trier, geb. 28 Sept. 1739, erw. als Coadjutor 30 Apr. 1770.

England oder Großbritannien.

König: Georgius III, geb. 4 Jun. 1738, succ. seinem Herrn Groß-Vater Georgio II, als König und Churfürst zu Braunschweig-Lüneburg 25 Oct. 1760.

Gem. Sophia Charlotta, Caroli Ludouici Friderici, Herzogs von Mecklenburg-Strelitz Tochter, geb. 19 May 1744, verm. 8 Sept. 1761.

Kinder: 1 Georgius Augustus Fridericus, Prinz von Wallis und Churprinz von Braunschweig-Lüneburg, geb. 12 Aug. 1762, Ritter des blauen Hosenband-Ordens.

2. Fridericus, geb. 16 Aug. 1763, Bischof von Osnabrück, postul. 27 Febr. 1764, Ritter des blauen Hosenband-und Bath-Ordens.

3. Wilhelmus Henricus, geb. 21 Aug. 1765, Ritter des Distel-Ordens.

B 3 4. Char.

4. Charlotta, geb. 29 Sept. 1766.
5. Eduardus, geb. 2 Nov. 1767.
6. Augusta Sophia, geb. 8 Nov. 1768.
7. Elisabetha, geb. 22 May 1770.
8. Ernestus Augustus, geb. 5 Jun. 1771.
9. Augustus Fridericus, geb. 27 Jan. 1773.
10 Adolphus Fridericus, geb. 24 Febr. 1774.

Geschwister: 1. Augusta, geb. 11 Aug. 1737. Gem. Carolus Wilhelmus Ferdinandus, Erb-Prinz von Braunschweig-Wolfenbüttel, verm. 16 Jan. 1764.

2. Wilhelmus Henricus, geb. 25 Nov. 1743, Herzog von Gloucester rc. Ritter des blauen Hosenband-Ordens, General der Inf. und Obrister des ersten Garde-Regim. zu Fuß.

3. Henricus Fridericus, geb. 7 Nov. 1745, Herzog von Cumberland rc. Ritter des blauen Hosenband-Ordens und Vice-Admiral.

4. Carolina Mathilda, Posthuma, geb. 22 Jul. 1751. Gem. Christianus VII, König in Dännemark, verm. 8 Nov. 1766.

Vaters Schwester: Amalia Sophia, geb. 10 Jan. 1711.

Essen.

Gefürstete Aebtißin: Francisca Christina, Pfalzgräfin bey Rhein, Aebtißin zu Essen und Thorn, geb. 16 May 1696, zu Essen erw. 15 Oct. 1726, Dame des Pfälz. St. Elisabethen-Ordens.

Florenz, siehe Toscana.

Frankreich.

König: Ludouicus XVI, geb. 23 Aug. 1754, succ. seinem Herrn Großvater Ludouico XV, 10 May 1774, Ritter des Span. goldnen Bliesses.

Gem. Maria Antonia Anna Josepha Johanna, Francisci I, Röm. Kaisers sechste Prinzeßin, geb. 2 Nov. 1755, verm. 16 May 1770.

Geschwister: a) Ludouicus Stanislaus Xaverius, Graf von Provence, geb. 17 Nov. 1755, Ritter der Kön. Franz. Orden, des Span. goldnen Bliesses, und Großmeister der Kön. Orden St. Lazari und U. L. F. vom Berge Carmel, auch Obrister des Kön. Carab. Regim. Gem. Maria Josephina Louisa, Victoris Amadei III, Königs von Sardinien älteste Prinzeßin, geb. 2 Sept. 1753, verm. 14 May 1771.

b) Carolus Philippus, Graf von Artois, geb. 9 Oct. 1757, Ritter der Kön. Franz. Orden und des Span. goldnen Bliesses, General-Colonel der Schweizer und Graubündter 1771, Obrister des Drag. Reg. Roial-Navarre. Gem. Maria Theresia, Victoris Amadei III, Königs von Sardinien zwote Prinzeßin, geb. 31 Jan. 1756, verm. 16 Nov. 1773.

c) Ma_

c) Maria Adelheid Clotildis Xaueria, geb. 23 Sept. 1759, führt den Titel Madame. Zuk. Gem. Carolus Emanuel Ferdinandus Maria, Prinz von Piemont.

d) Elisabetha Philippina Maria Helena, geb. 3 May 1764.

Großvaters Ludouici XV, Kinder: 1. Maria Adelheid, geb. 23 März 1732.

2. Victoria Louisa Maria Theresia, geb. 11 May 1733.

3. Sophia Philippina Elisabetha Justina, geb. 27 Jul. 1734.

4. LouisaMaria, geb. 15 Jul. 1737, Carmeliterin zu St. Denis unter dem Namen Theresia Augustina von St. Xaverius, eingekleidet 10 Sept. 1770, thut Profeß 1 Oct. 1771, Superiorin daselbst im Dec. 1773.

Königs Ludouici XIV, natürliche Descendenten von Diana Francisca Athanasia von Rochechouart, verm. Marquise von Montespan:

1. Ludouici Augusti, Herzogs von Maine,

Sohn: Ludouicus Carolus de Bourbon, Graf von Eu, geb. 15 Oct. 1701, Pair von Frankreich, Ritter der Kön. Franz. Orden, General-Lieutenant und Gouverneur von Languedoc.

2. Ludouici Alexandri, Grafens von Toulouse,

Sohn: Ludouicus Johannes Maria de Bourbon, Herzog von Penthievre, geb. 16 Nov. 1725, Pair, Groß-Admiral und Ober-Jägerm. von Frankreich, Ritter der Kön. Orden und des goldnen Vliesses, General-Lieutenant und Gouverneur von Bretagne,

Kind: Louisa Maria Adelheid, geb. 13 März 1753. Gem. Ludouicus Philippus Josephus, Herzog von Chartres, verm. 5 Apr. 1769. (s. den Art. Orleans.)

Sohns Ludouici Alexandri Josephi Stanislai de Bourbon, Prinzens von Lamballe Wittwe: Maria Theresia Louisa, Ludouici Victoris Amadei, Fürstens von Savoyen-Carignan Tochter, geb. 8 Sept. 1749, verm. 31 Jan. 1767, Wittwe 6 May 1768.

Freysingen.

Fürst-Bischof: Ludouicus Josephus, Freyherr von Welden, auf Hochaltingen und Laubheim, geb. 11 May 1727, des adel. St. Michaelis-Ordens Großcreutz, erw. 23 Jan. 1769.

Fürstenberg-Möskirch.

Diese Linie ist mit dem Fürsten Carolo Friderico Nicolao, 7 Sept. 1744 ausgestorben. Es lebt noch dessen Wittwe: Maria Gabriela Felicitas, Leopoldi, Herzogs von Holstein-Wiesenburg Tochter, geb. 21 Oct. 1716, verm. 23 May 1735, Stern-Creutz-Ordens-Dame c. a.

Fürstenberg-Stülingen.

Fürst: Josephus Wenceslaus Johannes Nepomucenus, geb. 21 März 1728, succ. dem Herrn Vater, Josepho Wilhelmo Ernesto, 29

Apr. 1762, Kaif. Königl. wirkl. Cämmerer und Innhaber eines
Inf. Reg. des Reichsgräfl. Collegii in Schwaben Condirector.
Gem. Maria Josepha, Josephi Wilhelmi, Grafens von Truchses-
Trauchburg und Friedberg Tochter, geb. 30 März 1731, verm.
21 Jul. 1748, Stern-Creutz-Ordens-Dame 3 May 1750.
Kinder: a) Josepha Maria Benedicta, geb. 14 Nov. 1756.
  b) Josephus Maria Benedictus, Erb-Prinz, geb. 9 Jan. 1758.
  Zuk. Gem. Maria Theresia, Alexandri Ferdinandi, Fürstens
  von Thurn und Taxis älteste Prinzeßin, geb. 28 Febr. 1755,
  verl. 15 Nov. 1772.
  c) Carolus Joachimus, geb. 31 März 1771, Kaif. Kön. Obrister
  des Fürstl. Fürstenb. Erb-Inf. Reg. auch des Schwäb. Krei-
  fes Obrister und Innhaber einer Comp. des Hohenzoll. Kreis-
  Cuir. Regim.
Geschwister: 1. Carolus Egon, Fürst, geb. 7 May 1729, Ritter des
goldnen Bliesses, Kaif. Kön. wirkl. geh. Rath, Präsident des Lan-
des-Gubernii in Böhmen und Obrist-Burggraf zu Prag. Gem.
Maria Josepha, Francisci Leopoldi, Grafens von Sternberg
Tochter, geb. 24 Jun. 1735, verm. 25 Jun. 1753, Stern-Creutz-
Ordens-Dame 14 Sept. 1754.
Kinder: a) Philippus Maria Josephus, geb. 21 Oct. 1755.
  b) Carolus Josephus Aloysius, geb. 26 Jun. 1760, des Schwäb.
  Kreises Obrister, auch Kaif. Kön. Hauptmann des Fürstenberg. Inf. Regim.
2. Maria Emanuela, geb. 25 Dec. 1733, Carmeliterin unter dem Namen Emanuela Josepha a Corde Mariae, bey St. Joseph zu Prag
2 Oct. 1753.
3. Maria Theresia, geb. 4 Sept. 1736, Ursulinerin auf dem Hrad-
schin zu Prag, unter dem Namen Anna Josepha Maria von allen
Heiligen, thut Profeß 24 Febr. 1758.
Stiefmutter: Maria Anna, Gräfin von der Wahl, geb. 22 Sept.
1736, verm. 4 Jan. 1761, Wittwe 29 Apr. 1762.
Vaters Bruders Ludouici Augusti Egonis, Posthumi, Wittwe: Maria Anna Josepha, Maximiliani Josephi, Grafens von Fugger-Zünneberg Tochter, und Johannis Caroli Friderici, Grafens von
Oettingen-Wallerstein Wittwe, geb. 21 May 1719, verm. 8
Nov. 1745, abermals Wittwe 10 Nov. 1759.
Kinder: a) Joachimus Egon Franciscus, geb. 22 Dec. 1749, Kaiferl.
  Kön. wirkl. Cämmerer. Gem. Maria Theresia Sophia Wal-
  purgs, Philippi Caroli Dominici, Grafens von Oettingen-
  Wallerstein Tochter, geb. 9 Dec. 1751, verm. 18 Aug. 1772,
  Stern-Creutz-Ordens-Dame 3 May 1773.
  b) Carolus Fridericus Josephus, geb. 24 Apr. 1751, Kaif. Kön.
    wirkl.

wirkl. Cämmerer und des Schwäb. Kreises Obrister, Innhaber einer Comp. sowohl unter dem Kaiſ. Kön. Langlois. als
Gräfl. Fugger. Kreis-Inf. Reg.

Fulda.

Fürſt-Biſchof und Abt: Henricus, Freyherr von Bibra, geb. 22
Aug. 1711, der Röm. Kaiſerin Erz-Canzler, erw. 22 Oct. 1759.

Gallean.

Fürſt: Carolus Hyacinthus Antonius, geb. 18 Sept. 1737, Röm.
Fürſt, wird vom Kaiſ. Francisco I, 15 Sept. 1761, mit allen ſeinen Nachkommen in den Reichs-Fürſten-Stand erhoben, Chur-
Pfälz. Groß-Hofm. und wirkl. geh. Rath, Ritter des Poln. weiſſen Adler- und St. Stanislai-Pfälz. St. Huberti- und Heſſ. goldnen Löwen-Ordens, auch Commandeur des Kön. Sardin. St.
Mauritii- und St. Lazari-Ordens.

Gem. Maria Francisca Henrietta, Johannis Josephi, Herzogs von
Montpeſat Tochter, geb. 29 May 1739, verm. 1 Sept. 1758,
Stern-Creutz-Ordens-Dame 3 May 1762, auch Dame des
Dän. Ordens de l' Union parfaite 1769.

Kinder: 1. Antoinetta Friderica Aurora, geb. 6 May 1761.
2. Cornelia Henrietta Sophia, geb. 24 März 1763.

Gandersheim.

Gefürſtete Aebtißin: Thereſia Natalia, Prinz. von Braunſchw. Lüneburg, geb. 4 Jun. 1728, zur Aebtißin poſtulirt 4 Jun. 1767.

Genua.

Doge: Petrus Franciscus Grimaldi, erw. 26 Jan. 1773, gekrönt 6
Febr. e. a.

Guaſtalla.

Iſt mit dem Herzoge Josepho Maria, 15 Aug. 1746, ausgeſtorben.
Es lebet noch deſſen Bruders Antonii Ferdinandi, Wittwe:
Theodora, Philippi, Landgrafens von Heſſen-Darmſtadt Tochter, geb. 6 Febr. 1706, verm. 23 Febr. 1727, Wittwe 19 Apr.
1729, Stern-Creutz-Ordens-Dame 14 Sept. 1735, auch Dame
des Chur-Pfälz. St. Eliſabeth-Ordens.

Von dem jetzigen Herzoge von Guaſtalla ſiehe unter Parma.

Hatzfeld.

Fürſt: Franciscus Philippus Adrianus, geb. 2 März 1717, Ritter
des ſchwarzen Adler-Ordens, Reichs-Fürſt 25 May 1748.

Gem. Bernhardina Maria Thereſia, Josephi Francisci Bonauen-
turae, Gräfens von Schönborn zu Wieſentheyd Tochter, geb. 13
Sept. 1737, verm. 22 Nov. 1764.

Kind: Fridericus Carolus Franciscus Caietanus, Erbprinz, geb. 7
Aug. 1773.

Geſchwiſter ſo noch im Gräflichen Stande ſind:

B 5

1. Maria

1. Maria Anna Johanna, geb. 31 Dec. 1711. Gem. Carolus Gotthardus, Graf u. Semper-Frey von Schafgotsch, verm. 13 Jun. 1731.
2. Carolus Fridericus Antonius, geb. 14 Sept. 1718, Ritter des goldnen Blieſſes und Groß-Creutz des Hungar. St. Stephani-Ordens, Kaiſ. K. wirkl. geh. Rath und diriqir. Staats-Miniſter innländiſcher Geſchäfte. Gem. Maria Charlotta Friderica Catharina, Johannis Francisci, Graf. von Oſtein Tochter, geb. 25 Nov. 1733, verm. 16 Nov. 1755, Stern-Creutz-Ordens-Dame 3 May 1757.
3. Maria Joſepha, geb. 24 März 1720, Scholaſterin zu Eſſen und Canoniſſin zu Thorn, Pröbſtin des abel. Stifts zu Rellinghauſen, Stern-Creutz-Ordens-Dame 3 May 1764.

Herforden.

Gefürſtete Aebtiſſin: Friderica Charlotta Leopoldina Louiſa, Prinzeßin von Preuſſen, Markgräfin von Brandenburg, des Markgrafens Henrici älteſte Prinzeßin, geb. 18 Aug. 1745, Coadjutorin erw. 7 März 1755, Aebtiſſin 13 Oct. 1764.

Coadjutorin: Christina Charlotta, Prinzeßin von Heſſen-Caſſel, des Landgrafens Maximiliani, hinterlaſſene zwote Tochter, geb. 11 Febr. 1725, zur Coadjutorin erw. 12 Jul. 1766.

Heſſen-Caſſel.

Landgraf: Fridericus II, geb. 14 Aug. 1720, succ. dem Herrn Vater Wilhelmo VIII, 31 Jan. 1760, wird 1749 Römiſch-Catholiſch und declarirt ſolches 1754, Ritter des blauen Hoſenband-und ſchwarzen Adler-Ordens, Kön. Preuß. General-Feldmarſchall und Obriſter eines Inf. Reg.

Zwote Gem. Philippina Augusta Amalia, Friderici Wilhelmi, Markgrafens zu Brandenburg-Schwedt jüngſte Tochter, geb. 10 Oct. 1745, verm. 10 Jan. 1773.

Kinder erſter Ehe: 1. Wilhelmus, geb. 3 Jun. 1743, Erbprinz und Graf von Hanau-Münzenb. Ritter des Elephanten-Heſſ. goldnen Löwen-pour la Vertü Militaire-und de l' Union parfaite Ordens. Gem. Wilhelmina Carolina, Friderici V, Kön. von Dännemark zwote Prinzeßin, geb. 10 Jul. 1747, verm. 1 Sept. 1764, Dame des Kön. Dän. Haus-Ordens im Oct. 1774.

Kinder: a) Maria Friderica, geb. 14 Sept. 1768.
　　b) Carolina Amalia, geb. 11 Jul. 1771.
　　c) Fridericus, geb. 8 Aug. 1772.

2. Carolus, geb. 19 Dec. 1744, Kön. Dän. General-Feldmarſchall, Statthalter in Schleſwig und Holſtein, commandir. General in Norwegen, auch Chef eines Heſſen-Caſſel. Inf. Reg. Ritter des Elephanten-Heſſ. goldnen Löwen-pour la Vertü Militaire und de l' Union parfaite Ordens. Gem. Louiſa, Friderici V, Königs

von Dännemark jüngste Prinzeß. geb. 30 Jan. 1750, verm# 30
Aug. 1766, Dame des Kön. Dän. Haus Ordens im Oct. 1774.
Kinder: a) Maria Sophia Friderica, geb. 28 Oct. 1767.
 b) Fridericus, geb. 24 May 1771.
 c) Juliana Louisa Amalia, geb. 19 Jan. 1773.
3. Fridericus, geb. 11 Sept. 1747, Holländ. General-Lieutenant
 und Inspector der Cav. Obrister eines Heß. Cassel. Drag. Regim. auch Ritter des Heß. goldnen Löwen. pour la Vertü Militaire. und de l'Union parfaite Ordens.
Vaters Bruders Maximiliani, Wittwe: Friderica Charlotta, Ernesti Ludouici, Landgrafens von Hessen-Darmstadt Tochter,
 geb. 8 Sept. 1698, verm. 28 Nob. 1720, Wittwe 8 May 1753.
Kinder: a) Ulrica Friderica Wilhelmina, geb. 31 Oct. 1722, bekömmt den Rußisch. St. Catharinen-Orden im Jan. 1762.
 Gem. Fridericus Augustus, Herzog von Holstein-Gottorp und
 Bischof zu Lübeck, verm. 21 Nob. 1752.
 b) Christina Charlotta, geb. 11 Febr. 1725, Coadjutorin zu Her-
 forden seit 12 Jul. 1766.
 c) Wilhelmina, geb. 23 Febr. 1726, erhält 2 Jun. 1765, den
 Ruß. St. Catharinen-Orden. Gem. Fridericus Henricus
 Ludouicus, Kön. Prinz in Preussen, verm. 25 Jun. 1752.
Groß-Vaters-Bruders-Kinder siehe Hessen-Philippsthal.

Hessen-Darmstadt.

Landgraf: Ludouicus IX, geb. 15 Dec. 1719, succeed. seinem Herrn
 Vater Ludouico VIII, 17 Oct. 1768, regier. Graf von Hanau-
 Lichtenberg, Kaif. Kön. General-Feldzeugm. und Ruß. Kaiserl.
 General-Feldmarschall, Ritter des schwarzen Adler-St. Andreas-und St. Alexander-Newsky-Ordens.
Kinder: a) Carolina, geb. 2 März 1746, Dame des Ruß. St. Ca-
 tharinen-Ordens. Gem. Fridericus Ludouicus. Wilhelmus
 Christianus, Landgraf von Hessen-Homburg, verm. 27 Sept.
 1768.
 b) Friderica Louisa, geb. 16 Oct. 1751, Dame des Ruß. St.
 Catharinen-Ordens. Gem. Fridericus Wilhelmus, Prinz
 von Preussen und Chur-Prinz von Brandenburg, verm. 14
 Jul. 1769.
 c) Ludouicus, Erbprinz, geb. 14 Jun. 1753, Ruß. Kaif. Generalmajor, Holländ. Obrister und Ritter des Churpfälz.
 St. Huberti-Ordens.
 d) Amalia Friderica, geb. 20 Jun. 1754, war Decanißin zu
 Quedlinburg, Dame des Ruß. St. Catharinen-Ordens.
 Gem. Carolus Ludouicus, Erbprinz von Baaden-Durlach,
 verm. 15 Jul. 1774.
            e) Nata-

e) Natalia Alexejewna, (sonst Wilhelmina,) geb. 25 Jun. 1755, Dame des Russ. St. Catharinen-Ordens, nimmt 26 Aug. 1773, die Griechische Religion an. Gem. Paulus Petrowitsch, Großfürst von Rußland, verm. 10 Oct. e. a.

f) Louisa, geb. 30 Jan. 1757, Canonißin zu Quedlinburg, Dame des Russ. St. Catharinen-Ordens.

g) Fridericus Ludouicus, geb. 10 Jun. 1759, Ritter des Churpfälz. St. Huberti-Ordens.

h) Christianus Ludouicus, geb. 25 Nov. 1763.

Geschwister: 1. Georgius Wilhelmus, geb. 21 Jul. 1722, Reichs-auch Kais. Kön. General der Cav. und Innhaber eines Kaiserl. Kön. Drag. Regim. Gouverneur zu Philippsburg, commandirender General-Feldmarschall des Ober-Rheinisch. Kreises und Ritter des weissen Adler-Ordens. Gem. Maria Louisa Albertina, Christiani Caroli Reinhardi, Grafens von Leiningen-Heydesheim Tochter, geb. 16 März 1729, verm. 16 März 1748.

Kinder: a) Ludouicus Georgius Carolus, geb. 27 März 1749, Großcreutz des Hungar. St. Stephani-Ordens und Reichs-General-Feldmarschall-Lieutenant, auch Hessen-Darmstädt. und des Ober-Rhein. Kreises Generalmajor.

b) Friderica Carolina Louisa, geb. 20 Aug. 1752. Gem. Carolus Ludouicus Fridericus, Prinz von Mecklenburg-Strelitz, verm. 18 Sept. 1768.

c) Georgius Carolus, geb. 14 Jun. 1754, des Johanniter-Ordens Ritter.

d) Charlotta Wilhelmina Christiana Louisa, geb. 5 Nov. 1755.

e) Carolus Wilhelmus Georgius, geb. 16 May 1757.

f) Fridericus Georgius Augustus, geb. 21 Jul. 1759.

g) Louisa Carolina Henrietta, geb. 15 Febr. 1761.

h) Maria Wilhelmina Augusta, geb. 14 Apr. 1765.

2. Carolina Louisa, geb. 11 Jul. 1723. Gem. Carolus Fridericus, regier. Markgraf von Baaden, verm. 28 Jan. 1751.

Vaters Schwester: Friderica Charlotta, geb. 8 Sept. 1698. Gem. Maximilianus, Prinz von Hessen-Cassel, verm. 28 Nov. 1720, Wittwe 8 May 1753.

Groß-Vaters Bruders Philippi Tochter: Theodora, geb. 6 Febr. 1706, Stern-Creutz- und Elisabethen-Ordens-Dame. Gem. Antonius Ferdinandus, Herzog von Guastalla, verm. 23 Febr. 1727, Wittwe 19 Apr. 1729.

Groß-Vaters Bruders Philippi, Sohns Leopoldi, Wittwe: Henrietta Maria, Rainaldi, Herzogs von Modena Tochter und Antonii Francisci, Herzogs von Parma Wittwe, geb. 27 May 1702, verm. 2 Sept. 1740, abermals Wittwe 26 Oct. 1764, Dame des Churpfälz. St. Elisabethen-Ordens 19 Nov. 1767.

Hessen-

Heſſen-Homburg.

Landgraf: Fridericus Ludouicus Wilhelmus Chriſtianus, geb. 30 Jan. 1748, ſucc. dem Herrn Vater Friderico Carolo Ludouico Wilhelmo, 7 Febr. 1751, tritt die Regierung an 30 Jan. 1766, Ritter des weiſſen Adler-und St. Huberti-Ordens.

Gem. Carolina, Ludouici IX, Landgrafens von Heſſen-Darmſtadt älteſte Tochter, geb. 2 Märʒ 1746, verm. 27 Sept. 1768, Dame des Ruſſ. St. Catharinen-Ordens.

Kinder: a) Fridericus Ludouicus, Erbprinʒ, geb. 30 Jul. 1769.
  b) Ludouicus Wilhelmus, geb. 29 Aug. 1770.
  c) Carolina Louiſa, geb. 26 Aug. 1771.
  d) Louiſa Ulrica, geb. 26 Oct. 1772.
  e) Chriſtiana Amalia, geb. 29 Jun. 1774.

Mutter: Ulrica Louiſa, Friderici Wilhelmi, Fürſtens von Solms Tochter, geb. 30 Apr. 1731, verm. 10 Oct. 1746, Wittwe 7 Febr. 1751.

Vaters Schweſter: Ulrica Sophia, geb. 31 May 1726, Canoniſſin ʒu Herforden.

Groß-Vaters Halb-Bruders Ludouici Georgii, Tochter: Maria Friderica Sophia Charlotta, geb. 18 Febr. 1714. Gem. Carolus Philippus Franciſcus, Fürſt von Hohenlohe-Bartenſtein, verm. 26 Sept. 1727, Wittwe 1 Märʒ 1763.

Heſſen-Philippsthal.

Landgraf: Wilhelmus, geb. 29 Aug. 1726, ſucc. dem Herrn Vater Carolo, 8 May 1770, Holländ. General-Lieutenant der Cav. Ritter des Johanniter- und Heſſ. goldnen Löwen-Ordens.

Gem. Ulrica Eleonora, Wilhelmi, Prinʒens von Heſſen-Philippsthal Tochter, geb. 27 Apr. 1732, verm. 26 Jun. 1755.

Kinder: a) Carolus, geb. 6 Nov. 1757, Holländ. Hauptmann beym Regiment Oranien-Geldern.
  b) Juliana Wilhelmina Louiſa, geb. 8 Jun. 1761, Canonißin ʒu Herforden.
  c) Franciſcus, geb. 4 Sept. 1764, Ruſſ.Kaiſ. Curaſſ.Rittmeiſter.
  d) Ludouicus, geb. 8 Oct. 1766, Holländ. Lieutenant beym 3 Bataillon Oranien-Naſſau.
  e) Erneſtus Conſtantinus, geb. 8 Aug. 1771.

Schweſter: Charlotta Amalia, geb. 10 Aug. 1730. Gem. Antonius Ulricus, Herʒog von Sachſen-Meinungen, verm. 26 Sept. 1750, Wittwe 27 Jan. 1763.

Vaters Bruders Wilhelmi, Kinder: 1) Catharina Friderica Charlotta, geb. 26 Apr. 1725. Gem. Albertus Auguſtus, Graf von Yſenburg-Büdingen, verm. 18 Jun. 1765.
  2) Fridericus, geb. 13 Febr. 1727, Heſſ. Caſſ. Obriſter der Inf.

und

und Ritter des gold. Löwen-Ordens. Gem. Sophia Henrietta, Caroli Walradi Wilhelmi, Wild- und Rheingrafens zu
Grumpach Tochter, geb. 14 May 1740, verm. 15 Jan. 1772.

3) Johannetta Charlotta, geb. 22 Jan. 1730, Küsterin des
Stifts Herforden.

4) Antoinetta Carolina, geb. 18 Jan. 1731

5) Ulrica Eleonora, geb. 27 Apr. 1732. Gem. Wilhelmus, Landgraf von Hessen-Philippsthal, ihr Vetter, verm. 26 Jun. 1755.

6) Anna Friderica Wilhelmina, geb. 14 Dec. 1735. Gem. Ludouicus Henricus Adolphus, Graf von der Lippe-Detmold,
verm. 21 Sept. 1767.

7) Dorothea Maria, geb. 30 Dec. 1738. Gem. Johannes Carolus Ludovicus, Graf von Löwenstein-Virneburg, verm. 6 Jul.
1764.

8) Adolphus, geb. 29 Jun. 1743, Kön. Preuß. Obrister eines
Füsil. Regim. und Ritter des Heff. goldnen Löwen-Ordens.

Hessen-Rheinfels-Rothenburg.

Landgraf: Constantinus, geb. 21 May 1716, succed. dem Herrn
Vater Ernesto Leopoldo, 29 Nov. 1749, Ritter des goldnen
Bliesses, Kaiserl. auch Kais. Königl. General-Feldmarschall-
Lieutenant der Infanterie.

Kinder: a) Carolus Emanuel, Erbprinz, geb. 5 Jun. 1746, Ritter
des Churpfälz. St. Huberti-Ordens, Kais. Kön. Obrister des
Alt-Collored. Jnf. Reg. Gem. Maria Leopoldina Adelgunda, Francisci Josephi, Fürstens von Liechtenstein Tochter,
geb. 30 Jan. 1754, verm. 1 Sept. 1771, Stern-Creutz-Ordens-Dame 3 May 1772.

b) Clementina Francisca Ernestina, geb. 5 Jun. 1747, Canonif-
fin zu Thorn.

c) Maria Hedwig Eleonora Christina, geb. 26 Jun. 1748, Stern-
Creutz-Ordens-Dame 3 May 1767. Gem. Jacobus Leopoldus Carolus Gottfried, Erbprinz von Bouillon, verm. 17 Jul.
1766.

d) Christianus, geb. 30 Nov. 1750, Ritter des Heff. goldnen
Löwen-Ordens, Domicellar zu Cöln und Straßburg.

e) Carolus Constantinus, geb. 10 Jan. 1752, Ritter des Heff.
goldnen Löwen-Ordens, Königl. Französ. Rittmeister des
Cav. Reg. Roial-Allemand.

f) Maria Antonia Friderica Josepha, geb. 31 März 1753, Canonißin zu Thorn.

g) Wilhelmina, geb. 16 Febr. 1755.

h) Ernestus, geb. 28 Sept. 1758, Malthefer-Ordens-Ritter,
auch Heff. Caff. Capitaine beym dritten Bataillon Garde.

Bru-

Bruders Josephi, Wittwe: Christina Anna Louisa Oswaldina,
Ludouici Ottonis, Fürstens von Salm Tochter, geb. 29 Apr.
1707, verm. 9 März 1726, Wittwe 24 Jun. 1744, verm. sich
12 Jun. 1753, zum andern mal mit Nicolao Leopoldo, Fürsten
von Salm-Salm, abermals Wittwe 4 Febr. 1770.
Tochter: a) Anna Maria Victoria Christina, geb. 25 Febr. 1728.
Gem. Carolus de Rohan, Fürst von Soubise, Marschall von
Frankreich, verm. 11 Dec. 1745.
b) Maria, Louisa Eleonora, geb. 18 Apr. 1729. Gem. Maximilianus Fridericus, Fürst von Salm-Salm, verm. 16 März
1756, Wittwe 14 Sept. 1773.
Schwester: Christina Henrietta, geb. 24 Nov. 1717. Gem. Ludouicus Victor Amadeus Josephus von Savoyen, Fürst von Carignan, verm. 4 May 1740.

Hessen-Rheinfels zu Wanfried-Eschwegen.
Welche Linie 21 Oct. 1755, mit dem Landgrafen Christiano, erloschen, davon ist noch am Leben:
Des Bruders Wilhelmi, zu Wanfried, Wittwe: Ernestina Elisabetha Johannetta, Theodori, Pfalzgrafens von Sulzbach Tochter, geb. 15 May 1697, verm. 19 Sept. 1719, Wittwe 1 Apr.
1731, Priorin des Carmeliter-Klosters zu Neuburg seit 1752.

Hildesheim.
Fürst-Bischof: Fridericus Wilhelmus, Freyherr von Westphalen
zu Fürstenberg und Laer, geb. 5 Apr. 1727, erw. 7 Febr. 1763,
Coadjutor zu Paderborn 2 März 1773.

Hohenlohe-Waldenburg zu Bartenstein.
Fürst: Ludouicus Carolus Philippus Leopoldus, geb. 15 Nov. 1721,
succ. dem Herrn Vater Carolo Philippo Francisco, 1 März 1763,
Ritter des goldnen Vliesses.
Gem. Josepha Friderica Polyxena, Christiani Ottonis, Grafens von
Limpurg-Styrum Tochter, geb. 28 Oct. 1738, verm. 6 May
1757, erhält den Orden de l'Union parfaite 29 Jan. 1769.
Kinder: 1. Sophia Carolina Josepha, geb. 12 Dec. 1758.
2. Maria Anna Elisabetha, geb. 20 März 1760.
3. Maria Leopoldina Henrietta, geb. 15 Jul. 1761.
4. Josepha Elisabetha Euphemia Rosina, geb. 11 März 1763.
5. Ludouicus Aloysius Josephus, Erbprinz, geb. 18 Aug. 1765.
6. Carolus Josephus Ernestus Justinus, geb. 12 Dec. 1766.
7. Francisca Ludouica Henrica Ambrosiana, geb. 6 Dec. 1770.
Mutter: Maria Friderica Sophia Charlotta, Ludouici Georgii,
Landgrafens von Hessen-Homburg Tochter, geb. 18 Febr. 1714,
verm. 26 Sept. 1727, Wittwe 1 März 1763.
Brüder: a) Clemens Armandus Franciscus Leopoldus, geb. 31 Dec.
1722.

1732, Malthef. Ritter, Gouverneur der Malthef. Insel Gozo, Commandeur zu Wesel und Borkem, auch General-Major des Fränkischen Kreises.

b) Josephus Christianus Franciscus Carolus Ignatius, geb. 6 Nov. 1740, Domherr zu Cöln und Straßburg.

c) Christianus Ernestus Franciscus Xaverius, geb. 11 Dec. 1742, Domherr zu Cöln, Domicellar zu Straßburg und Augspurg, auch des adel. St. Michaelis-Ordens Großcreuß.

Vaters Schwester: Leopoldina Ernestina Juliana, geb. 21 Aug. 1703. Gem. Franciscus Hugo, Fürst von Nassau-Siegen, verm. 3 Jun. 1731, Wittwe 4 Märj 1735, begab sich im Oct. 1740, nach Cöln, und sodann nach Aachen ins Carmeliterkloster.

Hohenlohe-Waldenburg zu Schillingsfürst.

Fürst: Carolus Albertus, geb. 22 Sept. 1719, erhält 1753, auf Resignation seines Herrn Vaters Philippi Ernesti, die Regierung, Kaiserl. Königl. geh. Rath.

Zwote Gem. Maria Josepha, Nicolai Leopoldi, Fürstens von Salm-Salm Tochter, geb. 26 Dec. 1736, verm. 29 Oct. 1771.

Kinder erster Ehe: a) Maria Anna Theresia Eberhardina Christiana Leopoldina, geb. 23 Febr. 1741, Canonißin zu Essen und Thorn.

b) Carolus Albertus Christianus, Erbprinj, geb. 21 Febr. 1742, Ritter des Chur-Pfälj. St. Huberti-Ordens, Kaif. Kön. Obrister der Cav. und des Fränk. Kreises Obrist-Lieutenant. Er war seit 19 May 1761, mit Leopoldina Carolina, Prinzeßin von Löwenstein-Wertheim vermählt, Wittwer 8 Jun. 1765.

c) Carolus Philippus Franciscus, geb. 17 Oct. 1743, Malthefer Ordens Groß-Creuß, ernennter General der Galeeren, Commandeur zu Tobel, Arnheim und Nimwegen.

d) Franciscus Carolus Josephus, geb. 27 Nov. 1745, Großcommenthur des Chur-Bayrischen St. Georgii-Ordens, Domherr zu Cöln, Straßburg und Elwangen.

Hohenlohe-Oehringen und Weickersheim.

Fürst: Ludouicus Fridericus Carolus, geb. 23 May 1723, succed. dem Herrn Vater Johanni Friderico, 24 Aug. 1765, Ritter des Pöln. weissen und Brandenburg. rothen Adler-Ordens.

Gem. Sophia Amalia Carolina, Ernesti Friderici II, Herzogs von Sachsen-Hildburgshausen Tochter, geb. 21 Jul. 1732, verm. 28 Jan. 1749, Dame des Ordens de l' Union parfaite.

Schwestern: 1. Charlotta Louisa Friderica, geb. 10 Jul. 1713.
2. Wilhelmina Eleonora, geb. 20 Febr. 1717. Gem. Henricus Augustus, Fürst von Hohenlohe-Ingelfingen, verm. 26 Sept. 1743.
3. Leopoldina Antoinetta, geb. 16 Märj 1718, Canonißin zu Herforden.

4. So-

4. Sophia Friderica Maximiliana, geb. 26 May 1721.

Hohenlohe-Langenburg.

Fürst: Christianus Albertus Ludouicus, geb. 27 März 1726, succ. dem Herrn Vater Ludouico, 16 Jan. 1765, Holländ. General-Major von der Infanterie.

Gem. Carolina, Friderici Caroli, Fürstens von Stolberg-Geudern Tochter, geb. 27 Jun. 1732, verm. 13 May 1761, Dame des Ordens de l' Union parfaite.

Kinder: a) Carolus Ludouicus, geb. 10 Sept. 1762, Holländischer Fähndrich unter dem ersten Inf. Reg. von Waldeck.

   b) Louisa Eleonora, geb. 11 Aug. 1763.

   c) Gustauus Adolphus, geb. 9 Oct. 1764.

   d) Christianus Augustus, geb. 15 März 1768.

   e) Augusta Carolina, geb. 15 Nov. 1769.

Geschwister: 1. Louisa Charlotta, geb. 20 Dec. 1732. Gem. Christianus Fridericus Carolus, Fürst von Hohenlohe-Kirchberg, verm. 4 Jun. 1760.

2. Eleonora Juliana, geb. 22 Jul. 1734. Gem. Albertus Wolfgangus, Erbprinz von Hohenlohe-Ingelfingen, verm. 5 Nov. 1766.

3. Wilhelmus Fridericus Gustauus, Graf, geb. 21 May 1736, Johanniter-Ordens-Ritter und Holländ. Hauptmann unter dem zweyten Inf. Regiment von Waldeck.

4. Fridericus Augustus, Graf, geb. 11 Jan. 1740, des Fränk. Kreises Hauptm. unter dem Brandenb. Anspach. Kreis-Drag. Reg.

5. Fridericus Ernestus, Graf, geb. 16 May 1750, Holländ. Hauptmann unter dem Rechterenschen Inf. Reg.

Hohenlohe-Ingelfingen.

Fürst: Philippus Henricus, geb. 10 Sept. 1702, wird nebst seinen Herren Brüdern Henrico Augusto, und Augusto Wilhelmo, 4 Apr. 1764, vom Kais. Francisco I, in den Reichs-Fürsten-Stand erhoben, auch Senior und Lehns-Administrator des Fürstl. Hohenloischen gesammten Hauses 1765.

Sohn: Albertus Wolfgangus, Erbprinz, geb. 22 Sept. 1743. Gem. Eleonora Juliana, Ludouici, Fürstens von Hohenlohe-Langenb. Tochter, geb. 22 Jul. 1724, verm. 5 Nov. 1766.

Kinder: a) Eleonora Albertina Sophia, geb. 27 Nov. 1767.

   b) Augusta Friderica Louisa, geb. 4 Jan. 1770.

   c) Maria Catharina Wilhelmina Christiana, geb. 4 Jun. 1771.

   d) Ludouicus Christianus Crato, geb. 15 Jan. 1773.

Geschwister: 1. Friderica Charlotta, geb. 29 Oct. 1707. Gem. Henricus Augustus, Graf zu Stolberg Schwarza, verm. 19 Oct. 1729. Wittwe 14 Sept. 1748.

2. Christiana Eleonora, geb. 15 Oct. 1709.

3. Henricus Augustus, Fürst, geb. 11 Jul. 1715, Kaif. und des H. R. Reichs wie auch des Fränk. Kreises General-Feldmarschall-Lieutenant und Obrister eines Inf. Regim. Gem. Wilhelmina Eleonora, Johannis Friderici, Fürstens von Hohenlohe-Oeringen Tochter, geb. 20 Febr. 1717, verm. 26 Sept. 1743.

Kinder: a) Fridericus Ludouicus, geb. 31 Jan. 1746; Kön. Preuß. Major des Inf. Reg. von Tauenzin, auch des Fränk. Kreises Major der Infanterie.

   b) Fridericus Carolus Wilhelmus, geb. 26 Febr. 1752, Kaif. K. Lieutenant bey dem Sachsen-Coburgischen Drag. Reg.

   c) Georgius Fridericus Henricus, geb. 10 Nov. 1757.

   d) Sophia Christiana Louisa, geb. 10 Oct. 1762.

Bruders Augusti Wilhelmi, Fürstens Wittwe: Juliana Elisabetha, Johannis Eberhardi Adolphi, Grafens von Rechteren und Linburg Tochter, geb. 13 Febr. 1738, verm. 30 Dec. 1754. Wittwe 15 Febr. 1769.

Bruders Christiani Ludouici Mauritii, Grafens Wittwe: Louisa Henrietta, Justi Christiani, Graf. von Stolberg-Roßla Tochter, geb. 11 Dec. 1720, verm. 24 Apr. 1746, Wittwe 27 Dec. 1758.

Hohenlohe-Kirchberg.

Fürst: Christianus Fridericus Carolus, geb. 19 Oct. 1729, succeed. dem Herrn Vater Carolo Augusto, 17 May 1767, Kaif. Kön. wirkl. Cämmerer, Ritter des weißen Adler- auch de l' Union parfaite Ordens.

Gem. Louisa Charlotta, Ludouici, Fürstens von Hohenlohe-Langenburg Tochter, geb. 20 Dec. 1732, verm. 4 Jun. 1760.

Tochter: Carolina Henrietta, geb. 11 Jun. 1761, expectivirte Canonißin zu Quedlinburg.

Halb-Geschwister: a) Christiana Sophia Friderica, geb. 1 Apr. 1731.

   b) Fridericus Wilhelmus, Graf, geb. 3 Dec. 1732, Kaif. Kön. Cämmerer, General-Feldwachtmeister und Ritter des militar. Mariä Theresiä-Ordens. Gem. Friderica Maria Johanna, Henrici XI, Grafens Reuß zu Ober- und Unter-Greiz Tochter, und Friderici Ludouici, Grafens von Castell-Rüdenhausen geschiedene Gemahlin, geb. 9 Jul. 1748, verm. 7 May 1770.

   c) Augustus Ludouicus, Graf, geb. 3 Sept. 1735, Herzogl. Würtemb. General-Major, Commandeur des Augeischen Grenadier-Reg. und Ritter des militar. Carl-Ordens.

   d) Fridericus Eberhardus, Graf, geb. 21 Aug. 1737.

   e) Fridericus Carolus Ludouicus, Graf, geb. 19 Nov. 1751, Kaif. Kön. wirkl. Cämmerer und Premier-Lieutenant beym Caramellischen Drag. Regim.

Hohen-

Hohenzollern's Hechingen.

Fürst: Josephus Wilhelmus Eugenius Franciscus, geb. 12 Nov. 1717, succ. seinem Herrn Vetter Friderico Ludouico, 4 Jun. 1750, des H. R. R. Erb-Cämmerer, des H. R. R. auch Kaiserl. Kön. General der Cav. Ritter des schwarzen Adler- und Würtemb. großen Jagd-Ordens.

Zwote Gem. Maria Theresia, Francisci Ernesti, Grafens v. Truchseß-Zeyl in Wurzach Tochter, geb. 26 Jan. 1732, verm. 7 Jan. 1751.

Kind zwoter Ehe: Maria Antonia Anna Eleonora, geb. 10 Nov. 1760.

Vollbürtige Geschwister: 1) Maria Antonia, geb. 7 Aug. 1722, Stiftsdame zu Buchau.

2) Fridericus Antonius, Graf, geb. 1726, Kaif. Kön. wirkl. Cämmerer und General-Feldwachtmeister der Cavallerie.

3) Maria Josepha, geb. 20 Jan. 1728, Stern-Creuß-Ordens-Dame 3 May 1747. Gem. Franciscus Wenceslaus, Fürst von Clary, verm. 14 Febr. e. a.

4) Maria Sidonia, geb. 24 Febr. 1729, Stern-Creuß-Ordens-Dame 3 May 1748. Gem. Franciscus Ulricus, Fürst von Kinsky, verm. 14 Apr. 1749.

5) Meinradus, Graf, geb. 1730, Domherr zu Cöln und Costanz.

6) Johannes Carolus, Graf, geb. 1732, Domherr zu Breßlau.

Vollbürtigen Bruders Francisci Xauerii, Wittwe: Maria Philippina, Gräfin von Hoensbroich zu Geulle, verm. 1748, Stern-Creuß-Ordens Dame 14 Sept. e. a. Wittwe 14 März 1765.
   Kinder: a) Hermannus, Graf, geb. . . des Schwäb. Kreises Obrister.
   b) Franciscus Xauerius, Graf, geb. . .
   c) Felicitas Philippina, geb. 8 Dec. 1762.

Hohenzollern-Sigmaringen.

Fürst: Carolus Fridericus, geb. 9 Jan. 1724, succed. dem Herrn Vater Josepho Friderico Ernesto, 8 Dec. 1769, des H. R. R. Erb-Cämmerer des Schwäb. Kreises General-Feldmarschall-Lieutenant und Obrister über ein Regim. Cavallerie.

Gem. Johanna Josepha Sophia, Francisci Wilhelmi Nicolai, Grafens von Hohenzollern-Berg Tochter, geb. 14 Apr. 1727, verm. 24 Febr. 1749.

Kinder: 1. Antonius Aloysius Meinradus Franciscus, Erbprinz, geb. 20 Jun. 1762.

2. Johanna Francisca Fidelis Antonia, geb. 3 May 1765.

3. Maria Crescentia Johanna Francisca Christina, geb. 24 Jul. 1766.

Schwe-

Schwester: Maria Johanna, geb. 13 Dec. 1726, Canoniß. zu Buchau.
Vaters Geschwister: 1. Maria Anna Elisabetha, geb. 30 Sept.
1704. Seniorin und Rüsterin des Stifts zu Buchau.
2. Franciscus Wilhelmus Nicolaus, Graf von Berg, geb. 28 Febr.
1707.
Kinder: a) Johanna Josepha Sophia, geb. 14 Apr. 1727. Gem.
Carolus Fridericus, regier. Fürst von Hohenzollern-Sigma-
ringen, ihr Vetter, verm. 21 Febr. 1749.
b) Johannes Baptista Josephus Oswaldus, geb. 24 Jun. 1728.
Er war mit Maria Benno, Gräfin von Lobron seit 22 Jul.
1747 vermählt, Wittwer 11 Jul. 1758.
c) Maria Theresia Henrietta, geb. 6 März 1730, Canonißin
zu Remiremont in Lothringen.

Holstein-Augustenburg oder Sunderburg.

Herzog: Fridericus Christianus, geb. 6 Apr. 1721, succed. dem
Herrn Vater Christiano Augusto, 20 Jan. 1754. Ritter des
Elephanten-Ordens und Kön. Dän. General der Inf.
Kinder: a) Louisa Christina Carolina, geb. 17 Febr. 1764.
b) Fridericus Christianus, geb. 28 Sept. 1765.
c) Fridericus Carolus Aemilius, geb. 8 März 1767.
d) Christianus Augustus, geb. 9 Jul. 1768.
Geschwister: 1. Aemilius Augustus, geb. 3 Aug. 1722, Königl.
Dän. General der Inf. auch Ritter des Elephanten-und de l'
Union parfaite Ordens.
2. Christiana Ulrica, geb. 15 März 1727.
3. Sophia Magdalena Maria, geb. 23 May 1731.
4. Charlotta Amalia, geb. 24 Jan. 1736.

Holstein-Beck.

Herzog: Petrus Augustus Fridericus, geb. 7 Dec. 1697, succed. dem
Herrn Bruder Carolo Ludouico, 22 Sept. 1774, Ritter des St.
Andreas- und schwarzen Adler-Ordens, Ruß. Kais. General-
Feldmarschall und General-Gouverneur von Esthland.
Zwote Gem. Natalia, Nicolai, Grafens von Gallowin, Ruß. Ad-
mirals Tochter, geb. 4 Sept. 1724, verm. 15 März 1742.
Sohns erster Ehe, Caroli Antonii Augusti, Wittwe: Friderica
Charlotta Antonia Amalia, Alberti Christophori, Burggrafens
von Dohna zu Leistenau Tochter, geb. 3 Jul. 1738, verm. 30
May 1754, Wittwe 12 Sept. 1759, erhält den Ruß. St. Ca-
tharinen-Orden, 30 März 1762.
Kind: Fridericus Carolus Ludouicus, geb. 30 Aug. 1757, Ruß.
Kais. Major von der Infanterie.
Tochter zwoter Ehe: Catharina, geb. 23 Febr. 1750, trägt seit
1762 den Ruß. St. Catharinen-Orden. Gem. Iwan, Fürst
Borä-

Borätinsky, Ruff. Kaif. General-Major und gevollmächtigter Minister am Königl. Französ. Hofe, Ritter des Seraphinen-Ordens, verm. 8 Jan. 1767.

Schwester: Charlotta, geb. 15 Märj 1700, Pröbstin ju Quedlinburg, 5 Nov. 1764.

Vaters Bruders Augusti, Sohns Friderici Wilhelmi, Tochter: Maria Anna Leopoldina, geb. 2 Aug. 1717. Gem. Don Emanuel de Souza y Calharis, Kön. Portugies. Capitain der Leibgarde, verm. 1735, Wittwe im Jan. 1759.

Holstein-Glücksburg.

Herzog: Fridericus Henricus Wilhelmus, geb. 15 Märj 1747, succed. seinem Herrn Vater Friderico, 10 Nov. 1766, Ritter des Elephanten-Ordens.

Gem. Anna Carolina, Wilhelmi Henrici, Fürstens von Nassau-Saarbrück älteste Tochter, geb. 31 Dec. 1751, verm. 9 August 1769.

Mutter: Henrietta Augusta, Simonis Henrici Adolphi, Grafens von der Lippe-Detmold Tochter, geb. 26 Märj 1725, verm. 19 Jun. 1745, bekömmt den Orden de l'Union parfaite 31 Märj 1757, Wittwe 10 Nov. 1766.

Schwestern: a) Sophia Magdalena, geb. 22 Märj 1746.
b) Louisa Charlotta Friderica, geb. 5 Märj 1749. Gem. Carolus Georgius Lebrecht, Fürst von Anhalt-Cöthen, verm. 26 Jul. 1763.
c) Juliana Wilhelmina, geb. 30 Apr. 1754.

Vaters Schwestern: 1. Louisa Sophia Friderica, geb. 18 Febr. 1709, Aebtißin des Stifts Walloe in Dännemark, 8 Aug. 1748. Dame des Ordens de l'Union parfaite.
2. Charlotta Amalia, geb. 11 Dec. 1710, Dame des Ordens de l' Union parfaite.

Vaters Bruders Caroli Ernesti, Wittwe: Anna Charlotta, Christophori Ludouici, Grafens von der Lippe-Detmold Tochter, geb. 7 Apr. 1724, verm. 13 Jun. 1749, Wittwe 12 Sept. 1761.

Holstein-Gottorp.

Herzog: Paulus Petrowitsch, geb. 1 Oct. 1754, Kaiserl. Cronprinj, Thronfolger und Großfürst auch Groß-Admiral von Rußland, Ritter des St. Andreas-Alexander-Newsky-Seraphinen-und schwarjen Adler-Ordens, succed. dem Herrn Vater Carolo Petro Ulrico (Petro III, Fedorowitsch, ehemal. Kaiser von Rußland) 17 Jul. 1762, ward als Herzog majorenn 1 Oct. 1772, überläßt 16 Nov. 1773 seinen einseitigen und gemeinschaftlichen Antheil von Holstein und Ditmarsen an den König

von

von Dännemark, und erhält dafür nebst mehrern Vortheilen auch die Grafschaften Oldenburg und Delmenhorst.

Gem. Natalia Alexejewna, (sonst Wilhelmina) Ludouici IX. Landgrafens von Hessen-Darmstadt vierte Prinzeßin, geb. 25 Jun. 1755, bekennet sich 26 Aug. 1773 zur Griechischen Kirche, vermählt 10 Oct. e. a. Dame des Ruß. Kais. St. Cathar. Ordens, Mutter, siehe Rußland.

Groß-Groß-Vaters-Bruders Christiani Augusti, Sohn: Fridericus Augustus, geb. 20 Sept. 1711, Bischof zu Lübeck 15 Dec. 1750, Administrator der Großfürstl. Holsteinischen Lande in Deutschland von 1763 bis 1772. Gem. Ulrica Friderica Wilhelmina, Maximiliani, Prinzens von Hessen-Cassel Tochter, geb. 31 Oct. 1722, verm. 21 Nov. 1752, erhält den Rußisch-Kaiserl. St. Catharinen-Orden im Jan. 1762.

Kinder: a) Petrus Fridericus Wilhelmus, geb. 3 Jan. 1754, Coadjutor des Bisthums Lübeck, erw. 26 Oct. 1773, Ritter des Seraphinen-und St. Annen-Ordens.

b) Hedwig Elisabetha Charlotta, geb. 22 März 1759, war Canonißin zu Herforden. Gem. Carolus, Königl. Schwed. Prinz und Herzog von Südermannland, verm. 7 Jul. 1774.

Groß-Groß-Vaters Bruders Sohns Georgii Ludouici, Kind: Petrus Fridericus Ludouicus, geb. 17 Jan. 1755, Ritter des Holsteinischen St. Annen-Ordens und Obrister eines Großfürstl. Holsteinischen Dragon. Regim.

Holstein-Plön.

Ist mit Herzog Friderico Carolo, 18 Oct. 1761 erloschen und an Dännemark gefallen. Es leben noch

Die Wittwe: Christiana Irmgard, Christiani Detlefs, Grafens von Reventlau Tochter, geb. 2 May 1711, verm. 18 Jul. 1730, Wittwe 18 Oct. 1761.

Vaters Bruders Joachimi Friderici, Kinder: 1. Charlotta Amalia, geb. 1 März 1709, Canonißin zu Gandersheim 24 Aug. 1728, soll gestorben seyn.

2. Christiana Louisa, geb. 27 Nov. 1713. Gem. 1. Albertus Ludouicus Fridericus, Graf von Hohenlohe-Weickersheim, verm. 18 Aug. 1735, Wittwe 9 Jul. 1744. 2. Ludouicus Fridericus, Prinz von Sachsen-Hildburgshausen, verm. 4 May 1749, abermals Wittwe 10 Jun. 1759.

Holstein-Wiesenburg.

Welche Linie 4 März 1744 mit Herzog Leopoldo, in männlichen Erben abgestorben, davon lebet noch:

Die Tochter: Maria Gabriela Felicitas, geb. 21 Oct. 1716, Stern-Creutz-Ordens-Dame 3 May 1735. Gem. Carolus Fridericus Nico-

Nicolaus, Fürst von Fürstenberg - Möskirch, verm. 23 May
1735, Wittwe 7 Sept. 1744.

Hungern.

Königin: Maria Theresia, siehe Römischer Kaiser.

Johanniter-Meister zu Heitersheim.

Johannes Baptista, Freyherr von Schauenburg zu Herlesheim, geb.
29 Aug. 1701, zum Obristen-Meister des Johanniter-Ordens
von Maltha in deutschen Landen und des H. R. R. Fürsten, erwählt 17 Febr. 1755.

Isenburg, siehe Ysenburg.

Kaiserl. Römisches Haus, siehe Römischer Kaiser.

Kaiserl. Russisches Haus, siehe Rußland.

Kaiserl. Türkisches Haus, siehe Türkischer Kaiser.

Kaunitz.

Fürst: Wenceslaus Antonius Dominicus, geb. 2 Febr. 1711, Ritter
des goldnen Vliesses, Kais. Kön. wirkl. geh. Rath, Conferenz-
und Staats-Minister in innländischen Geschäften, Hof- und
Staats-Canzler der auswärtigen, wie auch der Niederländ.
und Italienis. Geschäfte, Canzler des militar. Maria Theresiä-
Ordens, Groß-Creuz des Hungar. St. Stephani-Ordens, wird
nebst seinen männl. Erben nach dem Rechte der Erstgeburt vom
Kaiser Francisco I, in den Reichs-Fürstenstand erhoben 8 Apr.
1764.

Aeltester Sohn: Ernestus Christophorus, geb. 6 Jun. 1737, Ritter des goldnen Vliesses, Kais. Kön. wirkl. geh. Rath und Gene-
ral-Hof-Bau-Director. Gem. Maria Leopoldina, Johannis
Aloysii, Fürstens von Oettingen-Spielberg älteste Tochter, geb.
28 Nov. 1741, verm. 12 Jan. 1761, Stern-Creuz-Ordens-
Dame 3 May e. a.

Kempten.

Gefürsteter Abt: Honorius, Freyherr Roth von Schreckenstein,
geb. 19 Sept. 1726, erw. 16 Jun. 1760, der regierenden Kaiserin Erz-Marschall.

Khevenhüller.

Fürst: Johannes Josephus, geb. 3 Jul. 1706, Ritter des goldnen
Vliesses, Großcreuz des Hungarischen St. Stephani-Ordens,
Obrist-Erb-Landstallmeister in Kärnthen, Kaiserl. Kön. erster
Obrist-Hofmeister, wirkl. geh. Rath und Conferenz-Minister,
wird vom Kaiser Francisco I, in den Reichs-Fürsten-Stand er-
hoben 4 Apr. 1764.

Gem. Carolina Maria Augustina, Johannis Adolphi, Grafens von
Metsch, älteste und Erb-Tochter, geb. 26 Jan. 1709, verm. 22
Nov. 1728.

Aeltester

Aeltefter Sohn: Sigismundus Fridericus, geb. 2 Febr. 1732, Groß-
Creutz des Hungar. St. Stephani-Ordens, Kaiſ. Kön. wirkl.
geh. Rath und Obriſt-Hofmeiſter des Erzherzogs Ferdinands
zu Mayland. Gem. Maria Amalia, Emanuelis, Fürſtens von
Liechtenſtein Tochter, geb. 11 Aug. 1737, verm. 25 Febr. 1754,
Stern-Creutz-Ordens-Dame 3 May e. a. Obriſthofmeiſterin
der Gemahlin beſagten Erzherzogs.

Aelteſter Sohn: Johannes Joſephus, geb. 17 Jun. 1755.

Kinsky.

Fürſt: Franciſcus Ulricus, geb. 23 Apr. 1726, ſucced. dem Herrn
Vetter Franciſco Joſepho, 23 Sept. 1752, Ritter des goldnen
Vlieſſes und Commandeur des militar. Mariä Thereſiä-Or-
dens, Kaiſ. Kön. wirkl. geh. Rath, General-Feld-Haus- und
Land-Artillerie-Zeugmeiſter, auch Obriſter eines Regim. zu Fuß.
Gem. Maria Sidonia, Hermanni Friderici, Grafens von Hohen-
zollern Tochter, geb. 24 Febr. 1729, verm. 14 Apr. 1749, Stern-
Creutz-Ordens-Dame 3 May 1748.
Kinder: 1. Joſephus, Graf, geb. 12 Jan. 1751, Kaiſ. Kön. wirkl.
Cämmerer.
  2. Maria Anna, geb. 26 Nov. 1754.
Mutter: Maria Charlotta, Georgii-Adami Ignatii, Grafens von
Martinitz Tochter, geb. 26 Dec. 1700. Gem. Philippus Joſe-
phus, Graf von Kinsky, verm. 1720, Wittwe 12 Jan. 1749.
Geſchwiſter, ſo noch im Gräflichen Stande ſind:
  a) Maria Thereſia, geb. 14 Apr. 1730. Stern-Creutz-Ordens-
  Dame 3 May 1755. Gem. Otto Philippus, Graf von Hohen-
  feld, verm. 15 Apr. 1765.
  b) Maria Antonia, geb. 2 Febr. 1732, Stern-Creutz-Ordens-Da-
  me 3 May 1755. Gem. Chriſtophorus, Graf von Erdödy,
  Kaiſ. Kön. wirkl. geh. Rath, verm. 1752.
  c) Johannes Joſephus, geb. 1 May 1734, Kaiſerl. Königl. wirkl.
  Cämmerer. Gem. Thereſia, Henrici Joſephi Johannis, Fürſtens von Auersperg Tochter, geb. 22 März 1735, verm. 25
  Apr. 1758.
Fürſtens Franciſci Joſephi, Wittwe: Maria Leopoldina, Nicolai,
Grafens Palffy von Erdöd Tochter, geb. 10 Sept. 1729, vermählt 28 Aug. 1748, Stern-Creutz-Ordens-Dame 14 Sept.
e. a. Wittwe 23 Sept. 1752.
Kind: N. Comteſſe, wird in einem Kloſter erzogen.

Königsgrätz.

Dieſes Bisthum iſt zur Zeit noch nicht erſetzt.

Lamberg.

Fürſt: Johannes Fridericus Joſephus Nepomucenus, geb. 24 Febr.
1737,

1737, ſucc. ſeinem Herrn Vater Franciſco Antonio, 23 Aug. 1759, Obriſter Erb-Land-Stallmeiſter in Crain und der Windiſchen Mark, dann Obriſter Erb Land-Cämmerer und Obriſter Erb-Land-Jägermeiſter im Erzherzogthum Oeſterreich ob der Enns, auch Obriſter Erb-Truchſeß des Erz-Stifts Salzburg und Erb-Marſchall von Paſſau, auch Kaiſ. Kön. wirkl. Cämmerer.

Gem. Maria Anna, Johannis Wilhelmi, Fürſtens von Trautſon Tochter, geb. 6 Jan. 1743, verm. 5 Jan. 1761, Stern-Creutz-Ordens-Dame 3 May e. a.

Mutter: Maria Aloyſia, Aloyſii Thomae, Grafens von Harrach Tochter, geb. 13 Jan. 1702, verm. 13 Febr. 1721, Wittwe 23 Aug. 1759, Stern-Creutz-Ordens-Raths-Frau.

Vollbürtige Schweſtern: 1. Roſa, geb. 1728, Stern-Creutz-Ordens-Dame 3 May 1755. Gem. Joſephus Maria, Freyherr von Neuhaus, verm. 6 Aug. 1752, Wittwe 16 Aug. 1758.

2. Eliſabetha, geb. 1734, Clariſſerin zu Wien, eingekleidet 8 Jun. 1753.

Halb-Schweſter: Aloyſia, geb. 13 Jun. 1718. Gem. Franciſcus Joſephus Maria, Graf von Plettenberg-Wittem, verm. 10 Nov. 1737.

Vaters Bruders Johannis Ferdinandi, Kinder: 1. Maria Johanna Anna, geb. 5 Nov. 1723, Stern-Creutz-Ordens-Dame 3 May 1744. Gem. Felix Maximilianus, Graf von Lamberg, verm. 6 Apr. e. a. Wittwe 1769.

2. Erneſtina Franciſca, geb. im Jan. 1732, Stern-Creutz-Ordens-Dame. Gem. Ferdinandus Joſephus Aloyſius, Graf von Rappach, verm. 1764.

Groß-Vaters Bruders Caſpari Friderici, Sohns Caroli Benedicti, Kinder: 1. Caroli Antonii Leopoldi, Wittwe: Lucretia, Herculis Joſephi Ludouici, Marcheſe von Prie Tochter, verm. 1729, Wittwe 8 Febr. 1739.

Kinder: a) Maximilianus, geb. 22 Nov. 1730, Kaiſerl. Königl. wirkl. Cämmerer, Hochfürſtl. Augſpurg. wirkl. geh. Rath und Hofmarſchall, auch des Brandenburg. rothen Adler-Ordens Ritter. Zwote Gem. Joſepha, Reichs-Freyin von Dachsberg, geb. 18 Nov. 1746, verm. 1763.

Kind zwoter Ehe: Carolus Eugenius, geb. 1 Apr. 1764.

b) Leopoldus, geb. 10 May 1732, Kaiſerl. wirkl. geh. Rath. Gem. Walpurga, Gräfin von Monte-Labat, verm. im Sept. 1764. Stern-Creutz-Ordens-Dame 22 Sept. 1766.

2. Maria Thereſia Franciſca Antonia, geb. 21 Aug. 1707, Stern-Creutz-Ordens-Dame 1733. Gem. Franciſcus Xaverius, Freyherr

herr von Eßdorf, Chur-Bayrischer wirkl. geh. Rath und Vice-
Dom zu Landshut, verm. 1731, Wittwe 1772.

Lante.

Fürst: Ludouicus, geb. -- succ. dem Herrn Vater Philippo Lante
26 März 1771, Königl. Sicil. Egnimer-Junker.

Kinder: 1. N. Prinzeßin, geb. im Oct. 1767.
2. N. Prinz, geb. 27 Sept. 1771.

Mutter: Maria Virginia, Aemilii Altieri, Herzogs von Monterano Tochter, geb. 19 Jun. 1704, verm. 6 Jul. 1732, Wittwe
26 März 1771.

Geschwister: a) Maria Christina, geb. 1733. Gem. Eberhardus
Salviati, Herzog von Giuliano, verm. 5 Febr. 1750.

b) Lucretia, wird 1752 Ursulinerin zu Rom unter dem Namen
Maria Angelica.

c) Antonius, geb. 17 Dec. 1737, Päbstl. Inquisitor zu Maltha
und Abt zu Farva.

Vaters Geschwister: 1. Franciscus, geb. 5 Apr. 1710, Malthefer-
Ritter.

2. Angelica, geb. 24 März 1711. Gem. Octavius, Fürst Lance-
lotti. verm. 9 Oct. 1730, Wittwe 20 Jan. 1769.

3. Maria Christina, wird 5 Jun. 1752, Priorin der Kloster-
Frauen St. Anna zu Rom.

Leutmeritz.

Bischof: Emanuel Ernestus, Graf von Waldstein, geb. 27 Jul.
1716. erw. 12 Jul. 1759, Kais. Kön. wirkl. geh. Rath.

Liechtenstein.

Fürst: Franciscus Josephus, geb. 29 Nov. 1726, succ. dem Herrn
Vetter Josepho Wenceslao Laurentio, 10 Febr. 1772, Herzog
zu Troppau und Jägerndorf, Ritter des goldnen Vliesses,
Kaiserl. Königl. wirkl. geh. Rath und Cämmerer.

Gem. Maria Leopoldina, Francisci Philippi, Grafens von Sternberg Tochter, geb. 11 Dec. 1733, verm. 6 Jul. 1750, Stern-
Creutz-Ordens-Dame 14 Sept. e. a.

Kinder: a) Maria Leopoldina Adelgunda, geb. 30 Jan. 1754,
Stern-Creutz-Ordens-Dame 3 May 1772. Gem. Caro-
lus Emanuel, Erbprinz von Hessen-Rothenburg, verm. 1
Sept. 1771.

b) Maria Antonia Aloysia, geb. 14 März 1756, Canonißin zu
Essen.

c) Josephus Aloysius, geb. 14 May 1759.

d) Johannes Josephus, geb. 26 Jun. 1760.

e) Philippus Josephus, geb. 2 Jul. 1762.

f) Maria Josepha Hermenegildis, geb. 13 Apr. 1768.

Mutter:

Mutter: Maria Antonia, Caroli Ludouici, Grafens von Dietrich-stein-Weichselstädt Tochter, geb. 10 Sept. 1706. Gem. Emanuel, Fürst von Liechtenstein, verm. 14 Jan. 1726. Stern-Creutz-Ordens-Raths-Assistentin, Wittwe 5 Jan. 1771.

Geschwister: 1. Carolus Josephus, geb. 29 Sept. 1730, Ritter des goldnen Bliesses, Kais. Kön. wirkl. geh. Rath und Cämmerer, General der Cav. commandir. General in Oesterreich und Commendant zu Wien, auch Obrister über ein Reg. Che-vaux Legers. Gem. Maria Eleonora Gabriela, Johannis Aloysii, Fürstens von Oettingen-Spielberg Tochter, geb. 7 Jul. 1745, verm. 30 März 1761, Stern-Creutz-Ordens-Dame 3 May e. a.

Kinder: a) Maria Josepha Eleonora, geb. 6 Dec. 1763.
b) Carolus Johannes Nepomucenus, geb. 1 März 1765.
c) Josephus Wenceslaus, geb. 21 Aug. 1767.

2. Johannes Josephus, geb. 2 März 1734, Kaiserl. Königl. wirkl. Cämmerer, General-Feld-Wachtmeister, Innhaber eines Dragoner-Reg. und erster Ober-Lieutenant der Adel. Arcieren Leibgarde.

3. Maria Amalia, geb. 11 Aug. 1737, Stern-Creutz-Ordens-Dame 3 May 1754. Gem. Sigismundus Fridericus, Graf von Rhe-venhüller-Metsch, verm. 25 Febr. e a.

4. Maria Anna, geb. 15 Oct. 1738, Stern-Creutz-Ordens-Dame 3 May 1755. Gem. Emanuel Philibertus, Graf von Wald-stein-Dux, verm. 21 May 1754.

5. Maria Francisca Xaueria, geb. 27 Nov. 1739, Stern-Creutz-Or-dens-Dame 3 May 1757. Gem. Carolus Josephus, Fürst von Ligne, verm. 6 Aug. 1755.

6. Maria Christina, geb. als Zwilling, 1 Sept. 1741, Stern-Creutz-Ordens-Dame 3 May 1762. Gem. Franciscus Ferdi-nandus, Graf von Kinsky, verm. 18 May 1761.

Fürstens Hanns Caroli, Wittwe: Maria Josepha, Friderici Augusti Geruasii, Grafens von Harrach Tochter, geb. 20 Nov. 1727, verm. 19 März 1744, Wittwe 22 Dec. 1748. Zweyter Gem. Josephus Maria, Prinz von Lobkowitz, verm. 28 Nov. 1752.

Dessen Tochter: Maria Antonia, geb. nach des Herren Vaters Tode 13 Jun. 1749, Stern-Creutz-Ordens-Dame 3 May 1768. Gem. Wenceslaus, Graf von Paar, verm. 17 Jan. e. a.

Stief-Mutter: Maria Anna, Francisci Caroli, Grafens von Kot-tulinsky Tochter, geb. 12 Dec. 1707. Gem. 1) Josephus Jo-hannes Adamus, Fürst von Liechtenstein, verm. 22 Aug. 1729, Wittwe 17 Dec. 1732. 2) Ludouicus Ferdinandus, Graf von Schulenburg-Oeynhausen, verm. im Oct. 1740, abermals Wittwe 16 Febr. 1754.   Ligne.

Fürst: Carolus Josephus, geb. 23 May 1735, succ. dem Herrn Vater Claudio, 7 Apr. 1766, Ritter des gold. Bliesses, Kais. K. wirkl. Cämmerer und General-Feldmarschall-Lieutenant der Inf.

Gem. Maria Francisca Xaueria, Emanuelis, Fürstens von Liechtenstein Tochter, geb. 27 Nov. 1739, verm. 6 Aug. 1755, Stern-Creutz-Ordens-Dame 3 May 1757.

Kinder: 1. Maria Leopoldina Christina Claudia Philippina, geb. 27 May 1757.

2. Carolus Josephus Emanuel, geb. 7 Sept. 1759.

3. Franciscus Leopoldus, geb. 3 Nov. 1762.

4. Ludouicus Lamoral, geb. 11 May 1766.

5. Adalbertus, geb. 25 Aug. 1767.

Schwestern: a) Louisa Maria Christina, geb. 17 Febr. 1728, Canonißin zu Remiremont 1748.

b) Maria Josepha, geb. 8 Jan. 1730, Dechantin des Stifts Essen.

Lindau am Boden-See.

Gefürstete Aebtißin: Maria Josepha Agatha, Freyin von Ulm und Langen-Rhein, geb. 5 Aug. 1712, erw. 8 Oct. 1771.

Lobkowitz.

Fürst: Ferdinandus Philippus Josephus, Herzog von Sagan, geb. 27 April 1724, succed. seinem Herrn Bruder Wenceslao Ferdinando Carolo, 22 Jan. 1739.

Gem. Gabriela Maria, Ludouici Victoris Amadei von Savoyen, Fürstens von Carignan Tochter, geb. 17 März 1748, verm. 10 Jul. 1769, Stern-Creutz-Ordens-Dame 14 Sept. e. a.

Kind: Franciscus Josephus Maria, geb. 7 Dec. 1772.

Schwester: Maria Elisabetha, geb. 23 Nov. 1726. Gem. Corsitz Antonius, Graf von Ulfeld, verm. 15 Apr. 1743, Wittwe 31 Dec. 1769.

Vaters-Halb-Brubers Fürstens Georgii Christiani, Wittwe: Carolina Henrietta, Caroli Ernesti, Grafens von Waldstein Tochter, geb. 24 Jan. 1695, verm. 11 März 1717, Wittwe 9 October 1753, Stern-Creutz-Ordens-Raths-Frau.

Kinder: a) Josephus Maria, geb. 8 Jan. 1725, Kais. Kön. wirkl. Cämmerer, General-Feldmarschall-Lieutenant der Cav. Ritter des goldnen Bliesses und des militar. Maria Theresia-Ordens, Innhaber eines Cür. Reg. auch gevollm. Minister in Rußland. Gem. Maria Josepha, Friderici Augusti Geruasii, Grafens von Harrach Tochter, und Hanns Caroli, Fürstens von Liechtenstein Wittwe, geb. 20 Nov. 1727, verm. 28 Nov. 1752, Stern-Creutz-Ordens-Dame 3 May 1744.

Kind: Maria Eleonora, geb. 16 Sept. 1753.

b) Fer-

b) Ferdinandus Maria, geb. 18 Dec. 1726, Bischof zu Namur 30 Jan. 1772, auch Domherr zu Salzburg und Augspurg.

c) Augustus Antonius Josephus, geb. 21 Sept. 1729, Kaiſ. Kön. wirkl. geh. Rath, General-Feldmarſchall-Lieutenant der Inf. auch Ambaſſadeur am Königl. Span. Hofe. Gem. Maria Ludomilla, Franciſci Antonii, Grafens von Tſchernin Tochter, geb. 21 Apr. 1738, verm. 16 Septemb. 1753, Stern-Creutz-Ordens-Dame 3 May 1755.

Kinder: 1. N. Prinzeßin, geb. • •
  2. N) Prinz, geb. 16 Dec. 1773.

Löwenſtein-Wertheim (Rochefortiſche Linie.)

Fürſt: Carolus Thomas, geb. 7 März 1714 ſucced. dem Herrn Vater Dominico Marquardo, 23 März 1735. Kaiſ. Kön. General-Feldzeugmeiſter und wirkl. Cämmerer, Chur-Pfälziſcher General-Lieutenant der Infant. auch Ritter des St. Huberti- und Brandenb. rothen Adler-Ordens. Er war ſeit 25 Jul. 1736, mit Maria Charlotta Antonia, Prinzeßin von Holſtein-Wieſenburg vermählt, Wittwer 6 Jun. 1765.

Brüder: 1. Chriſtianus Philippus, geb. 11 Jan. 1719, Kaiſ. Kön. General der Cavall. Großcreutz des militar. Maria Thereſia-Ordens und Obriſter eines Reg. Drag. Gem. Franciſca Sebaſtiana Symphoroſa von Humbert, verm. 5 Apr. 1773.

2. Joſephus Johannes Wenceslaus, geb. 25 Jul. 1720, Churpfälz. General-Lieutenant der Inf. und General-Adjutant, auch Ritter des Löwen-Ordens. Gem. Dorothea Thereſia, Wolfgangi, Freyherrns von Hauſſen und Gleichendorf Tochter, verm. 29 März 1750.

3. Theodorus Alexander, geb. 14 Sept. 1722, Kaiſ. Kön. wirkl. Cämmerer und Ritter des Churpfälz. St. Huberti-Ordens. Gem. Catharina Louiſa Eleonora, Caroli Ludouici, Grafens von Leiningen-Dachsburg-Bockenheim Tochter, geb. 1 Febr. 1735, verm. 28 Apr. 1751, erhält 1759, den Maltheſer-Orden.

Kinder: a) Dominicus Conſtantinus, geb. 16 May 1762.
  b) Victoria Friderica, geb. 2 Jan. 1769.

Bruders Franciſci Caroli Wilhelmi; Wittwe: Joſepha, Freyin von Schirnding, verm. 11 Febr. 1749, Stern-Creutz-Ordens-Dame 14 Sept. 1748. Wittwe 17 Aug. 1750.

Löwenſtein-Wertheim (Virneburgiſche Linie.)

Graf: Johannes Ludouicus Volrathus, geb. 14 Apr. 1705, ſucc. dem Herrn Vater Henrico Friderico, 31 März 1721, regiert mit ſeinen Herren Brüdern gemeinſchaftlich.

Gem. Friderica Charlotta Wilhelmina, Friderici Caroli, Grafens von Erbach Tochter, geb. 6 Jul. 1722, verm. 7 Dec. 1738.

Kin-

Kinder: a) Johannes Carolus Ludouicus, geb. 10 Jan. 1740, Ritter des Heſſ. goldnen Löwen-Ordens und Obriſter eines Fränkiſchen Kreis-Infanterie-Regiments. Gem. Dorothea Maria, Wilhelmi, Prinzens von Heſſen-Philippsthal Tochter, geb. 30 Dec. 1738, verm. 6 Jul. 1764.

Kinder: 1. Maria Carolina Friderica Louiſa, geb. 19 Dec. 1766.
2. Sophia Amalia Charlotta Henrietta, geb. 1 Apr. 1771.
3. Fridericus Adolphus Carolus Ludouicus, geb. 26 Oct. 1772.

b) Amoena Charlotta Eleonora Friderica, geb. 14 Febr. 1743. Gem. Johannes Erneſtus Carolus, Graf von Solms-Rödelheim, verm. 10 Sept. 1761.

c) Fridericus Ludouicus, geb. 1 Aug. 1745.

Geſchwiſter: 1. Fridericus Ludouicus, geb. 14 März 1706. Kaiſ. Cämmerer. Er war vermählt 1) mit Sophia Chriſtiana Albertina, Gräfin von Erbach, seit 5 Nov. 1738. 2) mit Sophia Louiſa Chriſtiana, Gräfin von Solms-Aſſenheim, seit 13 Jun. 1743, Wittwer 15 Dec. 1741 und 17 Jan. 1773.

2. Carolus Ludouicus, geb. 29 Sept. 1712, Kaiſ. Königl. wirkl. Cämmerer. Gem. Anna Charlotta Joſepha Eua, Johannis Wenceslai, Freyherrns Drym und Strziteż Tochter, geb. 28 Jan. 1722, verm. 28 Jun. 1742.

Kinder: a) Fridericus Carolus Gottlob, geb. 19 Jul. 1743, des Fränk. Kreiſes Dragon. Lieutenant.
b) Sophia Carolina Conſtantia, geb. 29 März 1749.
c) Ludouicus Fridericus Albertus, geb. 29 Dec. 1751.
d) Carolina Chriſtina Anna Sophia, geb. 17 März 1754.
e) Friderica Carolina Wilhelmina Amoena, geb. 17 März 1757.

3. Amoena Sophia Friderica, geb. 23 März 1718. Gem. Bertramus Philippus Wilhelmus Albertus, Graf von Gronsfeld, verm. 26 Sept. 1751.

4. Carolina Chriſtiana, geb. 7 Aug. 1719. Gem. Chriſtianus Wilhelmus Carolus, Graf von Pückler, verm. 10 Jun. 1737.

Bruders Wilhelmi Henrici, Wittwe: Anna Maria Conſtantia, Pauli Ferdinandi, Freyherrns von Wilſon, Ruſſ. Kaiſ. Obriſtens Tochter, geb. 29 Nov. 1729, verm. 10 Jan. 1751, Wittwe 7 Oct. 1773.

Groß-Vaters Bruders Alberti, Sohns Wilhelmi Friderici, Tochter: Friderica Erneſtina Dorothea, geb. 12 Jan. 1702, Stern-Creuß Ordens-Dame 3 May 1738. Gem. Marſilius Franciſcus von Sturmfeder zu Oppenweiler, Chur-Maynziſch. Cämmerer, verm. 28 Jan. 1722. Wittwe.

Lübeck.

Fürſt-Biſchof: Fridericus Auguſtus, Herzog zu Schleßwig-Holſtein,

ſtein, geb. 20 Sept. 1711, Coadjutor 30 Aug. 1743, Biſchof
15 Dec. 1750, Ritter des Ruſſiſch. St. Andreas-St. Alex-
ander-Newsky-und Holſtein. St. Annen-Ordens, auch Admi-
niſtrator der Großfürſtl. Holſteiniſchen Lande in Deutſchland
von 1763 bis 1772.

Gem. und Kinder, ſieh: Holſtein-Gottorp.

Coadjutor: Petrus Fridericus Wilhelmus, Prinz von Schleßwig-
Holſtein, (Sohn des Biſchofs) geb. 3 Jan. 1754, wird nach
erfolgter Reſignation des Erbprinzens Friderici von Dännemark zum Coadjutor des Bisthums Lübeck, erw. 26 Octob.
1773.

Lüttich.

Fürſt-Biſchof: Franciſcus Carolus, Graf von Vellbrück, geb. 12
Jul. 1719, erw. 16 Jan. 1772.

Maltha.

Groß-Meiſter: Franciſcus Ximenes de Texada, ein Spanier, geb.
1702, erw. 28 Jan. 1773.

Mansfeld.

Fürſt: Henricus Paulus Franciſcus, geb. 16 Jul. 1712, ſucc. dem
Herrn Vater Carolo Franciſco, 19 Jul. 1717.

Sohn erſter Ehe: Joſephus Wenceslaus Johannes Nepomucenus,
Graf, geb. 12 Sept. 1735, Kaiſ. Königl. wirkl. Cämme-
rer und Commercien-Rath in Böhmen. Gem. Eliſabetha
Maximiliani, Grafens von Regal, Kaiſerl. Kön. Cämme-
rers Tochter, geb. 21 Febr. 1742, verm. 29 Febr. 1764,
Stern-Creutz-Ordens-Dame 22 Sept. 1766.

Töchter zwoter Ehe: 1. Maria Iſabella Anna Ludomilla, geb.
29 Aug. 1750, Stern-Creutz-Ordens-Dame 3 May 1771.
Gem. Franciſcus Gundaccarus, Graf von Colloredo, verm.
6 Jan. c. a.

2. N. Comteſſe, geb. 1757.

Schweſter: Maria Anna, geb. 2 Jan. 1709.

Maſſa und Carrara.

Herzog und Fürſt: Hercules Rainaldus, Erbprinz von Modena.
Siehe Modena.

Von dem 18 Aug. 1731, ohne männliche Erben verſtorbenen
Herzoge Alderando Cibo, leben noch die Töchter:

1. Maria Thereſia Cibo-Malaspina, geb. 29 Jun. 1725. Gem.
Hercules Rainaldus, Erbpr. von Modena, verm. 16 Apr 1741.

2. Maria Anna Mathildis, geb. 15 Aug. 1726. Gem. Horatius Franciſcus, Fürſt von Albani, verm. im Jan. 1748.

3. Maria, geb. 29 Apr. 1728. Gem. Reſtaimus Joachimus
Tocco, Herzog von Popoli und Fürſt von Monte-Millets,
verm. 31 Jan. 1755. Maynz.

Maynz.

Churfürst: Fridericus Carolus Josephus, Freyherr von Erthal, geb. 3 Jan. 1719, des H. R. Reichs durch Germanien Erz-Canzler, erw. zum Churfürsten und Erzbischof 18 Jul. 1774, Bischof zu Worms 26 eiusd.

Mecklenburg-Schwerin-Güstrow.

Herzog: Fridericus, geb. 9 Nov. 1717, succed. dem Herrn Vater Christiano Ludovico, 30 May 1756, Ritter des Dänischen Elephanten-Ordens.

Gem. Louisa Friderica, Friderici Ludovici, Erb-Prinzens von Würtemberg-Stutgard Tochter, geb. 3 Febr. 1722, verm. 2 März 1746, erhält 3 Febr. 1763, den Russ. Kais. St. Cathrinen-Orden.

Geschwister: 1. Ulrica Sophia, geb. 4 Jul. 1723, Regentin des Klosters Rhüne seit 1728.

2. Ludovicus, geb. 6 Aug. 1725, Ritter des Polnischen weissen Adler-und Dän. Elephanten-Ordens. Gem. Charlotta Sophia, Francisci Josiae, Herzogs von Sachsen-Coburg und Saalfeld Tochter, geb. 24 Sept. 1731, verm. 14 May 1755.

Kinder: a) Fridericus Franciscus, geb. 10 Dec. 1756.

b) Sophia Friderica, geb. 24 Aug. 1758. Gem. Fridericus, Erbprinz von Dännemark, verm. 21 Oct. 1774.

3. Amalia, geb. 8 März 1732, Canonißin zu Herforden.

Mecklenburg-Strelitz.

Herzog: Adolphus Fridericus IV, geb. 5 May 1738, succ. seinem Herrn Vetter Adolpho Friderico III, 11 Dec. 1752. Ritter des blauen Hosenband-Seraphinen-und weissen Adler-Ordens.

Geschwister: 1. Christiana Sophia Albertina, geb. 6 Dec. 1735, Canonißin zu Herforden, erhält 1768, den Russ. Kaiserl. St. Catharinen-Orden.

2. Carolus Ludovicus Fridericus, geb. 10 Oct. 1741, Kön. Großbrit. und Chur-Braunschweigis. General-Lieutenant, Commendant zu Lüneburg und Chef eines Regiments zu Fuß, auch Ritter des Russ. Kaiserl. St. Andreas-und St. Alexander-Newsky-Ordens. Gem. Friderica Carolina Louisa, Georgii Wilhelmi, Prinzens von Hessen-Darmstadt Tochter, geb. 20 Aug. 1752, verm. 18 Sept. 1768.

Kinder: a) Charlotta Georgina Louisa Friderica, geb. 17 Nov. 1769.

b) Theresia Mathilda Amalia, geb. 5 Apr. 1773.

3. Ernestus Gottlob Albertus, geb. 27 Aug. 1742, Kön. Großbrit. und Chur-Braunschweig. General-Major der Inf. und Gouverneur zu Celle, auch Ritter des weissen Adler-Ordens.

4. Sophia

4. Sophia Charlotte, geb. 19 May 1744. Gem. Georgius III, König von Großbritannien, verm. 8 Sept. 1761.

5. Georgius Augustus, geb. 16 Aug. 1748. Kaif. Königl. General-
Feldwachmeister der Cav. auch Ritter des Elephanten und
weissen Adler-Ordens.

Modena und Mirandola.

Herzog: Franciscus III, Maria d' Este, geb. 2 Jul. 1698. Herzog
von Modena, Reggio und Mirandola, succed. dem Herrn Vater
Rainaldo, 26 Oct. 1737, Ritter des goldnen Bliesses, Kaif. Kön.
General-Feldmarschall, Administrator des Gubernii und General - Capitaneats der Oesterreichischen Staaten in Italien,
und Obrister eines Cürassier-Regiments.

Kinder: a) Hercules Rainaldus, geb. 22 Nov. 1727, Erb-Prinz
wird 1743, nach dem Absterben des Cardinals Cibo, als letzten
männlichen Erbens aus diesem Hause, Herzog von Massa und
Fürst zu Carrara, Ritter des goldnen Bliesses, Kaiserl. Königl.
General-Feldmarschall und Obrister eines Dragoner-Regim.
Gem. Maria Theresia Cibo-Malaspina, Alderandi, Herzogs von
Massa und Fürstens zu Carrara älteste Tochter, geb. 29 Jun.
1725, verm. 16 Apr. 1741, Stern-Creutz Ordens-Dame 14
Jul. 1753.

Kind: Maria Ricciarda Beatrix, geb. 7 Apr. 1750, Stern-
Creutz-Ordens-Dame 3 May 1766. Gem. Ferdinandus,
Erzherzog von Oesterreich, verm. 15 Oct. 1771.

b) Mathildis, geb. 8 Febr. 1729.

c) Fortunata Maria, geb. 24 Nov. 1731. Gem. Ludovicus
Franciscus Josephus von Bourbon-Conty. Graf de la Marche,
Prinz vom Königlich - Französischen Geblüte, verm. 27 Febr.
1759.

Schwestern: 1. Benedicta Ernestina Maria, geb. 18 Aug. 1697.

2. Anna Amalia Josepha, geb. 28 Jul. 1699.

3. Henrietta Maria, geb. 27 May 1702, Stern - Creutz - und
Elisabethen - Ordens-Dame. Gem. 1) Antonius Franciscus
Farnese, Herzog von Parma, verm. 5 Febr. 1728. Wittwe
20 Jan. 1731. 2) Leopoldus, Prinz von Hessen-Darmstadt, verm. 2 Sept. 1740, abermals Wittwe 26 October
1764.

Monaco.

Fürst: Honorius Camillus Leonor Grimaldi, geb. 10 Sept. 1720,
Herzog von Valentinois und Estouteville, succ. seinem Herrn
Vater Jacobo Francisco Leonor, 23 Apr. 1751, Kön. Franz-
sischer Marechal de Camp, General-Souverneur der Franz.
Truppen in Monaco.

Gem. Maria Christina, Josephi Mariae Brignole, eines vornehmen Genuesischen Patricii Tochter, verm. 15 Jun. 1757, separirt durch einen Schluß des Parlaments im Dec. 1770.

Kinder: a) Honorius Anna Mauritius, geb. 17 May 1758.

b) N. Prinz, geb. 10 Sept. 1763.

Geschwister 1. Theresia Natalia, geb. 19 May 1719, Nonne im Kloster de la Visitation zu Paris.

2. Carolus Mauritius, geb. 14 May 1727, Graf von Valentinois, Königl. Französischer Brigadier der Cavallerie, General-Lieutenant in der Normandie und Gouverneur von Grandville ꝛc. Ritter des St. Ludwigs-Ordens.

Münster.

Fürst-Bischof: Maximilianus Fridericus, Churfürst zu Cöln, Graf von Königseck-Rothenfels, geb. 13 May 1708, Bischof 16 Sept. 1762.

Nassau-Oranien oder Dietz.

Fürst: Wilhelmus V, (Batauus,) geb. 8 März 1748, succ. dem Herrn Vater Wilhelmo IV, (Carolo Henrico Frisoni,) als Fürst von Oranien und Nassau-Dietz, auch Erb-Statthalter, Admiral und General-Capitain der sieben vereinigten Provinzen, 22 Oct. 1751, tritt die Regierung an 8 März 1766, Ritter des blauen Hosenband-und schwarzen Adler-Ordens.

Gem. Friderica Sophia Wilhelmina, Augusti Wilhelmi, Prinzens von Preussen einzige Tochter, geb. 7 Aug. 1751, verm. 4 Oct. 1767.

Kinder: a) Friderica Louisa Wilhelmina, geb. 28 Nov. 1770.

b) Wilhelmus Fridericus, Erbprinz, geb. 24 Aug. 1772.

c) Wilhelmus Georgius Fridericus, geb. 15 Febr. 1774.

Schwester: Carolina, geb. 28 Febr. 1743. Gem. Carolus Christianus, Fürst von Nassau-Weilburg, verm. 5 März 1760.

Vaters Schwester: Anna Charlotta Amalia Louisa, geb. 13 Oct. 1710. Gem. Fridericus, Erbprinz von Baaden-Durlach, verm. 3 Jul. 1727, Wittwe 26 März 1732.

Nassau-Hadamar.

Ist mit Fürst Francisco Alexandro, 27 May 1711, erloschen, es lebet noch dessen Tochter: Charlotta Wilhelmina Amalia, geb. 21 Sept. 1704. Gem. Johannes Philippus Eugenius, Graf von Merode und Marquis von Westerloo, verm. 29 Jun. 1721, Wittwe 12 Sept. 1732.

Von Nassau-Saarbrück-Saarbrück.

Welche Linie 6 Dec. 1723, mit dem Grafen Carolo Ludouico, ausgestorben, ist noch vorhanden:

Seines ältern Bruders Ludouici Cratonis, Tochter, Henrietta geb.

geb. 26 Nov. 1702, welche 14 Jul. 1742 im Reichs-Fürsten-Stand erhoben worden.

Nassau-Usingen.

Fürst: Carolus, geb. 1 Jan. 1712, succed. seinem Herrn Vater Wilhelmo Henrico, 14 Febr. 1718, Ritter des Elephanten- und weissen Adler-Ordens, auch Senior des Fürstl. Gesammt-Hauses,

Kinder: 1. Carolus Wilhelmus, geb. 9 Nov. 1735, Holländi-scher General-Lieutenant und Innhaber eines deutschen Inf. Regiments von zwey Bataillons, auch Ritter des weissen Adler-Ordens. Gem. Carolina Felicitas, Christiani Caroli, Grafens von Leiningen-Heydesheim Tochter, geb. 22 May 1734, verm. 16 Apr. 1760.

Kinder: a) Carolina Polyxena, geb. 4 Apr. 1762.
b) Louisa Henrietta Carolina, geb. 14 Jun. 1763.

2. Fridericus Augustus, geb. 23 Apr. 1738, Kaiserl. Königl. Ge-neral-Feldmarschall-Lieutenant der Cav. und Ritter des mi-litar. Mariä Theresiä-Ordens.

3. Johannes Adolphus, geb. 19 Jul. 1740, Königl. Preuß. Ge-neral-Major und Chef eines Inf. Regiments, Ritter des Chur-Pfälzischen St. Huberti-Ordens.

Schwester: Hedwig Henrietta, geb. 27 Apr. 1714, Canonißin zu Herforden.

Nassau-Saarbrücken und Otweiler.

Fürst: Ludouicus, geb. 3 Jan. 1745, (Caroli, Fürstens von Nas-sau-Usingen Bruders Sohn) succ. dem Herrn Vater Wilhel-mo Henrico, 24 Jul. 1768, Königl. Französischer Marechal de Camp und Obrister über das deutsche Inf. Regiment von Nassau-Saarbrücken und Roial-Nassau Husaren, Ritter des Kön. Dänischen Elephanten-de l' Union parfaite-und Chur-Pfälzischen St. Huberti-Ordens.

Gem. Wilhelmina Sophia Eleonora, Johannis Friderici, Fürstens von Schwarzburg-Rudolstadt jüngste Tochter, geb. 22 Jan. 1751, verm. 30 Oct. 1766.

Kind: Henricus Ludouicus Carolus Albertus, geb. 9 März 1768.

Mutter: Sophia Christina Charlotta, Georgii Wilhelmi, Gra-fens von Erbach Tochter, geb. 12 Jul. 1725, verm. 28 Febr. 1742, Wittwe 24 Jul. 1768.

Schwestern: a) Anna Carolina, geb. 31 Dec. 1751.. Gem. Fri-dericus Henricus Wilhelmus, Herzog von Holstein-Glücks-burg, verm. 9 Aug. 1769.

b) Wil-

b) Wilhelmina Henrietta, geb. 27 Oct. 1752, Canonißin zu Herd
forden.

Naſſau-Siegen, Catholiſcher Linie.

Welche mit dem Fürſten Wilhelmo Hyacintho, 18 Febr. 1743,
erloſchen, davon iſt noch am Leben:
Des Halb-Bruders Franciſci Hugonis, Wittwe: Leopoldina Erneſtina Juliana, Philippi Caroli, Grafens zu Hohenlohe-Bartenſtein Tochter, geb. 21 Aug. 1703, verm. 3 Jun. 1731,
Wittwe 4 März 1735, iſt ſeit 1740 in dem Carmeliterinnen-
Kloſter zu Aachen.

Naſſau-Siegen, Reformirter Linie.

So mit dem Fürſten Friderico Wilhelmo, 2 März 1734, aus-
geſtorben, davon leben noch:
Die Wittwe: Sophia Polyxena Concordia, Auguſti, Grafens zu
Witgenſtein Tochter, geb. 28 May 1709, verm. 24 Sept. 1728,
Wittwe 2 März 1734.
Und die Schweſtern: a) Charlotta Friderica Amalia, geb. 30
Nov. 1702. Gem. 1. Leopoldus, Fürſt von Anhalt-Cöthen,
verm. 21 Jun. 1725, Wittwe, 19 Nov. 1728. 2. Albertus
Wolfgangus, Graf von der Lippe-Bückeburg, verm. 16 Apr.
1730, abermals Wittwe 24 Sept. 1748.
b) Eliſabetha Hedwig, geb. 19 Apr. 1719. Gem. Fridericus,
Graf zu Witgenſtein, verm. 12 Jun. 1743, Wittwe 9 Jun.
1756.

Naſſau-Weilburg.

Fürſt: Carolus Chriſtianus, geb. 16 Jan. 1735, ſucc. bem Herrn
Vater Carolo Auguſto, 9 Nov. 1753, Holländiſcher General der
Inf. commandirender Obriſter der Garde zu Pferd und Gouverneur zu Maſtricht, des Ober-Rheiniſchen Kreiſes General
und Obriſter eines Regiments Infanterie, Ritter des Elephanten-Ordens.
Gem. Carolina, Wilhelmi IV, Fürſtens von Oranien und Naſ-
ſau-Dietz einzige Tochter, geb. 28 Febr. 1743, verm. 5 März
1760.
Kinder: a) Auguſta Maria Carolina, geb. 6 Febr. 1764.
b) Wilhelmina Louiſa, geb. 28 Sept. 1765.
c) Fridericus Wilhelmus, Erbprinz, geb. 25 Oct. 1768, Holländ. Obriſter eines Inf. Regim. und Probſt des Capitels zu
St. Johann in Utrecht.
d) Carolina Louiſa Friderica, geb. 14 Febr. 1770.

Neapolis, ſiehe Sicilien.

Nieder-Münſter in Regenſpurg.

Gefürſtete Aebtißin: Maria Veronica Eliſabetha, Freyin von Speth
zu Zwyfalten, erw. 30 Jan. 1769.   Ober-

Ober-Münster in Regenspurg.

Gefürstete Aebtißin: Maria Francisca, Freyin von Freudenberg, geb. 9 März 1714, erw. 26 Aug. 1765.

Ochsenhausen.

Gefürsteter Abt: Romualdus Welti, aus der Reichenau, des H. R. Reichs Prälat, geb. 29 Jan. 1723, erw. 22 Oct. 1767.

Odeschalchi.

Herzog: Livio d' Erba-Odeschalchi, VIII Herzog von Bracciano, geb. 16 Febr. 1725, succed. dem Herrn Vater Balthasari, d'Erba-Odeschalchi, 26 Febr. 1746, Reichsfürst und Herzog zu Sirmien in Hungarn, Ritter des goldnen Blieffes, auch Kaif. Kön. Cämmerer.

Gem. Maria Victoria, Philippi Corsini, Fürstens von Sismano Tochter, geb im Dec. 1728. verm. 10 Apr. 1747.

Kinder: a) Balthasar, geb. 23 Jul. 1748. Commandeur des St. Stephani-Ordens. Gem. N. Johannis Andreae Doria, Fürstens von Landi, Pamphili und Melfi Tochter.

    b) N. Prinzeßin, geb. 24 Aug. 1757.

    c) Philippus Maria Josephus Innocentius, und

    d) Josephus Maria Benedictus Innocentius, geb. als Zwillinge, 18 März 1759.

    e) Antonius Maria Josephus, geb. 14 März 1763.

Schwestern: 1. Maria Anna, geb. 8 Dec. 1723. Gem. Renatus, Graf von Borromeo, verm. 27 Nov. 1743.

2. Theresia Maria, geb. 28 Oct. 1728. Gem. Franciscus Caracciolo, Fürst von Santo Buono, verm. 9 Jan. 1746.

3. Catharina Maria, geb. 28 Apr. 1730.

Oesterreich, siehe Römischer Kaiser.

Oettingen-Spielberg.

Fürst: Johannes Aloysius Sebastianus Ignatius Philippus, geb. 18 Jan. 1707, succed. dem Herrn Vater Francisco Alberto, 6 Febr. 1737, des Oettingischen Hauses Senior, Lehen- und Regalien-Administrator, auch des Reichsgräfl. Collegii in Schwaben Director.

Kinder: 1. Maria Leopoldina Elisabetha Theresia, geb. 28 Nov. 1741, Stern-Creutz-Ordens-Dame 3 May 1761. Gem. Ernestus Christophorus, Graf von Kaunitz-Rietberg, verm. 12 Jan. e. a.

2. Maria Eleonora Gabriela Walpurga, geb. 7 Jul. 1745, Stern-Creutz-Ordens-Dame 3 May 1761. Gem. Carolus Josephus, Fürst von Liechtenstein, verm. 30 März eod. a.

Bruders Antonii Ernesti, Fürstens, Wittwe: Maria Theresia Walpurga, Friderici Antonii Marquardi, Grafens von Truchses-

Trauch-

Trauchburg Tochter, geb. 27 May 1735, verm. 5 May 1754,
Wittwe 23 Jun. 1768.

Kinder: a) Johanna Josepha, geb. 27 Febr. 1756.
   b) Johannes Aloysius, Erbprinz, geb. 16 Apr. 1758.
   c) Fridericus Antonius, geb. 6 März 1759.
   d) Maria Theresia Crescentia, geb. 17 Nov. 1763.
   e) Maria Crescentia Notgera, geb. 30 Jan. 1765.
   f) Maria Walpurga Josepha, geb. 29 Aug. 1766.

Oettingen-Wallerstein.

Fürst: Crato Ernestus Judas Thaddaeus, geboren 3 August 1748,
Kaif. Kön. wirkl. Cämmerer, wird vom Kaiser Josepho II, im
Reichs-Fürstenstand erhoben 1774.

Gem. Maria Theresia Carolina Ludouica, Caroli Anselmi, Fürstens von Thurn und Taxis älteste Tochter, geb. 10 Jul. 1757,
verm. 25 Aug. 1774.

Mutter: Carolina Juliana, Cratonis Antonii Wilhelmi, Grafens
von Oettingen-Baldern Tochter, geb. 15 Nov. 1729. Gem. Philippus Carolus Dominicus, Graf von Oettingen-Wallerstein,
verm. 20 Febr. 1746, Stern-Creuz-Ordens-Dame 3 May
1748, Wittwe 14 Apr. 1766.

Geschwister: a) Maria Eleonora Anna Agnes, geb. 21 May 1747,
Stern-Creuz-Ordens-Dame 3 May 1766. Gem. Johannes
Nepomucenus Antonius Josephus, Erbprinz von Schwarzen-
berg, verm. 14 Jul. 1768.

b) Franciscus Ludouicus Carolus, geb. 16 Sept. 1749, Kaiserl.
Königl. Cämmerer und Premier-Lieutenant des Bruckhausisch.
Cüraß. Regim.

c) Maria Theresia Sophia Walpurga, geb. als Zwilling, 9 Dec. 1751,
Stern-Creuz-Ordens-Dame 3 May 1773. Gem. Joachimus
Egon Franciscus, Landgraf von Fürstenb. verm. 18 Aug. 1772.

d) Fridericus Carolus Alexander, geb. 10 Febr. 1756, Domherr
zu Elwangen und Domicellar zu Cöln.

e) Philippus Josephus Notgerus, geb. 8 Febr. 1759, Domicellar
zu Cöln.

Vaters Bruders Johannis Friderici, Wittwe: Maria Anna Josepha, Maximiliani Josephi, Grafens von Fugger-Zünneberg
Tochter, geb. 21 May 1719, verm. 13 Aug. 1741, Wittwe 16
Jul. 1744. Zweyter Gem. Ludouicus Augustus Egon, Landgraf von Fürstenberg, verm. 8 Nov. 1745, abermals Wittwe
10 Nov. 1759.

Oettingen-Baldern, oder Katzenstein-Baldern und Sötern.

Graf: Josephus Antonius, geb. 4 März 1721, succed. dem Herrn
Vater

Vater Crctool Antonio Wilhelmo, 23 Apr. 1751, des Bran-
denburg-Culmbach. rothen Adler-Ordens Großcreutz.

Zwote Gem. Maria Antonia Monica, Francisci Ernesti Josephi Antonii, Grafens von Truchseß-Zeyl-Wurzach Tochter, geb. 6
Jun. 1753, verm. 11 May 1772.

Kind: Franciscus Ludouicus Eberhardus, geb. 13 Dec. 1773.

Geschwister: 1. Lotharius Franciscus Ludouicus Josephus Notgerus
Maria, geb. 9 Dec. 1710, Domherr zu Augspurg und Elwangen,
Ritter des Churpfälz. goldnen Löwen-Ordens.

2. Philippus Carolus Ignatius Franciscus, geb. 15 Oct. 1712, Dom-
Custos und Cammer-Präsident zu Speyer, auch Domherr zu
Cöln und Eichstädt, des R. Stifts Odenheim Custos.

3. Sophia Maria Anna, geb. 28 Dec. 1713, Canonißin zu Thorn.

4. Franciscus Wilhelmus, geb. 8 Sept. 1726, Vice-Dechant und
Thesaurarius zu Cöln 1767.

5. Carolina Juliana, geb. 15 Nov. 1729, Stern-Creutz-Ordens-
Dame 3 May 1748. Gem. Philippus Carolus Dominicus, Graf
von Oettingen-Wallerstein, verm. 20 Febr. 1746, Wittwe 14
Apr. 1766.

Olmütz.

Fürst-Bischof: Maximilianus, Graf von Hamilton, geb. 17 März
1714, erw. 4 Märj 1761.

Orleans.

Herzog: Ludouicus Philippus, erster Pair von Frankreich, geb. 12
May 1725, succ. dem Herrn Vater Ludouico, 4 Febr. 1752,
Ritter der Kön. Orden und des Span. goldnen Vliesses, Kön.
Franz. General-Lieutenant und Gouverneur von Dauphine'.

Kinder: a) Ludouicus Philippus Josephus, Herzog von Chartres,
geb. 13 Apr. 1747, Ritter der Kön. Orden und Obrister eines
Reg. Inf. Gem. Louisa Maria Adelheid, Ludouici Johannis
Mariae, Herzogs von Penthievre einzige Tochter, geb. 13 März
1753, verm. 5 Apr. 1769.

Kind: N. Herzog von Valois, geb. 6 Oct. 1773.

b) Louisa Maria Theresia Mathildis, geb. 9 Jul. 1750. Gem. Ludouicus Henricus Josephus von Conde, Herzog von Bourbon,
verm. 24 Apr. 1770.

Orsini.

Herzog: Dominicus Orsini, XV Herzog von Gravina, Fürst des
H. R. Reichs und des Päbstl. Throns auch von Solafra und
Vallata, Graf von Muro, Grand von Spanien, geboren als
Zwilling 9 Aug. 1742, succed. dem Herrn Vater, als selbiger
9 Sept. 1743 zum Cardinal creirt worden, Königl. Sicil. wirkl.
Cammer-Junker 1753.

Gem. Maria Theresia, Marini Francisci Caracciolo, Fürstens von Avellino Tochter, geb. 10 Dec. 1738, verm. im Apr. 1762, Kön. Sicilian. Hofdame 1768.
Kinder: 1. N. Prinzeßin, geb. 25 Oct. 1765.
  2. N. Prinz, geb. im Nov. 1767.
  3. N. Prinz, geb. im Dec. 1768.
  4. N. Prinzeßin, geb. im März 1770.
Vater: Dominicus Amadeus Orsini, XIV Herzog von Gravina, geb. 5 Jun. 1719, wird Cardinal 9 Sept. 1743.
Bruder: Philippus, Zwilling, geb. 9 Aug. 1742.

Osnabrück.
Fürst-Bischof: Fridericus, Königl. Prinz von Großbritannien, geb. 16 Aug. 1763, postul. 27 Febr. 1764.

Ost-Frießland.
Dieses Fürstenthum wurde nach des Fürstens Caroli Edzardi, 25 May 1744, erfolgtem Absterben ohne männliche Erben, von Ihro Maj. dem König von Preussen, Friderico II, 1 Jun. e. a. vermöge einer vom Kaiser Leopoldo I, 1694, darauf ertheilten Expectanz, in Besitz genommen.

Paar.
Fürst: Johannes Wenceslaus Josephus, geb. 7 Aug. 1719, Großcreuß des St. Stephani-Ordens, Kais. Kön. wirkl. geh. Rath, Cämmerer, auch Obrister Reichs-Hof- und General-Erb-Land-Postmeister, wird vom Kaiser Josepho II, für sich und seine Nachfolger nach dem Rechte der Erstgeburt in den Reichs-Fürstenstand erhoben 5 Aug. 1769.
Sohn: Wenceslaus, Graf, geb. 27 Jan. 1744, Kais. Kön. Cämmerer, Nieder-Oesterreichischer Land-Rath, und Kaiserl. Kön. Erb-Land-Postmeister. Gem. Maria Antonia, Johannis Caroli, Fürstens von Liechtenstein Tochter, geb. 13 Jun. 1749, verm. 17 Jan. 1768, Stern-Creutz-Ordens-Dame 3 May e. a.
  Kinder: a) Antonia, geb. 7 Dec. 1768.
    b) N. Sohn, geb. im Jun. 1773.

Pabst.
Diese Würde ist zur Zeit noch nicht ersetzt.

Paderborn.
Fürst-Bischof: Wilhelmus Antonius Ignatius, Freyherr von der Asseburg zu Hindenburg und Wallhausen, geb. 16 Febr. 1707, erw. 25 Jan. 1763.
Coadjutor: Fridericus Wilhelmus, Fürst-Bischof zu Hildesheim, Freyherr von Westphalen zu Fürstenberg und Laer, geb. 5 Apr. 1727, erw. 2 März 1773.

Pale

Palestrina, siehe Colonna di Sciarra.
Pallavicini-Rospigliosi.

Fürst: Johannes Baptista, geb. 24 Jun. 1724, succed. dem Herrn
Bruder Camillo, 22 Apr. 1769.

Gem. Eleonora, Balthasaris, Herzogs von Caffarelli Tochter, verm.
8 Sept. 1753.

Kinder: a) Maria Anna, geb. 18 Aug. 1754.
b) Josephus Maria Ludouicus Pallavicini, geb. 10 Nov. 1755.
c) N. Prinz, geb. 6 Nov. 1756.
d) N. Prinz, geb. 8 Apr. 1758.

Schwestern: 1) Magdalena, geb. 14 Jul. 1726. Gem. Herzog von
Torre-Filomarino, verm. 15 Febr. 1748.

2) Maria Victoria, geb. 19 May 1728. Gem. Paschalis Emanuel
Pinto, Fürst von Iscitella im Neapolitanischen, verm. 21 Febr.
1754.

Pamphili, siehe Doria-Landi, Pamphili und Melfi.
Parma, Piacenza und Guastalla.

Herzog: Ferdinandus, geb. 20 Jan. 1751, succed. dem Herrn Vater Philippo, 18 Jul. 1765, majorenn und Infant von Spanien im Oct. e. a. Ritter des goldnen Vliesses, Französisch-Heil.
Geist-und Sicil. Januarii-Ordens, Großcreutz des Spanischen
Ordens Caroli III.

Gem. Maria Amalia, Francisci I, Röm. Kaisers vierte Prinzeßin,
geb. 26 Febr. 1746, verm. 19 Jul. 1769.

Kinder: a) Carolina Maria Theresia Josepha Louisa Johanna Vincentia Coecilia, geb. 22 Nov. 1770.
b) Ludouicus, geb. 5 Jul. 1773, Ritter des goldnen Vliesses
und St. Januarii-Ordens.
c) N. Prinzeßin, geb. im Nov. 1774.

Schwester: Louisa Maria Theresia, geb. 9 Dec. 1751, Stern-
Creutz-Ordens-Dame 14 Sept. 1763. Gem. Carolus Antonius, Prinz von Asturien, ihr Vetter, verm. 4 Sept. 1765.

Von dem Herzog-Farnesischen Hause lebet noch: Antonii Francisci, Wittwe: Henrietta Maria, Rainaldi, Herzogs von Modena Tochter, geb. 27 May 1702. Gem. 1) Antonius Franciscus,
letzter Herzog von Parma, verm. 5 Febr. 1728, Wittwe 20 Jan.
1731. 2) Leopoldus, Prinz von Hessen-Darmstadt, verm. 2
Sept. 1740, abermals Wittwe 26 Oct. 1764.

Passau.

Fürst-Bischof: Leopoldus-Ernestus Josephus, Graf von Firmian,
geb. 22 Sept. 1708, erw. 1 Sept. 1763, Cardinal und Großcreutz des Hungar. St. Stephani-Ordens.

Pfalz-Salzbach. (Chur-Hans.)

Churfürst: Carolus Theodorus, geb. 11 Dec. 1724. succed. dem
Herrn Vater Johanni Christiano Josepho, als Pfalzgraf zu
Sulzbach 20 Jul. 1733. und seinem Herrn Großvater mütter-
licher Seite, Carolo Philippo, als Churfürst 31 Dec. 1742.

Gem. Elisabetha Augusta, Josephi Caroli Emanuelis Augusti, Pfalz-
Grafens zu Sulzbach Tochter, geb. 17 Jan. 1721, verm. 17
Jan. 1742, Stern-Creutz-Ordens-Dame 22 Febr. 1756, erhält
5 Jul. 1760, den Russ. Kais. St. Catharinen-Orden.

Vaters Schwestern: 1. Francisca Christina, geb. 16 May 1696,
Aebtißin zu Thorn 30 Märt. 1717, und zu Essen 15 Oct. 1726.

2. Ernestina Elisabetha Johannetta, geb. 15 May 1697. Gem.
Wilhelmus, Landgraf von Hessen-Rheinfels-Wanfried, verm.
19 Sept. 1719, Wittwe 1 Apr. 1731, ward nach Absterben ih-
res Gemahls in dem Carmeliter-Kloster zu Neuburg geistlich
und Priorin daselbst 1752.

Vaters Bruders Josephi Caroli Emanuelis Augusti, Töchter: 1. Maria Elisabetha Augusta Aloysia Innocentia Gabriela Eulalia, geb.
17 Jan. 1721. Gem. Carolus Theodorus, Churfürst von der
Pfalz, verm. 17 Jan. 1742.

2. Maria Anna Amalia Josepha Antonia, geb. 22 Jun. 1722.
Gem. Clemens Franciscus de Paula, Herzog in Bayern, verm.
17 Jan. 1742, Wittwe 6 Aug. 1770.

3. Maria Francisca Dorothea Christina Ernestina, geb. 15 Jun.
1724, Stern-Creutz-Ordens-Dame 22 Febr. 1756. Gem.
Fridericus, Pfalzgraf und Prinz von Zweybrücken, verm. 6
Febr. 1746, Wittwe 15 Aug. 1767.

Pfalz-Zweybrücken.

Pfalzgraf und Herzog: Christianus IV, geb. 6 Sept. 1722, succ.
dem Herrn Vater Christiano III, 3 Febr. 1735. Ritter des
Churpfälz. St. Huberti-Ordens, nimmt 12 Febr. 1758, zu Paris die Römisch-Catholische Religion an.

Schwester: Christiana, geb. 16 Nov. 1725. Gem. Carolus Augustus Fridericus, Fürst von Waldeck, verm. 19 Aug. 1741,
Wittwe 29 Aug. 1763.

Bruders Friderici, Wittwe: Maria Francisca Dorothea Christina
Ernestina, Josephi Caroli Emanuelis Augusti, Pfalzgrafens von
Sulzbach Tochter, geb. 15 Jun. 1724, verm. 6 Febr. 1746,
Stern-Creutz-Ordens-Dame 22 Febr. 1756, Wittwe 15 Aug.
1767.

Kinder: a) Carolus Augustus Christianus, geb. 29 Oct. 1746,
Ritter des Pfälz. St. Huberti und Löwen-Ordens, des H.
Röm. Reichs General-Feldmarschall-Lieutenant, Churpfälz.
Gene-

General - Lieutenant der Inf. auch Obrister und Innhaber
eines Kaiserl. Dragoner - dann Churpfälzisch. und Ober-
Rheinischen Kreis - Infanterie - Regiments. Gem. Maria
Amalia, Friderici Christiani, Churfürstens zu Sachsen Prinzeßin, geb. 26 Sept. 1757, verm. 12 Febr. 1774.

b) Maria Amalia Augusta, geb. 10 May 1752, Dame des Elisabethen - Ordens. Gem. Fridericus Augustus, Churfürst zu
Sachsen, verm. 17 Jan. 1769.

c) Maria Anna, geb. 18 Jul. 1753, Canonißin zu Essen und
Dame des Elisabethen-Ordens.

d) Maximilianus Josephus, geb. 27 May 1756, Ritter des Pfälz.
St. Huberti-Ordens, Churpfälz. Obrister und Innhaber eines Cavall. Regim.

Pfalz-Birkenfeld.

Pfalzgraf: Johannes, geb. 24 May 1698, succed. seinem Herrn
Bruder Friderico Bernhardo, 5 Aug. 1739, Churpfälzischer Ge-
neral-Feld- Zeugmeister, Gouverneur der Stadt und Festung
Jülich, Obrister über ein Regiment zu Fuß, auch Ritter des St.
Huberti-und Löwen-Ordens.

Kinder: a) Johannes Carolus Ludouicus, geb. 18 Sept. 1745, Kaiserl. Königl. Obrister des Pueblaischen Infant. Regim. Ritter des Churpfälz. St. Huberti-und Löwen-Ordens.

b) Louisa Christiana, geb. 17 Aug. 1748. Gem. Henricus XXX,
regier. Graf Reuß zu Gera, verm. 28 Oct. 1773.

c) Wilhelmus, geb. 10 Nov. 1752, wird Römisch - Catholisch
10 Aug. 1769, Churpfälzischer Obrister und Commandeur
des Regim. Birkenfeld, Ritter des Churpfälz. St. Huberti-
und Löwen-Ordens.

Schwester: Carolina Catharina, geb. 19 Dec. 1699. Gem. Fridericus Wilhelmus, Fürst von Solms, verm. 30 Dec. 1745,
Wittwe 24 Febr. 1761.

Bruders Friderici Bernhardi, Wittwe: Ernestina Louisa, Friderici Antonii Ulrici, Fürstens von Waldeck Tochter, geb. 6 Nov.
1705, verm. 30 März 1737, Wittwe 5 Aug. 1739.

Kind: Louisa Carolina, geb. 22 Jan. 1738.

Piccolomini.

Fürst: Josephus Johannes, geb. 7 Aug. 1749, succ. dem Herrn
Vater, Pompejo Johanni, 18 Apr. 1765, als des H. R. Reichs
Fürst Piccolomini von Arragona rc. Fürst von Balle rc. im Nea-
politanischen, Herr zu Nachod, rc. in Böhmen, Kaiserl. Königl.
Cämmerer.

Gem. Maria Christina, Antonii Wilhelmi, Fürstens von Ruffo di
Palazzolo im Neapolitanischen Tochter, geb. 1747, verm. 1765,
Stern-Creutz-Ordens-Dame 3 May 1771.   Mut-

Mutter: Margaretha Catharina, Prinzeßin von Cicilfalco - Caraccioli, geb. 13 Jul. 1719, Stern-Creutz-Ordens-Dame 14 Sept. 1758, Wittwe 18 Apr. 1765.

Vaters Geschwister: a) Eleonora. Gem. N. Grimaldi, Fürst von Gerace.

b) Maria Crucifixa, ist in dem Kloster bella Sapienza.

c) Octavius, geb. 1703.

d) Hyppolita, geb. 1704. Gem. Johannes Andreas Cicinelli, Fürst von Cursi, Wittwe im Nov. 1762.

Von der ausgestorbenen deutschen Linie lebet noch des letzten Fürstens Octavii Aeneae Josephi,

Schwester: Maria Aemilia, geb. 15 Jul. 1694.

Piombino.

Fürst: Caietanus Buoncampagni - Ludovisi, geb. 8 März 1706, Fürst von Piombino, auch Herzog von Sora im Neapolitan. succeed. dem Herrn Vater Antonio Buoncampagni, 8 Jan. 1731, Grand von Spanien von der ersten Claße, Ritter des Span. goldnen Bließes und Sicil. St. Januarii-Ordens.

Gem. Laura Maria, Augustini III, Farnese, Fürstens von Chigi Tochter, geb. 20 Oct. 1708, verm. 7 Nov. 1726.

Kinder: a) Maria Anna, geb. 29 Sept. 1730. Gem. Carolus, Fürst von Bißignano, verm. 1747.

b) N. Prinzeßin, geb. 173., Königl. Sicil. Hofdame. Gem. Franciscus Cataneo, Herzog von Termoli.

c) Antonius Ludovicus Maria, geb. 15 Jun. 1735, Herzog von Arce. Zwote Gemahlin: N. N. Sforzae Josephi, Herzogs von Sforza-Cesarini Tochter, geboren 18 Novemb. 1734, verm. 1762.

d) Ignatius Ludovicus, geb. 18 Jun. 1743, Päbstl. Vice-Legat zu Bologna 1766.

e) Hyppolita, geb. 16 Jan. 1751. Gem. Abondio, Fürst Rezzonico, Senator der Stadt Rom, verm. 14 Febr. 1768.

Bruders Petri Gregorii, Herzogs von Fiano, Wittwe: Maria Francisca, Marci Ottobuoni, Fürstens von Fiano Erb-Tochter, geb. 27 Nov. 1715, verm. 4 Jan. 1731, Wittwe.

Kinder: a) Anna Theresia, geb. 1732. Gem. N. Herzog von Cicala, ältester Sohn des Herzogs von Coscia, verm. 27 Apr. 1756.

b) Alexander, Herzog von Fiano, geb. 1734, Capitain der Päbstl. leichten Reuterey 1758. Gem. N. Juliani, aus Venedig, verm. im Febr. 1757.

c) Antonia, geb. 1736.

d) Clara, geb. 1737.

e) N.

e) N. Prinz, geb. 6 Sept. 1739.

f) Maria Victoria, geb. 1740, Stern-Creutz-Ordens-Dame 14 Sept. 1759. Gem. N. Herzog von Serbelloni.

Vaters Bruders Gregorii II, Töchter: 1. Maria Julia, geb. im Jan. 1695. Gem. Marcus Ottobuoni, aus seinem Hause letzter Fürst von Fiano, verm. 8 Sept. 1714, Wittwe 19 Apr. 1725.

2. Maria Lauinia, geb. 1698. Gem. Marinus Caracciolo, Fürst von Santo Buono, verm. 24 Jul. 1723, Wittwe 1 Jul. 1745.

Polen.

König: Stanislaus Augustus, aus dem Gräfl. nunmehro Fürstl. Geschlechte Poniatowsky, geb. 17 Jan. 1732, erw. 7 Sept. 1764, gekrönt 25 Nov. e. a. Ritter des schwarzen Adler-Ordens.

Portia.

Fürst: Alphonsus Gabriel, geb. 16 Dec. 1703, des H. R. Reichs Fürst von Portia und Mitterburg rc. succed. dem Herrn Bruder Antonio Eusebio Eustachio, 19 Dec. 1750, Obrist-Erb-Land-Hofmeister der gefürsteten Grafschaft Görz. Kais. und Chur-Bayerischer Cämmerer, auch Ritter des Chur-Pfälzischen St. Huberti-Ordens.

Zwote Gem. Maria Beatrix, Reichsfreyin von Rechbach, geb. 12 Oct. 1732, verm. 27 Febr. 1763, Stern-Creutz-Ordens-Dame 3 May 1768.

Geschwister: 1. Carolus, Graf, geb. 1706.

2. Theresia, Alexia. Gem. Camillus, Graf von Colloredo, verm. 2 Febr. 1749.

3. Aloysius, Graf, geb. 1713.

Bruders Antonii Eusebii Eustachii, Wittwe: Maria Josepha Hyacintha, Gräfin Topor-Morawitzky, verm. 4 März 1737, Wittwe 19 Dec. 1750.

Vaters Bruders Germanici, Wittwe: Cassandra Augusta, Gräfin von Piazzoni und verwittwete Gräfin von Spillenberg, abermals Wittwe 1751.

Sohn: Alphonsus Antonius Ambrosius, Graf, geb. 1732, Kais. Königl. Land-Rechts-Rath in Görz und Gradisca. Gem. Leopoldina, Gräfin von Attems, Stern-Creutz-Ordens-Dame 3 May 1765.

Portugal.

König: Josephus I, Emanuel Petrus Johannes Ludouicus, geb. 6 Jun. 1714, succed. seinem Herrn Vater Johanni V, 31 Jul. 1750.

Gem.

Gem. Maria Anna Victoria, Philippi V, Königs von Spanien
Prinzeßin, geb. 31 März 1718, verm. 31 März 1732.
Kinder: a) Maria Francisca Isabella Josepha Antoinetta Gertrudis Rita Johanna, Prinzeßin von Brasilien, geb. 17 Dec.
1734. Gem. Don Pedro, Infant von Portugal, ihr leib-
licher Oncle, verm. 6 Jun. 1760.
b) Maria Anna Francisca Josepha Rita Johanna, geb. 7 Oct.
1736.
c) Maria Francisca Benedicta Anna Elisabetha Josepha Antoinetta Laurentia Ignatia Theresia, geb. 24 Jul. 1746.
Bruder: Petrus Clemens, geb. 5 Jul. 1717, heißt insgemein
der Infant Don Pedro, und besitzt das Malthefer-Groß-Prio-
rat von Crato. Gem. Maria Francisca, Prinzeßin von Brasilien, seine leibliche Nichte, geb. 17 Dec. 1734, verm. 6 Jun.
1760.
Kinder: 1. Josephus Franciscus Xaverius, Prinz von Beira,
geb. 21 Aug. 1761.
2. Johannes Maria Josephus Ludovicus, heißt insgemein der
Infant Don Juan, geb. 13 May 1767.
3. Maria Anna Victoria Josepha, geb. 15 Dec. 1768.
4. Maria Clementina Francisca Xaveria Paulina Anna Josepha
Antonia Dominica Feliciana Johanna Michaela Juliana, geb.
10 Jun. 1774.

Prätendent von Großbritannien.

Von Jacobo Francisco Eduardo, welcher 1 Jan. 1760 gestorben,
leben noch die
Kinder: 1. Carolus Eduardus Ludovicus Philippus Casimirus,
geb. 31 Dec. 1720, Prinz von Stuart. Gem. Louisa Maximiliana Carolina Emanuela, Gustavi Adolphi, Fürstens
von Stolberg älteste Prinzeßin, geb. 21 Sept. 1752, verm.
per Procur. im Apr. 1772, vollz. e. m.
2. Henricus Benedictus Eduardus Maria Clemens Alfredus Ludovicus Thomas, geb. 6 März 1725, Cardinal von York,
Cardinal 3 Jul. 1747, Bischof zu Frascati und Vice-Canz-
ler der Röm. Kirche.

Prag.

Erz-Bischof: Antonius Petrus, des H. R. R. Fürst und Graf
von Przichowsky, Freyherr von Przichowitz, geb. 28 Aug.
1707, zum Coadjutor ernennt im May 1752, Erz-Bischof
26 Oct. 1763, Kaiserl. Königl. wirkl. geh. Rath, des Königreichs Böhmen Primas, der Prager Universität perpetuirli-
cher Canzler und Protector, Legat des Apostolischen Stuhls
zu Rom.

Preußen

Preußen und Brandenburg:

König: Fridericus II, geb. 24 Jan. 1712, succ. dem Herrn Vater Friderico Wilhelmo, 31 May 1740, Ritter des weissen Adler-Seraphinen-und St. Andreas-Ordens.

Gem. Elisabetha Christina, Ferdinandi Alberti, Herzogs von Braunschweig-Lüneburg Wolfenbüttel älteste Tochter, geb. 8 Nov. 1715, verm. 12 Jun. 1733.

Geschwister: 1. Friderica Louisa, geb. 28 Sept. 1714. Gem. Carolus Wilhelmus Fridericus, Markgraf zu Brandenburg-Ansbach, verm. 30 May 1729, Wittwe 3 Aug. 1757.

2. Philippina Charlotta, geb. 13 März 1716. Gem. Carolus, Herzog zu Braunschweig-Lüneburg-Wolfenbüttel, verm. 2 Jul. 1733.

3. Louisa Ulrica, geb. 24 Jul. 1720. Gem. Adolphus Fridericus, König in Schweden, verm. 29 Aug. 1744, Wittwe 12 Febr. 1771.

4. Anna Amalia, geb. 9 Nov. 1723, Coadjutorin zu Quedlinburg 16 Dec. 1744, Aebtißin daselbst 16 Jul. 1755.

5. Fridericus Henricus Ludouicus, geb. 18 Jan. 1726, Königl. Preuß. General der Inf. und Chef eines Regiments zu Fuß, auch Dom-Probst zu Magdeburg, Ritter des schwarzen Adler-, St. Andreas-und Seraphinen-Ordens. Gem. Wilhelmina, Maximiliani, Prinzens von Hessen-Cassel Tochter, geb. 23 Febr. 1726, verm. 25 Jun. 1752, erhält den Russischen St. Catharinen-Orden 2 Jun. 1765.

6. Augustus Ferdinandus, geb. 23 May 1730, Kön. Preuß. General und Chef eines Regiments Infanterie, Ritter des schwarzen Adler-Ordens, auch Herrenmeister des Johanniter-Ordens zu Sonneburg 13 Sept. 1762. Gem. Anna Elisabetha Louisa, Friderici Wilhelmi, Markgrafens von Brandenburg-Schwedt zwote Prinzeßin, geb. 22 Apr. 1738, verm. 27 Sept. 1755, erhält des Johanniter-Ordens Groß-Creuz von dem Großmeister zu Maltha im Jun. 1766.

Kinder: a) Friderica Louisa Henrietta Philippina, geb. 24 May 1770.

b) Fridericus Christianus Henricus Ludouicus, geb. 11 Nov. 1771, Ritter des schwarzen Adler-Ordens.

c) Fridericus Ludouicus Christianus, geb. 18 Nov. 1772.

Brudern Augusti Wilhelmi, Prinzens von Preußen Wittwe: Louisa Amalia, Ferdinandi Alberti, Herz. zu Braunschweig-Lüneburg-Wolfenbüttel Tochter, geb. 29 Jan. 1722, verm. 6 Jan. 1742, Wittwe 12 Jun. 1758.

Kinder: a) Fridericus Wilhelmus, geb. 25 Sept. 1744, Prinz

von

von Preußen; seit dem Dec. 1758, Ritter des Seraphi-
nen- und schwarzen Adler-Ordens, Königl. Preuß. General-
Major und Chef eines Regiments Infanterie. Zwote
Gem. Friderica Louisa, Ludouici IX, regier. Landgrafens
von Hessen-Darmstadt zwote Prinzeßin, geb. 16 Oct. 1751,
verm. 14 Jul. 1769, Dame des Ruß. St. Catharinen-Ordens 1773.

Kind erster Ehe: Friderica Charlotta Ulrica Catharina, geb.
7 May 1767.

Kinder zwoter Ehe: 1. Fridericus Wilhelmus, geb. 3 August
1770, Ritter des St. Andreas - und schwarzen Adler-
Ordens.

2. Fridericus Ludouicus Carolus, geb. 5 Nov. 1773.

3. Friderica Louisa Wilhelmina, geb. 18 Nov. 1774.

b) Friderica Sophia Wilhelmina, geb. 7 Aug. 1751. Gemahl:
Wilhelmus V, Fürst von Oranien und Nassau, verm. 4 Oct.
1767.

Groß-Vaters Halb-Bruders Philippi Wilhelmi, Kinder:

1. Friderici Wilhelmi, Markgrafens zu Schwedt,

Töchter: a) Friderica Dorothea Sophia, geb. 18 Decemb. 1736.
Gem. Fridericus Eugenius, Prinz zu Würtenberg - Stut-
gard, verm. 29 Nov. 1753.

b) Anna Elisabetha Louisa, geb. 22 Apr. 1738. Gem. Augustus Ferdinandus, Königl. Prinz in Preussen, verm. 27 Sept.
1755.

c) Philippina Augusta Amalia, geb. 10 Octob. 1745. Gem.
Fridericus II, regier. Landgraf von Hessen-Cassel, verm. 10
Jan. 1773.

2. Henrietta Maria, geb. 2 März 1702. Gem. Fridericus Ludouicus, Erbprinz zu Würtemberg-Stutgard, verm. 8 Decemb.
1716, Wittwe 23 Nov. 1731.

3. Henricus Fridericus, geb. 21 Aug. 1709, Markgraf zu Schwedt,
Dompropst zu Halberstadt, Kön. Preuß. General-Major, Obri-
ster eines Regiments Infanterie, Ritter des schwarzen Adler-
Ordens und residirender Johanniter-Commenthur zu Liezen.
Gem. Leopoldina Maria, Leopoldi, Fürstens von Anhalt-Dessau
Tochter, geb. 18 Dec. 1716, verm. 13 Febr. 1739.

Kinder: a) Friderica Charlotta Leopoldina Louisa, geb. 18 Aug.
1745, Coadjutorin zu Herforden 7 März 1755, und Aebtis-
sin daselbst 12 Oct. 1764.

b) Louisa Henrietta Wilhelmina, geb. 24 Sept. 1750. Gem.
Leopoldus Fridericus Franciscus, regier. Fürst von Anhalt-
Dessau, verm. 25 Jul. 1767.

Quedlin-

Quedlinburg.

Gefürstete Aebtißin: Anna Amalia, Kön. Prinzeß. von Preuß. geb.
9 Nov. 1723, Coadjutorin 16 Dec. 1744, Aebtißin 16 Jul. 1755.
Coadjutorin: Sophia Albertina, Kön. Prinzeßin von Schweden,
geb. 8 Oct. 1753, erw. und postul. 20 Sept. 1767.

Regenspurg.

Fürst-Bischof: Antonius Ignatius Josephus, Graf Fugger zu Glöt,
gefürsteter Probst zu Elwangen, geb. 3 Nov. 1711, erw. 18
Jan. 1769.

Römischer Kaiser.

Josephus II, geb. 13 März 1741, zum Römischen König erwählt
27 März 1764. und gekrönt 3 Apr. e. a. succedirt als Römischer Kaiser 18 Aug. 1765, seiner Frau Mutter Mit-Regent
aller Oesterreichischen Erblande, Großmeister der Ritter Orden derselben im Sept. e. a. Er war vermählt 1) mit Maria
Isabella, Infantin von Spanien und Prinzeßin von Parma,
seit 6 Oct. 1760. 2) mit Josepha, Röm. Kaiserl. und Churfürstl. Bayerischen Prinzeßin, seit 22 Jan. 1765, Wittwer 27
Nov. 1763, und 28 May 1767.

Mutter: Maria Theresia, Caroli VI, Römischen Kaisers älteste
Prinzeßin, geb. 13 May 1717, succ. ihrem Herrn Vater in allen
Oesterreichischen Erblanden 20 Oct. 1740, gekrönt zur Königin von Hungarn 25 Jun. 1741, und zur Königin von Böhmen 12 May 1743. Gem. Franciscus III, (Stephanus) Herzog
von Lothringen, Groß-Herzog von Toscana und vormaliger
Röm. Kaiser, verm. 12 Febr. 1736. Wittwe 18 Aug. 1765.

Geschwister: 1. Maria Anna Josepha Antonia Johanna, geb. 6
Oct. 1738, Stern-Creuz-Ordens-Dame 3 May 1749, er-
nennte Aebtißin des Kais. Königl. Fräulein-Stifts zu Prag
seit 2 Febr. 1766.

2. Maria Christina Josepha Johanna Antonia, geb. 13 May 1742,
Stern-Creuz-Ordens-Dame 3 May 1753. Gem. Albertus
Casimirus, Königl. Prinz von Polen und Litthauen, Herzog
zu Sachsen-Teschen, verm. 8 Apr. 1766.

3. Maria Elisabetha Josepha Johanna Antonia, geb. 13 Aug. 1743,
Stern-Creuz-Ordens-Dame 3 May 1757.

4. Maria Amalia Josepha Johanna Antonia, geb. 26 Febr. 1746,
Stern-Creuz-Ordens-Dame 14 Sept. 1757. Gem. Ferdinandus, Infant von Spanien, Herzog von Parma, Piacenza
und Guastalla. verm. 19 Jul. 1769.

5. Petrus Leopoldus Josephus Johannes Antonius Joachimus Pius
Gotthardus, geb. 5 May 1747, Groß-Herzog von Toscana.
Gem. und Kinder, siehe Toscana.

E 6. Maria

6. Maria Carolina Ludouica Josepha Johanna Antonia, geb. 13 Aug. 1752. Stern-Creutz-Ordens-Dame 14 Sept. 1762. Gem. Ferdinandus IV, König beyder Sicilien, verm. 12 May 1768.

7. Ferdinandus Carolus Antonius Josephus Johannes Stanislaus, geb. 1 Jun. 1754, Ritter des goldnen Vliesses, Groß-Creutz des St. Stephani-Ordens, Kaif. und des H. R. Reichs Vicarius durch Itälien, Kaif. Kön. Gubernator, wie auch General-Capitaine der gesammten Italienischen Staaten, General-Feldmarschall und Obrister eines Regiments zu Fuß. Gem. Maria Ricciarda Beatrix, Herculis Rainaldi, Erb-Prinzens von Modena einzige Prinzeßin. gebor. 7 Apr. 1750; Stern-Creutz-Ordens-Dame 3 May 1766, verm. 15 Oct. 1771.
   Kind: Maria Theresia Johanna Josephina, geb. 1 Nov. 1773.

8. Maria Antonia Anna Josepha Johanna, geb. 2 Nov. 1755, Stern-Creutz-Ordens-Dame 3 May 1766. Gem. Ludouicus XVI, König von Frankreich, verm. 16 May 1770.

9. Maximilianus Franciscus Xauerius Josephus Johannes Antonius de Padua Wenceslaus, geb. 8 Dec. 1756, Coadjutor des Hoch- und Deutschmeisterthums zu Mergentheim 3 Oct. 1769, auch Kaif. Königl. General-Feldmarschall und Obrister eines Cürassier-Regiments.

Kaifers Francisci I, Bruder: Carolus Alexander, Herzog von Lothringen und Bar, geb. 12 Dec. 1712, Großmeister des deutschen Ordens zu Mergentheim 4 May 1761, Kaif. und des H. R. Reichs General-Feldmarschall, Gubernator und General-Capitaine der Oesterreichischen Niederlande, auch Obrister zweyer Regim. zu Fuß.

Rußland.

Kaiferin: Catharina II, Alexejewna, (ehedem Sophia Augusta Friderica,) Prinzeßin von Anhalt-Zerbst, geb. 2 May 1729, nimmt 1744 die Griech. Religion an, besteigt den Thron 8 Jul. 1762, gekrönt zu Moscau 3 Oct. e. a. erhält 23 Dec. 1762, den Preuff. schwarzen Adler und den 21 Nov. 1763, den Schwedischen Seraphinen-Orden.

Gem. Petrus III, Federowitsch, (ehedem Carolus Petrus Ulricus,) regierender Herzog von Holstein-Gottorp, ward nach angenommener Griech. Religion zum Großfürsten und Thronfolger des Ruffischen Reichs erklärt 18 Nov. 1742, succ. als Kaifer 5 Jan. 1762, bethroniß.t 8 Jul. e. a. starb 17 Jul. 1762.

Kind: Paulus Petrowitsch, Großfürst, geb. 1 Oct. 1754, succeed. als regier. Herzog von Schleßwig-Holstein-Gottorp 17 Jul. 1762 unter der Vormundschaft seiner Frau Mutter, wird volljährig, 1 Oct. 1772, überläßt seinen einseitigen und gemein-

meinschaftlichen Antheil an dem Herzogthum Holstein dem Kö-
nige von Dännemark gegen die Grafschaften Oldenburg und
Delmenhorst 16 Nov. 1773, Ritter des St. Andreas-Alexander-Newsky-Seraphinen-und schwarzen Adler-Ordens, Großmeister des St. Annen-Ordens. Gem. Natalia Alexejewna,
(sonst Wilhelmina,) Ludouici IX, Landgrafens von Hessen-
Darmstadt vierte Prinzeßin, geb. 25 Jun. 1755, nimmt 26 Aug.
1773 die Griech. Religion an, verm. 10 Oct. e. a.

Ruspoli.

Fürst: Alexander Ruspoli, Fürst von Cervetro, geb. 3 Dec. 1708,
succ. dem Herrn Vater Francisco Mariae, 11 Jul. 1731, Kaiserl.
Königl. wirklicher Cämmerer, Ritter des goldnen Vliesses 29
Nov. 1759.

Gem. Prudentia, Marini Mareschotti, Grafens von Capizucchi
Tochter, seine Cousine, verm. 16 Febr. 1749, Stern-Creutz-
Ordens-Dame 3 May 1761.

Kinder: a) N. Prinzeßin, geb. 6 Apr. 1750.

b) Franciscus Maria Saluator Simon, geb. 18 Febr. 1752, Kais.
Königl. Cämmerer.

c) Hyacintha Maria Ignatia, geb. 9 Jul. 1753.

d) Bartholomaeus, geb. im Sept. 1754.

e) N. Prinz, geb. 31 Oct. 1755.

f) N. Prinzeßin, geb. 10 May 1758.

Schwestern: 1. Maria Isabella, geb. 15 Sept. 1696, tritt ins
Kloster St. Dominici und Sixti zu Rom 4 Sept. 1722.

2. Hyacintha Theresia, geb. 15 Apr. 1703.

3. Francisca, geb. 15 Apr. 1703, Zwillinge, sind im Kloster der
Carmeliter-Barfüßer zu St. Theresia a Monte Cavallo zu Rom
seit 7 Aug. 1724.

Sachsen-Albertinisches Haus, Chur-Linie.

Churfürst: Fridericus Augustus, geb. 23 Dec. 1750, succeed. sei-
nem Herrn Vater Friderico Christiano, 17 Dec. 1763, tritt die
Regierung an 16 Sept. 1768, Ritter des Poln. weissen Adler-
Ordens.

Gem. Maria Amalia Augusta, Friderici, Pfalzgrafens und Prinzens von Zweybrücken älteste Prinzeßin, geb. 10 May 1752,
verm. 17 Jan. 1769, Dame des Pfälzischen St. Elisabethen-
Ordens.

Mutter: Maria Antonia Walpurgis, Caroli VII, Röm. Kaisers
und Churfürstens in Bayern älteste Prinzeßin, geb. 18 Jul.
1724, verm. 13 Jun. 1747, erhält 1749 den Russ. St. Catharinen-Orden, und ist auch Stern-Creutz-Ordens-Dame,
Wittwe 17 Dec. 1763.

Geschwi-

Geschwister: a) Carolus Maximilianus, geb. 24 Sept. 1752, Ritter des Polnischen weissen Adler- und Sicilian. St. Januarii-Ordens.

b) Antonius, geb. 27 Dec. 1755, Ritter des Poln. weissen Adler-Ordens, auch Domicellar zu Cöln.

c) Maria Amalia, geb. 26 Sept. 1757. Gem. Carolus Augustus Christianus, Pfalzgraf und Prinz von Zweybrücken, verm. 12 Febr. 1774.

d) Maximilianus, geb. 13 Apr. 1759, Ritter des Poln. weissen Adler-Ordens.

e) Maria Anna, geb. 27 Febr. 1761.

Vaters Geschwister: 1. Maria Anna, geb. 29 Aug. 1728, Stern-Creutz-Ordens-Dame 14 Sept. 1737. Gem. Maximilianus Josephus, Churfürst von Bayern, verm. 13 Jun. 1747.

2. Franciscus Xaverius, geb. 25 Aug. 1730, Großcreutz des Chursächs. Militair-Ordens St. Henrici, Ritter des Poln. weissen Adler-Ordens und Kön. Franz. General-Lieutenant.

3. Carolus Christianus Josephus, geb. 13 Jul. 1733, Ritter des Russ. St. Andreas- und Poln. weissen Adler-Ordens, auch Großcreutz des Chursächs. Militair-Ordens St. Henrici, ward 1758 Herzog von Curland und Semgallien.

4. Maria Christina, geb. 12 Febr. 1735, Coadjutorin zu Remiremont in Lothringen 1765, Aebtißin daselbst 1773, Stern-Creutz-Ordens-Dame 3 May 1745, erhält den Churpfälz. St. Elisabethen-Orden 19 Jun. 1767.

5. Maria Elisabetha, geb. 9 Febr. 1736, Stern-Creutz-Ordens-Dame 3 May 1745.

6. Albertus Casimirus, geb. 11 Jul. 1738, Herzog zu Sachsen-Teschen, Kais. auch Kais. Kön. und Reichs-General-Feldmarschall, Locumtenens und General-Capitaine im Königr. Hungarn, Chef eines Cüraff. Reg. Ritter des Poln. weissen Adler- und Großcreutz des St. Stephani-Ordens. Gem. Maria Christina, Francisci I, Röm. Kaisers zwote Prinzeßin, geb. 13 May 1742, verm. 8 Apr. 1766.

7. Clemens Wenceslaus, geb. 28 Sept. 1739, Ritter des Polnisch. weissen Adler-Ordens, Churfürst zu Trier und Bischof zu Augspurg seit 1768, Coadjutor zu Elwangen 1770.

8. Maria Cunigunda, geb. 10 Nov. 1740, Stern-Creutz-Ordens-Dame 3 May 1750, bekömmt den Churpfälzischen St. Elisabethen-Orden 19 Nov. 1771.

Sachsen-Weissenfels.

Ist nach Absterben des letzten Herzogs Johannis Adolphi, an das Churhaus gekommen. Es lebet aber noch dessen Wittwe:

Fride-

Friderica, Friderici II, Herzogs von Sachsen-Gotha Tochter, geb. 17 Jul. 1715, verm. 27 Nov. 1734, Wittwe 16 May 1746.

Sachsen-Merseburg.

Welches nach dem Ableben des letzten Herzogs Henrici, 27 Jul. 1738, an das Churhaus gefallen.

Sachsen-Zeitz.

Dieses Haus ist nach dem Tode des letzten Herzogs Mauritii Wilhelmi, 14 Nov. 1718, an das Churhaus gekommen.

Sachsen: Ernestinisches Haus.
Sachsen-Weimar und Eisenach.

Herzog: Carolus Augustus, geb. 3 Sept. 1757, succeed. dem Herrn Vater Ernesto Augusto Constantino, 28 May 1758.

Mutter: Anna Amalia, Caroli, Herzogs von Braunschw. Wolfenbüttel Tochter, geb. 24 Oct. 1739, verm. 16 März 1756, Wittwe 28 May 1758, Vormünderin und Landes-Regentin.

Bruder: Fridericus Ferdinandus Constantinus, Posthumus, geb. 8 Sept. 1758, Holländisch. Hauptmann beym Regim. Oranien-Nassau.

Vaters Schwester: Ernestina Augusta Sophia, geb. 5 Jan. 1740. Gem. Ernestus Fridericus Carolus, Herzog von Sachsen-Hildburgshausen, verm. 1 Jul. 1758.

Sachsen-Gotha und Altenburg.

Herzog: Ernestus II, Ludouicus, geb. 30 Jan. 1745, succeed. seinem Herrn Vater Friderico III, 10 März 1772.

Gem. Maria Charlotta Amalia, Antonii Ulrici, Herzogs zu Sachsen-Meinungen älteste Tochter, geb. 11 Sept. 1751, verm. 21 März 1769.

Kinder: 1. Ernestus, geb. 27 Febr. 1770.

2. Aemilius Leopoldus Augustus, geb. 23 Nov. 1772.

3. Fridericus, geb. 28 Nov. 1774.

Geschwister: a) Friderica Louisa, geb. 30 Jan. 1741.

b) Augustus, geb. 14 Aug. 1747, Holländ. General-Lieutenant der Infanterie und Herzogl. Sachsen-Gothaischer General-Major, auch Ritter des Johanniter-Ordens.

Vaters Geschwister: 1 Mauritius, geb. 11 May 1711, Landgräfl. Hessen-Cassel. General der Inf. und Chef eines Regim. zu Fuß, Ritter des Johanniter-und Hessen-Cassel. goldnen Löwen-auch pour la Vertu militaire-Ordens.

2. Friderica, geb. 17 Jul. 1715. Gem. Johannes Adolphus, letzter Herzog zu Sachsen-Weissenfels, verm. 27 Nov. 1734, Wittwe 16 May 1746.

3. Johannes Adolphus, geb. 18 May 1721, Chur-Sächsischer Gene-

E 3

General-Lieutenant und Obrister eines Regiments Infanterie auch Ritter des weissen Adler-Ordens.

Vaters Bruders Johannis Augusti, Kinder: a) Augusta Louisa Friderica, geb. 30 Nov. 1752.

    b) Louisa, geb. 9 März 1756.

Sachsen-Meinungen.

Herzoge: I. Augustus Fridericus Carolus Wilhelmus, geb. 19 Nov. 1754, Ritter des Churpfälz. St. Huberti-Ordens, und

II. Georgius Fridericus Carolus, geb. 4 Febr. 1761, succed. dem Herrn Vater Antonio Ulrico, 27 Jan. 1763, unter mütterlicher Vormundschaft.

Mutter und Landes-Regentin: Charlotta Amalia, Caroli, Landgrafens von Hessen-Philippsthal Tochter, geb. 10 Aug. 1730, verm. 26 Sept. 1750, Wittwe 27 Jan. 1763.

Schwestern: 1. Maria Charlotta Amalia Ernestina Wilhelmina Henrietta Philippina, geb. 11 Sept. 1751. Gem. Ernestus II, Ludouicus, Herzog zu Sachsen-Gotha und Altenburg, verm. 21 März 1769.

2. Wilhelmina Louisa Christiana, geb. 6 Aug. 1752.

3. Amalia Augusta Carolina Louisa, geb. 4 März 1762.

Stief-Geschwister: a) Philippina Antoinetta, geb. 2 Aug. 1712.

    b) Philippina Elisabetha, geb. 10 Sept. 1713.

    c) Bernhardus Ernestus, geb. 24 Dec. 1716.

Sachsen-Hildburghausen.

Herzog: Ernestus Fridericus III, Carolus, geb. 10 Jun. 1727, succ. dem Herrn Vater Ernesto Friderico II, 13 Aug. 1745, Ritter des Elephanten-weissen Adler-St. Huberti-und de l' Union parfaite Ordens, Kön. Dän. General der Infanterie.

Dritte Gem. Ernestina Augusta Sophia, Ernesti Augusti, Herzogs von Sachsen-Weimar und Eisenach Tochter, geb. 5 Jan. 1740, verm. 1 Jul. 1758.

Kinder britter Ehe: a) Ernestina Friderica Sophia, geb. 22 Febr. 1760.

    b) Christiana Sophia Carolina, geb. 4 Dec. 1761.

    c) Fridericus, Erbprinz, geb. 29 Apr. 1763.

Geschwister: 1. Fridericus Wilhelmus Eugenius, geb. 8 Oct. 1730, Ritter des weissen Adler-und de l' Union parfaite Orden, Königl. Dän. General-Lieutenant der Infanterie.

2. Sophia Amalia Carolina, geb. 21 Jul. 1732. Gem. Ludouicus Fridericus Carolus, Fürst von Hohenlohe-Neuenstein zu Oehringen, verm. 28 Jan. 1749.

Vaters Bruders Ludouici Friderici, Wittwe: Christiana Louisa, Joachimi Friderici, Herzogs von Holstein-Plön Tochter, und

Albert

Alberti Ludouici Friderici, Grafens von Hohenlohe-Weickersheim Wittwe, geb. 27 Nov. 1713, verm. 4 May 1749, abermals Wittwe 10 Jun. 1759.

Groß-Vaters Bruder: Josephus Fridericus Wilhelmus Hollan-
dinus, geb. 5 Oct. 1702, wird Römisch-Catholisch 1727, Ritter des goldnen Bliesses, Kaiserl. Königl. wirkl. geh. Rath,
General-Feldmarschall, Obrister über ein Reg. zu Fuß und
des H. R. Reichs General-Feldzeugmeister, Senior der Herzoge zu Sachsen Ernestinischer Linie.

Sachsen-Coburg-Saalfeld.

Herzog: Ernestus Fridericus, geb. 8 März 1724, succ. dem Herrn
Vater Francisco Josiae, 16 Sept. 1764, Ritter des weissen
Adler-Ordens.

Gem. Sophia Antoinetta, Ferdinandi Alberti, Herz. von Braunf.
Lüneb. Tochter, geb. 23 Jan. 1724 verm. 23 Apr. 1749.

Kinder: a) Franciscus Fridericus Antonius, Erbprinz, geb. 15
Jul. 1750.

b) Carolina Ulrica Amalia, geb. 19 Oct. 1753, Canonißin zu
Gandersheim.

c) Ludouicus Carolus Fridericus, geb. 2 Jan. 1755.

Mutter: Anna Sophia, Ludouici Friderici, Fürstens von Schwarzburg-Rudolstadt Tochter, geb. 9 Sept. 1700, verm. 2 Jan.
1723, Wittwe 16 Sept. 1764.

Geschwister: 1. Christianus Franciscus, geb. 25 Jan. 1730, Kaiſ.
Kön. General-Feldmarschall-Lieutenant und Innhaber eines
Inf. Reg.

2. Charlotta Sophia, geb. 24 Sept. 1731. Gem. Ludouicus,
Prinz von Mecklenburg-Schwerin, verm. 14 May 1755.

3. Friderica Carolina, geb. 24 Jun. 1735. Gem. Christianus
Fridericus Carolus Alexander, Markgraf von Brandenburg-
Anspach-Bayreuth, verm. 22 Nov. 1754.

4. Fridericus Josias, geb. 26 Dec. 1737, Kaiſ. Kön. General-Feld-
Wachtmeister und Innhaber eines Dragoner-Regiments.

Salm-Salm.

Fürst: Ludouicus Otto Carolus, geb. 21 Aug. 1721, succ. dem Herrn
Vater Nicolao Leopoldo, 4 Febr. 1770, überläßt durch den am
⅝ Jul. 1771 zu Paris geschlossenen und 25 Sept. e. a. zu Senenz
ratificirten Vergleich seinem Bruder Maximiliano Friderico, das
Herzogthum Hoogstraten, Ritter des Chur-Pfälz. St. Huberti-
Ordens, lebte erst im geistlichen Stande.

Geschwister: 1. Gabriela Maria Christina Ludouica, geb. 8 Jan.
1720, Pröbstin zu Vreden und Dechantin zu Thorn, Stern-
Creutz-Ordens-Dame 14 Sept. 1758.

E 4   2. Maria

2. Maria Christina, geb. 14 Aug. 1727, Dechantin zu Vechten und Stifts-Dame zu Thorn, Stern-Creutz-Ordens-Dame 14 Sept. 1758.

3. Maria Elisabetha, geb. 4 Apr. 1729, Stern-Creutz-Ordens-Dame 3 May 1752. Gem. Eugenius Franciscus Erwinus, Graf von Schönborn zu Heussenstamm, verm. 1 Aug. 1751.

4. Maria Francisca Josepha, geb. 28 Oct. 1731. Stern-Creutz-Ordens-Dame 14 Sept. 1761. Gem. Georgius Adamus, Fürst von Starhemberg, verm. 1 Jun. e. a.

5. Augusta Sophia, geb. als Zwilling 15 Oct. 1735, Stifts-Dame zu St. Ursula in Cöln und zu Mons.

6. Carolus Alexander, geb. als Zwilling 15 Oct. 1735. Gem. Maria Catharina Charlotta Sophia, Freyin von Leers zu Leerbach, geb. 10 Apr. 1753.

7. Maria Josepha, geb. 26 Dec. 1736. Gem. Carolus Albertus, Fürst von Hohenlohe-Schillingsfürst, verm. 29 Oct. 1771.

8. Maria Anna, geb. 17 Febr. 1740. Gem. Petrus d'Alcantara, Herzog von Lerma, Grand von Spanien, verm. 30 Dec. 1758.

9. Emanuel Henricus Nicolaus Leopoldus, geb. 22 May 1742, Malthefer-Ritter, Kaif. Kön. wirkl. Cämmerer, auch Kön. Spanischer Obrister und Innhaber des Reg. Wallons de Brabant.

10. Franciscus Josephus Johannes Andreas, geb. 30 Nov. 1743, Domicellar zu Cöln, soll jetzo Kaif. Kön. Major der Cav. seyn.

11. Wilhelmus Felix Johannes, geb. 10 May 1745, Domherr zu Augspurg, Domicellar zu Cöln, Lüttich und Strasburg.

Bruders Maximiliani Friderici, Herzogs von Hoogstraten Wittwe: Maria Louisa Eleonora, Josephi, Erbprinzens von Hessen-Rheinfels-Rothenburg Tochter, geb. 18 Apr. 1729, verm. 16 Märtz 1756, Stern-Creutz-Ordens-Dame 14 Sept. 1758, Wittwe 14 Sept. 1773.

Kinder: a) Constantinus Alexander Josephus, geb. 22 Nov. 1762.
b) Georgius, geb. 26 May 1766.
c) Wilhelmus Florentinus Fridericus, geb. 28 Sept. 1769.
d) N. Prinzessin, geb. nach des Herrn Vaters Tode 28 Oct. 1773.

Stiefmutter: Christina Anna Louisa Oswaldina, Ludovici Ottonis, Fürstens von Salm Tochter und Josephi, Erbprinzens von Hessen-Rheinfels-Rothenburg Wittwe, geb. 29 Apr. 1707, verm. 12 Jun. 1753. abermals Wittwe 4 Febr. 1770.

Salm-Kyrburg.

Fürst: Johannes Dominicus Albertus Philippus Josephus, geb. 29 Jul. 1708. wird unterm 21 Febr. 1742, nebst seinem Herrn Bruder vom Kaiser Carolo VII, in den Reichs-Fürstenstand erhoben.

Fürst:

Fürst: Philippus Josephus, geb. 21 Jul. 1709, succ. nebst seinem Herrn Bruder Johanne Dominico Alberto, und Vaters Bruders Sohne Nicolao Leopoldo, 23 Nov. 1738, in die Fürstl; Salmische Lande, wird Reichs-Fürst 21 Febr. 1742, Ritter des Polnischen weissen Adler-Ordens, erbt 12 Jan. 1763, nach seines Schwieger-Vaters, des letzten Fürstens von Hornes, Tode, dessen sämmtliche Herrschaften, Senior und Lehns-Administrator des gesammten Fürstl. auch Wild-und Rhein-Gräfl. Salmischen Hauses seit 1770.

Gem. Maria Theresia Josepha, Maximiliani Emanuelis, Fürstens von Hornes älteste und Erb-Tochter, geb. 19 Oct. 1726, verm. 12 Aug. 1742.

Kinder: 1. Maria Maximiliana Ludouica, geb. 19 May 1744. Gem. Johannes Britannicus Carolus de la Trimouille, Herzog von Thouars, Pair von Frankreich, verm. 20 Jun. 1763.

2. Fridericus Johannes Otto Franciscus Christianus Philippus Henricus, Erbprinz, geb. 13 May 1745, Kön. Französischer Obrister und Ritter des Churpfälzischen St. Huberti-Ordens.

3. Augusta Friderica Wilhelmina, geb. 13 Sept. 1747. Gem. Annas Emanuel Ferdinandus de Croy, Prinz von Solre, verm. 29 Oct. 1764.

4. Maria Ludouica Josepha, geb. 18 Nov. 1753.

5. Amalia Zephyrina, geb. 6 März 1760.

6. Mauritius Gustauus Adolphus, geb. 27 Sept. 1761.

Von dem verstorbenen Fürsten Ludouico Ottone, lebet noch die Tochter: Christina Anna Louisa Oswaldina, geb. 29 Apr. 1707. Gem. 1. Josephus, Erbprinz von Hessen-Rheinfels-Rothenburg, verm. 9 März 1726, Wittwe 24 Jun. 1744. 2. Nicolaus Leopoldus, Fürst von Salm-Salm, Herzog zu Hoogstraten, verm. 12 Jun. 1753, abermals Wittwe 4 Febr. 1770.

Salviati.

Herzog: Eberhardus, geb. 4 Apr. 1721, succ. dem Herrn Vater Antonio Mariae, im Sept. 1757, Herzog von Giuliano, Fürst von Rocca, Massina, Graf von Turbino x. Kais. Kön. Cämmerer. Großherzoglich-Toscanischer Obrist-Cämmerer.

Gem. Maria Christina, Philippi, Fürstens von Lante Tochter, geb. 1733, verm. 5 Febr. 1750.

Kind: Anna Maria Louisa Virginia, geb. 9 Oct. 1752. Gem. Marcus Antonius Borghese, Fürst von Sulmona und Rossano, verm. 25 Apr. 1768.

Geschwister: a) Gregorius Ignatius, geb. 12 Dec. 1722, Päbstl. Cammer-Clericus und General-Commissarius des Kriegs-

wesens,

wesens, auch Protonotarius Apostolicus und Vicarius von St. Maria in Cosmedin.

b) Laura Susanna, geb. 11 Aug. 1725. Gem. Rudolphus Aquauiua, Herzog von Atri, verm. 21 Jan. 1742, Wittwe im Jan. 1755.

c) Catharina Theresia, geb. 16 Febr. 1727. Gem. Nicolaus, Graf von Caprara, verm. im Febr. 1754.

d) Virginia Hyppolita, geb. 6 Febr. 1733.

Salzburg.

Erz-Bischof: Hieronymus, Graf von Colloredo, geb. 31 May 1732, des H. Röm. Reichs Fürst, Legat des Apostol. Stuhls zu Rom, Primas von Deutschland, Erz-Bischof 14 März 1772.

St. Blasii.

Gefürsteter Abt: Martinus II, Gerbert, geb. 12 Aug. 1720, erw. 15 Oct. 1764, Kais. Königl. Erb-Erz-Hof-Caplan und des Vorder-Desterreichischen Prälaten-Standes Präsident.

St. Emeran zu Regenspurg.

Gefürsteter Abt: Frobenius Forster, geb. 30 Aug. 1709, erw. 15 Jul. 1762.

St. Gallen.

Gefürsteter Abt: Beda Angehrn von Hagenwyl, geb. 7 Dec. 1725, erw. 11 März 1767.

Sardinien und Savoyen.

König und Herzog: Victor Amadeus III, geb. 26 Jun. 1726. succ. dem Herrn Vater Carolo Emanueli III, Victori, 19 Febr. 1773.

Gem. Maria Antoinetta Ferdinanda, Philippi V, Königs von Spanien Tochter, geb. 17 Nov. 1729. verm. 30 May 1750.

Kinder: a) Carolus Emanuel Ferdinandus Maria, geb. 24 May 1751, Prinz von Piemont. Zuf. Gem. Maria Adelheid Clotildis Xaueria, Ludouici, Dauphins von Frankreich Tochter, geb. 23 Sept. 1759.

b) Maria Josephina Louisa, geb. 2 Sept. 1753. Gem. Ludouicus Stanislaus Xauerius, Graf von Provence, Bruder des Königs von Frankreich, verm. 14 May 1771.

c) Maria Theresia, geb. 31 Jan. 1756. Gem. Carolus Philippus, Graf von Artois, Bruder des Königs von Frankreich, verm. 16 Nov. 1773.

d) Maria Anna Charlotta, geb. 17 Dec. 1757.

e) Victor Emanuel Caietanus Johannes Nepomucenus Maria, geb. 24 Jul. 1759, Herzog von Aosta.

f) Mauritius Josephus Maria, geb. 13 Sept. 1762, Herzog von Montferrat.

g) Maria Charlotta Antoinetta, geb. 17 Jan. 1764.

h) Caro-

e) Carolus Felix Josephus, geb. 6 Apr. 1765, Herzog von Genevois.

f) Josephus Benedictus Maria Placidus, geb. 5 Oct. 1766, Graf von Maurienne.

Vollbürtige Schwestern: 1. Eleonora Maria Theresia, geb. 28 Febr. 1728.

2. Maria Felicitas, geb. 20 März 1730.

Stiefbruder: Benedictus Mauritius Maria, geb. 21 Jun. 1741, Herzog von Chablais.

Savoyen - Carignan.

Fürst: Ludouicus Victor Amadeus, geb. 24 Sept. 1721, succ. seinem Herrn Vater Victori Amadeo, 4 Apr. 1741, Königl. Sardinischer General - Lieutenant und Ritter des Annonciaba-Ordens.

Gem. Christina Henrietta, Ernesti Leopoldi, Landgrafens von Hessen-Rheinfels Tochter, geb. 24 Nov. 1717, verm. 4 May 1740.

Kinder: a) Sophia Carolina Maria Louisa, geb. 17 Aug. 1742.

b) Victor Amadeus Ludouicus Maria Wolfgangus, geb. 31 Oct. 1743, Ritter des Annonciaba-Ordens. Gem. Maria Josephina Theresia, Ludouici Caroli von Lothringen-Armagnac Grafens von Brionne Tochter, geb. 26 Aug. 1753, verm. 18 Oct. 1768.

Kind: Carolus Emanuel Ferdinandus, geb. 24 Oct. 1770.

c) Leopoldina Maria, geb. 21 Dec. 1744. Gem. Andreas, Fürst von Doria-Pamphili, verm. 6 May 1767.

d) Gabriela Maria, geb. 17 März 1748. Stern-Creutz-Ordens-Dame 14 Sept. 1769. Gem. Ferdinandus Philippus Josephus, regier. Fürst von Lobkowitz, verm. 10 Jul. e. a.

e) Maria Theresia Louisa, geb. 8 Sept. 1749. Gem. Ludouicus Alexander Josephus Stanislaus de Bourbon, Prinz von Lamballe in Frankreich, verm. 31 Jan. 1767, Wittwe 6. May 1768.

f) Eugenius Maria Ludouicus, geb. 21 Oct. 1753, Ritter des Annonciaba-Ordens.

g) Catharina Maria Louisa Francisca, geb. 4 Apr. 1762.

Schwarzburg-Rudolstadt.

Fürst; Ludouicus Güntherus, geb. 22 Oct. 1708, succ. dem Herrn Vetter Johanni Friderico, 10 Jul. 1767, Ritter des Polnischen weissen Adler-Ordens und Senior des Fürstl. Hauses.

Kinder: a) Christina Friderica Louisa, geb. 5 Jul. 1735, Canonissin zu Gandersheim, 22 Sept. 1746.

b) Fridericus Carolus, Erbprinz, geb. 7 Jun. 1736, Ritter des Chur-

Churpfälz. St. Huberti-Ordens. Gem. Friderica Sophia
Augusta, des letzt verstorbenen regier. Fürstens Johannis Fri-
derici von Schwarzburg-Rudolstadt Tochter, geb. 17 Aug.
1745, verm. 21 Oct. 1763.
   Kinder: 1. Ludouicus Fridericus, geb. 10 Aug. 1767.
      2. Theresia Sophia Henrietta, geb. 31 März 1770.
      3. Carolus Güntherus, geb. 23 Aug. 1771.
      4. Wilhelmina Friderica Carolina, geb. 21 Jan. 1774.
Schwestern: a) Sophia Juliana, geb. 16 Oct. 1694, Decanißin zu
Gandersheim 17 Jun. 1716.
b) Anna Sophia, geb. 9 Sept. 1700. Gem. Franciscus Josias,
Herzog von Sachsen-Coburg-Saalfeld, verm. 2 Jan. 1723,
Wittwe 16 Sept. 1764.
c) Louisa Friderica, geb. als Zwilling, 28 Jan. 1706.
d) Magdalena Sibylla, geb. 5 May 1707, Domküsterin zu Gandersheim.
Fürstens Johannis Friderici, Kinder:
   1. Friderica Sophia Augusta, geb. 17 Aug. 1745. Gem. Fridericus Carolus, Erbprinz von Schwarzburg-Rudolstadt, vermählt 21 Oct. 1763.
   2. Wilhelmina Sophia Eleonora, geb. 22 Jan. 1751. Gem.
Ludouicus, Fürst zu Nassau-Saarbrück, vermählt 30 Octob.
1766.
Schwester: Sophia Albertina, geb. 30 Jul. 1724.
        Schwarzburg-Sondershausen.
Fürst: Christianus Güntherus, geb. 24 Jun. 1736, succ. dem Herrn
Vetter Henrico, 6 Nov. 1758, Ritter des Churpfälz. St. Hu-
berti- und Weimar. weissen Falken-Ordens.
Gem. Charlotta Wilhelmina, Victoris Friderici, Fürstens zu Anhalt-Bernburg Tochter, geb. 25 Aug. 1737, vermählt 4 Febr.
1760.
Kinder: a) Güntherus Fridericus Carolus, geb. 5 Dec. 1760, Ritter des Churpfälz. St. Huberti-Ordens.
b) Friderica Charlotta Albertina, geb. 2 Aug. 1762.
c) Güntherus Albertus Augustus, geb. 6 Sept. 1767.
d) Carolina Augusta Albertina, geb. 19 Febr. 1769.
e) Albertina Amalia, geb. 5 Apr. 1771.
f) Johannes Carolus Güntherus, geb. 24 Jun. 1772.
Bruder: Augustus, geb. 8 Dec. 1738. Ritter des St. Huberti- und
weissen Falken-Ordens. Gem. Christina Elisabetha Albertina,
Victoris Friderici, Fürstens zu Anhalt-Bernburg Tochter, geb.
14 Nov. 1746, verm. 27 Apr. 1762.
Kinder: a) Fridericus Christianus Albertus, geb. 14 May 1763.
                                 b) Ca-

b) Catharina Christina Wilhelmina, geb. 27 Jun. 1764.

c) Albertina Charlotta Augusta, geb. 1 Febr. 1768, Canonißin zu Ganderßheim.

d) Wilhelmus Ludouicus Güntherus, geb. 16 Jul. 1770.

e) Alexius Carolus Augustus, geb. 15 Jul. 1773.

f) Friderica Albertina Johanna Elisabetha, geb. 4 Oct. 1774.

Vaters vollbürtigen Bruders Christiani, Wittwe: Sophia Christiana Antoinetta Eberhardina Wilhelmina, Lebrechts, Fürstens von Anhalt Bernburg Tochter, geb. 6 Febr. 1709, verm. 10 Nov. 1728. Wittwe 28 Sept. 1749.

Kinder: a) Güntherina Albertina, geb. 10 Dec. 1729.

b) Josephina Eberhardina, geb. 2 Febr. 1737, Dame des Ordens de l'Union parfaite. Gem. Georgius Albertus III, Graf zu Erbach-Fürstenau, verm. 3 Aug. 1752.

Schwarzenberg.

Fürst: Josephus Adamus Johannes Nepomucenus, geb. 15 Dec. 1722, succed. dem Herrn Vater Adamo Francisco Carolo, 10 Jun. 1732, Ritter des goldnen Bliesses, des H. R. R. Erb-Hofrichter zu Rothweil, Kaiserl. Königl. wirkl. geh. Rath und Ober-Hofmarschall.

Kinder: 1. Johannes Nepomucenus Antonius Josephus, gebor. 3 Jul. 1742, Kaiserl. Königl. wirklicher Cämmerer. Gemahlin: Maria Eleonora, Philippi Caroli, Grafens von Oettingen-Wallerstein Tochter, geb. 21 May 1747, verm. 14 Jul. 1768. Stern-Creutz-Ordens-Dame 3 May 1766.

Kinder: a) Josephus Johannes Nepomucenus, geboren 23 Jun. 1769, des Schwäbischen Kreises Obrister und Innhaber einer Compagnie beym Gräflich Wolfegg. Kreis Infant. Regimente.

b) Johannes Nepomucenus Josephus Carolus Urbanus, geb. 25 May 1770.

c) Carolus Philippus Johannes Nepomucenus Josephus, geb. 15 Apr. 1771.

d) Antonius Johannes Nepomucenus Josephus, gebor. 3 May 1772.

e) Ernestus Josephus Johannes Nepomucenus und

f) Franciscus de Paula Josephus Johannes Nepomucenus, geb. als Zwillinge 29 May 1773.

g) Fridericus Johannes Nepomucenus Josephus Augustinus, geb. 28 Aug. 1774.

2. Maria Anna Josepha, geb. 6 Jan. 1744. Stern-Creutz-Ordens-Dame 3 May 1765. Gem. Ludouicus Fridericus Julius, Graf von Zinzendorf und Pottendorf, verm. 17 Oct. 1764.
3. Jose-

3. Josephus Wenceslaus Johannes Nepomucenus, geb. 26 März 1745, Kaiſ. Kön. wirkl. Cämmerer und Obriſter des Gräfl. Königseckiſch. Inf. Reg. auch Obriſter des Schwäb. Kreiſes.

4. Maria Thereſia Catharina Walpurgis, geb. 30 Apr. 1747, Stern-Creutz-Ordens-Dame 3 May 1773. Gem. Sigismundus Rudolphus, Graf von Goes, Kaiſ. Kön. wirkl. geh. Rath und des St. Stephani-Ordens Großcreutz, verm. 11 May 1772.

5. Maria Eleonora Josepha Ludomilla Franciſca, geb. 13 May 1748, Stifts-Dame zu Mons.

6. Maria Erneſtina Raymunda, geb. 18 Oct. 1752, Stifts-Dame zu Mons.

Schweden.

König: Guſtavus III, geb. 24 Jan. 1746, ſucc. dem Herrn Vater Adolpho Friderico, 12 Febr. 1771, Ritter des Eleph. schwarzen Abler- St. Andreas- und St. Alexander Newsky-Ordens.

Gem. Sophia Magdalena, Friderici V, Königs von Dännemark älteste Prinzeßin, geb. 3 Jul. 1746, verm. 4 Nov. 1766, Dame des Kön. Dän. Haus-Ordens im Oct. 1774.

Mutter: Louisa Ulrica, Friderici Wilhelmi, Königs von Preußen Tochter, geb. 24 Jul. 1720, verm. 29 Aug. 1744, Wittwe 12 Febr. 1771.

Geschwiſter: a) Carolus, geb. 7 Oct. 1748, Herz. von Südermannland, Groß-Admiral von Schweden und Ritter des schwarzen Abler-Ordens. Gem. Hedwig Elisabetha Charlotta, Friderici Auguſti, Herzogs von Holſtein-Gottorp und Biſchofs zu Lübeck Tochter, geb. 22 März 1759, verm. 7 Jul. 1774.

b) Fridericus Adolphus, geb. 18 Jul. 1750, Herzog von Oſt-Gothland, General-Major in der Schwed. Armee, und Ritter des schwarzen Abler-Ordens.

c) Sophia Albertina, geb. 8 Oct. 1753, Coadjutorin des Stifts Quedlinburg, poſtulirt 20 Sept. 1767.

Sforza Cesarini.

Herzog: Caietanus (Gaëtanus) Sforza, geb. 23 Aug. 1728, ſucc. seinem Herrn Bruder Philippo Franciſco Antonio, als Fürſt des Röm. Stuhls und des Heil. Röm. Reichs, wie auch als Herzog von Cesarini und San-Fiore 6 Dec. 1764.

Zwote Gem. Maria Anna Gaëtani, Schweſter Franciſci, Herzogs von Sermonetta, geboren 4 März 1744, verm. im Jan. 1768, Stern-Creutz-Ordens-Dame 3 May 1770.

Kind erſter Ehe: N. Prinzeßin, geb. 1767.

Kind zwoter Ehe: N. Prinz, geb. 20 Jul. 1773.

Geschwiſter: 1. Sixtus, geb. 15 Jun. 1730. Gem. Anna Maria, Prinzeßin von Genzano, Stern-Creutz-Ordens-Dame 14 Sept. 1761.

2. Ma-

2. Isabella Linda, geb. 18 Jun. 1731.
3. Camilla Theresia, geb. 11 Febr. 1732.
4. N. Prinzeßin, geb. 18 Nov. 1734. Gem. Antonius Ludouicus Buoncampagni, Herzog von Arce, verm. 1762.
Bruders Philippi Francisci Antonii, Wittwe: Anna Maria Barberini, Julii Caesaris Colonna, Fürstens von Palestrina Tochter, geb. 3 Febr. 1730, verm. 4 May 1749, Wittwe 6 Dec. 1764, gieng als Wittwe im Febr. 1774 in das Kloster der Dominicanerinnen zu Narni.

Sicilien.

König: Ferdinandus IV, Antonius Paschalis Johannes Nepomucenus Seraphinus Januarius Benedictus, Infant von Spanien, Königs Caroli III, dritter Prinz, geb. 12 Jan. 1751, Ritter des Spanischen goldnen Bließes, und des Französ. Ordens vom heil. Geiste, auch Großcreutz des Ordens Caroli III, wird nachdem sein Herr Vater den Königl. Spanischen Thron ererbt, zum König beyder Sicilien proclamirt 6 Oct. 1759, tritt die Regierung an 12 Jan. 1767.
Gem. Maria Carolina, Francisci I, Röm. Kaisers fünfte Prinzeßin, geb. 13 Aug. 1752, verm. 12 May 1768.
Kinder: a) Maria Theresia Carolina Josepha Antonia Johannetta Caietana Anna Amalia, geb. 6 Jun. 1772.
b) Louisa Maria Amalia Theresia Anna Johannetta Caietana Antonia Carolina, geb. 27 Jul. 1773.
Von seinen übrigen genealogischen Umständen siehe Spanien.

Solms.

In Gemeinschaft regierende Fürsten: I Ferdinandus Wilhelmus Ernestus, geb. 8 Febr. 1721, succedirt dem Herrn Vater Friderico Wilhelmo, 24 Febr. 1761, als ältester in Gemeinschaft regierender Fürst, Ritter des Hessen-Casselischen goldnen Löwen-Ordens, auch Holländischer General-Lieutenant der Infanterie.
Kinder: a) Wilhelmus Christianus Carolus, geb. 9 Jan. 1759.
b) Augusta Louisa, geb. 15 Jan. 1764.
c) Wilhelmus Henricus Casimirus, geb. 30 Apr. 1765.
d) Louisa Carolina Sophia, geb. 7 Jul. 1766.
e) Carolus Augustus Wilhelmus Fridericus, geb. 9 Oct. 1768.
f) Fridericus Wilhelmus, geb. 22 Oct. 1770.
g) Ludouicus Wilhelmus Christianus, geb. 26 Oct. 1771.
II. Carolus Ludouicus Wilhelmus, geb. 14 Jun. 1727, succedirt 1761.
III. Wilhelmus Christophorus, geb. 20 Jun. 1732, succ. 1761.
IV. Ludouicus Rudolphus Wilhelmus, geb. 25 Aug. 1733. succedirt 1761.
V. Anto.

V. Antonius Erneſtus Wilhelmus Fridericus, geb. 3 Sept. 1739, ſucceb. 1761.

Schweſtern: 1. Charlotta Henrica Magdalena, geb. 16 Aug. 1725.

2. Eliſabetha Maria Benigna, geb. 2 Aug. 1728.

3. Ulrica Louiſa, geb. 30 Apr. 1731. Gem. Fridericus Carolus Ludouicus Wilhelmus, Landgraf von Heſſen-Homburg, verm. 10 Oct. 1746; Wittwe 7 Febr. 1751.

4. Amalia Eleonora, geb. 22 Nov. 1734. Gem. Carolus Ludouicus, Fürſt zu Anhalt-Bernburg - Schaumburg, verm. 16 Dec. 1765.

5. Magdalena Sophia, geb. 4 Jan. 1742.

6. Chriſtina Charlotta Friderica, geb. 31 Aug. 1744.

Stiefmutter: Carolina Catharina, Johannis Caroli, Pfalzgrafens von Birkenfeld zu Gelnhauſen Tochter, geb. 19 Dec. 1699, verm. 30 Dec. 1745, Wittwe 24 Febr. 1761.

Spanien.

König: Carolus III, geb. 20 Jan. 1716, ehemaliger König beyder Sicilien, ſucc. dem Herrn Halb-Bruder Ferdinando VI, 10 Aug. 1759, proclamirt 11 Sept. e. a. Ritter des Franzöſiſchen Ordens vom heil. Geiſte und Sicilian. St. Januarii-Ordens.

Kinder: 1. Maria Joſepha, geb. 16 Jul. 1744.

2. Maria Louiſa, geb. 24 Nov. 1745, Stern-Creutz-Ordens-Dame : 4 Sept. 1763. Gem. Petrus Leopoldus, Erz-Herzog von Oeſterreich und Groß-Herzog von Toſcana, verm. 5 Aug. 1765.

3. Philippus Antonius Januarius Paſchalis Franciſcus de Paula, geb. 13 Jun. 1747, Herzog von Calabrien, lebt in fränkli_chen Umſtänden zu Neapolis.

4. Carolus Antonius Franciſcus Xaverius Johannes Nepomucenus, geb. 12 Nov. 1748, wird 1759 zum Prinzen von Aſturien erkläret, Ritter und Großcreutz der Kön. Span. Orden, auch des Franzöſ. heil. Geiſt-und Sicil. St. Januarii-Ordens. Gem. Louiſa Maria Thereſia, Philippi, Infantens von Spanien und Herzogs von Parma jüngſte Prinzeßin geb 9 Dec. 1751, verm. 4 Sept. 1765.

5. Ferdinandus IV, geb. 12 Jan. 1751, wird 1759, König beyder Sicilien. Siehe dieſen Artickel.

6. Gabriel Antonius Franciſcus Xaverius, geb. 11 May 1752, Malthefer Groß-Prior von Caſtilien 1765, Ritter und Großcreutz der Kön. Span. Orden, auch des Franz. heil. Geiſt-und Sicil. St. Januarii-Ordens.

7. Anto-

g. Antonius Paschalis Januarius Franciscus Xauerius, geb. 31 Dec.
1755, Chef des Königl. Span. Artillerie-Corps, Ritter und
Großcreuz der Kön. Span. Orden, auch des Franz. Heil. Geist-
und Sicil. St. Januarii-Ordens.

Geschwister: a) Maria Anna Victoria, geb. 31 März 1718. Gem.
Josephus I, König von Portugal, verm. 31 März 1732.

b) Ludouicus Antonius Jacobus, geb. 25 Jul. 1727, Ritter und
Großcreuz der Königl. Span. Orden, auch des Franz. Heil.
Geist- und Sicil. St. Januarii-Ordens.

c) Maria Antoinetta Ferdinanda, geb. 17 Nov. 1729. Gem. Victor
Amadeus III, König von Sardinien, verm. 30 May 1750.

Bruders Philippi, Herzogs von Parma, Piacenza und Guastalla
Kinder, siehe diesen Artikel.

Speyer.

Fürst-Bischof: Augustus Philippus Carolus, Graf von Limpurg-
Vehlen-Styrum, geb. 16 März 1721, erw. 29 May 1770, gefürsteter Probst zu Weissenburg.

Stablo und Malmedy.

Gefürsteter Abt: Jacobus von Hubin, Graf von Logne, geb. 1704,
erw. 27 Nov. 1766.

Stabremberg oder Starhemberg.

Fürst: Georgius Adamus, geb. 10 Aug. 1724. Ritter des goldnen
Bliesses, Großcreuz des Hungar. St. Stephani-Ordens, Kais.
Kön. wirkl. geh. Rath, auch bevollmächtigter Minister in den
Niederlanden, wird 12 Dec. 1765 vom Kaiser Josepho II, in
den Reichs-Fürstenstand erhoben.

Zwote Gem. Maria Francisca, Nicolai Leopoldi, Fürstens von
Salm-Salm Tochter, geb. 28 Oct. 1731, verm. 1 Jun. 1761,
Stern-Creuz-Ordens Dame 14 Sept. e. a.

Sohn zwoter Ehe: Ludouicus Josephus Maria, geb. 12 März 1762.

Stolberg.

Fürst: Carolus Henricus, geb. 24 Oct. 1761, succed. dem Herrn
Groß-Vater Friderico Carolo, 28 Sept. 1767, unter der Vormundschaft der Frau Mutter.

Mutter: Eleonora Maximiliana Christiana, Henrici II, Grafens
Reuß zu Lobenstein Tochter, geb. 5 Dec. 1736. Gem. Christianus Carolus, Prinz von Stolberg, verm. 8 Jun. 1760, Wittwe
21 Jul. 1764, Vormünderin und Landes-Regentin.

Schwester: Louisa, Posthuma, geb. 13 Oct. 1764.

Vaters Schwester: Carolina, geb. 27 Jun. 1732. Gem. Christianus Albertus, Fürst von Hohenlohe-Langenburg, verm. 13 May
1761.

Vaters Bruders Gustaui Adolphi, Wittwe: Elisabetha Philippina

Claudia, Maximiliani Emanuelis, Fürstens von Hornes Tochter, geb. 10 May 1733, verm. 22 Oct. 1751, Stern-Creutz-Ordens-Dame 14 Sept. 1753, Wittwe 5 Dec. 1757.

Kinder: a) Louisa Maximiliana Carolina Emanuela, geb. 21 Sept. 1752. Gem. Carolus Eduardus Ludouicus Philippus Casimirus, Prinz von Stuart, ältester Sohn des verst. Prätendentens auf Großbrit. verm. per Procur. im Apr. 1772, vollz. e. m.

b) Carolina Augusta, geb. 10 Febr. 1755. Gem. N. Marquis von Jamaica.

c) Francisca Claudia, geb. 27 Jun. 1756. Gem. N. Graf von Arberg und Valengin, Kaif. Kön. General, verm. 8 Nov. 1774.

d) Theresia Gustauina, geb. 27 Aug. 1757.

Strasburg.

Fürst-Bischof: Ludouicus Constantinus, Cardinal von Rohan, geb. 24 März 1697, erw. 23 Sept. 1756, Cardinal-Priester 23 Nov. 1761, Abt zu St. Medard in Soissons rc. auch Commandeur der Königl. Orden.

Coadjutor: Ludouicus Renatus Eduardus, Prinz von Rohan-Guemene, geb. 25 Sept. 1734, zum Coadjutor erw. 22 Nov. 1759, Bischof von Canople in partibus 24 März 1760, Kön. Franz. Ambassadeur Extraordinaire am Röm. Kaif. Hofe bis 1774.

Thorn

Gefürstete Aebtißin: Francisca Christina, Pfalzgräfin bey Rhein, geb. 16 May 1696, erw. 30 März 1717, Aebtißin zu Essen 15 Oct. 1726.

Thurn und Taxis.

Fürst: Carolus Anselmus, geb. 2 Jun. 1733, succed. dem Herrn Vater Alexandro Ferdinando, 17 März 1773, Erb-Marschall von Hennegau, Kaif. Erb-General- und Ober-Postmeister im H. R. Reich, Burgund und den Niederlanden, wirkl. geh. Rath und Principal-Commissarius bey der Reichsversammlung zu Regensburg, Ritter des Poln. weissen Adler-und Churpfälzisch. St. Huberti-Ordens.

Gem. Augusta Elisabetha Maria Louisa, Caroli Alexandri, Herzogs von Würtemberg-Stutgard Tochter, geb. 30 Oct. 1734, verm. 3 Sept. 1753.

Kinder: a) Maria Theresia Carolina Ludouica, geb. 10 Jul. 1757. Gem. Crato Ernestus Judas Thaddaeus, Fürst von Oettingen-Wallerstein, verm. 25 Aug. 1774.

b) Sophia Friderica Dorothea Henrica, geb. 20 Jul. 1758.

c) Henrietta, geb. 25 Apr. 1761.

d) Carolus Alexander, Erbprinz, geb. 22 Febr. 1770, Ritter des Würtemb. großen Jagd-Ordens.　　　　e) Fri-

e) Fridericus Johannes Nepomucenus Hieronymius-Antonius, geb.
11 Apr. 1772, Ritter des Würtemb. großen Jagd-Ordens.

Stiefgeschwister: 1. Maria Theresia, geb. 28 Febr. 1755, Canonißin zu Thorn. Zuf. Gem. Josephus Maria Benedictus, Erbprinz von Fürstenberg, verl. 15 Nov. 1772.

2. Maria Anna Josepha, geb. 28 Sept. 1766.

3. Elisabetha, geb. 30 Nov. 1767.

4. Maximilianus Josephus, geb. 29 May 1769, Obrister und
Innhaber eines Chur-Bayrischen Cüraß. Regim.

Toscana oder Florenz.

Groß-Herzog: Petrus Leopoldus, Erzherzog von Oesterreich, geb.
5 May 1747, succ. dem Herrn Vater Francisco III, als Groß-
Herzog von Toscana, 18 Aug. 1765, Ritter des goldnen Vlies-
ses, Großcreutz des militar. Mariä Theresiä-und Kön. Hungar.
St. Stephani Ordens, Kais. Kön. General-Feldmarschall und
Chef eines Cüraß. Regiments.

Gem. Maria Louisa, Caroli III, Königs von Spanien zwote Prinzeßin, geb. 24 Nov. 1745, verm. 5 Aug. 1745.

Kinder: a) Maria Theresia Josepha Charlotta, geb. 14 Jan. 1767.

b) Franciscus Josephus Carolus, Groß-und Erbprinz, geb. 12
Febr. 1768, Ritter des goldnen Vliesses und Kais. Kön.
Obrister des zweyten Carabin. Regim.

c) Ferdinandus Josephus Johannes, geb. 6 May 1769, Ritter
des goldnen Vliesses.

d) Maria Anna Ferdinanda Josepha Henrietta Charlotta Johanna, geb. 21 Apr. 1770.

e) Carolus Ludouicus Johannes Josephus Laurentius, geb. 5
Sept. 1771.

f) Alexander Leopoldus Josephus Johannes Eusebius, geb. 14
Aug. 1772.

Die übrigen genealog. Umstände, siehe den Artikel Röm. Kaiser.

Trautson.

Fürst: Johannes Wilhelmus, geb. 5 Jan. 1700, succ. dem Herrn
Vater Johanni Leopoldo Donato, 19 Oct. 1724, Obrist-Erb-
Land-Hofmeister in Oesterreich unter der Enns und Obrist-Erb-
Landmarschall in Tyrol, Ritter des goldnen Vliesses, Kais. Kön.
wirkl. geh. Rath und der verwittweten Kaiserin Königin ande-
rer Obrist-Hofmeister.

Dritte Gem. Carolina, Ottonis Maximiliani Sigismundi, Freyherrns von Hager und Altensteig Tochter, geb. 1701, verm. 23
Jan. 1746, Stern-Creutz-Ordens-Dame 3 May 1741.

Tochter erster Ehe: Maria Josepha Rosalia, geb. 26 Aug. 1724,
Stern-

Stern-Creutz-Ordens-Dame. Gem. Carolus Josephus Anto-
nius, Graf von Auersperg, verm. 26 May 1744.
Tochter zweter Ehe: Maria Anna, geb. 6 Jan. 1743, Stern-Creutz-
Ordens-Dame 3 May 1761. Gem. Johannes Fridericus, Fürst
von Lamberg, verm. 5 Jan. 1761.
Schwester: Maria Antonia Xaueria, geb. 7 Jan. 1706, Stern-
Creutz-Ordens-Dame 3 May 1736. Gem. Alexander Jose-
phus, Graf von Künigl.
Vaters Bruders Francisci Eusebii, Kinder: 1. Josepha Euphemia,
Canonißin im Englisch-Fürstlichen Stifte zu Prag, Stern-
Creutz-Ordens-Dame 14 Sept. 1720.
2. Maria Claudia, ist im Frauenkloster zu Neustadt seit 1728.

Trient.

Fürst-Bischof: Christophorus Sizzo de Noris, geb. 19 Aug. 1706,
ernennt vom Pabst Clemente XIII, 4 Jul. und proclamirt 12
e. m. 1763.

Trier.

Churfürst: Clemens Wenceslaus, Kön. Prinz von Polen und Litthauen, Herzog zu Sachsen ıc. geb. 28 Sept. 1739, des H. R.
Reichs durch Gallien und Arelat Erz-Canzler, Administrator
zu Prüm, erw. zum Erz-Bischof und Churfürst 10 Febr. 1768,
Bischof zu Augspurg und Coadjutor zu Elwangen, auch Domicellar zu Cöln.

Türkischer Kaiser.

Abdul Hamet, geb. 18 May 1724, wird auf den Thron erhoben 21
Jan. 1774.
Bruders Mustaphae III, Sohn: Sultan Selim, geb. 24 Oct. 1761.

Venedig.

Doge: Aloysius Mocenigo, geb. 16 May 1701, erw. 19 Apr. 1763,
gekrönt 20 eiusd.
Kinder: 1. Aloysius. Gem. Polyxena, Julii Contarini di San Bene-
detto Tochter, verm. 5 Jun. 1771.
2. Antonius, welche 1 Jan. 1767, beyde zu Cavallieri della
Stola d'Oro erklärt worden sind.

Waldeck.

Fürst: Carolus Augustus Fridericus, geb. 25 Oct. 1743, succ. dem
Herrn Vater Carolo Augusto Friderico, 29 August 1763, tritt
die Regierung an 21 Jul. 1766, Ritter des Churpfälzischen
St. Huberti-Ordens, auch Holländischer General-Lieutenant
und Innhaber von zwen Infant. Regim.
Mutter: Christiana, Christiani III, Pfalzgrafens von Zweybrück-
Birkenfeld Tochter, geb. 16 Nov. 1725, verm. 19 Aug. 1741,
Wittwe 29 Aug. 1763.

Geschwi-

Geschwister: 1. Christianus Augustus, geb. 6 Dec. 1744, Ritter des Churpfälz. St. Huberti-Ordens, auch Kaif. Kön. Obrist-Lieutenant des Prinz-Zweybrückischen Drag. Regim.

2. Georgius, geb. 6 May 1747, Ritter des Churpfälz. St. Huberti-Ordens und Kaif. Kön. Obrister.

3. Carolina Louisa, geb. 13 Aug. 1748. Gem. Petrus, Herzog von Biron in Curland, verm. 14 Oct. 1765. Es ist aber diese Ehe mit beyderseitiger Bewilligung 26 Aug. 1772 wieder getrennt worden.

4. Louisa, geb. 29 Jan. 1750.

5. Ludouicus, geb. 16 Dec. 1752, Ritter des Churpfälz. St. Huberti-Ordens.

Vaters Schwestern: a) Maria Wilhelmina Henrietta, geb. 17 Oct. 1703. Aebtißin zu Schacken 26 May 1750.

b) Ernestina Louisa, geb. 6 Nov. 1705. Gem. Fridericus Bernhardus, Pfalzgraf zu Birkenfeld-Gelnhausen, verm. 30 März 1737. Wittwe 5 Aug. 1739.

c) Sophia Wilhelmina Elisabetha Dorothea, geb. 4 Jan. 1711. Gem. N. von Vogelsang, Gräfl. Stolb. Hofrath in Wernigerode.

d) Francisca Christiana Ernestina, geb. 5 May 1712.

e) Louisa Albertina Friderica, geb. 12 Jun. 1714.

Groß-Vaters Friderici Antonii Ulrici, Halb-Bruders Grafens Josiae,

Kinder: 1. Carolina Christina Johanna Louisa Friderica, geb. 24 Jun. 1729.

2. Wilhelmus Josias Leopoldus, geb. 16 Oct. 1733, heutiger Graf von Bergheim, Kön. Franz. Obrister. Gem. Christiana Wilhelmina, Guftaui Friderici, Grafens von Ysenburg-Büdingen Tochter, geb. 24 Jun. 1756, verm. 5 März 1772. Kind: Josias Wilhelmus Fridericus Christianus Ludouicus Carolus, geb. 13 May 1774.

Des Sohns Georgii Friderici Ludouici Belgici, Wittwe: Christina Louisa Charlotta, Caroli Friderici, Grafens von Ysenburg-Meerholz Tochter, geb. 22 Nov. 1742, verm. 21 Aug. 1766, Wittwe 9 Apr. 1771.

Groß-Vaters Friderici Antonii Ulrici, Halb-Schwester: Charlotta Florentina, geb. 12 Oct. 1697.

Wien.

Erz-Bischof: Christophorus Bartholomaeus Antonius, Graf von Migazzi, der Röm. Kirche Cardinal-Priester, Erzbischof zu Wien, des H. R. Reichs Fürst, Administrator des Bißthums Waitzen, Kaif. Kön. wirkl. geh. Rath und des St. Stephani-Ordens

Groß

Großcreuß, geb. 23 Nov. 1714, zum Erzbischof von Wien er-
nannt 13 Märj 1757, Cardinal-Priester 23 Nov. 1761.

Worms.

Fürst-Bischof: Fridericus Carolus Josephus, Churfürst zu Maynz,
Freyherr von Erthal, geb. 3 Jan. 1719, Bischof 26 Jul. 1774.

Würtemberg-Stutgard.

Herzog: Carolus Eugenius, geb. 11 Febr. 1728, succ. dem Herrn
Vater Carolo Alexandro, 12 Märj 1737, Ritter des goldnen
Bließes und des Schwäbischen Kreises General-Feldmarschall,
auch Chef eines Kais. Dragoner-Regiments.

Gem. Elisabetha Friderica Sophia, Friderici, Markgrafens von
Brandenburg-Bayreuth einzige Tochter, geb. 30 Aug. 1732,
verm. 26 Sept. 1748.

Geschwister: a) Ludouicus Eugenius Johannes, geb. 6 Jan. 1731,
Ritter des Franzöf. Heil. Geist-und Herzogl. Würtemb. großen
Jagd-Ordens, Kön. Franz. General-Lieutenant, Obrister über
ein Franz. deutsches Cavallerie-und Herzogl. Würtemb. Inf.
Reg. Gem. Sophia Albertina, Augusti Gottfridi Dieterici, Grafens von Beichlingen, Churfächf. wirkl. geh. Raths Tochter, geb.
15 Dec. 1728, verm. 1752.

Kinder: 1. Antoinetta Sophia, geb. 17 Jun. 1763.
2. Wilhelmina Friderica, geb. 3 Jul. 1764.
3. Henrietta Charlotta Friderica, geb. 11 Märj 1767.

b) Fridericus Eugenius, geb. 21 Jan. 1732, Ritter des Preußi-
schen schwarzen Adler-und Würtembergischen großen Jagd-
Ordens, Gouverneur der gefürsteten Grafschaft Mümpelgard,
des Schwäbischen Kreises General-Major und Innhaber eines
Drag. Regim. Gem. Friderica Dorothea Sophia, Friderici
Wilhelmi, Markgrafens von Brandenburg-Schwedt älteste
Tochter, geb. 18 Dec. 1736, verm. 29 Nov. 1753.

Kinder: 1. Fridericus Wilhelmus Carolus, geb. 7 Nov. 1754, Kön.
Preuß. Obrister der Cav. auch Herzogl. Würtemberg. General-Major und Chef eines Regim. Inf.
2. Fridericus Ludouicus Alexander, geb. 30 Aug. 1756.
3. Fridericus Eugenius Henricus, geb. 21 Nov. 1758.
4. Sophia Dorothea Augusta Louisa, geb. 25 Oct. 1759.
5. Fridericus Wilhelmus Philippus, geb. 27 Dec. 1761.
6. Fridericus Augustus Ferdinandus, geb. 21 Oct. 1763.
7. Friderica Elisabetha Amalia Augusta, geb. 27 Jul. 1765.
8. Elisabetha Wilhelmina Louisa, geb. 21 Apr. 1767.
9. Carolus Fridericus Henricus, geb. 2 May 1770.
10. Carolus Fridericus Alexander, geb. 24 Apr. 1771, Herzogl.
Würtemberg. Obrister beym Garde-Regiment zu Fuß.

II. Ca-

11. Carolus Henricus Fridericus, geb. 3 Jul. 1772.

Not. Alle vorstehende Prinzen sind Ritter des Würtemberg. großen Jagd-Ordens.

c) Augusta Elisabetha Maria Louisa, geb. 30 Oct. 1734. Gem. Carolus Anselmus, Fürst von Thurn und Taxis, vermählt 3 Sept. 1753.

Herzogs Eberhardi Ludouici, Erb-Prinzens Friderici Ludouici, Wittwe: Henrietta Maria, Philippi Wilhelmi, Markgrafens von Brandenburg-Schwedt Tochter, geb. 2 März 1702, verm. 8 Dec. 1716, Wittwe 23 Nov. 1731.

Dessen Tochter: Louisa Friderica, geb. 3 Febr. 1722. Gem. Fridericus, Herzog von Mecklenburg-Schwerin, vermählt 2 März 1746.

Würtemberg-Neustadt.

Ist mit Herzog Carolo Rudolpho, 17 Nov. 1742, ausgestorben. Es lebet aber noch dessen Bruders Friderici Augusti,

Tochter: Friderica, geb. 27 Jul. 1699, Canonißin zu Gandersheim 31 März 1727, Aebtißin zu Walloe in Dännemark 13 May 1738, resignirte 1748. Dame des Ordens de l' Union parfaite.

Würtemberg Oels und Bernstadt.

Herzog: Carolus Christianus Erdmannus, geb. 25 Oct. 1716, überkam 1744 die Regierung von seines Vaters Herrn Bruder Carolo Friderico, succ. auch 8 Febr. 1745, in Bernstadt, nachdem Herzog Carolus, ohne männliche Erben mit Tode abgegangen, Ritter des Dän. Elephanten, de l' Union parfaite und Würtemb. großen Jagd-Ordens, auch Kön. Preuß. General-Lieutenant.

Gem. Maria Sophia Wilhelmina, Friderici Ernesti, Grafens von Solms-Laubach Tochter, geb. 3 Apr. 1721, verm. 28 Apr. 1741.

Kind: Friderica Sophia Charlotta Augusta, geb. 1 Aug 1751, Erbprinzeßin. Gem. Fridericus Augustus, Prinz von Braunschweig-Lüneburg, verm. 6 Sept. 1768.

Würzburg.

Fürst-Bischof: Adamus Fridericus Josephus Maria Franciscus, Herzog in Franken, Reichs-Graf von Seinsheim, geb. 16 Febr. 1708, erw. 7 Jan. 1755. Bischof zu Bamberg 21 Apr. 1757, Domherr zu Cöln, Kaiserl. Königl. wirkl. geh. Rath und des St. Michaelis-Ordens Großcreutz.

Isenburg.

Fürst: Wolfgangus Ernestus II, geb. 17 Nov. 1735, succed. dem Herrn Großvater Wolfgango Ernesto I, 15 Apr. 1754, Ritter des Poln. weissen Adler-Ordens und des Wetterauischen Grafen-Collegii Director.

Gem. Sophia Charlotta Ernesta, Victoris Amadei Adolphi, Fürstens

88

ftens von Anhalt-Schaumburg Tochter, geb. 3 April 1743, verm. 20 Sept. 1760.

Kinder: a) Carolus Fridericus Ludouicus Mauritius, Erbprinz, geb. 29 Jun. 1766.

b) Wolfgangus Ernestus, geb. 7 Oct. 1774.

Mutter: Amalia Belgica, Ernesti Caroli, Grafens zu Isenburg-Mariénborn Tochter, geb. 29 Febr. 1716. Gem. Wilhelmus Emico Christophorus, Graf von Isenburg-Birstein, verm. 3 May 1733. Wittwe 31 Jan. 1741.

Bruder: Christianus Mauritius, geb. 16 Jul. 1739, Russ. Kais. Obrister und Ritter des militar. St. Georgii-Ordens.

Vaters vollbürtige Brüder: 1. Fridericus Ernestus, Fürst, geb. 24 Oct. 1709, Ritter des Churpfälz. St. Huberti-Ordens. Gem. Louisa Charlotta, Johannis Philippi, Grafens von Isenburg-Offenbach Tochter, geb. 24 Sept. 1715, verm. 25 Oct. 1733.

Kind: Elisabetha Charlotta Ferdinanda Louisa, geb. 24 Jan. 1753. Gem. Georgius Augustus Wilhelmus, Erb-Graf von Solms-Laubach, verm. 2 Nov. 1767, Wittwe 1 Aug. 1772.

2. Christianus Ludouicus, geb. 8 Oct. 1710, Graf, Deutscher Ordens-Ritter, und Land-Commenthur der Balley Hessen, Commenthur zu Marburg und Wetzlar.

Vaters Stief-Geschwister: a) Dorothea Wilhelmina Albertina, geb. 13 Sept. 1723. Gem. Ernestus Dietericus, Graf von Isenburg-Büdingen, verm. 15 Aug. 1752, Wittwe 26 Dec. 1758.

b) Charlotta Friderica Adolphina, geb. 23 Aug. 1726.

c) Wilhelmina Friderica Louisa, geb. 11 Aug. 1728.

d) Fridericus Wilhelmus, geb. 13 Dec. 1730, Kais. Kön. Cämmerer, Churpfälz. General-Feldwachtmeister der Inf. und Capitaine der Schweizer Leibgarde, Commandeur des Hungar. St. Stephani-Ordens und Ritter des St. Alexander-Newsky-Ordens.

Zusätze und Verbesserungen.

S. 2. Z. 6. von unten ist 1762 zu setzen.

S. 57. Ferdinandi, Herzogs von Parma jüngste Prinzeßin heißt: Maria Antonia Josepha Anna Ludouica Vincentia Margaretha Catharina, geb. 28 Nov. 1774.